国土资源行业高等职业教育
国土资源调查与管理专业"十三五"规划教材

不动产登记——房屋登记

周志强　编著
杨德全　主审

地质出版社
·北京·

内 容 提 要

全书介绍了不动产房屋登记的相关知识，全书共分 10 个单元。

在认识房屋登记单元中从房屋登记的特点、作用、原则、法律依据等方面介绍了房屋登记的一般知识，又从不动产登记簿和不动产登记程序两个方面介绍了不动产登记的过程。后面几个单元是根据不同的房屋登记种类以案例的形式进行房屋登记的实际操作介绍，可以帮助学员尽快区分种类繁多的登记情景和掌握对它们的操作要求。

本书可以作为高职高专院校不动产登记管理专业和其他相关专业的教材，也可以作为社会培训机构参考资料。

图书在版编目（CIP）数据

不动产登记：房屋登记 / 周志强编著. —北京：地质出版社，2018.1（2024.2 重印）

ISBN 978 - 7 - 116 - 10791 - 5

Ⅰ.①不…　Ⅱ.①周…　Ⅲ.①房地产法 – 基本知识 – 中国　Ⅳ.①D922.384

中国版本图书馆 CIP 数据核字（2018）第 010272 号

BUDONGCHAN DENGJI——FANGWU DENGJI

责任编辑：王春庆　王一宾
责任校对：张　冬
出版发行：地质出版社
社址邮编：北京海淀区学院路 31 号，100083
电　　话：(010)66554646（邮购部）；(010)66554578（编辑室）
网　　址：https://www.gph.clmpg.com
传　　真：(010)66554656
印　　刷：固安华明印业有限公司
开　　本：787mm×1092mm 1/16
印　　张：20.75
字　　数：520 千字
版　　次：2018 年 1 月北京第 1 版
印　　次：2024 年 2 月河北第 3 次印刷
定　　价：38.00 元
书　　号：ISBN 978 - 7 - 116 - 10791 - 5

前　言

随着我国经济建设的发展和人民生活水平的改善，人民群众对财产权意识不断提高，过去将不动产登记职责分散在不同部门的弊端日益显现。党中央、国务院高度重视不动产登记工作，明确要求建立统一登记制度，整合分散在国务院不同部门的不动产登记职责，交由国土资源部承担，并于2015年3月1日正式实施《不动产登记暂行条例》，2015年6月29日，国土资源部第三次部务会议审议通过、公布了《不动产登记暂行条例实施细则》，于2016年1月1日实施。

建立和实施不动产统一登记制度是一项重大的改革任务和系统工程，权界清晰、分工合理、权责一致、运转高效、法治保障、方便群众的不动产登记体系，对于保障不动产交易安全，保护不动产权利人的合法财产权，夯实社会主义市场经济基础具有重要作用。

教学改革制度中重要的一点是教学内容要符合当前社会的需要，为此，我校根据国家不动产统一登记工作的开展，及时开设了不动产登记专业以解决不动产统一登记的人才需求。《不动产登记——房屋登记》一书是依据《不动产登记暂行条例》《不动产登记暂行条例实施细则》《不动产统一登记操作规范（试行）》编写的。

全书介绍了不动产房屋登记的相关知识，全书共分十个单元，分别是：认识房屋登记、房屋所有权首次登记、房屋所有权转移登记、房屋所有权和建设用地使用权变更登记和注销登记、房屋抵押权登记、最高额抵押权登记、在建建筑物抵押权登记、房屋预告登记、房屋更正登记和异议登记、房屋查封登记。

本书在认识房屋登记单元中从房屋登记的特点、作用、原则、法律依据等方面介绍了房屋登记的一般知识，又从不动产登记簿和不动产登记程序两个方面介绍了不动产登记的过程。后面几个单元是根据不同的房屋登记种类以案例的形式进行房屋登记的实际操作介绍，可以帮助学员尽快区分种类繁多的登记种类和掌握对它们的操作要求。本书可以作为高职高专院校不动产登记管理专业和其他相关专业的教材，也可以作为社会培训机构参考资料。

　　本书在编写的过程中得到了地质出版社的大力支持，在教材的组织与协调方面做了大量工作，在此表示衷心的感谢。湖北国土资源职业学院杨德全副教授为本书进行了详细的审阅并提出了有建设性的修改意见，特致以诚挚的谢意。在编写过程中参考了大量文献资料，本书还参阅、引用了有关著作和互联网上的文章，一并表示感谢。由于编写时间仓促，书中疏漏与不当之处在所难免，请广大读者批评指正。

周志强

2017 年 10 月

目　录

单元一 认识房屋登记

事由一 房屋登记的概念、作用

为了规范房屋登记行为，维护房地产交易安全，保护权利人的合法权益，依据《中华人民共和国物权法》（以下简称《物权法》）、《中华人民共和国城市房地产管理法》（以下简称《城市房地产管理法》）、《村庄和集镇规划建设管理条例》等法律行政法规，国家实行不动产权利登记发证制度。

一、房屋登记的含义

房屋登记，是指不动产登记机构依法将房屋权利和其他应当记载的事项在不动产登记簿上予以记载的行为。即把房屋的基本状况、房屋权利现状、权利变动情况以及其他相关事项记载在房屋登记簿上予以记载。房屋登记是不动产登记的主要内容之一。

对于房屋登记概念的理解，可以从行为主体、行为内容、行为对象、行为结果四方面来认识。

首先，房屋登记是不动产登记机构依法进行的行为，即房屋登记的行为主体是房屋登记机构。根据《城市房地产管理法》第六十三条规定："经省、自治区、直辖市人民政府确定，县级以上地方人民政府由一个部门统一负责房产管理和土地管理工作的，可以制作、颁发统一的房地产权证书。依照本法第六十一条的规定，将房屋的所有权和该房屋占用范围内的土地使用权的确认和变更，分别载入房地产权证书。"《城市房地产管理法》的规定中，房屋登记机构是指直辖市、市、县人民政府建设（房地产）主管部门或者其设置的负责房屋登记工作的机构。

其次，房屋登记是一种记载行为，即行为内容是记载行为。登记的本质就是将应当登记的物权设立、转移、变更和消灭等变动情况和其他事项登录、记载于房屋登记簿上，以备公众查阅的行为，因此房屋登记的行为内容就是将行为对象予以记载。

再次，房屋登记的对象是房屋权利和其他应当记载的事项。这里所称房屋与《城市房地产管理法》第二条规定的"房屋"范围一致，指土地上的房屋等建筑物及构筑物，即广义的房屋概念。根据《物权法》的规定，在房屋物权设立、变更、转让和消灭的情形，所登记的房屋物权包括房屋的所有权、担保物权和用益物权。担保物权在这里即是指房屋抵押权，而用益物权则是指地役权。对于其他应当记载的事项是否是房屋登记行为的对象，在立法过程中存在争议。虽然《物权法》规定了房屋物权的设立、变更、转让和消灭经依法登记发生效力，但是并没有规定房屋登记仅能就上述事项进行记载。比如《物权法》规定的预告登记、异议登记等登记类型，不是物权变动的状况，预告登记是为了保障将来实现物权，而异议登记的内容则是对登记簿记载事项的异议。因此，房屋登记记载的对象不能仅限于房屋权利，也应该包括其他应当记载的事项。

最后，房屋登记是在房屋登记簿上予以记载的行为，即登记行为的结果是将登记内容记载于房屋登记簿。房屋登记以登记机构将有关登记事项记载在房屋登记簿作为登记完成的标志。房屋登记簿是法律规定的证明物权状况的重要根据，在将登记事项记载于登记簿以后，登记机构应当向登记申请人发放权属证书或者登记证明。即使申请人未领取权属证书或者登记证明，并不影响房屋登记行为的完成。

二、房屋登记的作用

1. 加强房屋权属管理

房屋作为不动产，其权利人要让其他义务人知道自己是该房屋的权利人，就必须通过一定的公开办法予以明示。这种公开的办法，就是房屋权属登记制度。通过确立不动产登记机构及其工作人员开展房屋登记工作的具体标准，明确不动产登记机构应当严格遵守的登记程序和履行的职责，保证登记机构在房屋登记实践中能够准确地进行房屋登记。

2. 维护房地产交易安全

依法登记的房屋权利受法律保护，他人不得对该房屋进行处分。登记的首要意义在于房屋权利的公示及公信，相对人及利害关系人通过查阅登记簿，可以及时了解房屋权利情况，并可相信登记簿记载的权利而与之进行交易。因此，《城市房地产管理法》规定，国家实行土地使用权和房屋所有权登记发证制度，未依法登记领取权属证书的房屋不得转让。通过房屋登记工作的实施，保证公示的房屋权利状况等房屋登记记载事项的准确性和有效性，有利于维护当事人之间房屋交易的安全和便捷。《物权法》专节规定登记制度，赋予登记以公信力，目的就是保护交易安全。同时，保护交易安全，也就意味着对善意第三人权益的保护。

3. 保护权利人的合法权益

从实践上看，确实存在着"一房多售"或者将已经被抵押、查封的房屋又卖给他人等欺诈行为。如果群众在购买房屋前向房屋权属登记机关查询房屋权属登记簿记载的房屋权利情况，买房后又及时办理房屋权属登记，就可以避免上当受骗，防止不必要的损失。《物权法》规定，不动产登记簿是物权归属和内容的根据，这确立了登记的权利推定规则，凡是记载于登记簿的权利人即被推定享有该项权利。因此，在我国房地产市场发展迅速、房地产交易法律关系和权属变化复杂的情况下，登记法律制度的完善对于维护当事人的合法权益，具有重要的作用。

4. 为房屋管理和经济发展提供重要的基础信息

不动产登记是房地产管理主要的基础性工作，是国家掌握房屋动态变化的一个重要的信息源。

三、房屋登记的法律依据

房屋登记的直接立法依据大致可以分为两个层次，第一个层次是基本民事法律法规对房屋权利归属和变动所做的规定，如《物权法》《中华人民共和国民法通则》（以下简称《民法通则》）、《中华人民共和国合同法》（以下简称《合同法》）等民事法律。第二个层次是有关房地产管理的部门法中对房屋产权产籍管理所做的规定，比如《城市房地产管理法》《村庄和集镇规划建设管理条例》（以下简称《村镇规划条例》）。其中，《物权法》《城市房地产管理法》和《村镇规划条例》是其主要立法依据。

1. 《物权法》

2007 年 10 月 1 日起施行的《物权法》是进行房屋登记的重要立法依据。《物权法》中有近二十条规定涉及不动产登记，包括：不动产登记的性质和效力，明确原则上不动产物权变动非经登记不发生物权效力，也规定了不动产物权变动无须登记即发生效力的特殊情况，如合法建造房屋等事实行为的发生；不动产登记的属地管辖原则以及不动产实行统一登记；基本的登记审查要件以及登记机构的审查职责；登记机构不得进行的行为；确立了不动产登记与变动不动产物权的合同效力之间的区分原则；不动产登记簿和权属证书的性质以及二者冲突的解决规则；预告登记、更正登记、异议登记等新的登记类型；登记资料的查询和复制；确立了登记机构对登记错误的过错赔偿责任。《物权法》还对小区内各种公共建筑、公共设施的归属进行了比较明确的规定，对不动产抵押权、地役权等不动产物权类型进行登记等也都进行了全面的规定。

2. 《城市房地产管理法》

《城市房地产管理法》的相关规定包括："国家实行土地使用权和房屋所有权登记发证制度"（第六十条），"以出让或者划拨方式取得土地使用权，应当向县级以上地方人民政府土地管理部门申请登记，经县级以上地方人民政府土地管理部门核实，由同级人民政府颁发土地使用权证书。在依法取得的房地产开发用地上建成房屋的，应当凭土地使用权证书向县级以上地方人民政府房产管理部门申请登记，由县级以上地方人民政府房产管理部门核实并颁发房屋所有权证书。房地产转让或者变更时，应当向县级以上地方人民政府房产管理部门申请房产变更登记，并凭变更后的房屋所有权证书向同级人民政府土地管理部门申请土地使用权变更登记，经同级人民政府土地管理部门核实，由同级人民政府更换或者更改土地使用权证书。法律另有规定的，依照有关法律的规定办理"（第六十一条），"房地产抵押时，应当向县级以上地方人民政府规定的部门办理抵押登记。因处分抵押房地产而取得土地使用权和房屋所有权的，应当依照本章规定办理过户登记"（第六十二条）。

3. 《村镇规划条例》

《村镇规划条例》是对集体土地上房屋进行登记的重要依据，其二十八条规定："县级以上人民政府建设行政主管部门，应当加强对村庄、集镇房屋的产权、产籍的管理，依法保护房屋所有人对房屋的所有权。具体办法由国务院建设行政主管部门制定。"

四、房屋登记的特点

1. 统一性

房屋登记是由不动产登记部门依据统一的实体法律规范，遵循统一的登记程序进行的。

2. 唯一性

对同一房屋的登记结果是唯一的，不能同时存有两个或两个以上的登记结果。国务院国土资源主管部门负责指导、监督全国不动产登记工作。

县级以上地方人民政府应当确定一个部门为本行政区域的不动产登记机构，负责不动产登记工作，并接受上级人民政府不动产登记主管部门的指导、监督。

不动产登记由不动产所在地的县级人民政府不动产登记机构办理；直辖市、设区的市人民政府可以确定本级不动产登记机构统一办理所属各区的不动产登记。

3. 公开性

房屋登记机构将房屋权利状况和应当记载的其他事项记载于登记簿的房屋登记行为，是一种物权公示方法。房屋登记的实质在于公示，就是将房屋权利变动的意思向社会公众显示，让公众知晓房屋的权利状况。房屋登记的目的在于将房屋权利状况对外公开，保证房屋交易的安全和便捷。房屋登记由申请人提出申请来启动，通过登记簿将物权现状、变动等情况向社会公开，不是用行政权力对物权的实际状况进行确权。

4. 公信性

由国家专门机关依法登记的房屋权利具有公信力，值得社会公众的信赖。这一方面是因为房屋登记是由行政主管部门严格依法按程序进行的，登记结果真实可靠。另一方面，如果房屋登记错误，使人们基于对房屋登记的信任，在房屋产权交易或利用过程中遭到了损失，国家应通过行政赔偿方式对受损人予以赔付。

五、房屋登记的原则

1. 依法的原则

房屋登记必须依法进行，这里的"法"是指广义上的"法"的概念，泛指我国现行的法律、法规和政策，如《物权法》《城市房地产管理法》《村镇规划条例》《房屋登记办法》《不动产登记暂行条例》。

2. 申请的原则

房屋登记一般都应当由房屋权利人或房屋权利变动当事人首先向不动产登记机关提出申请，即向不动产登记机关提出明确的意思表示。由于房屋登记是国家实行的一项法律措施，其结果具有决定物权变动是否生效的法律依据，因此，房屋登记申请应采取书面方式。

不动产登记应当依照当事人的申请进行，但下列情形除外：①不动产登记机构依据人民法院、人民检察院等国家有权机关依法做出的嘱托文件直接办理登记的；②不动产登记机构依据法律、行政法规或者《不动产登记暂行条例实施细则》的规定依职权直接登记的。

3. 审查的原则

不动产登记机关对房屋登记申请和房籍调查的结果必须进行审查。审查的内容包括两个方面：①对申请人为申请得到的权利而提交的各种证明、文件资料是否为房屋登记所必须具备的要件进行形式审查。②对申请人所申请的房屋权利或权利变动事项是否符合国家有关法律和政策进行实质审查。经过审查，有的还需要通过公示，凡符合房屋登记要求的，应予以登记。否则，不予登记。

4. 属地管辖的原则

《物权法》第十条规定："不动产登记，由不动产所在地的登记机构办理。"不动产登记由不动产所在地的县级人民政府不动产登记机构办理；跨县级行政区域的不动产登记，由所跨县级行政区域的不动产登记机构分别办理。不能分别办理的，由所跨县级行政区域的不动产登记机构协商办理；协商不成的，由共同的上一级人民政府不动产登记主管部门指定办理。

接受指定办理跨县级行政区域不动产登记的登记机构，在登记完毕后应当将不动产登记簿记载的有关事项告知不动产所跨区域的其他不动产登记机构。

1）不动产登记由不动产所在地的县级人民政府不动产登记机构办理，直辖市、设区的市人民政府可以确定本级不动产登记机构统一办理所属各区的不动产登记。

跨行政区域的不动产登记，由所跨行政区域的不动产登记机构分别办理。

不动产单元跨行政区域且无法分别办理的，由所跨行政区域的不动产登记机构协商办理；协商不成的，由先受理登记申请的不动产登记机构向共同的上一级人民政府不动产登记主管部门提出指定办理申请。

不动产登记机构经协商确定或者依指定办理跨行政区域不动产登记的，应当在登记完毕后将不动产登记簿记载的不动产权利人以及不动产坐落、界址、总面积、跨区域面积、用途、权利类型等登记结果书面告知不动产所跨区域的其他不动产登记机构。

2）国务院确定的重点国有林区的森林、林木和林地的登记，由国土资源部受理并会同有关部门办理，依法向权利人核发不动产权属证书。

3）国务院批准的项目用海、用岛的登记，由国土资源部受理，依法向权利人核发不动产权属证书。

4）中央国家机关使用的国有土地等不动产登记，依照国土资源部《在京中央国家机关用地土地登记办法》等规定办理。

5. 连续登记的原则

不动产物权的设立、变更、转让和消灭等事项除法律规定外，应依发生的先后顺序依次登记，先发生的事项未做登记的，后发生的事项也不得办理登记。未办理不动产首次登记的，不得办理不动产其他类型登记，法律、法规另有规定的除外。包括：①土地所有权未经首次登记申请办理集体土地范围内土地承包经营权、林权、宅基地使用权、集体建设用地使用权等登记的；②房屋所有权未经首次登记申请办理房地转移、变更等登记的。

但下列情形除外：①预购商品房预告登记、预购商品房抵押预告登记的；②在建建筑物抵押权登记的；③预查封登记的；④法律、行政法规规定的其他情形。

6. 权利一体登记的原则

房屋等建筑物、构筑物所有权和森林、林木等定着物所有权登记应当与其所附着的土地、海域一并登记，保持权利主体一致。

土地使用权、海域使用权首次登记、转移登记、抵押登记、查封登记的，该土地、海域范围内符合登记条件的房屋等建筑物、构筑物所有权和森林、林木等定着物所有权应当一并登记。

房屋等建筑物、构筑物所有权和森林、林木等定着物所有权首次登记、转移登记、抵押登记、查封登记的，该房屋等建筑物、构筑物和森林、林木等定着物占用范围内的土地使用权、海域使用权应当一并登记。

六、不动产登记机构和登记人员

（一）不动产登记机构

1. 国家级不动产的登记管辖

国务院确定重点国有林区的森林、林木和林地，以及国务院批准项目用海、用岛的登记由国土资源部统一受理，并会同有关部门办理，依法向权利人颁发证书。

在京中央国家机关使用的国有土地等不动产登记依照《在京中央国家机关用地土地登记办法》等有关规定办理。

2. 省、自治区、直辖市级不动产的登记管辖

省、自治区、直辖市设立不动产登记部门负责本地区土地、房屋、林地、海域和土地承包经营权等不动产登记工作。

如天津市国土资源和房屋管理局（以下简称天津市国土房管局）是天津市不动产登记机构和行政主管部门，天津市不动产登记中心以及天津市市区不动产登记分局、涉农区县不动产登记分局、滨海新区规国局等部门，按照以下分工具体承担不动产登记事务（上述单位，以下统称登记经办机构）：

1）天津市不动产登记中心负责受理全市范围内海域使用权登记，涉及国防军事、国家安全和保密单位的各类不动产登记（不包括军队开发建设的商品房、房改购房转移登记），市人民政府所属直管公产非住宅房地登记，不能分别办理的跨区县行政区域不动产登记，外产、代管产房地登记以及天津市国土房管局确定的其他登记事务。

2）天津市区不动产登记分局以及涉农区县不动产登记分局所属的不动产登记事务中心分别负责受理行政辖区范围内除本条第1）、第4）项规定以外的各类不动产登记。

3）滨海新区规国局负责受理滨海新区行政辖区范围内除本条第1）项规定以外的各类不动产登记。

4）开发区、保税区、高新技术产业开发区管委会设立的不动产登记经办机构负责受理所辖区域内除本条第1）、第3）项规定以外的各类不动产登记；海河教育园区管委会负责受理所辖区域内除本条第1）项规定以外的各类不动产登记。

3. 跨区域的不动产登记

天津市不动产登记中心在跨区域不动产登记办理完毕后，应当将不动产登记簿记载的不动产权利人以及不动产坐落、界址、面积、用途、权利类型等登记结果告知不动产所跨区域的其他不动产登记经办机构。

（二）不动产登记机构内部管理机制

不动产登记机构和不动产登记经办机构应当建立与不动产登记风险相适宜的内部管理

机制。

1）不动产登记经办机构应当依据登记程序和管理需要合理设置登记岗位。不动产登记的审核人员（含受理、审核、审批人员）应当熟悉相关法律法规，具备与其岗位相适应的不动产等方面的专业知识，并经培训考核合格。

2）不动产登记经办机构宜建立不动产登记风险管理制度，设置登记质量管理岗位负责登记质量检查、监督和登记风险评估、控制工作。

3）不动产登记经办机构应当建立不动产登记会审制度，会审管辖范围内的不动产登记重大疑难事项。

4）不动产登记机构宜根据相关业务规则，通过信息化手段对相互冲突的业务进行限制或者提醒，以降低登记风险。

5）不动产登记经办机构应通过以下方式对登记业务中发现的已失效的查封登记和异议登记进行有效管理：查封登记或者异议登记失效后，宜在信息系统中及时解除相应的控制或者提醒，注明相应的法律依据。

6）不动产登记经办机构应当加强不动产登记场所建设。登记场所包括登记办件大厅及档案存放技术用房，二者应当相邻。

（三）不动产登记工作人员

房屋登记工作是一项专业性、技术性、法律性都比较强的工作，被登记的房屋的价值量较大，是权利人重要的财产之一。登记工作的质量，直接影响到房屋权利人的权益和房屋交易的安全，如果发生登记错误，不但给房屋权利人和利害关系人造成损失，登记机构还要面临赔偿。因此，可以说，不动产登记制度作为保障不动产权利的一种重要制度，其目的、意义及功能是通过不动产登记机构工作人员的具体行为来实现的。《不动产登记暂行条例》第十一条规定："不动产登记工作人员应当具备与不动产登记工作相适应的专业知识和业务能力。不动产登记机构应当加强对不动产登记工作人员的管理和专业技术培训。"

1. 熟悉相关法律法规具有专业知识

承担不动产登记审核、登簿的不动产登记工作人员应当熟悉相关法律法规，具备与其岗位相适应的不动产等方面的专业知识。

作为一名合格的房屋登记人员，应当具备多方面的专业知识。

首先，登记人员应当具备较强的法律方面的素质。房屋登记人员无论是办理房屋所有权转移登记、抵押权登记、地役权登记，还是协助法院查封、执行，实际上都要依托基础性法律关系。保证登记行为的正确，要建立在对基础法律关系正确理解的前提下。房屋登记人员需要较好地掌握民事（特别是合同、房地产、婚姻、继承）、公证、行政、执行等方面的法律、法规等。其次，房屋登记人员应当具备较为专业的房地产方面知识。房屋登记人员登记的对象是房屋，即使法律关系较为简单的所有权首次登记，当事人提交的资料也包括土地、规划、建筑施工、测绘等方面的证明材料，房屋登记人员需要对这些方面的专业知识有所了解，还要熟悉房地产政策、房地产开发流程以及房地产管理的各个环节。另外，房地产登记人员根据其工作岗位的不同，还应当具备相应的计算机、档案管理，甚至是外语方面的能力和知识。尤其是随着近年来房地产交易与权属登记一体化管理的推进，房地产管理信息化水平大大提高，这就需要组织多方面的定期培训来提高登记人员的综合素质，以符合房屋登记工作水平的逐步提高，满足房屋登记工作越来越多的需要。依托房地产信息系统，需要房屋登记人员具有较强的信息化水平。近年来，外国人购房的情况增多，相应地出现了为境外人士办理房产登记的情况，还需要一些房屋登记人员具备一定的外语水平。房屋登记机构工作应当具备很强的责任心和多方面的要求。

2. 通过国土资源部组织的考核培训

承担不动产登记审核、登簿的不动产登记工作人员应当通过国土资源部组织的考核培训。

房屋登记的审核环节是房屋登记工作中的核心环节，直接关系着是否给予申请登记的房屋登记，其工作的准确性及有效性与申请人和利害关系人的权益密切相关。因此，从事房屋登记审核工作的人员，应当比一般登记人员在资质上具备更高的要求，应当在经过培训考核后持证上岗。需要说明的是，房屋登记审核人员持证上岗与行政许可的资格考试不同，只是行政机关对从事相应工作的内部工作人员的要求，并不属于一种行政许可。这里的房屋登记审核人员，应当做广义的理解，只要在房屋登记机构从事具有房屋登记受理与审核性质工作的人员，包括前台受理和后台审核的工作人员，都属于房屋登记审核人员的范畴。房屋登记审核人员的持证上岗，主要通过培训考核的方式取得上岗证书。

另外，对从事房屋登记审核工作人员的考核，并不是说对于其他工作岗位的登记人员就没有培训和考核的要求，只是对其不再进行全国统一的考试要求。地方建设（房地产）主管部门和不动产登记机构可以从加强机构内部管理、提高登记工作准确性和效率的要求出发，制定相关的培训和考核要求。通过定期的培训和考核，保证全体登记机构工作人员具体和登记工作相适应的知识和工作能力。而且培训应当不仅是初次上岗前的岗位培训，应该还包括面向在岗工作人员的定期培训，以便使工作人员能够及时掌握最新的法律、房地产等方面专业知识，保证其具备符合工作要求的综合素质。

3. 不动产登记工作人员职责

不动产登记工作人员的职责包括：

1）对受理的不动产登记申请依法进行审核；

2）采取询问当事人、实地调查等审核手段；

3）对登记申请进行依法审核后，提出是否将有关事项记载于不动产登记簿的审核意见；

4）将有关事项记载于不动产登记簿；

5）法律、行政法规或者国土资源部规章规定的其他职责。

事由二　不动产登记簿

一、不动产登记簿的概念

不动产登记簿是指登记机构记载不动产自然状况、权利状况以及其他依法应当登记的事项的专用簿册。具有以下特征：

一是法定性。不动产登记簿记载内容、样式、管理等由国家统一规定。

二是权威性。不动产登记簿是不动产权利归属和内容的根据，登记机构非经法定程序不得擅自更改已记载的内容。

三是统一性。不动产登记机构按照国务院国土资源主管部门的规定设立统一的不动产登记簿。

四是永久性。《不动产登记暂行条例》第十三条规定："不动产登记簿由不动产登记机构永久保存。不动产登记簿损毁、灭失的，不动产登记机构应当依据原有登记资料予以重建。"房屋登记簿应该永久保存。

二、不动产登记簿的效力

《物权法》规定，不动产物权的设立、变更、转让和消灭，依照法律规定应当登记的，自记载于不动产登记簿时发生效力。不动产登记簿是物权归属和物权内容的根据。不动产登记簿由登记机构管理。

1. 不动产登记簿是物权归属和物权内容的根据

在建立不动产登记制度的情况下，不动产登记簿记载的物权归属情况和内容由国家公权力确保其权威性，推定其记载是不动产物权真实现状的反映，即在不动产登记簿上记载某人享有某项不动产物权时，就推定该人享有该项权利，而其权利内容也以不动产登记簿的记载为准，无须提交其他证据证明。

2. 任何人不得擅自复制、损毁不动产登记簿

作为不动产物权登记生效的原则确立，使不动产登记簿具有了统一性、权威性、持久性等特征，这是物权公示原则的自然体现，也是保障物权变动安全的必要手段。

3. 不动产登记簿记载的内容，未经法定程序不得更改

不动产其物权的设立、变更、转让和消灭，除法律规定外，必须经法定的登记程序后登记才能发生效力，即物权设立、变动的情况经法定的程序记载于不动产登记簿后，不动产物权的设立、变更、转让和消灭才能生效。

4. "不动产权证书""不动产登记证明"记载的事项应当与不动产登记簿一致；记载不一致的，除有证据证明不动产登记簿确有错误外，以不动产登记簿为准

将不动产登记簿作为不动产权利归属和内容的根据，对建立客观、公正的不动产交易秩序有极为重要的意义。正因为不动产登记簿有此效力，第三人才能对不动产登记簿记载内容的公信力产生足够的信赖，依据不动产登记簿内容进行的交易才能受到法律的保护，不动产交易安全才有了保障。对于这种信赖的保护，使得人们从事不动产交易时可以基于不动产登记簿的记载做出交易决定，有利于鼓励不动产交易，提高交易的快捷和便利。

三、不动产登记簿的设立

不动产登记机构按照国务院国土资源主管部门的规定设立统一的不动产登记簿。

根据《物权法》的规定，不动产登记簿由不动产登记机构管理，这种管理也包括登记簿的设立。

按照国务院国土资源主管部门的规定设立统一的不动产登记簿，不动产物权变动的各种情况才能准确地得到反映，物权交易的秩序才能良好建立。建立统一的不动产登记簿，有利于解决目前各地登记资料分散的问题。

1. 不动产登记簿的介质形式

不动产登记簿应当采用电子介质，暂不具备条件的，可以采用纸质介质。不动产登记机构应当明确不动产登记簿唯一、合法的介质形式。

不动产登记机构应当配备专门的不动产登记电子存储设施，采取信息网络安全防护措施，保证电子数据安全，并定期进行异地备份。

2. 建立不动产登记簿

不动产登记簿由不动产登记机构建立。不动产登记簿应当以宗地、宗海为单位编制，一宗地或者一宗海范围内的全部不动产编入一个不动产登记簿。宗地或宗海权属界限发生变化的，应当重新建簿，并实现与原不动产登记簿关联。

1）一个不动产单元有两个以上不动产权利或事项的，在不动产登记簿中分别按照一个权利类型或事项设置一个登记簿页；

2）一个登记簿页按登簿时间的先后依次记载该权利或事项的相关内容。

3. 更正不动产登记簿

不动产登记机构应当依法对不动产登记簿进行记载、保存和重建，不得随意更改。有证据证实不动产登记簿记载的事项确实存在错误的，应当依法进行更正登记。

四、不动产登记簿的管理

由于不动产登记簿对于保护不动产物权有重要作用，必须由具体部门妥善管理。

1. 不动产登记簿的管理单位

根据《物权法》第十六条规定："不动产登记簿由登记机构管理。"《不动产登记暂行条例》第十二条中规定，不动产登记机构应当指定专人负责不动产登记簿的保管，并建立健全相应的安全责任制度。因此，不动产登记簿的管理机构只能是不动产登记机构，并永久保存。由其他机构管理不动产登记簿不符合《物权法》的规定。

2. 不动产登记簿的安全管理

《不动产登记暂行条例》第十二条规定："采用纸质介质不动产登记簿的，应当配备必要的防盗、防火、防渍、防有害生物等安全保护设施。采用电子介质不动产登记簿的，应当配备专门的存储设施，并采取信息网络安全防护措施。"

《不动产登记暂行条例》第十三条规定："不动产登记簿由不动产登记机构永久保存。不动产登记簿损毁、灭失的，不动产登记机构应当依据原有登记资料予以重建。行政区域变更或者不动产登记机构职能调整的，应当及时将不动产登记簿移交相应的不动产登记机构。"

不动产登记机构应当依法将各类登记事项准确、完整、清晰地记载于不动产登记簿。任何人不得损毁不动产登记簿，除依法予以更正外不得修改登记事项。

不动产登记机构应当建立符合防火、防盗、防渍、防有害生物等安全保护要求的专门场所，存放不动产登记簿和权籍图（不动产权籍图包括宗地图、宗海图和房屋平面图）等，并保证电子数据安全。除法律、行政法规另有规定或者为避免遭受损害外，不得将不动产登记簿携出不动产登记机构。

五、不动产登记簿的基本单位

不动产以不动产单元为基本单位进行登记。不动产单元具有唯一编码。

不动产登记簿以宗地、宗海为单位编成，同一宗地、宗海范围内的所有不动产编入同一不动产登记簿。

宗地是指土地权属界线封闭的地块或者空间；宗海是指权属界线封闭的用海单元。无房屋等建筑物、构筑物以及森林、林木定着物的土地、海域，以土地、海域权属界限封闭的范围为不动产单元。

有房屋等建筑物、构筑物以及森林、林木定着物的土地、海域，以该房屋等建筑物、构筑物以及定着物与土地、海域权属界限封闭的范围为不动产单元。这里所称房屋，包括独立成栋、有固定界限的封闭空间，以及区分幢、层、套、间等可以独立使用、有固定界限的封闭空间。

（一）房屋登记单元

登记申请人申请登记或者房屋登记机构办理登记，都面临一个登记对象或者叫登记客体的问题，也就是说，对什么样的房屋可以进行登记。在法律上，物有特定物和种类物之分，物权的客体必须是特定物。具体到不动产物权，作为客体的房屋必须能够与其他房屋相区别。另一方面，房屋物权是权利人依法对其所有的房屋（该房屋是明确的、唯一的）享有直接支配并排除他人干涉的权利，而登记是房屋物权公示的方式，不特定则无从对其进行支配。所以，进行登记的房屋必须是特定的。在登记实践中要求每个登记房屋能够清楚地与其他房屋相区别，最简便的方式便是给其明确、唯一的编号。这和每个公民拥有一个明确、唯一编号、终生不变的居民身份证号码是一个道理。

所谓房屋基本单元，就是指有固定界限、可以独立使用并且有明确、唯一的编号（幢号、室号等）的房屋或者特定空间。规定房屋基本单元，保证了登记客体的唯一性，便于房屋登记工作的开展和房屋登记簿的建立，一个房屋基本单元上建立一个登记簿。

1. 国有土地上住宅登记单元的界定

国有土地范围内成套住房以"套"为基本单位进行登记，非成套住房，以房屋的"间"等有固定界限的部分为基本单位进行登记。

《城市房地产管理法》第二条指出："本法所称房屋，是指土地上的房屋等建筑物及构筑物。"一般意义上是指四周有墙或围护结构，顶上有盖，供人们从事生产、工作、学习、生活、居住、文化娱乐等与人类各种活动有关的建筑物及构筑物。从房屋的概念来看，应当具备两个基本特征：一是要有固定界限（一般应具备屋顶、墙界等围护结构）；二是可以独立使用（可供人们从事生产、工作、学习、生活、居住、文化娱乐等活动），这样的建筑物及构筑物才能称为房屋，才能进行登记。需要注意的是，这里的固定界限不是当事人任意自己进行的分割或者围护，而应是经过管理部门审定或者确认的界限，如工程规划设计并施工建设的实体墙界限或永久性围护结构界限；或者经过规划设计、消防、安检等相关部门审定批准的，以永久固定于地面的界标作为界址点所构成的界限可以视为固定界限。在前些年的登记实践工作中，曾出现过出售"一平方米"单位产权的现象，即是因没有固定界限，不能确定权属范围而被建设部明令禁止采用的销售方式。当然，随着建筑形态的越来越多样化以及产权意识的增强，登记机构将面临越来越多的新的房屋类型的登记要求。

住房是指专供人们日常生活居住的房屋，包括成套住房、非成套住房。成套住房通常由若干卧室、起居室及厨房、卫生间、室内走道或客厅等不同功能的房间组成，这些不同功能的房间聚合在一起才能充分满足人们的饮食起居需要，否则会大大降低各自的价值和使用价值。显然，成套住房应以"套"为基本单元进行销售，也应该以"套"为基本单元进行登记。对于集体宿舍等非成套住房，以房屋的"间"等有固定界限的部分为基本单元进行登记。这种规定不仅符合人们的习俗，也节约了登记成本，提高了登记效率。需要注意的是，登记机构办理登记时的最小的基本单元不能小于"间"，最大的基本单元不能大于"栋"，位置相邻的基本单元可以登记为一个产权人。另外，基本单元是作为房屋分割合并的单位。

2. 集体建设用地上村民住房登记单元的界定

集体土地范围内村民住房，以宅基地上独立建筑为基本单元进行登记，在共有宅基地上建造的村民住房以"套""间"等有固定界限的部分为基本单元进行登记。

集体土地范围内村民建房，如条件允许，能利用自有宅基地建房的，通常都会建造独门独院的房屋；也有条件不允许，几户人利用共有宅基地共同建造房屋的，只能共同分割所建房屋，每人分得所建房屋的数套或数间，这些房屋进行登记时，登记机构必须结合实际情况，对以宅基地上建造的独门独院的房屋以独立建筑（一般为"幢"）为基本单元进行登记，在共有宅基地上建造的村民住房以"套""间"等有固定界限的部分为基本单元进行登记。

3. 非住宅登记单元的界定

非住房以房屋的"幢""层""套""间"等有固定界限的部分为基本单元进行登记。

非住房，指居住用房外，用于工厂仓库、邮电交通、商业营业、服务业、文化娱乐、教育、医疗、科研、体育、办公等用途的房屋。每种非住房功能都比较单一，无须配备其他功能的房间就可以发挥其价值和使用价值。故非住宅一般不成套，销售主要是以有固定界限（包括"幢""层""套""间"）的部分为基本单元，这就决定了非住房以房屋的"幢""套""间"等有固定界限的部分为基本单元进行登记这一原则。

近几年来，将整幢大楼分割后申请登记的情况越来越多，尤其是一些商场，为了更好地获取经济回报采取这种做法，一些城市的登记机构已为之进行了权属登记，也有一些城市的登记机构对以这种方式出售的房屋能否进行权属登记心存疑虑。产生这些疑虑的原因主要有两个方面：一是这类分割成小块的空间相互之间没有分隔的墙体，与通常的房屋四周有围护不同，看起来没有明显的权属界限；二是建设部在 1994 年 2 月 7 日曾经下发过《关于不得给一平方米单位产权颁发"房屋所有权证"的通知》，对出售一平方米产权的情况做了认定，认为这一做法实际上是集资，明显地违反了国务院关于集资问题的有关规定，因此，建设部要求各地房地产权属登记机构不得给以上述方式出售的一平方米单位产权颁发"房屋所有权证"，也不得以其他名义颁发具有确认产权性质的任何证书。应该看到，不少分割出售房屋的情况与"一平方米"产权的出售是有明显区别的。很多情况下，房屋的权属界限是清楚的，各部分之间虽然没有分割的墙体，但通过地面埋设或利用房屋的构造，有固定的界址点，每部分房屋的位置、面积都具体确定。因此，建设部于1997年以（97）建房产字第019号文对前一通知做了补充说明，将变相集资的"一平方米"产权出售与有明确的权属范围和具体的权属界限的分割出售做了区分。该文件明确规定：对已建成的商业、办公或其他楼宇分割出售的，如有明确的权属范围和具体的权属界限，不同于搞变相集资的"一平方米"产权出售，应视为正常的房产交易。可以凭购房合同及其他有关文书办理产权登记手续，并在"房屋所有权证"中的测绘图件上对权属界限准确反映。

（二）房屋登记范围

1. 地域范围

《城市房地产管理法》明确规定：产权登记适应于城市规划区国有土地和城市规划区外的国有土地，凡市行政区域内国有土地上的房屋和城镇范围内集体土地上的房屋。

即限于城市、县镇、建制镇和工矿区范围内的所有房屋，以及在依法取得的房地产开发用地上建成的房屋。

2. 房屋范围

一是在国有土地上建设的各类房屋；二是在集体土地上依法建设的非商品房屋；三是在农村宅基地上建设的农民住宅房屋。

主要包括：机关、学校、工矿企业事业单位、宗教团体、外商独资产、中外合资产、住宅等。从房屋产别看，包括全民、集体和私人所有的房屋，以及共有房屋。

对登记地域范围内的结构简陋、破烂不堪的房屋，临时性的房屋，以及无实用价值的、正在拆除的房屋，不属于房屋的登记范畴。

六、不动产登记簿记载事项

不动产登记簿应当记载以下事项：

1）不动产坐落、编码、界址、空间界限、面积、用途等自然状况；

2）不动产权利人的姓名或者名称；

3）不动产权利的类型、内容、来源、期限、权利变化等权属状况；

4）不动产共有情况；

5）不动产抵押权事项，包括抵押方式、抵押权人、抵押范围、被担保主债权数额（最高债权数额）债务履行期限（债权确定期间）等；

6）不动产地役权事项，包括地役权人、地役权内容、地役权利用期限等；

7）预告登记、异议登记、查封登记等不动产权利被限制或提示的事项；

8）"不动产权证书""不动产登记证明"的换发、补发事项；

9）不动产登记日期；

10）"不动产权证书""不动产登记证明"编号；

11）其他应当记载的事项。

事由三 不动产登记的程序

一、不动产登记程序

不动产登记，应当按照申请、受理、审核、核准登记并记载于不动产登记簿；制证、发证；移交不动产登记档案，立卷归档。需要进行实地查看和公告的，登记经办机构应当按照有关规定进行实地查看和公告（图1-3-1）。

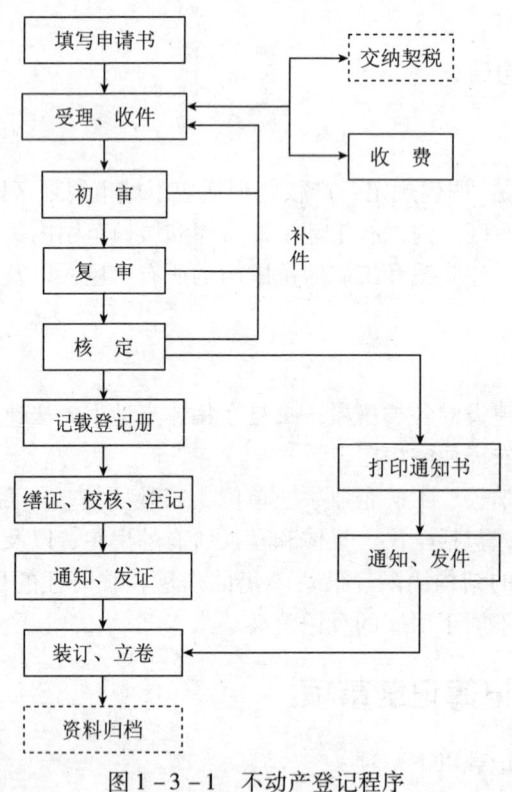

图1-3-1　不动产登记程序

（一）登记申请

申请是不动产权利人向不动产所在地的登记机构提出登记申请（见附件1-3-1），并提交相关证明材料的行为。

1. 不动产权利的申请是一种自愿的行为

《物权法》第九条规定："不动产物权的设立、变更、转让和消灭，经依法登记，发生效力；未经登记，不发生效力，但法律另有规定的除外。"由此可见，现行法律虽然规定了登记的法律效力，却并不要求不动产一定进行登记。是否进行登记从而获得《物权法》上的效力，必须通过当事人自己的意思来表示，这个意思表示就是登记申请。除法律、法规另有规定外，登记依申请进行，不申请不能启动登记程序。《不动产登记暂行条例实施细则》第八十一条有规定，不动产登记机构发现不动产登记簿记载的事项错误，应当通知当事人在三十个工作日内办理更正登记。当事人逾期不办理的，不动产登记机构应当在公告十五个工作日后，依法予以更正；但在错误登记之后已经办理了涉及不动产权利处分的登记、预告登记和查封登记的除外。登记机构发现涉及不动产权利归属和内容的不动产登记簿的记载错误的情形，明确规定应当通知当事人申请，而禁止登记机构依职权进行更正；即便是对不涉及不动产权利归属和内容的不动产登记簿的记载错误的情形，也需先行通知权利人，仅在其无正当理由逾期不办理更正登记的，不动产登记机构方可依职权更正。

2. 申请人

不动产权属登记由权利人（申请人）申请。直管公房应当由公房的管理部门如房管所等申请登记，无主房屋归国家或集体所有的，也应当由国家或集体的代表申请登记，这仍然可以归为依申请进行登记的情形。

不动产登记应由当事人双方共同申请，当有下列情形之一时，可单方申请：

1）因合法建造房屋取得房屋权利（房屋所有权首次登记）；

2）因人民法院、仲裁委员会的生效法律文书取得房地产权利；

3）因继承、受遗赠取得房地产权利；

4）因房屋所有权人的姓名或名称变更，申请变更登记；

5）因房屋坐落的街道、门牌号或房屋名称变更，申请变更登记；

6）因房屋面积增加或减少，申请变更登记；

7）因同一所有权人分割、合并房屋，申请变更登记；

8）房屋灭失；

9）权利人放弃房地产权利；

10）权利人申请不涉及房地产权利归属和内容的更正登记；

11）申请异议登记；

12）预售人和预购人订立商品房买卖合同后，预售人未按约定与预购人申请预告登记，预购人申请预告登记。

共同申请是申请的一般方式，主要适用于因法律行为而产生物权变动的情形，如房屋买卖、交换、赠予、抵押等。这些行为都属于民事法律行为中的双方行为，合同是物权变动的原因行为，仅具备债权效力，合同签订后，还须办理相应的房屋登记，才能发生物权变动的效力。基于这些行为的房屋登记，如果当事人不共同申请，登记机构就无法完整了解当事人的真实意思，登记结果的正确性也就无法保证，从而影响登记的公信力。所以，房屋买卖、交换、赠予、抵押等基于民事法律行为的房屋登记，应当由当事人双方共同向房屋所在地登记机构提出申请。此外，根据《物权法》第一百五十八条规定："地役权自地役权合同生效时设立""未经登记，不得对抗善意第三人"，地役权登记不是产生物权变动的效力，而是产生对抗第三人的效力，但地役权的设立登记同样需要双方当事人共同申请。

申请房屋登记的，申请人应当使用中文名称或者姓名。申请人提交的证明文件原件是外文的，应当提供中文译本。企业名称应当使用符合国家规范的汉字，不得使用汉语拼音字母、阿拉伯数字。

3. 共有不动产登记申请

（1）共有不动产的形态

所谓共有，是指某项财产由两个或两个以上的权利主体共同享有所有权，换言之，是指多个权利主体对一物共同享有所有权。例如，两个人共同所有一栋房屋。共有作为所有权的一种形态，与单独所有是相对而言的。共有的主体称为共有人，客体称为共有财产或共有物。共有包括按份共有和共同共有两种形式。《物权法》第九十三条规定："不动产或者动产可以由两个以上单位、个人共有。共有包括按份共有和共同共有。"按份共有，又称分别共有，是与共同共有相对应的一项制度，指数人按应有份额（部分）对共有物共同享有权利和分担义务的共有。例如，甲、乙共同出资购买一栋房屋，甲出资 20 万元，乙出资 10 万元，甲、乙各按出资的份额对该房屋享有权利、分担义务。《物权法》第九十四条规定："按份共有人对共有的不动产或者动产按照其份额享有所有权"。在按份共有中，各共有人的份额（又称应有份）必须是明确的，其具体数额一般是由共有人约定明确的。如果按份共有人对共有物享有的份额没有约定或者约定不明确的，按照出资额确定；不能确定出资额的，视为等额享有。

共同共有是指两个或两个以上的民事主体，根据某种共同关系而对某项财产不分份额地共同享有权利并承担义务。共同共有的特征是：第一，共同共有根据共同关系而产生，以共同关系的存在为前提，例如夫妻关系、家庭关系。第二，在共同共有关系存续期间内，共有财产不分份额。这是共同共有与按份共有的主要区别。第三，在共同共有中，各共有人平等地对共有物享受权利和承担义务。关于共同共有的形式，我国学界普遍认为主要包括以下三种：

第一，夫妻共有。夫妻共有是共同共有最典型的形式。《中华人民共和国婚姻法》（以下简称《婚姻法》）第十七条有规定，夫妻在婚姻关系存续期间所得的下列财产，归夫妻共同所有：一是工资、奖金；二是生产、经营的收益；三是知识产权的收益；四是继承或赠予所得的财产，但遗嘱或赠予合同中确定只归夫或妻一方的财产除外；五是其他应当归共同所有的财产。夫妻对共同所有的财产，有平等的处理权。例如，夫妻双方出卖、赠予属于夫妻共有的财产，应取得一致的意见。夫妻一方明知另一处分财产而未做否定表示的，视为同意。

第二，家庭共有。家庭共有财产是指家庭成员在家庭共同生活关系存续期间，共同创造、共同所得的财产。例如，家庭成员交给家庭的财产，家庭成员共同受赠的财产，以及在此基础上购置和积累其来的财产等。概言之，家庭共有财产是家庭成员的共同劳动收入和所得。家庭共有财产和家庭财产的概念是不同的。家庭财产是指家庭成员共同所有和各自所有的财产的总和，包括家庭成员共同所有的财产、夫妻共有财产和夫妻个人财产、成年子女个人所有的财产、其他家庭成员各自所有的财产等。家庭共有财产则不包括家庭成员各自所有的财产。

第三，遗产分割前的共有。

（2）共有物处分的法律规定

申请共同共有不动产登记的，应当由全体共有人或者其委托代理人提出；申请按份共有不动产登记的，应当由占份额三分之二以上的共有人或者其委托代理人提出。但共有人之间另有约定的除外。

关于共有物的处分，《物权法》第九十七条规定："处分共有的不动产或者动产以及对共有的不动产做重大修缮的，应当经占份额三分之二以上的按份共有人或者全体共同共有人同意，但共有人之间另有约定的除外。"因此，我国《物权法》在按份共有物的处分问题上是实行"多数决"原则，即由占份额三分之二以上的按份共有人同意，即可处分共有物。例如，七个人共同出资购买一套房屋，各占七分之一份额，如果要将这套房屋出售或者出租，只需七个共有人中的五个人同意即可。在共同共有物的处分问题上，《物权法》则采取全体共有人"一致决"的原则。例如，甲乙二人为夫妻关系，甲乙二人共同共有一套房屋，在这套房屋转让时，必须以甲乙二人的一致同意为前提。另外，如果共有人另有约定，就不适用上述规则，共有人之间关于共有物处分的有关约定可以优先于法律规定适用。

但是，以上所述都是法律关于共有人之间民事法律关系的规定，具体从登记的角度来说，则需要所有的共有人共同申请登记。这是因为，登记机构为实现登记的公信力效力，必须按照登记依申请启动的原则，通过共有人共同提出申请，如实反映相关事项，提供详尽的申请登记资料，以此来保证登记内容的完整性和准确性。申请共有房屋登记的情形，包括共有房屋所有权的设立、转移、消灭、共有房屋的分割和转让、共有房屋的抵押、设立地役权等。

（3）共有不动产登记申请人的规定

共有人协议变更共有性质，以及就共有不动产的处分进行约定申请登记的，应当共同申请。共有不动产因共有人姓名、名称或者不动产自然状况变化需要申请变更登记的，可以由姓名、名称发生变化的权利人申请；不动产的坐落、界址、用途、面积等自然状况发生变化的，可以由共有人中的一人或多人申请。

（4）按份共有的不动产

按份共有人转让其享有的不动产份额，应当与受让人共同申请转移登记；受让人属于共有人以外的，应当同时提交其他共有人放弃优先购买权的书面证明。按份共有人抵押其不动产份额的，应当与抵押权人共同申请登记。

（5）业主共有的不动产

建筑区划内依法属于业主共有的道路、绿地、其他公共场所、公用设施和物业服务用房及其占用范围内的建设用地使用权，在办理国有建设用地使用权及房屋所有权首次登记时由登记申请人一并申请登记为业主共有。

4. 权利放弃时，应提供其他权利人同意的书面证明

经依法登记的不动产已经设立抵押权、地役权或者已经办理预告登记，所有权人、使用权人申请注销登记的，应当提供抵押权人、地役权人、预告登记权利人同意的书面证明。

5. 监护人代为申请

（1）无民事行为能力人、限制民事行为能力人的不动产登记，应当由其监护人（或法定代理人）代为申请登记

申请不动产登记行为是当事人的民事行为，需要申请人具有相应的民事行为能力。而

未成年人作为限制民事行为能力人或无民事行为能力人，无法独自完成申请行为，其房屋登记行为必须由监护人代理，即法定代理。因此，未成年人的房屋应当由其监护人代为申请登记。

《民法通则》第十六条规定，未成年人的父母是未成年人的监护人。未成年人的父母已经死亡或者没有监护能力的，由下列人员中有监护能力的人担任监护人：①祖父母、外祖父母；②兄、姐；③关系密切的其他亲属、朋友愿意承担监护责任，经未成年人父母所在单位或者未成年人住所地的居民委员会、村民委员会同意的。对担任监护人有争议的，由未成年人的父母的所在单位或者未成年人住所地的居民委员会、村民委员会在近亲属中指定。对指定不服提起诉讼的，由人民法院裁决。

（2）监护人代为申请的，应当提交一系列材料

监护人代为申请登记的，应当提交监护人与被监护人的身份证明、被监护人行为能力的有关证明文件，以及监护关系证明材料；因处分不动产而申请登记的，还应当提供为被监护人利益的书面保证。

被监护人行为能力的有关证明文件，系指未成年人的身份证明、人民法院确认行为能力的生效判决。

监护关系证明材料可以是户口簿、监护关系公证书、出生医学证明，或所在单位、居民委员会、村民委员会或人民法院指定监护人的证明材料。父母之外的监护人处分未成年人不动产的，有关监护关系材料可以是人民法院指定监护的法律文书、监护人对被监护人享有监护权的公证材料或者其他材料。

《民法通则》第十八条规定："监护人应当履行监护职责，保护被监护人的人身、财产及其他合法权益，除为被监护人的利益外，不得处理被监护人的财产。"法律明确规定了监护人处分未成年人财产的限制条件，即必须为未成年人利益，这里的"不得处理"我们理解应当是指广义的处分行为，具体针对房屋而言，应当包括转让、抵押等行为。但是如何判断监护人是否为了未成年人利益一直以来都是存在较大争议的问题。监护人是否为了未成年人的利益而处分未成年人房屋，是民事法律关系问题，登记机构无须也无法判断。所以，在办理监护人处分未成年人房屋而申请的登记时，只要要求监护人提供其处分房屋行为是为未成年人利益的书面保证即可，监护人实际上是否为未成年人利益，登记机构不进行实质审查。

按《中华人民共和国民事诉讼法》（以下简称《民事诉讼法》）规定，认定成年人为无民事行为能力人，必须由其近亲属或者其他利害关系人向该公民住所地基层人民法院提出。申请书应当写明该公民无民事行为能力或者限制民事行为能力的事实和根据。人民法院受理申请后，必要时应当对被请求认定为无民事行为能力或者限制民事行为能力的公民进行鉴定。申请人已提供鉴定结论的，法院应当对鉴定结论进行审查。人民法院经审理认定申请有事实根据的，判决该公民为无民事行为能力或者限制民事行为能力人。因此，某一当事人有无民事行为能力应由人民法院认定。如果当事人的亲属已向登记机构表示某一当事人为无民事行为能力人，可是尚未经人民法院认定，此时登记机构不宜轻易地予以认可；特别是在涉及这一当事人对其不动产权利进行处分时，由于相关的立法尚不完善，登记机构应慎重处理为好。妥善的做法是请当事人亲属及时向人民法院提出申请，由人民法院认定，而后再对该不动产进行处分。但登记机关不能凭当事人亲属的陈述或医疗证明就

认定其为无民事行为能力人或限制行为能力人。因此，登记机构没有依据，也没有能力对成年的登记申请人是否具备民事行为能力进行审查。

所以，对尚未经法院认定为无民事行为能力的人，其所从事的不动产处分行为如果产生争议，应以法院对此的判决为准。登记机构虽不能单凭当事人亲属的陈述或医疗证明认定某一当事人为无民事行为能力人，但为避免日后的纠纷，暂时不宜由该当事人直接办理权属登记手续。否则，日后当事人会以登记机关明明知道其无民事行为能力仍为之办理而追究登记机关责任。

6. 不动产代理登记

当事人可以委托他人代为申请不动产登记；代理申请不动产登记的，代理人应当向不动产登记机构提供当事人的身份证明、代理人身份证明和被代理人签字或者盖章的授权委托书。授权委托书中应当载明代理人的姓名或者名称、代理事项、权限和期间，并由委托人签名或者盖章。

（1）委托代理人申请登记的情况

自然人处分不动产，委托代理人申请登记的，应当与当事人共同到不动产登记机构现场签订授权委托书，但授权委托书经公证的除外。

代理是代理人在代理权限内以被代理人（本人）的名义对第三者为意思表示或受领意思表示，并由被代理人承受其法律效果的行为。代理制度是我国民事法律制度中的重要内容，其具有以下特征：其一，代理人必须在代理权限内实施代理行为，代理人超越代理权限进行的代理行为，为效力待定行为，必须经被代理人追认才产生代理的法律效果；其二，代理人必须以被代理人的名义实施代理行为；其三，代理人以自己的意志与第三人发生有法律意义的行为；其四，代理行为的法律效果直接归属于被代理人。根据我国法律规定，从代理权限来源角度，可以将代理分为法定代理、指定代理和委托代理三种。法定代理是指基于一定身份或资格而依法律规定取得代理权的代理。指定代理是指由有权机关指定代理人的代理。委托代理又称委托代理，是指基于本人授予代理权的法律行为而发生的代理。

在不动产登记中，申请人因为种种原因无法亲自办理不动产登记时，可以委托他人进行代理，就是前面所述的委托代理。代理人受委托人委托申请房屋登记时，需要提供相应的授权委托书和身份证明。代理人应当在授权委托书授权的范围内从事不动产申请代理活动。登记机构审查委托书时，应对受托人身份、委托事项、代理权限、委托期间等内容进行审查。委托他人办理处分不动产登记的，委托书应当公证。

（2）代理人为两人或者两人以上的情况

代理人为两人或者两人以上，代为处分不动产的，全部代理人应当共同代为申请，但另有授权的除外。在不动产权属登记中，有可能出现当事人同时委托几个代理人的情形，此时，应注意委托书的内容，要认真分辨"共同""其中一人"，以及"和"与"或"等字样，根据委托书来判断能否由其中一人办理委托事项。

（3）境外申请人处分不动产的情况

境外申请人处分不动产的，其授权委托书应当经公证或者认证。

境外申请人委托代理人申请房屋登记的，其委托书应当按照国家有关规定进行公证或者认证。主要因为境外人员的委托登记的授权书会采用不同的语言，如果将对此文件的审查义务由登记机构来进行，无疑会增加登记难度，降低登记的效率。而且，目前我国登记机构不具备审查涉外文件的能力，采用公证或者认证的方式也增强委托书的效力和公信力。

7. 特殊登记人

军队、武警部队不动产登记（权利人为中国人民解放军总后勤部、中国人民武装警察部队后勤部），由不动产使用人代为申请。

直管公产不动产登记（权利人为人民政府），由直管公产房屋管理单位代为申请。

8. 申请登记提交的文件和登记申请材料的要求

（1）身份证明

1）境内自然人：提交居民身份证或军官证、士官证；身份证遗失的，应提交临时身份证。未成年人可以提交居民身份证或户口簿；

2）香港、澳门特别行政区自然人：提交香港、澳门特别行政区居民身份证、护照，或者来往内地通行证；

3）台湾地区自然人：提交台湾居民来往大陆通行证；

4）华侨：提交中华人民共和国护照和国外长期居留身份证件；

5）外籍自然人：中国政府主管机关签发的居留证件，或者其所在国护照；

6）境内法人或其他组织：营业执照，或者组织机构代码证，或者其他身份登记证明；

7）香港特别行政区、澳门特别行政区、台湾地区的法人或其他组织：提交其在境内设立分支机构或代表机构的批准文件和注册证明；

8）境外法人或其他组织：提交其在境内设立分支机构或代表机构的批准文件和注册证明。

（2）公证、认证

1）因继承、受遗赠取得不动产的，按照国家有关规定办理。

2）属于下列情形之一委托代理人申请登记的，应当与代理人共同到登记场所签订授权委托书。不能现场签订授权委托书的，应提交经公证的授权委托书。①自然人转让、注销等处分不动产权利的；②自然人以不动产设定抵押权、地役权申请首次登记、变更登记或者抵押权预告登记的；抵押权人、地役权人或者抵押权预告登记权利人为自然人，申请相应的转移登记、注销登记的，但抵押权人为银行、住房置业担保公司等机构的除外；③配偶之间变更不动产登记权利人或者房屋共有关系变化的。

3）外文文本的申请材料所附汉字译本。

4）当事人申请不动产登记提交的境外公证文书等，还应按下列规定办理认证、确认手续：①与中国有外交关系的国家出具的文书，须经中国驻该国使（领）馆认证；②与中国无外交关系的国家出具的文书，须经与该国和我国均有外交关系的第三国使（领）馆认证；③在香港申办的公证文书应由我国司法部委托的"中国委托公证人"办理，该公证书须经中国法律服务（香港）有限公司加章转递；④台湾地区自然人持台湾地区公证机构出具的公证书，须经市公证员协会核对并出具确认当事人持有的正本与海基会寄送的公证书副本核对一致的证明。

5）申请人委托他人办理登记手续，委托书经公证、认证的，代理人可提交申请人身份证明复印件，登记经办机构不负责对身份证明原件与复印件的核对。

（3）法律文书

1）申请人提交的人民法院裁判文书、仲裁委员会裁决书应当为已生效的法律文书。提交一审人民法院裁判文书的，应当同时提交人民法院出具的裁判文书、已经生效的证明文件等相关材料，即时生效的裁定书、经双方当事人签字的调解书除外。

2）香港特别行政区、澳门特别行政区、台湾地区形成的司法文书，应经境内不动产所在地中级人民法院裁定予以承认或执行。香港特别行政区形成的具有债权款项支付的民商事案件除外。

3）外国司法文书应经境内不动产所在地中级人民法院按国际司法协助的方式裁定予以承认或执行。

4）需要协助执行的生效法律文书应当由做出该法律文书的机关的工作人员送达，送达时应当提供工作证件和执行公务的证明文件。人民法院直接送达法律文书有困难的，可以委托其他法院代为送达。

香港特别行政区、澳门特别行政区、台湾地区的公证文书以及与我国有外交关系的国家出具的公证文书按照司法部等国家有关规定进行认证与转递。

（4）不动产登记申请书

1）申请人申请不动产登记，应当如实、准确填写不动产登记机构制定的不动产登记申请书。申请人为自然人的，申请人应当在不动产登记申请书上签字；申请人为法人或其他组织的，申请人应当在不动产登记申请书上盖章。自然人委托他人申请不动产登记的，代理人应在不动产登记申请书上签字；法人或其他组织委托他人申请不动产登记的，代理人应在不动产登记申请书上签字，并加盖法人或其他组织的公章。

2）共有的不动产，申请人应当在不动产登记申请书中注明共有性质。按份共有不动产的，应明确相应具体份额，共有份额宜采取分数或百分数表示。

3）申请不动产登记的，申请人或者其代理人应当向不动产登记机构提供有效的联系方式。申请人或者其代理人的联系方式发生变动的，应当书面告知不动产登记机构。

（5）其他要求

1）申请不动产登记的，申请人应向登记经办机构提交申请登记文件的原件；登记经办机构需留存复印件的，应对复印件与原件的一致性进行核对，并在留存复印件上加盖核对无异专用章。

金融机构、房地产开发企业在申请办理不动产登记向登记经办机构提交营业执照原件、复印件时，可自愿出具承诺函，承诺在一定期限内办理相关登记业务提交的营业执照复印件与原件一致。登记经办机构按照有关当事人身份证明的要求进行审核。已提交承诺函的金融机构、房地产开发企业在承诺的期限内办理不动产登记时，不再提交营业执照原件，可提交加盖公章的营业执照复印件。金融机构、房地产开发企业出具承诺函后发生单位名称变更等情形的，应及时到登记经办机构变更，并对未及时变更引发的后果承担一切法律责任。承诺期限到期的，金融机构、房地产开发企业根据需要可以向登记经办机构再次提交营业执照原件、复印件及承诺函。

申请人无法提供原件的，应提供原发证单位或有关存档机构出具的与原件一致的证明材料，其中法人或其他组织已吊销、因遗失等原因不能提供营业执照等身份证明原件的，可提供原发证单位出具的有关登记信息证明作为与原件一致的证明材料；属于境外机构的，其出具的证明应经中国使（领）馆认证。

2）登记的申请书应由当事人签名或者盖章；代理人申请登记的，代理人需签名或者盖章。

3）不动产界址坐标、空间界限、权籍调查表、权属界线协议书、宗地图或者宗海图、房屋测绘报告、房屋平面图等材料，申请人或者登记经办机构可以委托专业技术单位获得。

4）申请登记文件应使用汉字文本。少数民族文字文本的申请材料，应同时附汉字文本；外文文本的申请材料应附经公证或认证的汉字译本。

5）申请材料应当齐全，符合要求，申请人应当对申请材料的真实性负责，并做出书面承诺。

6）申请材料格式：申请材料形式应当为纸质介质，申请书纸张和尺寸宜符合下列规定：①采用韧性大、耐久性强、可长期保存的纸质介质。②幅面尺寸为国际标准 297 mm × 210 mm（A4 纸）。③填写申请材料应使用黑色钢笔或签字笔，不得使用圆珠笔、铅笔。因申请人填写错误确需涂改的，需由申请人在涂改处签字（或盖章）确认。

7）申请材料中的申请人（代理人）姓名或名称应符合下列规定：

①申请人（代理人）应使用身份证明材料上的汉字姓名或名称；②当使用汉字译名时，应在申请材料中附记其身份证明记载的姓名或名称。

8）申请材料中涉及数量、日期、编号的，宜使用阿拉伯数字。涉及数量有计量单位的，应当填写与计量单位口径一致的数值。

9）当申请材料超过一页时，应按 1、2、3……顺序排序，并宜在每页标注页码。

10）申请材料传递过程中，可将其合于左上角封牢。补充申请材料应按同种方式另行排序封卷，不得拆开此前已封卷的资料直接添加。

9. 申请不动产登记的，申请人应当按照国家有关规定缴纳登记费

登记费是登记机构日常运行所需经费的主要来源。由于办理不动产登记需要一定的人力、物力、财力等基本条件，为了保证登记机构的正常运转，不动产登记机构向申请人收取一定的登记费，这也是国际通行的做法。针对登记费标准不统一的现状，《物权法》第二十二条中规定，不动产登记费按件收取，不得按照不动产的面积、体积或者价款的比例收取。

为保护不动产权利人合法权益，规范不动产登记收费行为，国家发展改革委财政部《关于不动产登记收费标准等有关问题的通知》（发改价格规〔2016〕2559 号）进行了如下规定：

（1）不动产登记收费标准

县级以上不动产登记机构依法办理不动产权利登记时，根据不同情形，收取不动产登记费。

1）住宅类不动产登记收费标准。落实不动产统一登记制度，实行房屋所有权及其建设用地使用权一体登记。原有住房及其建设用地分别办理各类登记时收取的登记费，统一整合调整为不动产登记收费，即住宅所有权及其建设用地使用权一并登记，收取一次登记费。规划用途为住宅的房屋（以下简称住宅）及其建设用地使用权申请办理下列不动产登记事项，提供具体服务内容，据实收取不动产登记费，收费标准为每件80元。具体包括：①房地产开发企业等法人、其他组织、自然人合法建设的住宅，申请办理房屋所有权及其建设用地使用权首次登记；②居民等自然人、法人、其他组织购买住宅，以及互换、赠予、继承、受遗赠等情形，住宅所有权及其建设用地使用权发生转移，申请办理不动产转移登记；③住宅及其建设用地用途、面积、权利期限、来源等状况发生变化，以及共有性质发生变更等，申请办理不动产变更登记；④当事人以住宅及其建设用地设定抵押，办理抵押权登记（包括抵押权首次登记、变更登记、转移登记）；⑤当事人按照约定在住宅及其建设用地上设定地役权，申请办理地役权登记（包括地役权首次登记、变更登记、转移登记）。

为推进保障性安居工程建设，减轻登记申请人负担，廉租住房、公共租赁住房、经济适用住房和棚户区改造安置住房所有权及其建设用地使用权办理不动产登记，登记收费标准为零。

2）非住宅类不动产登记收费标准。办理下列非住宅类不动产权利的首次登记、转移登记、变更登记，收取不动产登记费，收费标准为每件550元。包括：①住宅以外的房屋等建筑物、构筑物所有权及其建设用地使用权或者海域使用权；②无建筑物、构筑物的建设用地使用权；③森林、林木所有权及其占用林地的承包经营权或者使用权；④耕地、草地、水域、滩涂等土地承包经营权；⑤地役权；⑥抵押权。

不动产登记机构依法办理不动产查封登记、注销登记、预告登记和因不动产登记机构错误导致的更正登记，不得收取不动产登记费。

（2）证书工本费标准

不动产登记机构按收取不动产登记费，核发一本不动产权属证书的不收取证书工本费。向一个以上不动产权利人核发权属证书的，每增加一本证书加收证书工本费10元。

不动产登记机构依法核发不动产登记证明，不得收取登记证明工本费。

（3）收费优惠减免

对下列情形，执行优惠收费标准。

1）以下情况收取登记费标准的二分之一，同时不收取第一本不动产权属证书的工本费：①申请不动产更正登记、异议登记的；②不动产权利人姓名、名称、身份证明类型或者身份证明号码发生变更申请变更登记的；③同一权利人因分割、合并不动产申请变更登记的；④国家法律、法规规定予以减半收取的。

2）免收不动产登记费（含第一本不动产权属证书的工本费）：①申请与房屋配套的车库、车位、储藏室等登记，不单独核发不动产权属证书的（申请单独发放权属证书的，按本通知第一条规定的收费标准收取登记费）；②因行政区划调整导致不动产坐落的街道、门牌号或房屋名称变更而申请变更登记的；③小微企业（含个体工商户）申请不动产登记的；④农村集体经济组织成员以家庭承包或其他方式承包取得农用地的土地承包经营权申请登记的；⑤农村集体经济组织成员以家庭承包或其他方式承包取得森林、林木所有权及其占用的林地承包经营权申请登记的；⑥依法由农民集体使用的国有农用地从事种植业、林业、畜牧业、渔业等农业生产，申请土地承包经营权登记或国有农用地使用权登记的；⑦因农村集体产权制度改革导致土地、房屋等确权变更而申请变更登记的；⑧国家法律、法规规定予以免收的。

3）只收取不动产权属证书工本费，每本证书10元。包括：①单独申请宅基地使用权登记的；②申请宅基地使用权及地上房屋所有权登记的；③夫妻间不动产权利人变更，申请登记的；④因不动产权属证书丢失、损坏等原因申请补发、换发证书的。

（4）不动产登记计费单位

不动产登记费按"件"收取，不得按照不动产的面积、体积或者价款的比例收取。申请人以一个不动产单元提出一项不动产权利的登记申请，并完成一个登记类型登记的为一件。申请人以同一宗土地上多个抵押物办理一笔贷款，申请办理抵押权登记的，按一件收费；非同宗土地上多个抵押物办理一笔贷款，申请办理抵押权登记的，按多件收费。

（5）登记费缴纳

不动产登记费由登记申请人缴纳。按规定需由当事各方共同申请不动产登记的，不动产登记费由登记为不动产权利人的一方缴纳；不动产抵押权登记，登记费由登记为抵押权人的一方缴纳；不动产为多个权利人共有（用）的，不动产登记费由共有（用）人共同缴纳，具体分摊份额由共有（用）人自行协商。

房地产开发企业不得把新建商品房办理首次登记的登记费，以及因提供测绘资料所产生的测绘费等其他费用转嫁给购房人承担；向购房人提供抵押贷款的商业银行，不得把办理抵押权登记的费用转嫁给购房人承担。

（二）登记受理

受理是指不动产登记机构依法查验申请主体、申请材料，询问登记事项、录入相关信息、出具受理结果等工作的过程。《物权法》第十二条规定了登记机构的职责，其中第一项、第二项分别规定登记机构要查验申请人提供的权属证明和其他必要材料，就有关登记事项询问申请人，这是对登记机构受理环节提出的要求。

1. 可以合并受理的登记

有下列情形之一的，当事人向登记经办机构一并申请登记时，登记经办机构应合并受理。不动产登记机构一并受理后，就不同的登记事项依次分别记载于不动产登记簿的相应簿页。

1）因申请不动产变更登记，致使不动产抵押权、地役权变更的，登记经办机构应合并受理不动产变更登记与抵押权、地役权的变更登记；

2）申请存量房屋转移登记的，以房地产抵押贷款支付房价款的，登记经办机构应合并受理转移登记与受让房屋的抵押权登记；

3）以预购商品房抵押贷款支付房价款的，登记经办机构应合并受理房屋所有权与房屋抵押权的预告登记；

4）抵押贷款预购商品房的，在房屋首次登记后，转移登记与抵押权登记合并办理；

5）设有抵押权、地役权的不动产转让的，不动产的转移登记和抵押权、地役权登记

应合并办理;

6）依法利用国有土地建造房屋，尚未申请办理国有建设用地使用权登记，且相关手续齐全的，登记经办机构应合并受理国有建设用地使用权及房屋所有权登记;

7）依法利用宅基地建造住房及其附属设施，尚未申请办理宅基地使用权登记，且相关手续齐全的，登记经办机构应合并受理宅基地使用权及房屋所有权登记;

8）依法使用集体土地兴办企业，建设公共设施，从事公益事业等的，尚未申请办理集体建设用地使用权登记，且相关手续齐全的，登记经办机构应当合并受理集体建设用地使用权及地上建筑物、构筑物所有权登记;

9）依法使用海域，以及在海域上建造建筑物、构筑物，尚未申请办理海域使用权登记，且相关手续齐全的，登记经办机构应当合并受理海域使用权及建筑物、构筑物所有权登记。

登记经办机构按照前条规定合并受理登记申请的，办理时限不得超过两种登记时限之和。

已办理首次登记的不动产，申请人因继承、受遗赠，或者人民法院、仲裁委员会的生效法律文书取得该不动产但尚未办理转移登记，又因继承、受遗赠，或者人民法院、仲裁委员会的生效法律文书导致不动产权利转移的，不动产登记机构办理后续登记时，应当将之前转移登记的事实在不动产登记簿的附记栏中记载。

2. 检查登记要件

受理的过程实际上也是一个初步审查的过程，主要看当事人提供的登记申请材料是否齐全，权属来源是否清楚。权利人在申请登记时，登记机构工作人员应当根据法律、法规以及有关政策规定，查阅申请人提交的证明文件，以及各证明文件之间的逻辑是否一致。查验申请主体应包括下列主要内容。

（1）查验登记范围

不动产登记机构应查验申请登记的不动产是否属于本不动产登记机构的管辖范围;不动产权利是否属于《不动产登记暂行条例》《不动产登记暂行条例实施细则》规定的不动产权利;申请登记的类型是否属于《不动产登记暂行条例》《不动产登记暂行条例实施细则》规定的登记类型。

（2）查验申请主体

1）不动产登记机构查验申请事项，由双方共同申请还是可以单方申请，由全体共有人申请还是可以由部分共有人申请。

2）查验身份证明，申请人与其提交的身份证明指向的主体是否一致:①通过身份证识别器查验身份证是否真实;②护照、港澳通行证、台湾居民来往大陆通行证等其他身份证明类型是否符合要求;③非自然人申请材料上的名称、印章是否与身份证明材料上的名称、印章一致。

3）查验申请材料形式:①不动产登记机构应当查验申请人的身份证明材料规格是否符合本规范的要求;②自然人处分不动产，委托代理人代为申请登记，其授权委托书未经公证的，不动产登记机构工作人员应当按下列要求进行见证（见证的过程如下）:

授权委托书的内容是否明确，本登记事项是否在其委托范围内;按本规范的要求核验当事人双方的身份证明；由委托人在授权委托书上签字；不动产登记机构工作人员在授权委托书上签字见证。

具备技术条件的不动产登记机构应当留存见证过程的照片。

（3）查验书面申请材料

1）查验申请材料是否齐全。不动产登记机构应当查验当事人提交的申请材料是否齐全，相互之间是否一致；不齐全或不一致的，应当要求申请人进一步提交材料。

2）查验申请材料是否符合法定形式。①不动产登记机构应当查验申请人的其他申请材料规格是否符合本规范的要求；有关材料是否由有权部门出具，是否在规定的有效期限内，签字和盖章是否符合规定。②不动产登记机构应当查验不动产权证书或者不动产登记证明是否真实、有效。对提交伪造、变造、无效的不动产权证书或不动产登记证明的，不动产登记机构应当依法予以收缴。属于伪造、变造的，不动产登记机构还应及时通知公安部门。

3）申请材料确认。申请人应当采取下列方式对不动产登记申请书、询问记录及有关申请材料进行确认：①自然人签名或摁留指纹。无民事行为能力人或者限制民事行为能力人由监护人签名或摁留指纹；没有听写能力的，摁留指纹确认。②法人或者其他组织加盖法人或者其他组织的印章。

对查验申请材料应包括下列要求：申请材料应齐全、完整；房地产权属证书或登记证明应真实、有效；有关部门出具的权利来源证明材料、其他有关证明材料应在规定的有效期限内且属依职权出具。

4）申请材料的处理。对当事人提交的申请材料，不动产登记经办机构应当核查原件并留存复印件，但属于下列情形的，原则上应当留存原件：①申请书、承诺书、委托书、声明等当事人意思表示的文书；②不动产权属来源证明材料：包括用地或用海批准文件、出让合同，建设工程符合规划的证明、建设工程已竣工验收的证明，转移登记的相关合同或协议、抵押登记的主合同及抵押合同等相关材料；③不动产调查成果（1份）或测绘成果资料（2份）及电子版；④应当收回注销的不动产权属证书或者证明；⑤登记事项涉及变更不动产权属证书或者证明记载事项的，留存不动产权属证书或者证明原件，待登记完成后退回。

3. 就与登记有关的事项询问申请人

登记机构就有关登记事项询问申请人是为便于登记机构日后举证，也可以在登记申请书上就有关登记事项已询问过申请人做简要的表述。登记机构对当事人提出的登记申请，并不是以询问情况来决定是否核准登记，而是以当事人提供的登记原因文件是否齐全及合法来确定。对不同的登记事项、不同的情况，询问的内容也有不同。

（1）询问内容

1）申请登记的事项应是申请人的真实意思表示。申请登记事项是否是申请人的真实意思表示由于登记行为本身是应申请人的要求进行的，登记行为所引发的物权变动主要取决于当事人的意思表示。根据《民法通则》第五十五条的规定，民事法律行为应当具备下列条件：①行为人具有相应的民事行为能力；②意思表示真实；③不违反法律或者社会公共利益。意思表示真实是民事法律行为生效的条件之一。所以，为保证登记行为生效，登记机构首先应询问申请人意思表示是否真实。值得注意的是，登记机构之所以要询问申请登记事项是否是申请人的真实意思表示，主要是提示当事人应当按照真实意思表示申请登记，而不意味着对此进行审查。

2）申请登记的房地产应是共有或单独所有。对共有的房地产，应询问是共同共有或按份共有；对按份共有的，应询问申请人的共有份额。

共有是指两个以上的自然人或者法人对一项财产共同享有所有权。两个或两个以上的自然人或者法人通过合资购买、共同继承、共同受赠等方式取得的房屋即为共有房屋。共有房屋登记应当由共有人共同申请。凡共有房屋，无论在申请登记时或进行处分时，申请人、权利人应当按实际的权利状态申报，这是申请人、权利人应尽的义务。但在实务中存在一些实际属于共同财产却没有按共有房屋进行登记的情形，比如夫妻婚姻关系存续期间取得的房产，以往在申请登记时习惯由夫或妻一方直接向登记机构提出申请而非共同申请，则日后处分此类房产时，由于没有登记共有情况，隐形共有人的合法权益得不到保障。登记机构在受理登记申请时就申请登记房屋是否为共有房屋进行询问，可以有效避免出现此类情形，如实地将共有情况记载于登记簿上，维护共有人的合法权益。

3）当申请异议登记时，申请人应知悉异议不当应承担的责任。异议登记是利害关系人对权利人的房屋登记行为提出质疑，为维护利害关系人自己的利益提出暂时限制房屋权利人对房屋的处分。从进行异议登记后到法院判决这段时间内房屋权利人不能处分所登记的房屋，这可能给权利人带来经济损失。到异议取消后，异议的问题没有得到法院的认可，则经济损失由提出异议登记的利害关系人承担。

4）询问结果应经被询问人签名或摁留指纹确认后归档保留。登记机构进行询问时，申请人应做如实回答。为了方便申请人回答询问事项，同时也提高登记机构的工作效率，针对需要进行询问的事项可以由登记机构设计并制定专用询问表格，由申请人逐项填写或画勾。登记机构就相关事项询问申请人时记录的询问结果，应当经申请人签字进行确认，并予以保留。这既是申请人对所记录询问结果的真实性进行确认，又可以避免日后发生争议时，登记机构难以举证的情况出现。经申请人签字确认后的询问结果应连同登记申请材料一同作为权属档案进行保存。

受理自然人或其代理人登记申请时，应采集当事人照片。房地登记信息系统中留存已采集照片的，权利人申请办理其他登记时，应调取系统中的照片进行比对。

（2）询问记录

1）因处分不动产申请登记且存在异议登记的，受让方应当签署已知悉存在异议登记并自行承担风险的书面承诺；

2）不动产登记机构应当核对询问记录与申请人提交的申请登记材料、申请登记事项之间是否一致。

4. 受理结果

1）经查验或询问，符合下列条件的，不动产登记机构应当予以受理：

①申请登记事项在本不动产登记机构的登记职责范围内；②申请材料形式符合要求；③申请人与依法应当提交的申请材料记载的主体一致；④申请登记的不动产权利与登记原因文件记载的不动产权利一致；⑤申请内容与询问记录不冲突；⑥法律、行政法规等规定

的其他条件。

2）申请材料存在可以当场更正的错误的，应当告知申请人当场更正，申请人当场更正后，应当受理并书面告知申请人。

3）申请材料不齐全或者不符合法定形式的，应当当场书面告知申请人不予受理并一次性告知需要补正的全部内容（见附件1－3－2A、B），并将申请材料退回申请人。

4）申请登记的不动产不属于本机构登记范围的，应当当场书面告知申请人不予受理，并告知申请人向有登记权的机构申请。

不动产登记机构未当场书面告知申请人不予受理的，视为受理。

5. 查验登记系统的属性、图形数据

根据登记种类，核查不动产登记系统土地（包含承包经营的土地）、房屋、海域、森林和林木属性信息以及图形数据是否齐备。

6. 录入信息、关联图形和属性数据

录入不动产属性信息和图形数据，需补充修改原不动产登记信息的，应按照规定在不动产登记系统完成信息补录或修改。属于独用宗地的房地产转移、变更、抵押登记等，应将原土地、房屋属性信息以及土地图形数据三组信息关联；属于房屋所有权首次登记以及土地、宗海现状发生改变登记等，应将电子宗地图、宗海图录入不动产登记系统。

7. 查验信息、税费

查验登记申请与不动产登记系统内记载的登记信息是否冲突；查验各类不动产登记信息之间是否存在冲突；查验登记税费。

8. 决定是否受理

依据查验结果，决定是否受理，予以受理的出具"不动产登记领证通知"（收件收据，见附件1－3－3）。

收件收据应注明申请人姓名或者名称、登记类型、不动产坐落、提交文件名称和份数、原件或者复印件、登记机构名称、收件人姓名、收件时间、领证时间等，申请人应签名或者盖章确认已领取收件收据，收件收据应全市统一编号；申请要件不齐全或者不符合法定形式的，出具"不动产登记不予受理告知书或补充材料通知书"。

登记机构出具收件书面凭证的意义在于：一方面它是房屋登记申请受理日确定的证明；另一方面它也是收到申请人提交的各种登记材料的收据，有着重要的证据作用，表明登记机构对申请人提交的相关材料负有妥善保管的义务。因此，从维护自身权益的角度出发，如果登记机构未及时出具收件书面凭证，登记申请人有权要求登记机构出具。对申请人的这一要求，登记机构不应拒绝。

对申请登记材料不全或不符合法定形式的，登记机构不受理登记申请，并应告知申请人不予受理的原因，需要补充材料才能受理的，应当一次性书面告知申请人需要补齐的材料。提交营业执照时，可自愿出其承诺函（见附件1－3－4）。

9. 提出初审意见

根据受理时的查验结果，写明申请人提出哪种登记、所交的资料种类、是否齐全、是否符合受理的条件。

（三）登记审核

审核是指不动产登记机构受理申请人的申请后，根据申请登记事项，按照有关法律、行政法规对申请事项及申请材料做进一步审查，并决定是否予以登记的过程（见附件1-3-5）。

不动产登记机构应进一步审核上述受理环节是否按照规范的要求对相关事项进行查验、询问等。对于在登记审核中发现需要进一步补充材料的，不动产登记机构应当要求申请人补全材料，补全材料所需时间不计算在登记办理期限内。

1. 书面材料审核

1）进一步审核申请材料，必要时应当要求申请人进一步提交佐证材料或向有关部门核查有关情况。

①申请人提交的人民法院、仲裁委员会的法律文书，具备条件的，不动产登记机构可以通过相关技术手段查验法律文书编号、人民法院以及仲裁委员会的名称等是否一致，查询结果需打印、签字及存档；不一致或无法核查的，可进一步向出具法律文书的人民法院或者仲裁委员会进行核实或要求申请人提交其他具有法定证明力的文件。②对已实现信息共享的其他申请材料，不动产登记机构可根据共享信息对申请材料进行核验；尚未实现信息共享的，应当审核其内容和形式是否符合要求。必要时，可进一步向相关机关或机构进行核实，或要求申请人提交其他具有法定证明力的文件。

2）法律、行政法规规定的完税或者缴费凭证是否齐全。对已实现信息共享的，不动产登记机构应当通过相关方式对完税或者缴费凭证进行核验。必要时，可进一步向税务机关或者出具缴费凭证的相关机关进行核实，或者要求申请人提交其他具有法定证明力的文件。

3）不动产登记机构应当查验不动产界址、空间界限、面积等不动产权籍调查成果是否完备，权属是否清楚、界址是否清晰、面积是否准确。

4）不动产存在异议登记或者设有抵押权、地役权或被查封的，因权利人姓名或名称、身份证明类型及号码、不动产坐落发生变化而申请的变更登记，可以办理。因通过协议改变不动产的面积、用途、权利期限等内容申请变更登记，对抵押权人、地役权人产生不利影响的，应当出具抵押权人、地役权人同意变更的书面材料。

2. 查阅不动产登记簿

除尚未登记的不动产首次申请登记的，不动产登记机构应当通过查阅不动产登记簿的记载信息，审核申请登记事项与不动产登记簿记载的内容是否一致。

（1）申请人与不动产登记簿记载的权利人是否一致

申请人提交的登记申请材料主要包括登记申请书、申请人的身份证明、权属证书或登记证明、房屋权利变动的原因文件（合同、继承关系证明、合法建造房屋的证明等）以及其他必要材料，这些材料在主体上应当是一致的。具体讲，登记机构应当完成如下步骤：

第一，登记机构应当首先确认申请人提交的不动产权证书、不动产登记证明（房屋所有权证书或者房地产权证书、登记证明）的真实性、有效性。如果权属证书、登记证明无法提供，则应当告知其按照规定的程序补发；如果权属证书、登记证明系伪造、变造或者已因补发、换证等情形而失效，则应当依据有关法律的规定追究其相应的法律责任。

第二，登记机构应当比对申请人及其身份证明，判断申请人是否是身份证明上记载的当事人。如前所述，在此，登记机构应当负有合理的审查义务。如果该身份证明明显系伪造，或者已经过期；或者身份证号码与登记簿记载不一致；或者申请人与身份证明上的照片区别较大，登记人员因过失没有发现从而导致错误登记，显然登记机构应当承担赔偿责任。

第三，登记机构应当比对登记簿、身份证明、登记申请书、权属证书、登记证明以及房屋权利变动的原因文件等其他申请材料，确认其记载的申请人姓名、名称是一致的。

(2) 申请人提交的登记原因文件与登记事项是否一致

房屋权利变动的原因证明文件主要包括当事人之间的合同、继承关系证明，法院、仲裁机构的法律文书、征收决定以及合法建造房屋的证明。申请登记内容与房屋权利变动原因证明文件记载的相一致，具体来说：

第一，在因当事人之间的合同（如买卖、赠予、出资、抵押、设立地役权等）发生房屋权利变动的情况下，登记机构应当审核登记申请书中记载的申请房屋登记的内容是否与合同中房屋权利变动内容一致。

第二，因继承或者遗嘱发生房屋权利变动的情况下，登记机构也应当对相关证明材料中记载的内容与登记申请书的记载是否一致加以审核。因继承或者遗嘱发生房屋权利变动的情况下，鉴于登记机构无权也没有能力对继承关系加以判断，依据有关行政规章，应当首先通过公证文书对继承关系加以确定，再据此办理相应登记。其次，在办理遗嘱继承登记中申请人不能提供公证书的情况下，申请人应当场签立合法继承人的具结书。登记机关应录像保存。作为以后发生纠纷时的举证依据。再次，法定继承时，可以由申请人签订"协商继承"，也就是全部继承人之间如果能协商一致达成不动产分配协议的，可以提交被继承人死亡证明、全部法定继承人关于不动产分配的协议、继承人与被继承人的亲属关系证明以及其他必要的材料。

第三，法院、仲裁机构的法律文书，人民政府的征收决定。对此，登记机构无权审核其效力，但是仍然要对其内容是否与登记申请书一致加以核对。如果其涉及的房屋并非申请登记的房屋，或者其描述的房屋权利状况与实际状况不一致，登记机构应当要求申请人补充材料或者不予登记。但是，如果系人民法院协助执行通知书提出登记要求，基于对司法权威的尊重，即便存在不一致或者与登记簿记载权利冲突的情形，登记机构也应当办理登记，并同时告知登记簿记载的权利人，由其提出执行异议或者通过其他方式解决纠纷。

第四，合法建造房屋的证明。申请人合法建造房屋、申请房屋首次登记时，申请人申请登记的房屋权利状况和自然状况必须与其提交的规划、土地、竣工验收等方面的登记资料所反映的内容一致。

(3) 申请人申请登记的不动产与不动产登记簿的记载是否一致

申请人在申请书中填写的不动产的坐落、位置、数量、房屋的结构等是否与登记簿的记载一致。

(4) 申请登记事项与不动产登记簿记载的内容是否一致

如房屋的买卖产生的转移登记转让人和不动产登记簿记载的原所有人是否一致。

（5）不动产是否存在抵押、异议登记、预告登记、预查封、查封以及正在受理的更正登记等情形

房屋权利主要是物权。在同一物上不能同时存在两个所有权，也不能同时存在两个内容相互冲突的他物权（他项权利）。而房屋登记中各种事项的登记，往往涉及对权利处分的限制，一经登记，就可能限制房屋权利人的处分权。因此，在房屋登记中，登记机构应当遵循"先来后到"的原则，对申请登记的房屋权利加以审核，判断其是否与在先的房屋权利相冲突。另一方面，登记机构只对登记簿记载的房屋权利是否与申请登记事项相冲突加以审核。这是因为登记机构对实体民事法律关系无权加以审查，故而，在涉及对权利是否存在的审核时，登记机构无须审核实际的权利状态，而仅就登记簿记载的权利状态加以审查。换言之，以登记簿记载的权利状态替代了真实的民事权利义务关系。例如，在抵押权被协议注销后，抵押人与买受人申请转让抵押房屋，登记机构审查后认为并无权利冲突，从而办理了转让登记。此后，即便认为该消灭抵押权的合同无效，也不能认为登记机构的转让登记不当。

3. 查阅登记原始资料

经查阅不动产登记簿，不动产登记机构认为仍然需要查阅原始资料确认申请登记事项的，应当查阅不动产登记原始资料，并决定是否予以继续办理。

4. 当有下列情形之一时，应进行实地查看

属于房屋等建筑物、构筑物所有权首次登记，在建建筑物抵押权首次登记、因不动产灭失导致的注销登记等，应查看现场。

对可能存在权属争议或者可能涉及他人利害关系的，可以向申请人、利害关系人或者有关单位进行调查。登记经办机构进行实地查看或者调查时，申请人、被调查人应当予以配合。

（1）房屋等建筑物、构筑物所有权首次登记

房屋所有权首次登记是因合法建造房屋而申请的登记，是对业已存在的房屋所有权的第一次登记。为了使登记所确认的权利与实际的权利相一致，避免申请人伪造材料"无中生有"，维护登记的权威性和公信力，所以在办理建筑物、构筑物首次登记时，登记机构要到实地查看。实地查看的范围包括：房屋等建筑物及构筑物坐落、是否竣工、是否在土地登记范围内等情况；申请人提交的建设工程符合规划的证明材料记载的建筑物、构筑物是否一致；建筑物、构筑物与已竣工的证明材料记载的情况是否一致。

（2）在建工程抵押权首次登记

在建工程抵押权登记是当事人以在建工程设定抵押而申请办理的登记。由于在建工程尚未竣工，其本身处于不确定状态，申请登记时只能向登记机构提交经规划部门审批的工程图纸，一旦城市道路名称或在建工程项目名称发生变更，抵押人可能就已经设立抵押的同一项目以不同名称补办规划手续。如果抵押人以变更后的项目名称申请办理首次登记，登记机构可能难以察觉而为申请人核准登记甚至办理转移登记。如果不进行实地查看，不仅会使权利人遭受损失，也会导致登记机构承担由此造成的风险。在办理登记时，登记机构要实地查看主要包括两方面内容：一是对已建成的部分是否真实存在进行查看；二是对项目的名称、坐落等进行核实（是否在土地登记范围内等情况）。若有必要，登记经办机

构应当对已进行实地查看的情况通过文字或拍照的方式予以记录保存。

（3）因不动产灭失导致的不动产所有权注销登记

因房屋灭失的房屋所有权注销登记是指经依法登记的房屋被拆除或其他不可抗力造成房屋灭失而申请的登记。现实中还有可能存在房屋已经不存在，但所有权人并不主动申请房屋所有权注销登记的情况，但房屋登记簿仍有记载，此时若权利人再进行转移、抵押等处分行为，就会造成登记错误的风险。另外，也有可能房屋尚且存在，但由于特别的原因，所有权人却申请注销登记，以达到其特定的目的。为了更好地保护相对人既有的所有权和共有权，在申请办理因房屋灭失导致的注销登记时，房屋登记机构有必要进行实地查看。查看登记簿记载的房屋坐落与申请登记的房屋坐落信息是否一致。

（4）登记经办机构认为需要实地查看的其他情形

每件实地查看业务应由不少于两名登记工作人员负责，其中至少一名应为登记官。查看人员宜对查看对象拍照留存，填写实地查看记录表，并应签名确认。有必要的应采用GPS等技术手段进行查看记录。

5. 调查

对可能存在权属争议，或者可能涉及他人利害关系的登记申请，不动产登记机构可以向申请人、利害关系人或者有关单位进行调查。不动产登记机构进行调查时，申请人、被调查人应当予以配合。

6. 公告

一般情况下公告不是房屋登记的必经程序。公告属于登记实践中证明行之有效的方法，实践中一些特殊不动产的登记，比如因为历史遗留问题未登记的房屋，当事人申请登记的，需要通过公告确定有关事项。又如当事人房屋权属证书遗失产生的补换证问题，也需要通过公告程序来使整个登记程序更加严密。登记机构认为必要时，可以就登记事项进行公告。公告是对可能存在异议的申请，采用电视公告、报纸公告等形式公开征询异议，以便确认产权的行为。

（1）不动产首次登记

除涉及国家秘密外，政府组织的集体土地所有权登记，以及宅基地使用权及房屋所有权，集体建设用地使用权及建筑物、构筑物所有权，土地承包经营权等不动产权利的首次登记，不动产登记机构应当在记载于不动产登记簿前进行公告。公告主要内容包括：申请人的姓名或者名称；不动产坐落、面积、用途、权利类型等；提出异议的期限、方式和受理机构；需要公告的其他事项（见附件1-3-6）。

不动产首次登记公告由不动产登记机构在其门户网站以及不动产所在地等指定场所进行，集体土地上房屋的公告宜在房屋所在地农村集体经济组织或村民委员会办公场所或房屋所在地张贴。该农村集体经济组织或村民委员会出具已公告的证明，或现场拍取的公告场景照片，可作为已公告依据。公告期不少于十五个工作日。

公告期满无异议的，不动产登记机构应当将登记事项及时记载于不动产登记簿。公告期间，当事人对公告有异议的，应当在提出异议的期限内以书面方式到不动产登记机构的办公场所提出异议，并提供相关材料，不动产登记机构应当按下列程序处理：

1）根据现有材料异议不成立的，不动产登记机构应当将登记事项及时记载于不动产登记簿。

2）异议人有明确的权利主张，提供了相应的证据材料，不动产登记机构应当不予登记，并告知当事人通过诉讼、仲裁等解决权属争议。

（2）依职权登记公告

不动产登记机构依职权办理登记的，不动产登记机构应当在记载于不动产登记簿前在其门户网站以及不动产所在地等指定场所进行公告，公告期不少于十五个工作日。公告期满无异议或者异议不成立的，不动产登记机构应当将登记事项及时记载于不动产登记簿（见附件1-3-7）。

（3）不动产权证书或者不动产登记证明作废公告

因不动产权利灭失等情形，无法收回不动产权证书或者不动产登记证明的，在登记完成后，不动产登记机构应当在其门户网站或者当地公开发行的报刊上公告作废（见附件1-3-8）。

7. 提出审核意见

审核人员经过审核后，如果发现问题应将问题写在审核表中。如果没有问题应把审核的内容写在审核表中。如申请人与提交的材料记载的主体是否一致；申请登记的房屋与申请人提交的证明材料记载是否一致；申请登记的内容与有关材料证明的事实是否一致；申请登记的事项与房屋登记簿记载的房屋权利是否不冲突；是否有正在办理的更正登记、异议登记记载；是否有人民法院、人民检察院、公安机关依据法律规定采取限制措施记载，是否有他人不动产预告登记记载。房屋所有权首次登记要注明申请登记的房屋与申请人提交的规划证明材料记载一致；经实地查看，申请登记的不动产界址、空间界限、面积等材料与申请登记的不动产是否一致；房屋是否具备居住条件；是否符合法律的规定等内容；是否建议办理登记。

不符合登记条件的，填写"不予登记告知书"（见附件1-3-9），报审定人批准后，由受理人员通知申请人退件。

（四）核准登记并记载于登记簿

经过登记机构审核，将有两种结果：或者准予登记，或者不予登记。登簿就是登记机构决定予以登记的事项，包括不动产的自然状况部分、权利状况部分，以及查封、异议等其他依法应当登记的事项等在登记簿中予以记载。登记的完成，必须要将不动产的有关信息归于登记簿。因此，登记机构必须如实将登记事项记载于登记簿，发挥登记簿的公示、公信作用。房屋权属证书和登记证明记载的事项，应当与登记簿一致；记载不一致时，除有证据证明登记簿确有错误外，以登记簿为准。

1. 核准登记并记载于登记簿

主要包括以下程序：

（1）核准登记

①对登记事项进行全面审核；②签署审定意见。

（2）是否登簿

符合登记条件的，签署审定意见后，不动产登记簿的记载同时完成。

不符合登记条件的，通知审核人填写"不予登记告知书"（见附件1－3－9），并将申请登记文件退审核人，审核人退受理人员后，由受理人员通知申请人退件。登记经办机构应同时将申请登记文件复印留存，原件退还申请人，并收回"收件收据"。

下列情形不予登记：

1）申请人未按照不动产登记机构要求进一步补充材料的；

2）申请人、委托代理人身份证明材料以及授权委托书与申请人不一致的；

3）申请登记的不动产不符合不动产单元设定条件的；

4）申请登记的事项与权属来源材料或者登记原因文件不一致的；

5）申请登记的事项与不动产登记簿的记载相冲突的；

6）不动产存在权属争议的，但申请异议登记除外；

7）未依法缴纳土地出让价款、土地租金、海域使用金或者相关税费的；

8）申请登记的不动产权利超过规定期限的；

9）不动产被依法查封期间，权利人处分该不动产申请登记的；

10）未经预告登记权利人书面同意，当事人处分该不动产申请登记的；

11）法律、行政法规规定的其他情形。

不动产登记经办机构决定不予登记，申请人接到不予登记书面告知后不取回申请材料的，不动产登记经办机构应当至少在自申请人接到不予登记书面告知之日起六个月内妥善保管该申请材料。逾期不取回的，不动产登记机构不负保管义务。

2. 登记的法定文字和登记顺位

（1）法定文字

不动产登记簿、不动产权证书、不动产登记证明记载的内容应当使用国家标准汉字，涉及数量、日期、编号的应当使用阿拉伯数字。

（2）登记顺位

同一不动产权利有两个以上主体申请登记的，登记经办机构应当依据受理时间的先后顺序办理登记。法律、行政法规另有规定的除外。

3. 登记时限

为体现行政效率，登记经办机构应当自受理登记申请之日在规定的工作日内办结不动产登记手续，法律另有规定的除外。

1）首次登记、转移登记、变更登记以及更正登记，登记经办机构应自受理之日起三十日内办结；

2）办理抵押权登记、地役权登记、注销登记、预售登记、预告登记以及换发、补发证书的，应自受理之日起七个工作日办结；

3）办理异议登记、查封登记应于受理当日将有关事项记载于登记簿。

公告时间不计入前款规定时限。因特殊原因需要延长登记时限的，经登记经办机构负责人批准可以延长，但最长不得超过原时限的一倍。法律、法规对登记时限另有规定的，从其规定。

4. 建立登记疑难案件会审制度

登记经办机构应建立会审制度，就疑难登记事项集体研究决策。

（五）制证、发证

《城市房地产管理法》第六十条规定："国家实行土地使用权和房屋所有权登记发证制度。"第六十三条规定："经省、自治区、直辖市人民政府确定，县级以上地方人民政府由一个部门统一负责房产管理和土地管理工作的，可以制作、颁发统一的房地产权证书。"第四十九条还规定："房地产抵押，应当凭土地使用权证书、房屋所有权证书办理"。《不动产登记暂行条例》第二十一条第二款规定："不动产登记机构完成登记，应当依法向申请人核发不动产权属证书或者登记证明。"《不动产登记实施细则》中还规定不动产登记机构应当根据不动产登记簿，缮写不动产权证书和不动产登记证明。中华人民共和国成立初期，在城市就开展了总登记，颁发了所有权证，所有权证书的名称、式样虽几经变化，但登记后领取房产证的观念深入人心。

1. 不动产权证书和不动产登记证明的格式

不动产权证书和不动产登记证明由国土资源部统一制定样式、统一监制、统一编号规则。不动产权证书和不动产登记证明的印制、发行、管理和质量监督工作由省级国土资源主管部门负责。

不动产权证书和不动产登记证明应当一证一号，更换证书和证明应当更换号码。

有条件的地区，不动产登记机构可以采用印制二维码等防伪手段。

2. 不动产权证书的版式

不动产权证书分单一版和集成版两个版式。不动产登记原则上按一个不动产单元核发一本不动产权证书，采用单一版版本。农村集体经济组织拥有多个建设用地使用权或一户拥有多个土地承包经营权的，可以将其集中记载在一本集成版的不动产权证书，一本证书可以记载一个权利人在同一登记辖区内享有的多个不动产单元上的不动产权利。

3. 证书的发放对象

1）办理土地所有权、土地承包经营权、建设用地使用权、宅基地使用权、海域使用权，以及房屋等建筑物、构筑物所有权，森林、林木所有权等登记，应当向权利人颁发不动产权证书。

2）办理不动产抵押权登记、地役权登记、预告登记、异议登记，应当向权利人颁发不动产登记证明。

3）共有人申请共有不动产登记的，不动产登记经办机构向全体共有人核发一本不动产权证书或者不动产登记证明；共有人申请分别持证的，可以为共有人分别发放不动产权证书或者登记证明。共有不动产权属证书应当注明"共有"字样，并列明全体共有人。

已经发放的不动产权证书或者不动产登记证明记载事项与不动产登记簿不一致的，除有证据证实不动产登记簿确有错误外，以不动产登记簿为准。

属以下情形的，登记事项只记载于不动产登记簿，不核发不动产权证书或者不动产登记证明：

①建筑区划内依法属于业主共有的道路、绿地、其他公共场所、公用设施和物业服务用房等及其占用范围内的建设用地使用权；②查封登记、预查封登记。

4. 证书的监制单位

1）不动产权证书和不动产登记证明应当加盖不动产登记机构登记专用章。不动产权证书和不动产登记证明由国土资源部统一监制。

2）实施不动产统一登记前依法制作的不动产登记簿、颁发的各类不动产权属证书、登记证明继续有效。权利人因转移、变更不动产权利申请办理相关登记时，换发不动产权证书或者不动产登记证明。原房、地分别登记发证的，在办理抵押权登记时，按照一体登记的原则同时换发不动产权证书。

5. 证书的制作

1）核验不动产权证书、不动产登记证明记载事项，并打印不动产权证书、不动产登记证明。

2）房、地一体登记核发不动产权证书的，独用宗地分别粘贴宗地图和房屋分布图，共用宗地分别粘贴宗地图和房屋分层分户平面图或分户图。

3）需要核发不动产权证书的，原则上核发单一版不动产权证书。土地承包经营权登记可根据权利人申请核发单一版或集成版不动产权证书，其中核发集成版不动产权证书的，承包地可以一个地块一张图，也可以多个地块一张图。

4）登记经办机构办理国有建设用地使用权首次登记，核发不动产权证书时不再注记有效期。原已注记证书有效期的土地使用证或房地产权证，不影响权利和证书的效力，登记经办机构根据当事人申请在证书"记事栏"注记"取消证书有效期注记"。

6. 证书的颁发

1）登记经办机构应向权利人颁发不动产权证书、不动产登记证明。领证人应提交身份证件和收件收据，代理领证的应提交权利人身份证件、代理人身份证件、收件收据和委托书，如收件收据丢失，还须提交收件收据丢失、证书已领的具结书。

2）发证时应当请领证人检查权属证书或登记证明上所载明的各登记事项是否准确，如有问题应及时解答或解决。

3）领证人签名或者盖章确认领取证书并注明领证日期，需要补、退税费的，办理补退手续。

7. 不动产权证书和不动产登记证明的换发、补发、注销

不动产权证书和不动产登记证明换发、补发、注销的，原证号废止。换发、补发的新不动产权证书和不动产登记证明应当更换号码，并在不动产权证书或者不动产登记证明上注明"换发""补发"字样。

1）不动产权证书或者不动产登记证明破损、污损、填制错误的，当事人可以向不动产登记机构申请换发。符合换发条件的，不动产登记机构应当收回并注销原不动产权证书或者不动产登记证明，并将有关事项记载于不动产登记簿后，向申请人换发新的不动产权证书或者不动产登记证明，并注明"换发"字样。

换发需提交下列材料：

①申请书；②申请人身份证明（查验原件，复印件留存）；③不动产权证书或者登记证明。

不动产统一登记前，权利人已领取房屋所有权证、土地使用证、土地承包经营权证、林权证、海域使用权证等，现权利人持原不动产权属证书申请换领不动产权证书的，登记经办机构应换发新证，并向权利人收取证书工本费。

2）不动产权证书或者不动产登记证明遗失、灭失，不动产权利人申请补发的，权利人应向不动产所在地的登记经办机构申请查询。登记经办机构查询核实后，出具查询结果证明（一式两份），其中，一份供登报声明使用，一份供办理补证使用。或者由不动产登记机构在其门户网站或当地主要报纸上刊发不动产权利人的遗失、灭失声明，十五个工作日后，打印一份遗失、灭失声明页面存档，并将有关事项记载于不动产登记簿，向申请人补发新的不动产权证书或者不动产登记证明，并注明"补发"字样（见附件1－3－10）。

登报声明后，不动产权利人向登记经办机构申请补发，并提交下列材料：

①申请书；②申请人身份证明（查验原件，复印件留存）；③不动产登记簿查询证明；④在本市主要报纸刊登的灭失声明。

3）不动产被查封、抵押或存在异议登记、预告登记的，不影响不动产权证书和不动产登记证明的换发或补发。

4）申请人提交的申请文件齐备的，登记经办机构应出具收件收据。符合补证、换证条件的，应当将补发不动产权证书或者不动产登记证明的事项记载于不动产登记簿，在补发的不动产权证书或者不动产登记证明上注明"补发"字样，原权属证书、登记证明作废。申请人提交的文件不齐备的，不予受理。

8. 不动产权证书和不动产登记证明的生效

不动产权证书和不动产登记证明应当按照不动产登记簿誊写，在加盖不动产登记机构不动产登记专用章后生效。

9. 不动产权证书和不动产登记证明的管理

不动产登记机构应当加强对不动产权证书和不动产登记证明的管理，建立不动产权证书和不动产登记证明管理台账，采取有效措施防止空白、作废的不动产权证书和不动产登记证明外流、遗失。

10. 不动产权属证书的收回

因不动产权利灭失等情形，不动产登记机构需要收回不动产权属证书或者登记证明的，应当在不动产登记簿上注明并书面通知权利人（见附件1－3－11）；确实无法收回的，应当在不动产登记机构门户网站或者当地公开发行的报刊上公告作废（见附件1－3－8）。

（六）移交不动产登记档案，立卷归档

办理登记人员与档案管理人员应当及时交接不动产登记档案，档案管理人员应当立卷归档。

登记经办机构按规定做出的通知书、告知书等文书（收件收据除外），均为一式两份，一份交当事人，一份经当事人签收后由登记经办机构留存。

在我国过去的登记实践中，登记机构在做出准予登记决定、向登记申请人颁发房屋权属证书并将有关登记资料整理归档后，登记程序才完成。不动产登记根据《物权法》做了重要的调整。登记的完成以登记事项记载于登记簿为准，不以颁发房屋权属证书为准。

因为《物权法》确立的原则是"重记载于登记簿，轻发证"，有些登记种类也无法颁发房屋权属证书，如注销登记，又如建筑区划内公共部位的登记等。

二、其他要求

（一）依嘱托的登记

有下列情形之一的，不动产登记机构应当依据有关文件办理不动产登记：

1）人民法院依据法律规定要求办理登记的；

2）人民检察院、公安机关等有关机关依据法律规定要求办理查封登记的；

3）人民政府依法做出没收、征收或者收回不动产权利决定的；

4）法律、行政法规规定的其他情形。

依据人民法院、人民检察院等国家有权机关出具的相关嘱托文件办理不动产登记的，按下列程序进行：①嘱托；②接受嘱托；③审核；④登簿。

不动产登记机构认为有关文件存在不动产权属错误的，可以向人民政府、人民法院、人民检察院以及公安机关等有关机关提出审查建议，但不应停止办理登记（见附件1-3-12）。

（二）依职权登记

有下列情形之一，登记机构应通知权利人办理登记（见附件1-3-13）当事人自事实发生之日起十五个工作日内不申请登记的，不动产登记机构经公告三十日后，可以直接办理登记：

1）不动产灭失的；

2）法律、行政法规规定的其他情形。

不动产登记机构依职权办理不动产登记事项的，按下列程序进行：

①启动；②审核；③登簿。

依职权登记后登记机构应将登记结果通知当事人（见附件1-3-14）。

（三）申请的撤回

申请登记的事项记载于不动产登记簿前，申请人可以撤回登记申请。申请人可以撤回是依申请设立登记原则的重要体现。同样充分体现了尊重当事人意思自治原则。登记的完成必须以登记事项记载于登记簿为登记生效条件。尽管登记程序较为复杂，但最实质性的要件是记载于登记簿。登记申请人提出申请以后，登记的申请已经获得有关登记部门的同意但没有完成登录、记载手续，仍然不构成登记。在未进入登记簿之前，物权的法律效力还未产生，依照申请当事人的合意同样可以要求其撤回。申请撤回把握以下几个要点。

1. 撤回登记申请的时间

登记申请是申请人依据自主意思而选择的行为，申请人有权撤回这种行为。不过，申请人撤回申请的权利受到登记机构登记行为的限制，只有在登记完成之前，申请人才能撤回申请，因为登记完成标志着申请已经达到目的，其作为程序行为已经正常终结，就不再具有撤回的可能。此时，原权利人提出反悔要求撤回，登记机关不能接受其撤回的申请。当然，新的权力人与原权利人达成一致，共同申请撤回登记，重新将权利人变为原权利人也是可以的，但这时只能作为一个新的登记申请，而不是撤回登记申请了。

2. 申请人应当采用书面形式撤回申请

其中需要明确表示撤回申请的意思，但无须陈述撤回申请的理由。

3. 撤回申请的申请人

单方申请登记的，可以单方申请撤回登记申请；双方申请登记的，应当共同申请撤回登记申请。在代理申请场合，应当由代理人向登记机关出具申请人撤回申请的授权文书。如果撤回申请的表示不符合上述形式要求，视为申请没有撤回，登记机构仍然可以完成登记。

4. 撤回申请的受理

申请人向登记经办机构提出申请时，登记经办机构应立即查阅登记簿，申请事项已记载于登记簿的不予受理，并书面通知申请人（见附件1-3-15）；登记正在审核中的，受理撤回登记申请。申请人应提交下列材料：

1）撤回登记申请书；

2）申请人身份证明（查验原件，复印件留存）；

3）原登记申请的受理凭证。

予以撤回的，所收申请登记文件应在三个工作日内退还当事人。

另外还需注意的是，撤回登记申请不同于撤销登记。撤回登记申请使登记行为中断，不发生物权变动的效果，而撤销登记是将已记载于登记簿的权利予以注销（见附件1-3-16），其属于物权变动。

5. 申请材料退回

1）不动产登记机构准予撤回登记申请的，申请人应及时取回原登记申请材料，取回材料的清单应当由申请人签字确认。撤回登记申请的材料、取回材料的清单应一并归档保留。

2）不动产登记机构决定不予登记的，不动产登记机构应当制作不予登记告知书、退回登记申请材料清单，由申请人签字确认后，将登记申请材料退还申请人。不动产登记机构应当留存申请材料复印件、退回登记申请材料清单、相关告知书的签收文件。

3）申请人应当自接到不予登记书面告知之日起三十个工作日内取回申请材料。取回申请材料自申请人收到上述书面告知之日起，最长不得超过六个月。在取回申请材料期限内，不动产登记机构应当妥善保管该申请材料；逾期不取回的，不动产登记机构不负保管义务。

三、房屋登记的种类

房屋登记种类见表1-3-1。

表1-3-1　房屋登记种类

一级分类	二级分类	三级分类
所有权登记	首次登记	单位建造房屋
		商品房
		个人建造房屋

一级分类	二级分类	三级分类
所有权登记	转移登记	买卖
		赠予
		继承
		分割
		产权互换
		兼并、合并、分立
		作价入股
		生效法律文书
		其他
	变更登记	姓名或名称变更
		地址、坐落变更
		面积增加或减少
		同一所有权人分割、合并房屋
		其他
	注销登记	房屋客体灭失
		房屋权利消灭
		其他
抵押权登记	一般抵押权登记	首次登记
		转移登记
		变更登记
		注销登记
	最高额抵押权登记	首次登记
		确定登记
		转移登记
		变更登记
		注销登记
	在建工程抵押权登记	首次登记
		转移登记
		变更登记
		注销登记
预告登记	预购商品房预告登记	首次登记
		转移登记
		变更登记
		注销登记

一级分类	二级分类	三级分类
预告登记	预购商品房抵押权预告登记	首次登记
		转移登记
		变更登记
		注销登记
	房屋所有权转移预告登记	首次登记
		转移登记
		变更登记
		注销登记
	房屋抵押权预告登记	首次登记
		转移登记
		变更登记
		注销登记
其他类型登记	更正登记	—
	异议登记	设立登记
		注销登记
	查封登记	
	撤销登记	—

附件 1-3-1 不动产登记申请书

不动产登记申请书

单位：□平方米　□公顷（□亩）、万元

<table>
<tr>
<td rowspan="2">申请登记事由</td>
<td colspan="4">□土地所有权　□国有建设用地使用权　□宅基地使用权　□集体建设用地使用权　□土地承包经营权
□林地使用权　□海域使用权　□房屋所有权　□构筑物所有权　□森林、林木所有权
□森林、林木使用权　□抵押权　□地役权　□其他_____</td>
</tr>
<tr>
<td colspan="4">□首次登记（□总登记　□初始登记）　□转移登记　□变更登记　□注销登记　□更正登记
□异议登记　□预告登记　□查封登记　□其他_____</td>
</tr>
<tr>
<td rowspan="14">申请人情况</td>
<td colspan="4" align="center">登记申请人</td>
</tr>
<tr>
<td>姓名（名称）</td>
<td colspan="3"></td>
</tr>
<tr>
<td>身份证件种类</td>
<td></td>
<td>证件号</td>
<td></td>
</tr>
<tr>
<td>通信地址</td>
<td></td>
<td>邮编</td>
<td></td>
</tr>
<tr>
<td>法定代表人或负责人</td>
<td></td>
<td>联系电话</td>
<td></td>
</tr>
<tr>
<td>代理人姓名</td>
<td></td>
<td>联系电话</td>
<td></td>
</tr>
<tr>
<td>代理机构名称</td>
<td colspan="3"></td>
</tr>
<tr>
<td colspan="4" align="center">登记申请人</td>
</tr>
<tr>
<td>姓名（名称）</td>
<td colspan="3"></td>
</tr>
<tr>
<td>身份证件种类</td>
<td></td>
<td>证件号</td>
<td></td>
</tr>
<tr>
<td>通信地址</td>
<td></td>
<td>邮编</td>
<td></td>
</tr>
<tr>
<td>法定代表人或负责人</td>
<td></td>
<td>联系电话</td>
<td></td>
</tr>
<tr>
<td>代理人姓名</td>
<td></td>
<td>联系电话</td>
<td></td>
</tr>
<tr>
<td>代理机构名称</td>
<td colspan="3"></td>
</tr>
<tr>
<td rowspan="18">不动产情况</td>
<td>坐落</td>
<td colspan="4"></td>
</tr>
<tr>
<td>不动产单元号</td>
<td colspan="4"></td>
</tr>
<tr>
<td>不动产类型</td>
<td colspan="4"></td>
</tr>
<tr>
<td rowspan="2">土地状况</td>
<td>面积</td>
<td></td>
<td>用途</td>
<td></td>
</tr>
<tr>
<td>权利性质</td>
<td></td>
<td>使用（承包）期限</td>
<td></td>
</tr>
<tr>
<td rowspan="2">房屋（构筑物）等状况</td>
<td>建筑面积</td>
<td></td>
<td>总套数</td>
<td></td>
</tr>
<tr>
<td>构筑物类型</td>
<td colspan="3"></td>
</tr>
<tr>
<td rowspan="3">林地（森林、林木）状况</td>
<td>主要树种</td>
<td></td>
<td>株数</td>
<td></td>
</tr>
<tr>
<td>林种</td>
<td></td>
<td>造林年度</td>
<td></td>
</tr>
<tr>
<td>小地名</td>
<td></td>
<td>林班</td>
<td>小班</td>
</tr>
<tr>
<td rowspan="7">海域状况</td>
<td>项目名称</td>
<td></td>
<td>项目性质</td>
<td>□公益性　□经营性</td>
</tr>
<tr>
<td>使用期限</td>
<td colspan="3"></td>
</tr>
<tr>
<td>用海类型</td>
<td></td>
<td>用海总面积</td>
<td></td>
</tr>
<tr>
<td>用海方式</td>
<td>面积</td>
<td>具体用途</td>
<td>使用金数额</td>
</tr>
<tr>
<td colspan="4"></td>
</tr>
<tr>
<td colspan="4"></td>
</tr>
<tr>
<td colspan="4"></td>
</tr>
<tr>
<td>原不动产权证书号</td>
<td colspan="4"></td>
</tr>
</table>

抵押情况	被担保债权数额 （最高债权数额）		债务履行期限 （债权确定期间）	
	抵押范围			
地役权 情况	需役地坐落			
	需役地不动产单元号			
登记原因 及证明	登记原因			
	登记原因证明文件	1.		
		2.		
		3.		
		4.		
		5.		
		6.		
申请证书版式	□单一版　□集成版		申请分别持证	□是　□否
备注				

本申请人对填写的上述内容及提交的申请材料的真实性负责。如有不实，申请人愿承担法律责任。

对于商品房等共用宗项目，申请人同意暂不进行土地分摊按整宗土地面积申请房地登记。待按规划全部房屋竣工后再计算土地分摊系数，申请人同意在办理转移、变更等登记时变更为土地分摊面积。

对登记机关的行政行为有异议的，自知道之日起60日内依法申请行政复议或六个月内提起行政诉讼。

申请人（签章）：　　　　　　　　　　　　　　申请人（签章）：

代理人（签章）：　　　　　　　　　　　　　　代理人（签章）：

领收件收据人签章		申请日期	
领证人签章		领证日期	

不动产登记申请书填写说明：

1.【申请登记事由】用勾选的方式，选择申请登记的权利或事项及登记的类型。

2.【姓名（名称）】填写申请人身份证件上的姓名或名称。单方申请登记的，只填写第一栏；双方申请转移登记的，受让方填写在先，转让方填写在后；双方申请变更登记的，变更后的权利人填写在先，变更前的权利人填写在后；双方申请抵押权（地役权）首次或注销登记的，抵押权（地役权）人填写在先，另一方填写在后；双方申请注销登记的，权利人填写在先，另一方填写在后。

3.【身份证件种类、证件号】填写申请人身份证件的种类及编号。境内自然人一般为居民身份证，无居民身份证的，可以为户口簿、军官证；法人或其他组织为营业执照或组织机构代码证、事业单位法人证书、社会团体法人登记证书。港澳同胞的为港澳居民来往内地通行证或港澳同胞回乡证、居民身份证；台湾同胞的为台湾居民来往大陆通行证，在台湾地区居住的有效身份证件。外籍人的身份证件为护照和中国政府主管机关签发的居留证件。

4.【通信地址、邮编】填写规范的通信地址、邮政编码。

5.【法定代表人或负责人】申请人为法人单位的，填写法定代表人姓名；为非法人单位的，填写负责人姓名。

6.【代理人姓名】填写代权利人申请登记的代理人姓名。

7.【代理机构名称】代理人为专业登记代理机构的，填写其所属的代理机构名称，否则不填。

8.【联系电话】填写登记申请人或者登记代理人的联系电话。

9.【坐落】填写宗地、宗海所在地的地理位置名称。涉及地上房屋的，填写有关部门依法确定的房屋坐落，一般包括街道名称、门牌号、幢号、楼层号、房号等。

10.【不动产单元号】填写不动产单元的编号。

11.【不动产类型】填写土地、海域、无居民海岛、房屋等建筑物或者森林、林木等。

12.【土地状况】：

【面积】填写宗地面积。

【用途】按照《土地利用现状分类》（GB/T 21010—2007）的二级类填写土地的用途。涉及林地的，可以依据《森林资源规划设计调查技术规程》（GB/T 26424—2010）在附记栏记载。土地所有权可以不填写。

【权利性质】国有土地填写划拨、出让、作价出资（入股）、国有土地租赁、授权经营、家庭承包、其他方式承包等；集体土地填写家庭承包、其他方式承包、批准拨用、入股、联营等。土地所有权可以不填写。

【使用（承包）期限】有明确使用期限的，填写批准文件或者合同等确定的使用起止日期。如××××年××月××日起××××年××月××日止。宗地内有多用途、多种使用期限的，可以分用途填写使用期限。土地所有权等未明确权利期限的可以不填。

13.【房屋（构筑物）等状况】：【构筑物类型】填写构筑物的类型，包括隧道、桥梁、水塔等地上构筑物类型，透水构筑物、非透水构筑物、跨海桥梁、海底隧道等海上构筑物类型。

14.【林地（森林、林木）状况】：

【主要树种】填写森林、林木所在宗地上1～3种主要树木种类。

【株数】森林、林木难以用面积准确表明的，填写零星树木、四旁树木和农田林网等的株数。

【林种】填写森林种类，包括防护林、用材林、经济林、薪炭林、特种用途林等。

【造林年度】填写有关文件确定的造林年度。

【小地名】填写地形图上的标有地名，应以地形图为准，地形图上没有记载或者记载有误的，用当地群众普遍认可的地名。

【林班、小班】根据森林资源规划设计调查所区划的林班和小班数据填写。

15.【海域状况】：

【项目性质】根据项目情况用勾选的方式选择公益性或经营性。

【用海类型】填写《海域使用分类体系》用海类型的二级分类。

【用海总面积】填写用海项目批准使用的全部海域面积。

【用海方式、面积、具体用途、使用金数额】用海方式按照《海域使用分类体系》中用海方式的二级类填写，并分别填写其对应的用海面积、用途、使用金数额。

16.【原不动产权证书号】填写原来的不动产权属证书或者登记证明的编号。

17.【被担保债权数额（最高债权数额）】填写被担保的主债权金额。

18.【债务履行期限（债权确定期间）】填写主债权合同中约定的债务人履行债务的期限。

19.【抵押范围】填写抵押合同约定的抵押范围。可另附"明细"作为申请书的附件，申请人签章后一并提交。

20.【需役地坐落、不动产单元号】填写需役地所在的坐落及其不动产单元号。

21.【登记原因】填写不动产权利首次登记（总登记、初始登记）、转移登记、变更登记、注销登记、更正登记等的具体原因。土地所有权登记填写第一次登记、置换、征收等；建设用地使用权、宅基地使用权登记填写划拨、出让、作价出资（入股）、国有土地租赁、授权经营、批准拨用买卖、继承等；房屋（构筑物）所有权登记填写自建、买卖、互换，以房屋出资入股、分割、合并共有房屋、继承、受遗赠、因生效法律文书取得房屋（构筑物）或者房屋（构筑物）灭失等；海域使用权登记填写申请审批、合同取得等；土地承包经营权、农用地的其他使用权登记（非林地）填写家庭承包、其他方式承包、互换、转让、生效法律文书取得等；林地使用权登记填写划拨；林地承包经营权登记填写家庭承包、其他方式承包、互换、转让、生效法律文书取得等；地役权登记填写合同设立、因不动产受让取得、因生效法律文书取得，因地役权内容或期限变化进行变更登记等；抵押权登记填写合同设立、因不动产受让取得、因生效法律文书取得，因抵押权内容变化进行变更登记等；预告登记填写买卖、设定抵押等。

22.【登记原因证明文件】填写申请登记提交的登记原因证明文件。

23.【申请证书版式】用勾选的方式选择单一版或者集成版。

24.【申请分别持证】用勾选的方式选择是或者否。

25.【备注】可以填写登记申请人在申请中认为需要说明的其他事项。申请书各栏填写不下的，也可以填写在"备注"栏，但必须要填写清楚。

26.【申请人、代理人签章】申请人签名或盖章。有代理人的，由代理人签名或盖章。

27.【领证人签章】由领证人签名或盖章。

28.申请书应用蓝、黑色钢笔、签字笔填写，正楷书写、字迹清晰、不要涂改。

附件 1 – 3 – 2A 不动产登记不予受理告知书

不动产登记不予受理告知书

编号：

_____：

你（单位）于_____年___月___日，就坐落于_____不动产提出的登记申请，提交材料清单如下：

1 _____
2 _____
3 _____
4 _____
5 _____
6 _____

经核查，上述申请因以下原因决定不予受理：

□申请登记材料不齐全；

□申请登记材料不符合法定形式；

□申请登记的不动产不属于本机构登记管辖范围；

□不符合法律法规规定的其他情形。

具体情况如下：_____

_____

若对不予受理的决定不服，可自收到本告知书之日起 60 日内向行政复议机关申请行政复议或在收到本告知书之日起 6 个月内向人民法院提起行政诉讼。

领取人签字：　　　　　　　　　　　　登记机构（盖章）：

　年　　月　　日　　　　　　　　　　　年　　月　　日

附件1-3-2B 不动产登记补充材料通知书

不动产登记补充材料通知书

编号：

_____：

你（单位）于_____年___月___日，就坐落于_____不动产提出的登记申请。根据《不动产登记暂行条例》第十七条的规定，因提交登记文件不齐备，不予受理登记申请。除本次申请提交的文件外，还应补交下列文件：

需补充的申请材料	份数	材料形式
		□原件　　□复印件
		□原件　　□复印件
		□原件　　□复印件
		□原件　　□复印件
		□原件　　□复印件
		□原件　　□复印件

请按照上述要求补正材料并送达不动产登记机构，补正材料时间不计入登记办理时限。

领取人签字：　　　　　　　　　　　　　　　登记机构（盖章）：

年　　月　　日　　　　　　　　　　　　　年　　月　　日

附件 1 - 3 - 3 不动产登记领证通知（收件收据）

不动产登记领证通知（收件收据）

收件号：   收件日期：   年   月   日

申请人				
权利类型		登记类型		
坐落				

文件名称	证号	份数	备注
1.			
2.			
3.			
4.			

收件人	

　　上列文件，已经收讫，符合受理规定，请您于_____后，凭此通知和身份证件领取不动产权证书或登记证明；经审核不符合登记规定的，凭此通知和身份证件办理退件手续，特此通知。

登记机构（盖章）：

附件1-3-4 承诺函

承诺函

我单位承诺所提交的营业执照真实有效，且自　　年　　月　　日至下一年度　　月　　日期间办理相关登记业务提交的营业执照（编号：　　　　　）复印件与营业执照原件一致，对因不一致引发的一切后果承担相应的法律责任。

此后，如发生单位名称变更等情形的，我单位承诺及时变更，并对未及时变更引发的后果承担一切法律责任。

签章：

年　　月　　日

附件1-3-5 不动产登记审批表

不动产登记审批表

<table>
<tr>
<td rowspan="2">收件</td>
<td>编号</td>
<td></td>
<td rowspan="2">收件人</td>
<td rowspan="2"></td>
<td rowspan="2">单位：□平方米　□公顷（□亩）、万元</td>
</tr>
<tr>
<td>日期</td>
<td></td>
</tr>
<tr>
<td rowspan="2">申请登记事由</td>
<td colspan="5">□土地所有权　□国有建设用地使用权　□宅基地使用权　□集体建设用地使用权　□土地承包经营权
□林地使用权　□海域使用权　□无居民海岛使用权　□房屋所有权　□构筑物所有权
□森林、林木所有权　□森林、林木使用权　□抵押权　□地役权　□其他＿＿＿＿＿</td>
</tr>
<tr>
<td colspan="5">□首次登记（□总登记　□初始登记）□转移登记　□变更登记　□注销登记　□更正登记　□异议登记　□预告登记　□查封登记　□其他＿＿＿＿＿</td>
</tr>
<tr>
<td rowspan="13">申请人情况</td>
<td colspan="5" align="center">登记申请人</td>
</tr>
<tr>
<td>权利人姓名（名称）</td>
<td colspan="4"></td>
</tr>
<tr>
<td>身份证件种类</td>
<td></td>
<td>证件号</td>
<td colspan="2"></td>
</tr>
<tr>
<td>通信地址</td>
<td></td>
<td>邮编</td>
<td colspan="2"></td>
</tr>
<tr>
<td>法定代表人或负责人</td>
<td></td>
<td>联系电话</td>
<td colspan="2"></td>
</tr>
<tr>
<td>代理人姓名</td>
<td></td>
<td>联系电话</td>
<td colspan="2"></td>
</tr>
<tr>
<td>代理机构名称</td>
<td colspan="4"></td>
</tr>
<tr>
<td colspan="5" align="center">登记申请人</td>
</tr>
<tr>
<td>义务人姓名（名称）</td>
<td colspan="4"></td>
</tr>
<tr>
<td>身份证件种类</td>
<td></td>
<td>证件号</td>
<td colspan="2"></td>
</tr>
<tr>
<td>通信地址</td>
<td></td>
<td>邮编</td>
<td colspan="2"></td>
</tr>
<tr>
<td>法定代表人或负责人</td>
<td></td>
<td>联系电话</td>
<td colspan="2"></td>
</tr>
<tr>
<td>代理人姓名</td>
<td></td>
<td>联系电话</td>
<td colspan="2"></td>
</tr>
<tr>
<td></td>
<td>代理机构名称</td>
<td colspan="4"></td>
</tr>
</table>

不动产情况	坐落			
	不动产单元号		不动产类型	
	面积		用途	
	原不动产权证书号		用海类型	
	构筑物类型		林种	
抵押情况	被担保债权数额（最高债权数额）		债务履行期限（债权确定期间）	
	在建建筑物抵押范围			
地役权情况	需役地坐落			
	需役地不动产单元号			
登记原因及证明	登记原因			
	登记原因证明文件	1.		
		2.		
		3.		
		4.		
		5.		
		6.		
申请证书版式	□单一版 □集成版		申请分别持证	□是 □否

不动产登记审批情况（申请人请勿填写）	初审	复审	核定
	审查人：（签章） 　年　月　日	审查人：（签章） 　年　月　日	负责人：（公章） 　年　月　日

备注	

不动产登记申请审批表使用和填写说明：

一、使用说明

　　不动产登记申请审批表主要内容包括登记收件情况、申请登记事由、申请人情况、不动产情况、抵押情况、地役权情况、登记原因及其证明情况、申请的证书版式及持证情况、不动产登记审批情况。

　　不动产登记申请审批表将登记申请表和登记审批表合并，并非将申请程序和审批程序合并。不动产登记申请审批表为示范表格，各地可参照使用，也可以根据实际情况，从便民利民和方便管理出发，进行适当调整。

二、填写说明

1.【收件编号、时间】填写登记收件的编号和时间。

2.【收件人】填写登记收件人的姓名。

3.【登记申请事由】用勾选的方式，选择申请登记的权利或事项及登记的类型。

4.【权利人、义务人姓名（名称）】填写权利人和义务人身份证件上的姓名或名称。

5.【身份证件种类、证件号】填写申请人身份证件的种类及编号。境内自然人一般为居民身份证，无居民身份证的，可以为户口簿、军官证；法人或其他组织一般为组织机构代码证，无组织机构代码证的，可以为营业执照、事业单位法人证书、社会团体法人登记证书。港澳同胞的为港澳居民来往内地通行证或港澳同胞回乡证、居民身份证；台湾同胞的为台湾居民来往大陆通行证或其他有效旅行证件，在台湾地区居住的有效身份证件或经确认的身份证件。外籍人的身份证件为护照和中国政府主管机关签发的居留证件。

6. 【通讯地址、邮编】填写规范的通讯地址、邮政编码。

7. 【法定代表人或负责人】申请人为法人单位的，填写法定代表人姓名；为非法人单位的，填写负责人姓名。

8. 【代理人姓名】填写代权利人申请登记的代理人姓名。

9. 【代理机构名称】代理人为专业登记代理机构的，填写其所属的代理机构名称，否则不填。

10. 【联系电话】填写登记申请人或者登记代理人的联系电话。

11. 【坐落】填写宗地、宗海所在地的地理位置名称。涉及地上房屋的，填写有关部门依法确定的房屋坐落，一般包括街道名称、门牌号、幢号、楼层号、房号等。

12. 【不动产单元号】填写不动产单元的编号。

13. 【不动产类型】填写土地、海域、无居民海岛、房屋、建筑物、构筑物或者森林、林木等。

14. 【面积】填写不动产单元的面积。涉及宗地、宗海及房屋、构筑物的，分别填写宗地、宗海及房屋、构筑物的面积。

15. 【用途】填写不动产单元的用途。涉及宗地、宗海及房屋、构筑物的，分别填写宗地、宗海及房屋、构筑物的用途。

16. 【原不动产权证书号】填写原来的不动产权属证书或者登记证明的编号。

17. 【用海类型】填写《海域使用分类体系》用海类型的二级分类。

18. 【构筑物类型】填写构筑物的类型，包括隧道、桥梁、水塔等地上构筑物类型，透水构筑物、非透水构筑物、跨海桥梁、海底隧道等海上构筑物类型。

19. 【林种】填写森林种类，包括防护林、用材林、经济林、薪炭林、特种用途林等。

20. 【被担保债权数额（最高债权数额）】填写被担保的主债权金额。

21. 【债务履行期限（债权确定期间）】填写主债权合同中约定的债务人履行债务的期限。

22. 【在建建筑物抵押范围】填写抵押合同约定的在建建筑物抵押范围。

23. 【需役地坐落、不动产单元号】填写需役地所在的坐落及其不动产单元号。

24. 【登记原因】填写不动产权利首次登记（总登记、初始登记）、转移登记、变更登记、注销登记、更正登记等的具体原因。

25. 【登记原因证明文件】填写申请登记提交的登记原因证明文件。

26. 【申请证书版式】用勾选的方式选择单一版或者集成版。

27. 【申请分别持证】用勾选的方式选择是或者否。

28. 【初审、复审、核定】不动产登记的审批可以分为审核和核定程序。登记审核可以是初审、复审两审制，也可以是一审制。具体由专业的登记人员根据《不动产登记暂行条例》等规定填写审核意见，并签章。核定是登记机构有关负责人对登记结果的核查审定。不动产登记的具体审批程序可以由地方根据实际情况自行确定。

29. 【备注】可以填写登记申请人在申请中或者登记机构在审批中认为需要说明的其他事项。

附件1-3-6 不动产首次登记公告

不动产首次登记公告

编号：

经初步审定，我机构拟对下列不动产权利予以首次登记，根据《不动产登记条例》规定，现予公告。如有异议，请自本公告之日起十五个工作日内将异议书面材料送达我机构。逾期无人提出异议或者异议不成立的，我机构将予以登记。

异议书面材料送达地址：_____

联系方式：_____

序号	权利人	不动产权利类型	不动产坐落	不动产单元号	不动产面积	用途	备注
1							
2							
3							

公告单位：

年　　月　　日

附件1-3-7 不动产更正登记公告

不动产更正登记公告

编号：

根据《不动产登记条例》规定，拟对下列不动产登记簿的部分内容予以更正，现予公告。如有异议，请自本公告之日起十五个工作日内将异议书面材料送达我机构。逾期无人提出异议或者异议不成立的，我机构将予以更正登记。

异议书面材料送达地址：_____

联系方式：_____

序号	不动产坐落	更正内容	备注
1			
2			
3			

公告单位：

年　　月　　日

附件1-3-8 不动产权证书/登记证明作废公告

不动产权证书/登记证明作废公告

编号：

按照《不动产登记暂行条例实施细则》第十八条规定，因我机构无法收回下列不动产权证书或不动产登记证明，现公告作废。

序号	不动产权证书或不动产登记证明号	权利人	不动产权利类型	不动产单元号	不动产坐落	备注
1						
2						
3						

公告单位：

年　月　日

附件1-3-9 不予登记告知书

不予登记告知书

编号：

＿＿＿＿＿：

经审查，你（单位）于＿＿＿＿＿年＿＿月＿＿日提出的登记申请（受理编号为：＿＿＿＿＿＿＿＿＿＿），因□存在权属争议的，但申请异议登记的除外；□不能提供合法、有效的权属来源证明材料或者申请登记的不动产权利与权属来源证明材料不一致的；□申请登记的事项与不动产登记簿记载冲突的；□未提交依法缴纳不动产价款、税费等凭证或者减免证明的；□申请登记的不动产权利超过规定的使用期限的；□申请处分的不动产被依法查封期间，权利人因处分不动产申请登记的；□法律、行政法规规定的其他不予登记的情形。根据《不动产登记暂行条例》第二十二条的规定，决定不予登记。

若对本决定内容不服，可自收到本告知书之日起60日内向行政复议机关申请行政复议或在收到本告知书之日起6个月内向人民法院提起行政诉讼。

领取人签字：　　　　　　　　　　　　　　　登记机构（盖章）：

年　月　日　　　　　　　　　　　　　　　年　月　日

附件1-3-10 不动产权证书/登记证明遗失（灭失）声明

不动产权证书/登记证明遗失（灭失）声明

编号：

　　_____因保管不善，将_____号不动产权证书或不动产登记证明遗失（灭失），根据《不动产登记条例实施细则》规定申请补发，现声明该不动产权证书或不动产登记证明作废。

　　特此声明。

声明人：

年　　月　　日

附件1-3-11 交回不动产权属证书（登记证明）通知书（以天津市为例）

交回不动产权属证书（登记证明）通知书

编号：

_____：

　　你（单位）持有的_____字第_____号不动产权属证书（登记证明），经核查，该证书（登记证明）记载的_____事项有误，应为_____。根据《天津市房屋权属登记条例》第二十条规定，请你（单位）自收到本通知之日起30日内交回不动产权属证书（登记证明），换领新证。逾期不交回的，该不动产权属证书（登记证明）作废。

　　特此通知。

登记机构（盖章）：

年　　月　　日

附件1-3-12 协助执行告知书

协助执行告知书

编号：_____

_____：

根据贵单位送达的第_____号_____已收悉，上述协助事项：_____

_____。

现根据有关法规等规定，特此告知。

领取人（签名或盖章）   登记机构（盖章）：

年   月   日   年   月   日

附件1-3-13 更正登记通知书

更正登记通知书

编号：

_____：

坐落于_____的不动产，经核查，不动产登记簿上记载的_____

_____有错误，应为_____。你（单位）在收到本通知之日起30日内可以持不动产权属证书（登记证明）或者其他有关证明材料到登记机构提出异议。逾期不提出异议或者提出的异议不成立的，将根据之规定，对不动产登记簿的记载错误予以更正。

特此通知

登记机构（盖章）：

年   月   日

附件 1 - 3 - 14　更正登记告知书

更正登记告知书

编号：

_____：

_____年___月___日已通知你（单位）提出异议。_____

_____

_____

_____

_____。

　　对本通知有异议的，可自收到本通知之日起 60 日内依法申请行政复议或六个月内提起行政诉讼。

　　特此告知。

登记机构（盖章）：

年　　月　　日

附件 1 - 3 - 15　不予撤回登记申请通知书

不予撤回登记申请通知书

编号：

_____：

　　经核查，你（单位）申请撤回的_____登记申请，我登记经办机构已依法予以核准，相关登记事项已于_____年___月___日记载于不动产登记簿。根据《不动产登记暂行条例》第十五条的规定，不予撤回登记申请。

　　对本通知有异议的，可自收到本通知之日起 60 日内依法申请行政复议或六个月内提起行政诉讼。

　　特此通知

领取人（签名或盖章）　　　　　　　　　　登记机构（盖章）：

　　　年　　月　　日　　　　　　　　　　　年　　月　　日

附件1-3-16　核准注销通知书

核准注销通知书

编号：

_____：

　　你（单位）于_____年___月___日提出的坐落于_____不动产_____注销登记申请（收件号：　　　　　　　），经审核，根据《不动产登记暂行条例》的规定，准予注销。

　　对本通知有异议的，可自收到本通知之日起60日内依法申请行政复议或六个月内提起行政诉讼。

　　特此通知。

领取人（签名或盖章）　　　　　　　　　　登记机构（盖章）：

　　年　　月　　日　　　　　　　　　　　　年　　月　　日

单元二　房屋所有权首次登记

一、房屋所有权首次登记的含义

房屋所有权首次登记是指具有房屋所有权人，对其所新建的房屋第一次向国家行政管理部门提出申请，并由国家行政管理部门按照法律、法规的要求予以记载承认其权利的行为。

房屋所有权是指权利人对其所有的房屋享有的占有、使用、收益和处分的权利，这种权利是一种具有严格排他性的绝对权，权利人对其所有的房屋具有完全的支配力。同时，权利人对其所有的房屋也承担相应的义务，如及时进行房屋登记，缴纳有关收费，适时进行修缮养护等。

不动产首次登记，是指不动产权利第一次登记。对其之后物权变动具有原始根据效力。

适用于首次登记的房屋所有权包括：按土地的性质分为在国有土地上建造房屋与在集体建设用地上建造的房屋；按房屋的建设性质可分为建造后自己使用的与建造后销售给他人使用的房屋。

二、业主共有部分的首次登记

房地产开发企业办理房屋所有权首次登记时，当事人应当对建筑区划内依法应属于全体业主共有的公共场所、公用设施和物业服务用房等房屋一并申请登记。由不动产登记机构在房屋登记簿上予以记载，不颁发房屋权属证书。

建筑物区分所有权分为两个部分：明确属于产权人各自所有的部分为专有部分，专有部分以外的公共部位是共有部分。建筑物区分所有权的共有部分属整幢业主所有。我国《物权法》第七十条规定："业主对建筑物内的住宅、经营性用房等专有部分享有所有权，对专有部分以外的共有部分享有共有和共同管理的权利。"

（一）业主共有部分房屋的所有权首次登记的规定

业主共有部分房屋的所有权首次登记的规定，具体而言，包括以下三层含义：

1. 房地产开发企业在房屋竣工后应申请房屋所有权首次登记

《城市房地产管理法》第六十一条中有规定，在依法取得的房地产开发用地上建成房屋的，应当凭土地使用权证书向县级以上地方人民政府房产管理部门申请登记，由县级以上地方人民政府房产管理部门核实并颁发房屋所有权证书。《物权法》规定了因合法建造房屋等事实行为设立物权的，自事实行为成立时发生效力。即新建的房屋不登记已取得了物权。但《物权法》同时规定了处分这类物权时，未经登记，不发生物权效力。这些规定都说明了开发企业在房屋竣工以后，应当向登记机关申请首次登记。

2. 共有部分由房地产开发企业在申请房屋所有权首次登记时一并申请

建筑区划内依法属于全体业主共有的公共场所、公用设施和物业服务用房等房屋由房地产开发企业在申请房屋所有权首次登记时一并申请。

其一，业主共有部分范围的界定，《物权法》第七十至七十四条做了规定，业主对建筑物内的住宅、经营性用房等专有部分享有所有权，对专有部分以外的共有部分享有共有和共同管理的权利。业主对其建筑物专有部分享有占有、使用、收益和处分的权利。业主行使权利不得危及建筑物的安全，不得损害其他业主的合法权益。业主对建筑物专有部分以外的共有部分，享有权利，承担义务；不得以放弃权利不履行义务。业主转让建筑物内的住宅、经营性用房，其对共有部分享有的共有和共同管理的权利一并转让。建筑区划内的道路，属于业主共有，但属于城镇公共道路的除外。建筑区划内的绿地，属于业主共有，但属于城镇公共绿地或者明示属于个人的除外。建筑区划内的其他公共场所、公用设施和物业服务用房，属于业主共有。建筑区划内，规划用于停放汽车的车位、车库应当首先满足业主的需要。房屋登记只是对房屋权属状况进行公示，本身并不解决权利分配的问题。业主共有部分范围的界定，应当在前期规划环节就要确定下来。因此，比较好的办法是规划管理部门批准建设工程规划许可时，即应当要求建设单位列明建筑区划内依法属于业主共有的公共场所、公用设施和物业管理用房的具体范围。房地产管理部门批准预售许可，应要求建设单位提交列明依法属于业主共有的公共场所、公用设施和物业管理用房的规划许可文件及预售方案。依法属于业主共有的公共场所、公用设施和物业管理用房的具体范围，一经明确不得随意更改，也不得纳入预售范围，有关信息应予公示。

其二，对属于全体业主共有的房屋如何登记的问题。属于全体业主共有的房屋权利主体为全体业主，理论上应由全体业主共同申请，但由于业主数量过大且流动性过高，致使实际上难以做到，或者即使做到也因成本过高显得非常不经济。考虑到这类房屋权利和房地产开发企业之间的联系（这类房屋自竣工后，在法律上应是先属于开发企业所有），对哪些房屋应属于全体业主共有，开发企业也最为清楚，因此，由建设单位在申请房屋所有权首次登记时，对建筑区划内依法属于业主共有的部分一并申请登记是较为好的办法。但这部分公共部位在登记时登记簿上所有权人应当记载为全体业主共有。

3. 业主法定共有部分只登记不发证

因为《物权法》第十四条已规定了不动产物权的设立、变更、转让和消灭，依照法律规定应当登记的，自记载于不动产登记簿时发生效力。而且这类房屋不能单独转让，没有权属证书并不对权利人造成影响。一个所有权人在同一幢内有两处或两处以上的房屋时，计为两个或两个以上如何单独记载，并与房屋基本登记单元的登记簿形成关联？具体到登记操作中，可以把共有部分单独作为一个登记单元进行登记。如一幢房屋有六十个区分所有权人（的区分所有权人），应登记为六十一处，其中一处为这一幢房屋的共有部分。共有部分和专有部分应是互相关联。具体的方法是：一是在共有部分的登记簿上载明产权属某幢全体业主共有、并单独编立房地号。二是在各个区分所有权人专有部分的登记簿上分别记载共有部分的总面积以及共有部分的房地号。

（二）业主共有的公共部位的共有方式

《物权法》对专有部分以外的共有部分的规定是"享有共有和共同管理的权利""对

建筑物专有部分以外的共有部分，享有权利，承担义务"，强调的是共有的权利。建筑物区分所有权的共有部分不同于一般的共有，如共有部分的权利不能单独处分、不得要求分割；业主转让专有部分时，对享有的共有和共同管理的权利应一并转让；共有部分一并转让时也不存在共有人的优先购买权。因此，不能以共有的一般规定来界定公共部位的权利，否则就没有必要来规定建筑物区分所有权。《物权法》没有规定建筑物区分所有权的共有部分按专有部分比例共有，这是基于建筑物区分所有权的特殊性。所以，没有必要明确其为按份共有还是共同共有。在登记时，和建筑区划内属于全体业主共有的公共场所、公用设施和物业服务用房等房屋的登记一样，注明为整幢业主共有即可。如涉及共有部分的费用分摊、收益分配等事项的处理，则可按《物权法》第八十条的规定，有约定的，按照约定；没有约定或者约定不明确的，按照业主专有部分占建筑物总面积的比例确定。

（三）以业主的专有部分面积登记

过去，登记机构登记建筑物区分所有权人的房屋权属面积时，以套内面积加分摊面积作为权属登记面积，但这一做法没有真实地反映房屋的权属状态，又引起了大量的面积纠纷和矛盾，使得登记机构疲于应付。按《物权法》关于建筑物区分所有权的规定，房屋所有权人只是对专有部分有单独所有权，即只有套内部分才属于某一所有权人独有，而公共部位是与该幢房屋其他所有权人共有的。物权是支配特定物的权利，亦即物权的标的物是可以具体地确定的，"分摊"到某一权利人的面积部分则是不特定的。从登记来看，共有的房屋应由共有人共同申请登记。而把共有的房屋以面积分配的方式分摊给所有权人，由其各自申请登记，与共有的房屋应由共有人共同申请登记的规定不相一致。按专有部分登记，可以客观地反映房屋权利的实际状态，不再与物权理论和权属登记的有关规定相冲突；还可以彻底解决商品房面积纠纷。不具备测绘专业知识的人员也可以丈量计算；由于不牵涉分摊问题，对历史遗留的房改售房中的面积争议，不再牵涉整幢分摊而可以按户测量。但由于政策的衔接和对过去已登记的房屋，社会上认识困难，故分为两步走。首先对登记簿中对面积的记载，要求记载的建筑面积中包括专有部分面积和分摊的共有建筑面积。专有建筑面积待时机成熟时再过渡，也可以解决实践中经常发生的面积纠纷问题。目前，广州正在对业主专有部分面积登记进行试点。在《关于建（构）筑物房地产测绘中贯彻实施物权法若干问题的通知》（征求意见稿）中，对专有部分和共有部分进行了界定，在构造和使用上能明确区分具有排他性且可以独立使用的建筑物部分属于建筑物的专有部分。以专有部分内容的确定为参照，排除专有部分以外的其他部分属于建筑物的共有部分。建筑物的专有部分包括住宅、经营性用房、有接收单位的公建配套设施。共有部分包括建筑物的共用地（宗地）和不可销售建筑部分、按规定不需要移交的公建配套建设设施。

（四）全体业主共有的物业管理服务用房的登记

全体业主共有的物业管理服务用房应当一并申请登记。在不动产登记簿上记载"××××全体业主共同所有"。

（五）新建住宅配套非经营性公建的登记

教育、社区医疗卫生、文化体育、社区服务（含菜市场）、行政管理和市政公用等新建住宅配套非经营性公建，按照《新建住宅配套非经营性公建建设和管理办法》的规定，由直管公产房屋管理单位凭房屋接管协议与房地产开发企业一并申请登记。新建住宅配套非经营性公建的权利人登记为市人民政府。申请登记时无法提供接管协议的，上述房屋只登记不发证，不得抵押、转让。

（六）共用宗地的土地分摊

1）对于统一供地、按规划分期建设的商品房等共用宗地项目，需分期办理首次登记的，在全部房屋竣工前，暂不计算土地分摊系数，在不动产权证书的"面积"栏填写宗地面积，"权利其他状况"栏不再填写土地分摊面积，并在附记栏注记"土地面积共用"；全部房屋竣工后，再按照宗地内登记总建筑面积计算土地分摊系数。登记经办机构在办理宗地内最后一期房屋首次登记时，应查看现场并比对修建性详细规划等规划批准文件，确认宗地是否按规划全部竣工。对于此前办理房地产初始登记时已计算土地分摊系数的项目（包括宗地内部办理房地产初始登记的），仍按照原土地分摊系数进行土地分摊。

2）与地上建筑物相连的地下建筑物，应将地下建筑物的建筑面积连同地上建筑面积计入建筑总面积，计算土地分摊系数。

3）对于历史遗留未进行土地分摊的共用宗地项目，没有明确拨地界限的用地，其中有院墙的，以院墙或院墙与建筑墙封闭围合的边界以内土地为一宗地计算用地面积，没有院墙的，以单位建筑出土实墙以内 1.5 m 划界为一宗地计算用地面积。

4）对于分期建设项目，按照部分竣工房屋面积分摊整宗土地的，应当根据有关规定按照全部房屋的面积重新进行土地分摊，计算土地分摊系数。对于此前已核发的权属证书，待权利人办理转移、变更等登记时予以变更。

事由一　国有建设用地上建造房屋所有权首次登记

依法利用国有土地建造房屋的，应当申请国有建设用地使用权及房屋所有权登记。

依法取得国有建设用地使用权，尚未建造房屋的，可以单独申请国有建设用地使用权登记。

流程1　登记申请

1. 申请人

申请人为不动产登记簿或土地权属来源材料记载的国有建设用地使用权人：包括自然人、企业法人、事业单位法人、社团组织法人、国家机关法人。

房屋首次登记可以由单方提出申请。房屋建成之前由于房屋所有权的客体不存在，故不会产生所有权人，房屋竣工后符合登记条件的情况下，由房屋建设方对房屋客体第一次提出所有权申请。

根据《物权法》第六十四条"私人对其合法的收入、房屋、生活用品、生产工具、原材料等不动产和动产享有所有权"的规定。婚姻存续期间，夫妻双方共同建造的房屋应以夫妻共同所有（有约定的除外）。

2. 申请国有土地上房屋所有权首次登记提交的材料

申请书，身份证明，土地权属证明，建设工程符合规划的证明，房屋已经竣工的证明，房地产调查或者测绘报告，法律、行政法规规定的其他必要材料。

（1）申请人填写的登记申请书

登记申请书是申请权属登记时要填写的主要表格，申请表用来说明产权人情况和房屋状况，由申请人填写，也可以请人代写。不管是否亲笔填写，申请人都要在登记处登记时在登记表上签名，以示真实。委托他人代办的，登记表由受委托人签字。权属登记程序应当由登记申请人启动，申请人所填写的登记申请书，表明了登记申请人向登记机构提出了登记的请求和申请登记的事项（见附件2－1－1）。

（2）申请人的身份证明（查验原件，复印件留存）

1）属个人的，提供身份证明：内地人士提供身份证，无身份证的，可提供有效军人身份证件、中国护照等身份证明；未满16周岁的未成年人可提供户口簿；港澳人士提供香港、澳门特别行政区身份证或者来往内地通行证；台湾人士提供来往大陆通行证或者旅行证或者身份证；境外人士提供护照。

2）内地法人或其他组织提供工商营业执照或组织机构代码证或其他登记证明、法定代表人或负责人证明；境外（包括港、澳、台）法人或其他组织提供经公证或见证的登记证明。

3）国内事业单位或其他社团组织提供政府批准成立的批文或核准登记证明、法定代表人或单位负责人证明；国家机关提供法定代表人或负责人证明。

4）单位授权他人代理的，提供授权委托书及委托代理人个人身份证明；个人授权他人代理的，提供公证的授权委托书及委托代理人个人身份证明。

5）未成年人及其他无民事或限制民事行为能力人的监护人代为申请房地产登记的，还需提供监护人关系证明材料及监护人的身份证明。

注：①身份证明材料中，授权委托书（见附件2－1－2）、法定代表人或单位负责人证明以及监护人关系证明材料（除户口簿）需提供原件外，还需提供复印件并核验原件。②内地法人或其他组织提供工商营业执照或组织机构代码证或其他登记证明、法定代表人或负责人证明；境外（包括港、澳、台）法人或其他组织提供经公证或见证的登记证明；国内事业单位或其他社团组织提供政府批准成立的批文或核准登记证明、法定代表人或单位负责人证明；国家机关提供法定代表人或负责人证明提供的复印件需加盖印章。无法提供原件核验的，需提交经公证确认的公证书。③其他材料提供原件，如报建、验收文件已交档案馆归档而无法提供原件的，提供该馆确认并盖章的复印件。

（3）不动产权属证书或者土地权属来源材料

广义的土地权属证明包括了不动产权证书和土地管理机构所出具的证明能够证明土地使用权属于首次登记申请人的其他证明材料。我国宪法规定城市的土地归国家所有以后，相应的土地管理机构和管理办法是逐步建立和完善起来的。在这以前，有很多的土地是由当事人通过购买、继承等方式取得。土地公有后，这些权利人以沿用方式取得土地使用权，如一律要求房屋所有权人提供不动产权证书，显然是不合适的。只要土地管理机构能书面证明有合法的土地使用权，也有建设工程符合规划的证明，应是可以予以登记。

土地权属证明除已经办理土地登记取得不动产权证书外应当提交土地权属来源证明、权籍调查表、宗地图以及宗地界址坐标等材料，并根据土地权利取得的方式，分别提交以下材料：

1）以出让方式取得国有建设用地使用权的，应当提交国有建设用地使用权出让合同和全部土地出让价款缴纳凭证等相关证明材料；

2）以划拨方式取得国有建设用地使用权的，应当提交县级以上人民政府的批准用地文件和国有建设用地使用权划拨决定书，不动产产籍调查成果等相关证明材料；

3）划拨国有建设用地使用权依法转为出让国有建设用地使用权的，应当持原不动产权属证书、出让合同以及全部土地出让价款缴纳凭证等相关证明材料，申请出让国有建设用地使用权首次登记；

4）以租赁方式取得国有建设用地使用权的，应当提交土地租赁合同和土地租金缴纳凭证等相关证明材料；

5）以作价出资或者入股方式取得国有建设用地使用权的，应当提交原不动产权属证书、国有建设用地使用权出资或者入股批准文件和其他相关证明材料；

6）以授权经营方式取得国有建设用地使用权的，应当提交原不动产权属证书、土地资产授权经营批准文件和其他相关证明材料。

（4）建设工程符合规划的证明及附件、附图

建设工程符合规划的证明，即城市规划行政主管部门依法确认房屋符合城市规划的凭证。一根据《城乡规划法》的规定，城市规划分为总体规划和详细规划，详细规划分为控制性详细规划和修建性详细规划。建设工程符合规划的证明一般是指建设工程规划许可证。在中华人民共和国成立初期直至20世纪70年代，是由地方政府或建设行政管理部门向建房者发建筑执照。近几年来，由于有关部门加强了建设和规划的管理，在建房者开始施工前，城市规划行政主管部门发放的是建设工程规划许可证的副本，在副本上注明该副本不作为权属登记的依据，待房屋竣工时，经过验收认定是按规划部门批准的要求施工的，才发给正本，在这种情况下，当事人应凭建设工程规划许可证提出正本申请。

这里需要注意的是关于临时建筑许可证的问题。临时建筑是政府规划国土管理部门为了充分利用土地资源而批准建造的。一个城市的规划从制定到具体实施，要有一定的时间，利用这一时间的间隙搭建临时建筑，可以充分发挥土地的作用。临时建筑在建造时，已规定了使用的期限，即临时建筑必须在规定的期限届满前拆除。按现行规定，临时建筑不能登记产权。临时建筑不同于违章建筑或违法建设，是合法建造的，虽然不能登记产权，但在遇到房屋拆迁时，如这一临时建筑还未超出规定的可以保存的期限，拆迁单位应当给予适当的补偿。

（5）房屋已经竣工的证明（查验原件，复印件留存）

房屋已经竣工的证明，即建设工程竣工验收报告或房屋竣工验收合格的证明。要求登记申请人提供房屋竣工验收合格证明，主要用以区分房屋与在建建筑物。根据《建设工程质量管理条例》的规定，建设工程竣工验收由建设单位组织设计、施工、工程监理登记有关单位进行竣工验收。建设工程竣工验收合格后，建设单位应当将建设工程竣工验收报告和规划、公安消防、环保等部门出具的认可文件或者准许使用文件，报建设行政主管部门或者其他有关部门备案。房屋竣工验收由建设单位负责组织，不再由政府的房屋建筑

工程质量监督机构负责。因此，申请人应提交建设行政主管部门对竣工验收报告及相应文件予以备案的证明。

居民自建的民宅，并不一定能取得建设行政主管部门对竣工验收报告的备案，对此可由建设单位出具房屋已竣工的证明。

（6）房地产调查或者测绘报告

《物权法》规定，当事人申请登记的，应当根据不同登记事项提供面积等必要材料。房屋调查要查清房屋所坐落的位置、房屋建筑建构、房屋层数、房屋墙体归属、房屋权属界线等信息。房屋调查由调查部门依据《房产测量规范》完成。房屋图形、房屋面积都是房屋登记的重要信息。房屋图形测绘、房屋面积的计算需要通过房产测绘来完成，通过房产测绘报告来体现。按《房产测量规范》关于"房产面积测算"的规定，房屋的产权面积系指产权人依法拥有房屋所有权的房屋建筑面积。因此，房产测绘报告应由具有房产测绘资质的机构提供，按建设部、国家测绘局联合颁发的《房产测绘管理办法》（建设部、国家测验局令第83号）的规定，房产测绘的施测单位应取得省级以上人民政府测绘行政主管部门颁发的载明房产测绘业务的"测绘资格证书"，并对其完成的房产测绘成果质量负责。报告中应绘制房屋楼层平面图；商品房应有面积分户表。属于原土地登记成果无解析坐标等需进行不动产权籍调查的，应提交不动产权籍调查成果，不再提交地籍测绘成果。

（7）标准地名证明文件（查验原件、复印件留存）

新建项目首次登记时，申请人应提交由地方命名委员会命名的项目名称证明文件。

（8）预售登记证明（检验原件、复印件留存）

属于商品房项目的，已办理预售登记并领取预售登记证明的，还应提交预售登记证明；

实施土地收购整理中属于规划保留的房屋，原权利人放弃权利并已办理注销登记，在土地供应后，应按新建房屋办理首次登记，可以提交规划部门批准房屋予以保留的证明等文件，不再提交建设工程规划许可证和规划验收合格证；规划部门批准保留的证明中注明地名未改变的，不再提交地名证明文件；房屋未发生翻建、改建的，不再提交房屋测绘成果。

（9）非住宅接管协议

按规定应由市或区人民政府所有的非住宅房屋，还应提交相关接管协议或市公用公房管理部门出具的认定文件。

（10）已交税费的凭证（看原件及复印件）

涉及缴纳税款的，需提供纳税相关证明材料。

（11）法律、行政法规规定的其他必要材料

要求申请人提供"其他必要材料"，并不是随意要求当事人提供，对哪种登记应提交哪些登记材料，登记机构要通过文件的形式予以确定，并在登记受理处予以明示，以方便登记申请人，并避免引起争议。一般从登记实践来看，首次登记时应提供的其他必要材料主要有：①被代理人无完全民事行为能力的证明。无完全民事行为能力人的房屋登记（未成年人的房屋登记《办法》已做了规定），应当由其监护人代为申请登记。申请人应当提交证明被代理人无完全民事行为能力的证明和监护人身份的证明。②委托书。在委托

代理时，当事人委托代理人为其代办权属登记申请的文件。③合作建房的，提供土地管理部门批准的合作协议书和产权分成详细清单。④属全体业主共有部分的，提供经规划部门确认的证明材料或房地产开发企业与业主的书面约定。⑤集资建房的，提供有关部门批准集资建房的文件。⑥拆迁赔偿的，提供拆迁赔偿清单及拆迁补偿协议。⑦商品房的房屋分栋、分户汇总表。

流程2　登记受理

1. 检查证件

登记工作人员检查应交的资料是否齐全、资料格式是否符合规定的要求、各资料的主体或当事人是否一致、资料所涉及的内容是否相同。如果缺少应交的资料，应书面通知申请人（见附件1-1-2B）。

2. 询问

询问内容应包括如下内容：①您申请的房屋坐落在何处？②您的登记申请是否为真实意思的表示？③您是否对所提交资料的真实性、合法性、有效性负责并对其承担相应的法律责任？④申请材料上的签字是否申请人所签？⑤您申请登记的房屋是否为共有房屋？⑥您申请登记的房屋是否存在产权纠纷？⑦其他询问事项（见附件2-1-3），对询问结果应进行记录并要求申请人签字确认。

3. 收件

收件是登记机构工作人员根据受理的规定要求，在对申请人提交的资料进行检查后，将资料收集整理到一个档案袋中，列写好档案袋中的资料内容，并给申请人填写收件收据（见附件2-1-4）。在收件工作中，一定要保证登记文件应当齐全。

除上述资料外申请人还应提交收费凭证。根据国家发展改革委、财政部《关于不动产登记费收费标准等有关问题的通知》，房地产开发企业等法人、其他组织、自然人合法建设的住宅，申请办理房屋所有权及其建设用地使用权首次登记；住宅类不动产登记收费标准为每件80元。非住宅类不动产登记收费标准为每件550元。廉租住房、公共租赁住房、经济适用住房和棚户区改造安置住房所有权及其建设用地使用权办理不动产登记，登记收费标准为零。

流程3　登记审核

1）申请材料是否齐全。

2）不动产登记申请书、权属来源材料等记载的主体是否一致；国有建设用地使用权已登记的，建设工程符合规划、房屋竣工验收等材料记载的主体是否与不动产登记簿记载的权利主体一致；未登记的，建设工程符合规划、房屋竣工验收等材料记载的主体是否与土地权属来源材料记载的主体一致；已经办理预售登记的，应与登记簿记载的预售人一致。

3）申请登记的房屋占用范围内的土地是否在登记簿记载、建设工程规划许可证（或规划部门批准房屋予以保留的证明）记载的范围内，房屋坐落、规划用途、幢数、层数与建设工程规划许可证、地名证明文件、房屋测绘成果、地籍测绘成果相符；规划保留的房屋地名未改变的，应与原地名证明文件相符。

4）测绘成果或不动产权籍调查成果是否齐全、规范。

5）查封或者预查封国有建设用地使用权或房屋所有权的，不影响办理国有建设用使用权及房屋所有权首次登记。

6）属于商品房项目的，建筑区划内属于业主共有的道路、绿地与整宗地一并记载为"××全体业主共用"，属于物业服务用房的，按规定及证明材料记载为"××全体业主共同所有"，申请材料已明确属于全体业主共有的其他公共场所和其他公共设施的，依申请记载"××全体业主共同所有"。

7）教育、社区医疗卫生、文化体育、社区服务（含菜市场）、行政管理和市政公用等新建住宅配套非经营性公建，按照规定，由市或区直管公产房屋管理单位凭房屋接管协议与房地产开发企业一并申请登记。新建住宅配套非经营性公建的权利人按照接管协议登记为市或区人民政府。申请登记时无法提供接管协议的，上述房屋只登记不发证，不得抵押、转让。

8）属于商品房项目的有关宗地问题的处理：

①对于统一供地、按规划分期建设的商品房等共用宗项目，购房人申请国有建设用地使用权及房屋所有权转移登记的，不动产登记经办机构应在不动产权属证书的"面积"栏填写宗地面积，并在附记栏注记"土地面积共用"；②对于历史遗留未进行土地分摊的共用宗项目，没有明确拨地界限的用地，其中有院墙的，以院墙或院墙与建筑墙封闭围合的边界以内土地为一宗地计算用地面积，没有院墙的，以单位建筑出土实墙以内 1.5 m 划界为一宗地计算用地面积；③对于已经进行土地分摊的，待权利人办理转移、变更登记时按照本条①规定填写整宗土地面积，并在附记栏注记"土地面积共用"。

9）是否已按规定进行实地查看；对新建的房屋在所有权登记前应对房屋是否完工进行现场查看，填写查看意见。没有完全竣工的房屋不能进行房屋所有权登记（见附件2－1－5）。

10）土地价款及相关税费是否已按规定缴纳完毕。

11）其他审查事项（单元一审核内容）。

不存在不予登记情形的，记载不动产登记簿后向权利人核发不动产权属证书。属于商品房项目的，在商品房网络系统上办理房屋所有权首次登记的同时，将房屋、土地分户测绘信息由商品房网络系统导入不动产登记系统，同时向开发建设单位按套核发未售出房屋的不动产权证书，有在建建筑物抵押的，应注记抵押信息。

审核人员填写审核意见；初审人员填写土地上的原先状况、材料是否齐全、申请人与依法提交的材料记载的主体是否一致、权属来源证明材料或者登记原因证明文件与申请登记的内容一致；复审人员在对申请状况进行再一次审核后主要填写申请首次登记的房屋与申请人提交的规划证明材料的记载是否一致、登记事项是否符合法律要求。针对核定人员初审、复审提出的问题决定是否同意登记（见附件2－1－6）。

经审核后如果不符合登记要求应书面通知申请人（见附件1－1－9）。

流程4　核准登记并记载于登记簿

根据审核表审核的同意登记的决定，由登记人员将登记事项记载到不动产登记簿中的宗地基本信息、建设用地使用权、宅基地使用权登记信息、房地产权登记信息、建筑物区分所有权业主共有部分登记信息（见附件2-1-7）。

1. 宗地基本信息

【宗地面积】填写审核后合法的宗地土地面积。一般以"平方米"为单位；土地所有权登记可以以"公顷"为单位，土地承包经营权登记可以以"亩"为单位。

【用途】按照《土地利用现状分类》（GB/T 21010—2007）的二级类填写土地的用途。土地所有权可以不填写。

【等级】填写根据《城镇土地分等定级规程》《农用地质量分等规程》《农用地定级规程》等确定的土地等别或级别。若变化频繁可暂不填写。

【价格】填写基准地价或者标定地价等。若变化频繁可暂不填写。

【权利类型】填写具体的权利类型，包括集体土地所有权、国家土地所有权、国有建设用地使用权、宅基地使用权、集体建设用地使用权、土地承包经营权、林地使用权、草原使用权、水域滩涂养殖权等法律规定的权利。

其中，土地承包经营权包括耕地、林地、草地、水域滩涂等承包经营权。以承包之外方式取得的草原使用权、水域滩涂养殖权在农用地的其他使用权登记信息页记载。林地的承包经营权和以承包之外方式取得的林地使用权在林权登记信息页记载。

【权利性质】国有土地填写划拨、出让、作价出资（入股）、国有土地租赁、授权经营、家庭承包、其他方式承包等；集体土地填写家庭承包、其他方式承包、批准拨用、入股、联营等。土地所有权可以不填写。

【权利设定方式】填写地上、地表、地下。

【容积率、建筑密度、建筑限高】填写划拨决定书或者出让合同等文件确定的建筑容积率、建筑密度、建筑限高。容积率、建筑密度、建筑限高未在规划、合同等有关文件中进行确定或者变化过于频繁的，可以不填写。

【空间坐标、位置说明或者四至描述】填写宗地的空间坐标信息（含高程值）和位置说明，不能填写空间坐标的，填写四至描述。

【附记】填写需要对宗地基本情况进一步说明的有关信息。如同一宗地有多种用途的，记载分用途面积；如同一宗地有出让、划拨等多种权利性质的，记载分权利性质面积；承包耕地是否为基本农田，农村承包土地等各类土地的实测面积等。

2. 不动产权利及其他事项登记信息——建设用地使用权、宅基地使用权登记信息

【权利人】宅基地使用权人可以填写户主姓名。

【共有情况】填写单独所有、按份共有或共同共有。属于按份共有的，还要填写共有的份额。按户取得的宅基地的按照姓名（性别、年龄、与户主关系）的格式逐个填写共有人。

【登记原因】填写建设用地使用权、宅基地使用权登记的原因，如划拨、出让、作价出资（入股）、国有土地租赁、授权经营、批准拨用买卖、继承等。

【使用权面积】填写权利人在一宗地内使用的土地面积。共有宗地的为独用面积与按份额分摊的面积之和；非共有宗地的一般为宗地面积。使用权面积与宗地面积一致的，可以不填写。

【取得价格】填写有偿使用土地所支付的用地价款。

3. 不动产权利及其他事项登记信息——房地产权登记信息、建筑物区分所有权业主共有部分登记信息

【不动产单元号】填写按照不动产权籍调查的有关技术规定编制的不动产单元号。

【业务号】填写业务受理的收件编号。

【房地坐落】填写有关部门依法确定的房地坐落，一般包括街道名称、门牌号、幢号、楼层号、房号等。

【权利人】填写权利人的姓名或名称。权利人为自然人的，填写身份证件上的姓名；权利人为法人、其他组织的，填写身份证件上的法定名称。

【证件种类】填写权利人身份证件的种类。境内自然人一般为居民身份证，无居民身份证的，可以为户口簿、军官证；法人或其他组织一般为组织机构代码证，无组织机构代码证的，可以为营业执照、事业单位法人证书、社会团体法人登记证书。港澳同胞的为港澳居民来往内地通行证或港澳同胞回乡证、居民身份证；台湾同胞的为台湾居民来往大陆通行证或其他有效旅行证件，在台湾地区居住的有效身份证件或经确认的身份证件。外籍人的身份证件为护照和中国政府主管机关签发的居留证件。

【证件号】填写身份证件上的编号。

【共有情况】填写单独所有、按份共有或共同共有。属于按份共有的，还要填写共有的份额。

【权利人类型】填写个人、企业、事业单位、国家机关、其他。无法归类为个人、企业、事业单位、国家机关的，填写其他。

【使用期限】有明确使用期限的，填写批准文件或者合同等确定的使用起止日期。如×××年××月××日起×××年××月××日止。宗地、宗海内有多用途、多种使用期限的，可以分用途填写使用期限。土地所有权等未明确权利期限的可以不填。

【登记类型】填写登记的具体类型，如首次登记（总登记、初始登记）、转移登记、变更登记、注销登记、更正登记等。

【登记原因】填写房屋所有权登记的原因，如自建、买卖、互换，以房屋出资入股、分割、合并共有房屋、继承、受遗赠、因生效法律文书取得房屋或者房屋灭失等。

申请不动产权证书补、换证的，登记原因填写补证、换证。

【土地使用权人】填写宗地内所有的土地使用权人，按份共有的，按照权利人（份额）填写。建筑小区的土地，土地使用权人填写"全体业主"。

【独用土地面积、分摊土地面积】填写按照不动产权籍调查的有关技术规定计算的独用土地面积、分摊土地面积。权利人在一宗地内的独用土地面积和分摊土地面积之和为该权利人的土地使用面积。

【项目名称、幢号、总层数、规划用途、房屋结构、建筑面积、竣工时间、总套数】按幢分别填写项目名称、幢号、总层数、规划用途、房屋结构、建筑面积、竣工时间、总套数。

【房地产交易价格】通过购买方式取得的，填写交易价格。通过其他方式取得的，填写权利人申报登记的价格。

【规划用途】填写建设工程规划许可文件及其所附图件上确定的房屋用途。

【房屋性质】填写商品房、房改房、经济适用住房、廉租住房、自建房等。

【房屋结构】分为钢结构、钢和钢筋混凝土结构、钢筋混凝土结构、混合结构、砖木结构、其他结构等六类。

【所在层／总层数】填写按照《房产测量规范》等技术规定计算的房屋总层数和所在层数。

【建筑面积】按照《房产测量规范》等技术规定测量的房屋建筑面积填写，区分所有建筑物的建筑面积，包括专有建筑面积和分摊建筑面积。

【专有建筑面积】填写区分所有的建筑物权利人专有部分建筑面积。

【分摊建筑面积】填写区分所有的建筑物权利人分摊的共有部分建筑面积。

【不动产权证书号、不动产登记证明号】填写依法向不动产权利人或申请人颁发的不动产权证书号、不动产登记证明号。

【附记】填写需要对不动产权利及其他事项登记情况进一步说明的信息。如土地出让合同或者土地承包合同等编号，共有不动产权发一本证书时的持证人以及必要的历史登记信息等登记机构需要记载的情况。

4. 登记日的计算

《物权法》第十四条规定，依法应当登记的，自记载于不动产登记簿时发生效力。所有权登记日期为记载登记簿的日期。

流程5　制证、发证

属于商品房等项目的，在商品房网络系统上办理房屋首次登记的同时，将房屋、土地分户测绘信息由商品房网络系统导入不动产登记系统。各地方登记机构决定是否发证。同时向开发建设单位按套核发未售出房屋的不动产权证书。有在建工程抵押的，应注记抵押信息。发证时根据记载到登记簿的事项缮证。缮证后要仔细检查，不要有错字。发证时要求领证人在领证簿上签字，并收回受理时交给申请人的收件收据（注此案例不发证）。

事由二　集体建设用地使用权和房屋所有权首次登记

适用于依法使用集体建设用地兴办企业、建设公共设施、从事公益事业等的，应当申请集体建设用地使用权及建筑物、构筑物所有权登记和利用宅基地建造住房及其附属设施的，可以申请集体建设用地使用权及建筑物、构筑物所有权或宅基地使用权及房屋所有权登记。

集体建设用地上的房屋登记有依法利用宅基地建造住房及其附属设施的和依法使用集体土地建造房屋、兴办企业、建设公共设施、从事公益事业等的两种情景。当事人在取得宅基地使用权或依法取得集体建设用地使用权后，应当申请宅基地使用权或集体建设用地使用权及房屋所有权登记。如果土地使用权已经进行了不动产登记，可以直接申请房屋登记。流程如下：

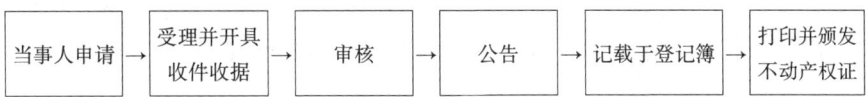

当事人申请 → 受理并开具收件收据 → 审核 → 公告 → 记载于登记簿 → 打印并颁发不动产权证

一、集体建设用地上房屋登记概述

（一）集体建设用地上房屋可以申请登记

《城市房地产管理法》的适用范围限于城市国有土地上的房屋，没有涉及集体土地。1993 年实施的《村镇规划条例》第二十八条规定："县级以上人民政府建设行政主管部门，应加强对村庄、集镇房屋的产权、产籍的管理，依法保护房屋所有人对房屋的所有权。具体办法由国务院建设行政主管部门制定。"城市国有土地上房屋实行的是"地随房走"原则，抵押、交易相对自由；而在农村，由于社会保障体系尚未全面建立，宅基地使用权是农民安身立命之本，国家短期内将还不会放开宅基地使用权的流转，宅基地上房屋抵押、交易还将继续受到限制。由于多种原因，在此之前，国家一直没有出台集体土地上房屋权属登记的具体的、可操作的规定。各地农村集体建设用地上房屋登记发证工作有两种情形：一是尚未开展农村房屋发证工作，不登记不发证。二是小规模开展农村房屋发证工作，但发证机构不尽一致，有的地方由村镇建设管理部门发证，有的地方由城市房地产管理部门发证。2007 年《物权法》的出台，建立了房屋登记的新规则与新制度，明确了登记效力，对确认和保护集体土地上农民房屋权利提出了新要求。

（二）可以申请登记的集体建设用地范围内房屋的条件

可以申请登记的集体建设用地范围内房屋规定了两个前提要件：一是依法建造，对于未办理任何审批手续、私搭乱建的违法建筑不能申请房屋登记。集体土地范围内村民住宅和其他房屋建设审批程序存在一定的差异。《城乡规划法》第四十一条规定，在乡、村庄规划区内进行乡镇企业、乡村公共设施和公益事业建设的，建设单位或者个人应当向乡、镇人民政府提出申请，由乡、镇人民政府报城市、县人民政府城乡规划主管部门核发乡村建设规划许可证。在乡、村庄规划区内使用原有宅基地进行农村村民住宅建设的规划管理办法，由省、自治区、直辖市制定。二是申请登记房屋的土地性质应为宅基地和其他集体建设用地。根据《土地管理法》第四条中的规定，国家实行土地用途管制制度，将土地分为农用地、建设用地和未利用地，严格限制农用地转为建设用地，控制建设用地总量，对耕地实行特殊保护。申请登记的房屋所利用的土地必须是经过批准的宅基地或者集体建设用地上建设。

（三）集体建设用地上可以申请登记房屋的范围

《土地管理法》第四十三条规定："任何单位和个人进行建设，需要使用土地的，必须依法申请使用国有土地；但是，兴办乡镇企业和村民建设住宅经依法批准使用本集体经济组织农民集体所有的土地的，或者乡（镇）村公共设施和公益事业建设经依法批准使用农民集体所有的土地的除外。"也就是说，集体所有土地只能进行村民住宅、乡镇企业、乡（镇）村公共设施和公益事业建设，其他建设都不允许。因此，本条规定可以登记的房屋分为两大类：一是村民住宅，包括农村村民在宅基地新建、改建、扩建和重建的房屋。二是利用其他集体所有建设用地建造的房屋，包括乡镇企业、乡（镇）村公共设施和公益事业建造的房屋。

（四）集体建设用地上的建筑物区分所有权的登记

申请宅基地等集体土地上的建筑物区分所有权登记的，参照国有建设用地使用权及建筑物区分所有权的规定办理登记。

二、集体建设用地上的房屋所有权首次登记流程

流程1 登记申请

1. 申请人

1）用地批准文件记载的宅基地使用权人或者说是使用宅基地建设住宅的农村居民。

2）申请集体建设用地使用权及建筑物、构筑物所有权登记的主体为用地批准文件记载的集体建设用地使用权人。

集体建设用地上房屋所有权首次登记由权利人单方申请。

2. 宅基地上房屋所有权首次登记提交的材料

根据申请主体的不同、用地性质的不同，集体建设用地范围内房屋所有权首次登记的收件标准也稍有不同。农村集体建设用地上房屋与城市国有土地上房屋相比，具有几个独有的特征：一是房屋所有人身份有限制，一般是该农村集体经济组织成员。宅基地使用权是一种带有身份性质的财产权，与农村集体经济组织成员的资格联系在一起的，只有集体经济组织成员身份才能享有宅基地使用权，申请宅基地建造房屋。二是房屋宅基地使用权取得的无偿性和限制性，宅基地采用限额审批制度，一户一宅，不得非法转让。《土地管理法》第六十二条规定："农村村民一户只能拥有一处宅基地，其宅基地面积不得超过省、自治区、直辖市规定的标准。"三是房屋流通的限制性，集体建设用地上房屋一般只能出让给同一农村集体经济组织内的农民。因此，集体建设用地上房屋与国有土地上房屋所有权首次登记收件资料有所差别。

申请宅基地使用权及房屋所有权首次登记的，根据申请登记的事项，提交下列材料：

1）申请书（见附件2-2-1）。

2）申请人身份证明和户籍证明（查验原件，复印件留存）。

3）有批准权的人民政府批准用地的文件等权属来源证明材料（土地使用权证或不动产权证书）。

4）房屋符合城乡规划的证明或建房批准文件（查验原件，复印件留存）。包括历史上由乡镇或乡镇以上人民政府以及土地、建设、房管、规划等职能部门核发的有关批准文件或者盖章确认的有关用地、建设的证明材料；土地行政主管部门主持达成的权属界线协议书、调解书、人民政府的生效决定或者人民法院、仲裁委员会的生效法律文书；对于没有权属来源证明的宅基地，在2009年12月31日第二次全国土地调查结束之前已建成使

用，并在第二次全国土地调查确定的村庄建设用地范围内的，应当查明土地历史使用情况和现状，符合土地利用总体规划等相关规划的，由村委会出具证明，对土地及房屋的权利人、面积、范围、取得时间等进行确认，并公告三十天。公告无异议的，应提交村委会盖章确认并经乡（镇）人民政府审核的证明文件。

5）房屋测绘成果和地籍测绘成果或权籍调查表、宗地图、房屋平面图以及宗地界址坐标等有关不动产界址、面积等证明材料。

6）法律、行政法规规定的其他必要材料。

3. 申请集体建设用地上兴办企业或公共设施、公共事业建造的房屋所有权首次登记提交的材料

使用农民集体所有的建设用地进行建设，申请集体建设用地使用权及房屋所有权首次登记的，根据申请登记的事项，相应提交下列材料：

1）申请书。

2）申请人身份证明（查验原件，复印件留存）。

3）有批准权的人民政府批准用地的文件等土地权属来源证明。集体建设用地使用权首次登记完成后，申请人申请房屋所有权首次登记的，应提交享有集体建设用地使用权或不动产权属证书。

4）建设工程符合城乡规划的证明或县级以上人民政府批准的建设文件（查验原件，复印件留存）。

5）房屋测绘成果和地籍测绘成果或权籍调查表、宗地图、房屋平面图以及宗地界址坐标等有关不动产界址、面积等证明材料。

6）建设工程已竣工的证明。

7）法律、行政法规规定的其他必要材料。

农村集体经济组织申请房屋所有权首次登记的，还应当提交经村民会议同意或者由村民会议授权经村民代表会议同意的证明材料。农村集体经济组织所有的房屋是农村集体所有的重要财产，对其利用、处置等都应当由村民共同决定。提交村民会议同意登记或者由村民会议授权经村民代表会议同意登记的证明材料，是为了贯彻村民自治原则，保护广大农民群众的民主权利，加强对村集体经济组织资产管理的监督，保障了农村社会的发展和稳定。

流程2　登记受理

1. 检查证件

登记工作人员检查应交的资料是否齐全、资料格式是否符合规定的要求、各资料的主体或当事人是否一致、资料所涉及的内容是否相同。

2. 询问

对询问结果应进行记录并要求申请人签字确认。

3. 收件

收件是登记机构工作人员根据受理的规定要求，在对申请人提交的资料进行检查后，

将资料收集整理到一个档案袋中，列清写好档案袋中的资料内容，并给申请人填写收件收据（见附件2－2－2）。在收件工作中，一定要保证登记文件应当齐全。除上述资料外申请人还应提交收费凭证（单独申请宅基地使用权登记的；申请宅基地使用权及地上房屋所有权登记的；免交登记费，只收取不动产权属证书工本费，每本证书10元）。

流程3　登记审核

1. 申请集体建设用地上兴办企业或公共设施、公共事业建造的土地使用权和房屋所有权首次登记审核要点

1）是否已依法取得集体建设用地使用权；不动产登记簿记载的权利主体与建设工程符合规划的材料、建设工程竣工材料等记载的权利主体是否一致；未登记的，建设工程符合规划的材料、建设工程竣工材料等记载的主体是否与土地权属来源材料记载的主体一致。

2）不动产登记申请书、权属来源材料等记载的主体是否一致。

3）房屋等建筑物、构筑物是否提交了符合规划、已竣工的材料。

4）不动产权籍调查成果资料是否齐全、规范。

5）集体建设用地使用权被查封，申请人与被执行人一致的，不影响集体建设用地使用权及建筑物、构筑物所有权首次登记。

6）是否已按规定进行实地查看。

7）是否已按规定进行公告。

8）其他审查事项（见单元一审核内容）。

不存在不予登记情形的，记载不动产登记簿后向申请人核发不动产权属证书。

2. 申请宅基地使用权及房屋所有权首次登记审核要点

1）宅基地使用权是否已登记。已登记的，审核不动产登记簿记载的权利主体与房屋符合规划或者建设的相关材料等记载的权利主体是否一致；未登记的，房屋符合规划或者建设的相关材料等记载的主体是否与土地权属来源材料记载的主体一致。

2）不动产登记申请书、权属来源材料等记载的主体是否一致；申请人是否为集体经济组织成员。

3）是否符合一户一宅及宅基地面积标准的规定。

4）不动产权籍调查成果资料是否齐全、规范，权籍调查表记载的权利人、权利类型及其性质等是否准确，宗地图和房屋平面图、界址坐标、面积等是否符合要求。

5）是否已在不动产登记机构门户网站以及宅基地所在地进行公告。

6）房屋等建筑物、构筑物是否符合规划或建设的相关要求。

7）是否按规定进行实地查看。

8）其他审查事项（见附件2－2－3）。

考虑到地方社会、经济发展的不平衡性，一律强行要求申请村民住房登记时出具测绘报告不现实，各地可以根据本地实际情况要求申请人出具房屋测绘报告或者出具村民住房平面图。村民住房平面图可以由多种主体出具，并不仅仅限于测绘公司、房屋设计单位、施工单位、验收单位等，无论何种主体出具的住房平面图，登记机构都应认真核实平面图与房屋实际状况是否一致。当然，住房平面图是一个过渡时期内的临时替代措施。登记机构应实事求是、因地制宜、量力而行地逐步引导申请人出具测绘报告，同时采用各种鼓励措施，鼓励测绘公司服务农村，服务农民。

流程4　公告

办理村民住房所有权首次登记、农村集体经济组织所有房屋所有权首次登记，不动产登记机构受理登记申请后，应当将申请登记事项在房屋所在地农村集体经济组织内进行公告。经公告无异议或者异议不成立的，方可予以登记。

公告是指房屋登记机关在对申请人所提供的资料审查后，以一定的方式向公众公布予以核准房屋产权的有关事项，利害关系人可以在规定的期限内向不动产登记机关提出异议。利害关系人可以是自然人、法人、其他社会组织，也可以是有关国家机关。公告的形式应让社会公众方便获知。公告期满，没有异议的，应向申请人核发不动产权证书。利害关系人提出异议的，利害关系人应提供相应的证据。公告是村民住房所有权首次登记、农村集体经济组织所有房屋所有权首次登记的必经程序，未经过公告，登记部门不得登记发证。

将公告程序作为村民住房所有权首次登记、农村集体经济组织所有房屋所有权首次登记的必经程序的目的主要是：一是公告程序可以体现和突出村民自治作用。公告是登记的必经程序，便于村民相互监督。登记机构受理登记申请后，应将权利人登记申请事宜在房屋所在地村民自治组织内予以公告，征询异议。二是公告是登记机构确保房屋权属登记正确的重要手段。因农村房屋历史沿革和权属来源非常复杂，建设审批资料严重欠缺，房屋权属经常成为影响邻里关系和引发邻里矛盾纠纷的重要因素，甚至会危及社会稳定，因此，必须尽可能地减少疏漏和杜绝错误。在房屋权属核准登记之前，进行必要的公告，通过征询利害关系人和知情人房屋权属异议，及时发现问题，纠正潜在错误，确保房屋权利登记和权属证书颁发的合法性和准确性。三是集体建设用地使用权的流转范围有限且农村属于熟人社会，大家相互比较了解，因此公告最能有助于判断房屋的权属，以免引发争议。

公告期不少于十五个工作日，公告所需时间不计算在登记办理期限内。

公告的形式有多种，比如报纸刊载、电视公告、广播公告、网络公告、现场张贴公示等。从方便申请人登记，降低登记成本的角度出发，村民住房所有权首次登记、农村集体经济组织所有房屋所有权首次登记可以采取在房屋所在地集体经济组织内部张贴公示形式为主要的公告方式。公告期限由各地根据本地实际情况制定具体规定，当地没有规定的，登记机构可以根据案情复杂、难易情况灵活掌握。

流程5　核准登记并记载于登记簿

经审核符合所有权首次登记的，由登簿人员按照审批表的内容将宗地基本信息、建设用地使用权、宅基地使用权登记信息、房地产权登记信息（独幢、层、套、间房屋）记录在登记簿上（见附件2－2－4）。

1. 宗地基本信息

内容略。

2. 建设用地使用权、宅基地使用权登记信息

【权利人】宅基地使用权人可以填写户主姓名。

【共有情况】填写单独所有、按份共有或共同共有。属于按份共有的，还要填写共有的份额。按户取得的宅基地的按照姓名（性别、年龄、与户主关系）的格式逐个填写共有人。

【登记原因】填写建设用地使用权、宅基地使用权登记的原因，如划拨、出让、作价出资（入股）、国有土地租赁、授权经营、批准拨用买卖、继承等。

【使用权面积】填写权利人在一宗地内使用的土地面积。共有宗地的为独用面积与按份额分摊的面积之和；非共有宗地的一般为宗地面积。使用权面积与宗地面积一致的，可以不填写。

【取得价格】填写有偿使用土地所支付的用地价款。

流程6　制证、发证

登簿后各地不动产登记机构对开发商的首次登记根据当地情况考虑是否发证。如发证，符合登记条件的予以登记，并核发不动产权证书（见附件2-2-5）。不动产权证书附记栏注记：房屋面积×××m²，对于其中位于准予登记用地范围内房屋面积×××m²予以登记。

登簿后不动产登记机构要根据记载到登记簿的事项。缮写不动产权证书，缮证后要仔细检查，不要有错字。发证时要求领证人在领证簿上签字，并收回受理时交给申请人的收件收据（见附件2-2-2）。

单一版不动产权证书使用和填写说明

一、使用说明

单一版不动产权证书可以记载一个不动产单元上的一种权利或者互相兼容的一组权利。如集体土地所有权、国有建设用地使用权及房屋所有权、土地承包经营权及林木所有权等，可以在单一版证书记载。

不动产登记完成后，登记机构应当根据登记簿记载的内容，填写不动产权证书。登记簿记载的内容发生变化涉及证书的，不动产权利人在申请登记时应当交回不动产权证书，登记机构重新核发证书。登记簿记载的不动产权利注销的，不动产权利人应当交回证书，或者由登记机构公告废止。

二、填写说明

（一）二维码

登记机构可以在证书上生成二维码，储存不动产登记信息。二维码由登记机构按照规定自行打印。

（二）登记机构（章）及时间

盖登记机构的不动产登记专用章。登记机构为县级以上人民政府依法确定的、负责不动产登记工作的部门，如：××县人民政府确定由该县国土资源局负责不动产登记工作，则该县国土资源局为不动产登记机构，证书加盖"××县国土资源局不动产登记专用章"。

填写登记簿的时间，格式为××××年××月××日，如2015年03月01日。

（三）编号

即印制证书的流水号，采用字母与数字的组合。字母"D"表示单一版证书。数字一般为 11 位。数字前 2 位为省份代码，北京 11、天津 12、河北 13、山西 14、内蒙古 15、辽宁 21、吉林 22、黑龙江 23、上海 31、江苏 32、浙江 33、安徽 34、福建 35、江西 36、山东 37、河南 41、湖北 42、湖南 43、广东 44、广西 45、海南 46、重庆 50、四川 51、贵州 52、云南 53、西藏 54、陕西 61、甘肃 62、青海 63、宁夏 64、新疆 65。国家 10，用于国务院国土资源主管部门的登记发证。数字后 9 位为证书印制的顺序码，码值为 000000001～999999999。

（四）不动产权证书号：A（B）C 不动产权第 D 号

"A"处填写登记机构所在省区市的简称。"B"处填写登记年度。"C"处一般填写登记机构所在市县的全称，特殊情况下，可根据实际情况使用简称，但应确保在省级范围内不出现重名；"D"处是年度发证的顺序号，一般为 7 位，码值为 0000001～9999999。如苏（2015）徐州市不动产权第 0000001 号、苏（2015）睢宁县不动产权第 0000001 号。

国务院国土资源主管部门登记的，"A"处填写"国"；"B"处填写登记年度；"C"处填写"林"或者"海"；"D"处是年度发证的顺序号，一般为 7 位，码值为 0000001～9999999。

（五）权利人

填写不动产权利人的姓名或名称。共有不动产，发一本证书的，权利人填写全部共有人，"权利其他状况"栏记载持证人；共有人分别持证的，权利人填写持证人，其余共有人在"权利其他状况"栏记载。

宅基地、家庭承包方式取得的承包土地等共有不动产，权利人填写户主姓名，其余权利人在"权利其他状况"栏记载。

（六）共有情况

填写单独所有、共同共有或者按份共有的比例。

涉及房屋、构筑物的，填写房屋、构筑物的共有情况。

（七）坐落

填写宗地、宗海所在地的地理位置名称。涉及地上房屋的，填写有关部门依法确定的房屋坐落，一般包括街道名称、门牌号、幢号、楼层号、房号等。

（八）不动产单元号

填写不动产单元的编号。

（九）权利类型

根据登记簿记载的内容，填写不动产权利名称。涉及两种的，用"/"分开（"/"由登记机构自行打印）。如：①集体土地所有权；②国家土地所有权；③国有建设用地使用权；④国有建设用地使用权/房屋（构筑物）所有权；⑤宅基地使用权；⑥宅基地使用权/房屋（构筑物）所有权；⑦集体建设用地使用权；⑧集体建设用地使用权/房屋（构筑物）所有权；⑨土地承包经营权；⑩土地承包经营权/森林、林木所有权；⑪林地使用权；⑫林地使用权/森林、林木使用权；⑬草原使用权；⑭水域滩涂养殖权；⑮海域使用权；⑯海域使用权/构（建）筑物所有权；⑰无居民海岛使用权；⑱无居民海岛使用权/构（建）筑物所有权，等。

（十）权利性质

国有土地填写划拨、出让、作价出资（入股）、国有土地租赁、授权经营等；集体土地填写家庭承包、其他方式承包、批准拨用、入股、联营等。土地所有权不填写。房屋按照商品房、房改房、经济适用住房、廉租住房、自建房等房屋性质填写。构筑物按照构筑物类型填写。森林、林木按照林种填写。海域、海岛填写审批、出让等。

涉及两种的，用"/"分开（"/"由登记机构自行打印）。

（十一）用途

土地按《土地利用现状分类》填写二级分类，海域按《海域使用分类体系》填写用海类型二级分类。房屋、构筑物填写规划用途。

涉及两种的，用"/"分开（"/"由登记机构自行打印）。

（十二）面积

填写登记簿记载的不动产单元面积。涉及宗地、宗海及房屋、构筑物的，用"/"分开（"/"由登记机构自行打印），分别填写宗地、宗海及房屋、构筑物的面积。

土地、海域共有的，填写宗地、宗海面积。共同共有人和按份共有人及其比例（共有的宗地、宗海，填写相应的使用权面积；建筑物区分所有权房屋和共有土地上建筑的房屋，填写独用土地面积与分摊土地面积加总后的土地使用面积）等共有情况在"权利其他状况"栏记载。

（十三）使用期限

填写具体不动产权利的使用起止时间，如××××年××月××日起××××年××月××日止。涉及地上房屋、构筑物的，填写土地使用权的起止日期；涉及海上构（建）筑物的，填写海域使用权的起止日期；土地承包经营权填写土地承包合同起止日期。土地所有权以及未明确权利期限的可以不填。

（十四）权利其他状况

根据不同的不动产权利类型，可以分别填写以下内容：

1. 土地所有权

按照农用地、建设用地、未利用地三大类，可以依据最新土地调查成果或者勘测结果填写对应的面积。

2. 房屋所有权

1）房屋结构：按照钢结构、钢和钢筋混凝土结构、钢筋混凝土结构、混合结构、砖木结构、其他结构等六类填写。

2）专有建筑面积和分摊建筑面积。

3）房屋总层数和所在层：记载房屋所在建筑物的总层数和所在层。

4）房屋竣工时间等。

（十五）附记

记载设定抵押权、地役权、查封等权利限制或提示事项以及其他需要登记的事项。

（十六）附图页

附反映不动产界址及四至范围的示意图形，不一定依照比例尺。附图应当打印，暂不具备条件的，可以粘贴。房地一体登记的，附图页要同时打印或粘帖宗地图和房地产平面图。

附件2-1-1 不动产登记申请书（样例）

不动产登记申请书

单位：☑平方米　□公顷（□亩）、万元

<table>
<tr>
<td rowspan="2">申请登记事由</td>
<td colspan="2">□土地所有权　□国有建设用地使用权　□宅基地使用权　□集体建设用地使用权　□土地承包经营权
□林地使用权　□海域使用权　☑房屋所有权　□构筑物所有权　□森林、林木所有权
□森林、林木使用权　□抵押权　□地役权　□其他_____</td>
</tr>
<tr>
<td colspan="2">☑首次登记（□总登记　□初始登记）　□转移登记　□变更登记　□注销登记　□更正登记
□异议登记　□预告登记　□查封登记　□其他_____</td>
</tr>
<tr>
<td rowspan="14">申请人情况</td>
<td colspan="4" align="center">登记申请人</td>
</tr>
<tr>
<td>姓名（名称）</td>
<td colspan="3">天津××房地产开发公司</td>
</tr>
<tr>
<td>身份证件种类</td>
<td>营业执照</td>
<td>证件号</td>
<td>98765432××</td>
</tr>
<tr>
<td>通信地址</td>
<td>天津市新兴路××号</td>
<td>邮编</td>
<td>3000××</td>
</tr>
<tr>
<td>法定代表人或负责人</td>
<td>李××</td>
<td>联系电话</td>
<td>244144××</td>
</tr>
<tr>
<td>代理人姓名</td>
<td>张××</td>
<td>联系电话</td>
<td>131123456××</td>
</tr>
<tr>
<td>代理机构名称</td>
<td></td>
<td></td>
<td></td>
</tr>
<tr>
<td colspan="4" align="center">登记申请人</td>
</tr>
<tr>
<td>姓名（名称）</td>
<td colspan="3"></td>
</tr>
<tr>
<td>身份证件种类</td>
<td></td>
<td>证件号</td>
<td></td>
</tr>
<tr>
<td>通信地址</td>
<td></td>
<td>邮编</td>
<td></td>
</tr>
<tr>
<td>法定代表人或负责人</td>
<td></td>
<td>联系电话</td>
<td></td>
</tr>
<tr>
<td>代理人姓名</td>
<td></td>
<td>联系电话</td>
<td></td>
</tr>
<tr>
<td>代理机构名称</td>
<td></td>
<td></td>
<td></td>
</tr>
<tr>
<td rowspan="16">不动产情况</td>
<td>坐落</td>
<td colspan="3">天津市南开区新华路5号御湖花园××</td>
</tr>
<tr>
<td>不动产单元号</td>
<td colspan="3">120104002003GB00035F000100××</td>
</tr>
<tr>
<td>不动产类型</td>
<td colspan="3" align="center">房屋</td>
</tr>
<tr>
<td rowspan="2">土地状况</td>
<td>面积</td>
<td>3540 m²　用途</td>
<td>住宅</td>
</tr>
<tr>
<td>权利性质</td>
<td>出让　使用（承包）期限</td>
<td>70</td>
</tr>
<tr>
<td rowspan="2">房屋（构筑物）等状况</td>
<td>建筑面积</td>
<td>5688 m²　总套数</td>
<td>56</td>
</tr>
<tr>
<td>构筑物类型</td>
<td colspan="2" align="center">房屋</td>
</tr>
<tr>
<td rowspan="3">林地（森林、林木）状况</td>
<td>主要树种</td>
<td>株数</td>
<td></td>
</tr>
<tr>
<td>林种</td>
<td>造林年度</td>
<td></td>
</tr>
<tr>
<td>小地名</td>
<td>林班</td>
<td>小班</td>
</tr>
<tr>
<td rowspan="6">海域状况</td>
<td>项目名称</td>
<td>项目性质</td>
<td>□公益性　□经营性</td>
</tr>
<tr>
<td>使用期限</td>
<td></td>
<td></td>
</tr>
<tr>
<td>用海类型</td>
<td>用海总面积</td>
<td></td>
</tr>
<tr>
<td>用海方式</td>
<td>面积　具体用途</td>
<td>使用金数额</td>
</tr>
<tr>
<td></td>
<td></td>
<td></td>
</tr>
<tr>
<td></td>
<td></td>
<td></td>
</tr>
<tr>
<td>原不动产权证书号</td>
<td colspan="3">"国有土地使用证"津国用（2013）第××号</td>
</tr>
</table>

抵押情况	被担保债权数额 （最高债权数额）		债务履行期限 （债权确定期间）	
	抵押范围			
地役权 情况	需役地坐落			
	需役地不动产单元号			
登记原因 及证明	登记原因	开发商新建商品房		
	登记原因证明文件	天津绿源房地产开发公司"公司营业执照"98765432××（复印件）		
		"国有土地使用证"津国用（2013）第××号		
		"建筑工程规划许可证"编号（2013）0002××		
		"建筑工程验收合格证"编号（2015）0002××（复印件）		
		"房屋面积测算报告"天测量（销）050××		
		"房屋预售许可证"津国土房预售许字（2014）第236－××号		
		"收费缴纳凭证"津税（2016）NO 122××（复印件）		
		"标准地名证明"编号（2014）0001××（复印件）		
		授权委托书		
		代理人身份证明（复印件）		
申请证书版式		□单一版 □集成版	申请分别持证	□是 □否
备注				

本申请人对填写的上述内容及提交的申请材料的真实性负责。如有不实，申请人愿承担法律责任。

对于商品房等共用宗项目，申请人同意暂不进行土地分摊按整宗土地面积申请房地登记。待按规划全部房屋竣工后再计算土地分摊系数，申请人同意在办理转移、变更等登记时变更为土地分摊面积。

对登记机关的行政行为有异议的，自知道之日起60日内依法申请行政复议或六个月内提起行政诉讼。

申请人（签章）：　　　　　　　　　　　　申请人（签章）：

代理人（签章）：　　　　　　　　　　　　代理人（签章）：

2016 年 3 月 25 日　　　　　　　　　　　　年　　月　　日

领收件收据人签章	张××	申请日期	2016 年 3 月 25 日
领证人签章		领证日期	

附件 2 – 1 – 2　授权委托书（样例）

授权委托书

今委托　　天津××房地产开发公司　　张××　　（营业执照、身份证编号：　津98765432××、1201111955×××1234　）代理我（单位）办理坐落于　南开区新华路5号御湖花园××　的房屋所有权首次登记登记事项。

代理权限为提出房屋登记申请、办理相关房屋登记手续，接受询问，撤回登记申请，领取房屋权属证书或其他办理结果。

我（单位）对代理人在代理权限内依规定办理的有关登记事宜均承担法律责任。

委托人（签字）：李××
委托人联系地址（邮编）：天津市河西区友谊路××号
联系电话：151221188××

受托人（签字）：天津××房地产开发公司　张××
受托人联系地址（邮编）：天津市新兴路××号
联系电话：244144××

受托日期：2015年5月6日

注：委托人是自然人的应签字；委托人是法人或其他组织的，应加盖公章。

附件2-1-3 不动产所有权首次登记询问表（样例）

不动产所有权首次登记询问表

根据《中华人民共和国物权法》的规定，现将有关事项询问如下，请您如实在下列空格内画勾

1. 您申请的房屋坐落在何处？							
2. 您的登记申请是否为真实意思的表示？	是	☑	否	☐	是	☐	否	☐
3. 您是否对所提交资料的真实性、合法性、有效性负责并对其承担相应的法律责任？	是	☑	否	☐	是	☐	否	☐
4. 申请材料上的签字是否是申请人所签？	是	☑	否	☐	是	☐	否	☐
5. 您申请登记的房屋是否为共有房屋？	是	☐	否	☑	是	☐	否	☐
6. 您申请登记的房屋是否存在产权纠纷？	是	☐	否	☑	是	☐	否	☐
7. 其他询问事项：							
询问人、被询问人签字	被询问人：张××				被询问人：		
	询问人：李××						

询问时间：2016 年 3 月 25 日

附件2-1-4 不动产登记领证通知（收件收据）（样例）

不动产登记领证通知（收件收据）

收件号：2016032511×× 　　　　　　　　　　　　　收件日期：2016 年 3 月 25 日

申请人	天津××房地产开发公司			
权利类型	房屋所有权	登记类型	首次登记	
坐落	天津市南开区新华路 5 号御湖花园××			
文件名称	证号	份数	备注	
国有土地使用证	津国用（2013）第××号	1		
建筑工程规划许可证	编号（2013）0002××	1		
房屋面积测算报告	天测量（销）050××	1		
房屋预售许可证	津国土房预售许字（2014）第 236 - ××号	1		
收件人	李××			

　　上列文件，已经收讫，符合受理规定，请您于 __30 日__ 后，凭此通知和身份证件领取不动产权证书或登记证明；经审核不符合登记规定的，凭此通知和身份证件办理退件手续，特此通知。

登记机构（盖章）：

附件 2-1-5 实地查看表（样例）

实地查看表

业务类型	房屋所有权首次登记	受理号	2016032511××
申请人	天津××房地产开发公司		
房地产（项目）坐落	天津市南开区新华路 5 号御湖花园××		
查看时间	2016 年 3 月 26 日		
查看的标的物状况	南开区新华路 5 号御湖花园工程××已完成内、外装修；生活用水、电、汽设施安装完毕；区域内杂物已清理，符合居住条件		
查看人签名	张××		
备注			

附件2-1-6 不动产登记审批表（样例）

不动产登记审批表

<table>
<tr><td rowspan="2">收件</td><td>编号</td><td>2016032511××</td><td rowspan="2">收件人</td><td rowspan="2">李毅</td><td rowspan="2" colspan="2">单位：☑平方米 □公顷（□亩）、万元</td></tr>
<tr><td>日期</td><td>2016年3月25日</td></tr>
<tr><td rowspan="2">申请登记事由</td><td colspan="6">□土地所有权 □国有建设用地使用权 □宅基地使用权 □集体建设用地使用权 □土地承包经营权
□林地使用权 □海域使用权 □无居民海岛使用权 ☑房屋所有权 □构筑物所有权
□森林、林木所有权 □森林、林木使用权 □抵押权 □地役权 □其他＿＿＿＿＿</td></tr>
<tr><td colspan="6">☑首次登记（□总登记 □初始登记） □转移登记 □变更登记 □注销登记 □更正登记
□异议登记 □预告登记 □查封登记 □其他＿＿＿＿＿</td></tr>
<tr><td rowspan="12">申请人情况</td><td colspan="6">登记申请人</td></tr>
<tr><td>权利人姓名（名称）</td><td colspan="5">天津××房地产开发公司</td></tr>
<tr><td>身份证件种类</td><td colspan="2">营业执照</td><td>证件号</td><td colspan="2">98765432××</td></tr>
<tr><td>通信地址</td><td colspan="3">天津市新兴路××号</td><td>邮编</td><td>3000××</td></tr>
<tr><td>法定代表人或负责人</td><td colspan="2">李××</td><td>联系电话</td><td colspan="2">244144××</td></tr>
<tr><td>代理人姓名</td><td colspan="2">张××</td><td>联系电话</td><td colspan="2">131123456××</td></tr>
<tr><td>代理机构名称</td><td colspan="5"></td></tr>
<tr><td colspan="6">登记申请人</td></tr>
<tr><td>义务人姓名（名称）</td><td colspan="5"></td></tr>
<tr><td>身份证件种类</td><td colspan="2"></td><td>证件号</td><td colspan="2"></td></tr>
<tr><td>通讯地址</td><td colspan="3"></td><td>邮编</td><td></td></tr>
<tr><td>法定代表人或负责人</td><td colspan="2"></td><td>联系电话</td><td colspan="2"></td></tr>
<tr><td rowspan="2"></td><td>代理人姓名</td><td colspan="2"></td><td>联系电话</td><td colspan="2"></td></tr>
<tr><td>代理机构名称</td><td colspan="5"></td></tr>
<tr><td rowspan="6">不动产情况</td><td>坐落</td><td colspan="5">天津市南开区新华路5号御湖花园××</td></tr>
<tr><td>不动产单元号</td><td colspan="2">120104002003GB00035F000100××</td><td>不动产类型</td><td colspan="2">房屋</td></tr>
<tr><td>面积</td><td colspan="2">5688 m²</td><td>用途</td><td colspan="2">住宅</td></tr>
<tr><td>原不动产权证书号</td><td colspan="2"></td><td>用海类型</td><td colspan="2"></td></tr>
<tr><td>构筑物类型</td><td colspan="2"></td><td>林种</td><td colspan="2"></td></tr>
<tr><td rowspan="2">抵押情况</td><td>被担保债权数额
（最高债权数额）</td><td colspan="2"></td><td>债务履行期限
（债权确定期间）</td><td colspan="2"></td></tr>
<tr><td>在建建筑物抵押范围</td><td colspan="5"></td></tr>
<tr><td rowspan="2">地役权情况</td><td>需役地坐落</td><td colspan="5"></td></tr>
<tr><td>需役地不动产单元号</td><td colspan="5"></td></tr>
</table>

	登记原因	开发商新建商品房
登记原因及证明		登记申请书
		天津绿源房地产开发公司"公司营业执照"98765432××（复印件）
		"国有土地使用证"津国用（2013）第××号
		"建筑工程规划许可证"编号（2013）××
		"建筑工程验收合格证"编号（2016）××（复印件）
	登记原因证明文件	"房屋面积测算报告"天测量（销）××
		"房屋预售许可证"津国土房预售许字（2014）第××号
		"收费缴纳凭证"津税（2016）NO××（复印件）
		"标准地名证明"编号（2015）××（复印件）
		授权委托书
		代理人身份证明（复印件）

申请证书版式	□单一版 □集成版	申请分别持证	□是 □否

	初审	复审	核定
不动产登记审批情况（申请人请勿填写）	天津××房地产开发公司于新建住宅楼一幢，提供"国有土地使用证"编号（2013）第××号，"建筑工程规划许可证"编号（2013）××、"建筑工程竣工规划验收合格证"编号（2016）××，经测量建设面积为5688 m²。申请人提交了登记申请应当提供的文件；申请书填写的内容与申请人提交的其他文件一致；申请人姓名与提交的身份证明一致；委托书中的委托人代理权限与办理事项相符。申请人天津绿源房地产开发公司要求取得房屋所有权，符合房屋所有权首次登记要求。 审查人（签章）：李×× 2016年3月25日	申请人与提交的材料记载的主体一致；申请登记的房屋与申请人提交的规划证明材料记载一致；经实地查看，申请登记的不动产界址、空间界限、面积等材料与申请登记的不动产一致；房屋已经具备居住条件；符合法律的规定，建议进行房屋所有权首次登记。 审查人（签章）：李×× 2016年3月30日	同意登记。 负责人（公章）：李×× 2016年3月31日
备注			

天津 省（区、市） ×× 市（区） ＼ 县（市、区） ×× 街道（乡、镇） ＼ 街坊（村） ＼ 组

不 动 产 登 记 簿

宗地/宗海代码： 120104002003GB000××

登记机构： 天津市××区不动产登记中心

			单位：☑平方米　□公顷（□亩）、万元	
不动产类型	☑土地　☑房屋等建筑物　□构筑物　□森林、林木　□其他			
坐落	天津市××区新华路××号			
土地状况	宗地面积	3540 m²	用途	住宅
	等级	Ⅲ	价格	0.3654
	权利类型	国有建设用地使用权	权利性质	出让
	权利设定方式	地表	容积率	6
	建筑密度	0.4	建筑限高	50 m

空间坐标、位置说明或者四至描述

j1（34.6，42.8），j2（49.5，42.8），j3（49.5，40.8），j4（34.6，40.8）
东面：××市场
西面：××路
南面：××路
北面：××宿舍、××公司

登记时间	2013 年 2 月 27 日	登簿人	李××

附记	

	变化原因	变化内容	登记时间	登簿人
变化情况				

附 图

（宗地图，可附页）

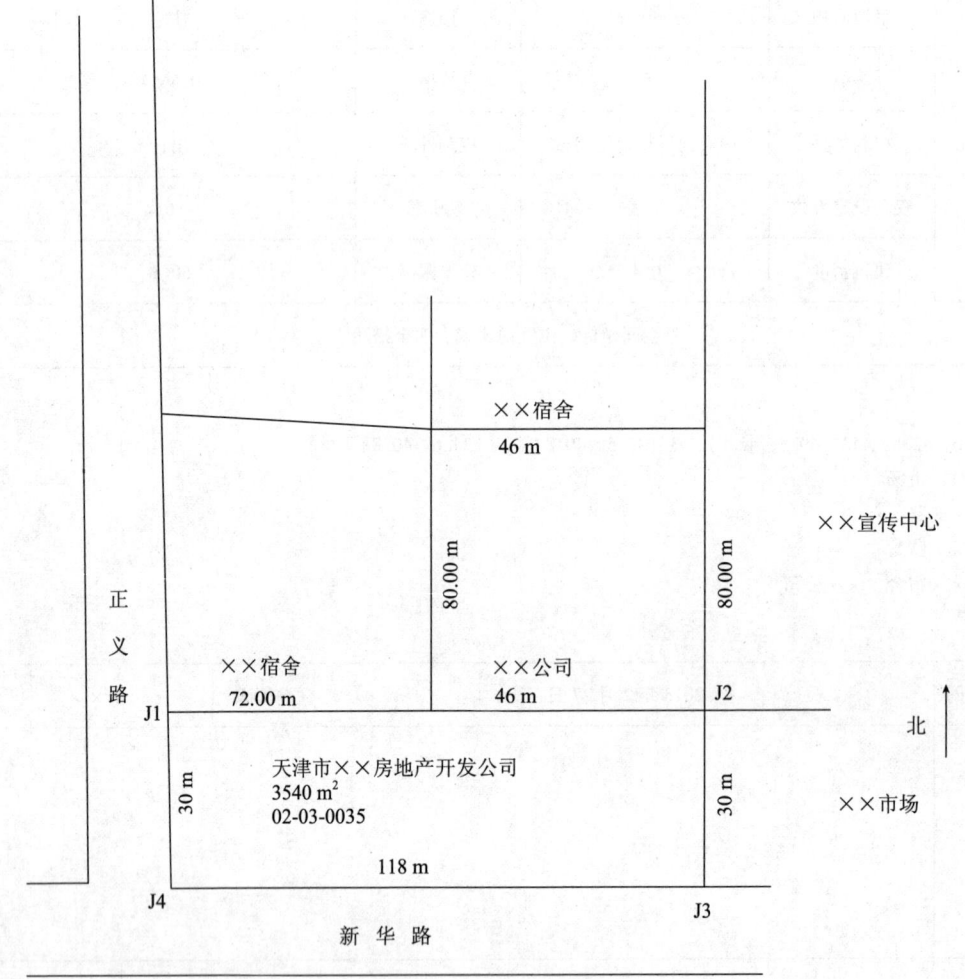

图幅号	50.00—50.00
地 号	02-03-0035
比例尺	1:500

建设用地使用权、宅基地使用权登记信息

不动产单元号：120104002003GB000××

内容＼业务号	2013022311××	
权利人	天津××房地产开发公司	
证件种类	营业执照	
证件号	98765432××	
共有情况	单独所有	
权利人类型	企业	
登记类型	建设用地使用权首次登记	
登记原因	出让	
使用权面积（m²）	60.18 m²	
使用期限	2013 年 2 月 20 日起 2083 年 2 月 19 日止	
取得价格（万元）	24 万元	
不动产权证书号	津国用（2013）第××号	
登记时间	2013 年 2 月 27 日	
登簿人	李××	
附记		

房地产权登记信息（项目内多幢房屋）		
不动产单元号：120104002003GB00035F000101×× 　房地坐落：南开区新华路5号御湖花园××室		
业务号 内容	2016032511××	
房屋所有权人	天津××房地产开发公司	
证件种类	营业执照	
证件号	98765432××	
房屋共有情况	单独所有	
权利人类型	企业	
登记类型	房屋所有权首次登记	
登记原因	新建商品房	
土地使用权人	天津××房地产开发公司	
独用土地面积（m²）	50.84	
分摊土地面积（m²）	9.34	
土地使用期限	2013 年 2 月 20 日　　　起 2083 年 2 月 19 日　　　止	
项目名称	御湖花园	
幢号	1#	
总层数	15	
规划用途	住宅	
房屋结构	钢筋混凝土结构	
建筑面积（m²）	97.29	
竣工时间	2016 年 2 月 25 日	
总套数	56	
房地产交易价格（万元）		
不动产权证书号		
登记时间	2016 年 3 月 31 日	
登簿人	李××	
附记		

附　图

（房地产平面图，可附页）

坐落：　南开区××路御湖花园

第 1 幢××室 97.29 m²

套内建筑面积：81.686 m²　　公摊面积：15.60 m²

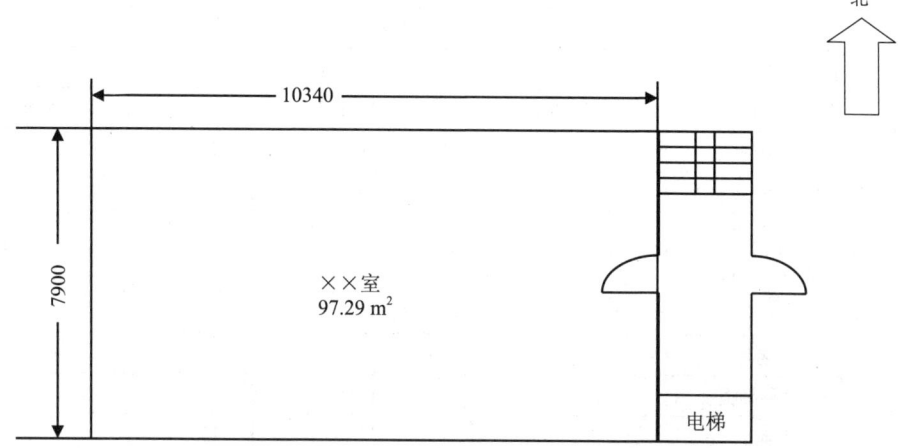

图幅号	50.00–50.00
地号	02–03–0035
比例尺	1:500

建筑物区分所有权业主共有部分登记信息

建筑物区分所有权业主共有部分权利人		业主共有					
业务号	建（构）筑物编号	建（构）筑物名称	建（构）筑物数量或者面积（m²）	分摊土地面积（m²）	登记时间	登簿人	附记
2015062311××	120104002003GB00035F020100××	商店	252	109	2016年3月31日	李××	

附件 2-2-1 不动产登记申请书（样例）

不动产登记申请书

单位：☑平方米　□公顷（□亩）、万元

<table>
<tr>
<td rowspan="2">申请登记事由</td>
<td colspan="2">□土地所有权　□国有建设用地使用权　☑宅基地使用权　□集体建设用地使用权　□土地承包经营权
□林地使用权　□海域使用权　☑房屋所有权　□构筑物所有权　□森林、林木所有权
□森林、林木使用权　□抵押权　□地役权　□其他_____</td>
</tr>
<tr>
<td colspan="2">☑首次登记（□总登记　□初始登记）　□转移登记　□变更登记　□注销登记　□更正登记
□异议登记　□预告登记　□查封登记　□其他_____</td>
</tr>
<tr>
<td rowspan="12">申请人情况</td>
<td colspan="2" align="center">登记申请人</td>
</tr>
<tr>
<td>姓名（名称）</td>
<td colspan="2" align="center">张××</td>
</tr>
<tr>
<td>身份证件种类</td>
<td>身份证</td>
<td>证件号</td>
<td>1201121955×××2123</td>
</tr>
</table>

申请人情况	登记申请人			
	姓名（名称）	张××		
	身份证件种类	身份证	证件号	1201121955×××2123
	通信地址	天津市津南区小站乡盛字营村三排××号	邮编	3001××
	法定代表人或负责人	张××	联系电话	131222123××
	代理人姓名		联系电话	
	代理机构名称			
	登记申请人			
	姓名（名称）			
	身份证件种类		证件号	
	通信地址		邮编	
	法定代表人或负责人		联系电话	
	代理人姓名		联系电话	
	代理机构名称			

不动产情况	坐落	天津市津南区小站乡盛字营村三排××号		
	不动产单元号	120112012001JB00120F000300××		
	不动产类型	土地/房屋		
	土地状况	面积	400 m²	用途	宅基地
		权利性质	批准拨用	使用（承包）期限	
	房屋（构筑物）等状况	建筑面积	150 m²	总套数	1
		构筑物类型	房屋		
	林地（森林、林木）状况	主要树种	株数		
		林种	造林年度		
		小地名	林班	小班	
	海域状况	项目名称	项目性质	□公益性　□经营性	
		使用期限			
		用海类型	用海总面积		
		用海方式	面积	具体用途	使用金数额
	原不动产权证书号			

抵押情况	被担保债权数额（最高债权数额）		债务履行期限（债权确定期间）	
	抵押范围			
地役权情况	需役地坐落			
	需役地不动产单元号			
登记原因及证明	登记原因	个人自建住宅		
	登记原因证明文件	居民身份证 1201121955×××2123（复印件）		
		户籍证明（村集体组织同意证明）（复印件）		
		"乡村建设工程规划许可证"编号（2015）0012××（复印件）		
		"权籍调查表"1201120012001JB001××		
		"宅基地批准拨用通知书"2015 年第××号（一）9 月 16 日		
		"建筑工程验收合格证"（2016）0002××		
申请证书版式	☑单一版 □集成版		申请分别持证	□是 ☑否
备注	张××，申请人之儿子，身份证号码：1201121985×××2123			

本申请人对填写的上述内容及提交的申请材料的真实性负责。如有不实，申请人愿承担法律责任。

对于商品房等共用宗项目，申请人同意暂不进行土地分摊按整宗土地面积申请房地登记。待按规划全部房屋竣工后再计算土地分摊系数，申请人同意在办理转移、变更等登记时变更为土地分摊面积。

对登记机关的行政行为有异议的，自知道之日起 60 日内依法申请行政复议或六个月内提起行政诉讼。

申请人（签章）：张××   申请人（签章）：

  代理人（签章）：   代理人（签章）：

2016 年 4 月 22 日   年   月   日

领收件收据人签章	张××	申请日期	2016 年 4 月 22 日
领证人签章		领证日期	

附件2-2-2 不动产登记领证通知（收件收据）（样例）

不动产登记领证通知（收件收据）

收件号：20160422××   收件日期：2016年4月22日

申请人	张××			
权利类型	房屋所有权、宅基地使用权		登记类型	首次登记
坐落	天津市津南区小站乡盛字营村三排××号			
文件名称	证号		份数	备注
权籍调查表	编号120112012001JB001××		1	
宅基地批准拨用通知书	2015年第××号（一）9月16日		1	
建筑工程验收合格证	（2016）0002××		1	
收件人	李××			

    上列文件，已经收讫，符合受理规定，请您于__30日__后，凭此通知和身份证件领取不动产权证书或登记证明；经审核不符合登记规定的，凭此通知和身份证件办理退件手续，特此通知。

登记机构（盖章）

附件 2 – 2 – 3 不动产登记审批表（样例）

不动产登记审批表

<table>
<tr><td rowspan="2">收件</td><td>编号</td><td>2016042211××</td><td rowspan="2">收件人</td><td rowspan="2">李××</td><td colspan="2">单位：☑平方米 □公顷（□亩）、万元</td></tr>
<tr><td>日期</td><td>2016 年 4 月 22 日</td></tr>
<tr><td rowspan="2">申请登记事由</td><td colspan="6">□土地所有权 □国有建设用地使用权 ☑宅基地使用权 □集体建设用地使用权 □土地承包经营权
□林地使用权 □海域使用权 □无居民海岛使用权 ☑房屋所有权 □构筑物所有权
□森林、林木所有权 □森林、林木使用权 □抵押权 □地役权 □其他_____</td></tr>
<tr><td colspan="6">☑首次登记（□总登记 □初始登记） □转移登记 □变更登记 □注销登记 □更正登记
□异议登记 □预告登记 □查封登记 □其他_____</td></tr>
<tr><td rowspan="14">申请人情况</td><td colspan="6">登记申请人</td></tr>
<tr><td>权利人姓名（名称）</td><td colspan="5">张×</td></tr>
<tr><td>身份证件种类</td><td colspan="2">身份证</td><td>证件号</td><td colspan="2">1201121955×××2123</td></tr>
<tr><td>通信地址</td><td colspan="3">天津市津南区小站乡盛字营村三排××号</td><td>邮编</td><td>3001××</td></tr>
<tr><td>法定代表人或负责人</td><td colspan="3"></td><td>联系电话</td><td>131222123××</td></tr>
<tr><td>代理人姓名</td><td colspan="3"></td><td>联系电话</td><td></td></tr>
<tr><td>代理机构名称</td><td colspan="5"></td></tr>
<tr><td colspan="6">登记申请人</td></tr>
<tr><td>义务人姓名（名称）</td><td colspan="5"></td></tr>
<tr><td>身份证件种类</td><td colspan="2"></td><td>证件号</td><td colspan="2"></td></tr>
<tr><td>通信地址</td><td colspan="3"></td><td>邮编</td><td></td></tr>
<tr><td>法定代表人或负责人</td><td colspan="3"></td><td>联系电话</td><td></td></tr>
<tr><td>代理人姓名</td><td colspan="3"></td><td>联系电话</td><td></td></tr>
<tr><td>代理机构名称</td><td colspan="5"></td></tr>
<tr><td rowspan="6">不动产情况</td><td>坐落</td><td colspan="5">天津市津南区小站乡盛字营村三排××号</td></tr>
<tr><td>不动产单元号</td><td colspan="2">120112012001JB00120F000300××</td><td>不动产类型</td><td colspan="2">土地/房屋</td></tr>
<tr><td>面积</td><td colspan="2">150 m²</td><td>用途</td><td colspan="2">住宅</td></tr>
<tr><td>原不动产权证书号</td><td colspan="2"></td><td>用海类型</td><td colspan="2"></td></tr>
<tr><td>构筑物类型</td><td colspan="2"></td><td>林种</td><td colspan="2"></td></tr>
<tr><td colspan="6"></td></tr>
<tr><td rowspan="2">抵押情况</td><td>被担保债权数额
（最高债权数额）</td><td colspan="2"></td><td>债务履行期限
（债权确定期间）</td><td colspan="2"></td></tr>
<tr><td>在建建筑物抵押范围</td><td colspan="5"></td></tr>
<tr><td rowspan="2">地役权情况</td><td>需役地坐落</td><td colspan="5"></td></tr>
<tr><td>需役地不动产单元号</td><td colspan="5"></td></tr>
</table>

登记原因及证明	登记原因	个人自建住宅		
	登记原因证明文件	登记申请书		
		居民身份证 1201121955×××2123（复印件）		
		户籍证明（村集体组织同意证明）（复印件）		
		"城乡建设工程规划许可证"编号（2011）0012××（复印件）		
		"权籍调查表"编号120112012001JB001××		
		"宅基地批准拨用通知书"2015年第××号（一）9月16日		
		"建筑工程验收合格证"（2016）0002××		
申请证书版式		☑单一版 □集成版	申请分别持证	□是 ☑否

不动产登记审批情况（申请人请勿填写）	初审	复审	核定
	申请人于2015年9月16日取得宅基地（批准通知书第219号（一）9月16日），"乡村建筑工程规划许可证"编号（2015）0012××、"权籍调查表"编号120112012001JB001××。经测量建设面积为150 m²。申请人提交了登记申请应当提供的文件；申请书填写的内容与申请人提交的其他文件一致；申请人姓名与提交的身份证明一致。申请人张××要求取得房屋所有权，符合房屋所有权和宅基地使用权首次登记要求。 审查人（签章）：李×× 2016年4月22日	申请人与提交的材料记载的主体一致；农村集体经济组织成员资格证明应与申请人身份证明相一致；申请登记的房屋与申请人提交的规划证明材料记载一致；经实地查看，申请登记的不动产界址、空间界限、面积等材料与申请登记的不动产一致；经公告宅基地使用权无异议；房屋平面图与房屋实际状况一致；房屋已经完工，符合法律的规定，建议进行房屋所有权和宅基地使用权首次登记。 审查人（签章）：李×× 2016年5月19日	同意登记并颁发不动产权证书。 负责人（公章）：李×× 2016年5月20日
备注	张××，申请人之儿子，身份证号码：1201121985×××2123		

　　<u>天津</u> 省（区、市） <u>津南</u> 市（区） <u>＼</u> 县（市、区） <u>小站</u> 街道
（乡、镇） <u>××</u> 街坊（村） <u>三</u> 组

不 动 产 登 记 簿

宗地/宗海代码： <u>120112012001JB001××</u>

登记机构： <u>天津市津南区不动产登记中心</u>

宗地基本信息				
			单位：☑平方米　□公顷（□亩）、万元	
不动产类型	☑土地　☑房屋等建筑物　□构筑物　□森林、林木　□其他			
坐落	天津市津南区小站乡××村			
土地状况	宗地面积	400 m²	用途	宅基地
	等级	Ⅲ	价格	
	权利类型	集体土地使用权	权利性质	批准划拨
	权利设定方式	地表	容积率	0.375
	建筑密度	0.375	建筑限高	5 m
	空间坐标、位置说明或者四至描述			

j1（34.6，42.8），j2（49.5，42.8），j3（49.5，40.8），j4（34.6，40.8）
东面：119 宗地
西面：村庄小路
南面：村庄小路
北面：耕地 8/013

登记时间	2016 年 5 月 26 日	登簿人	李××

附记	

变化情况	变化原因	变化内容	登记时间	登簿人

附图页

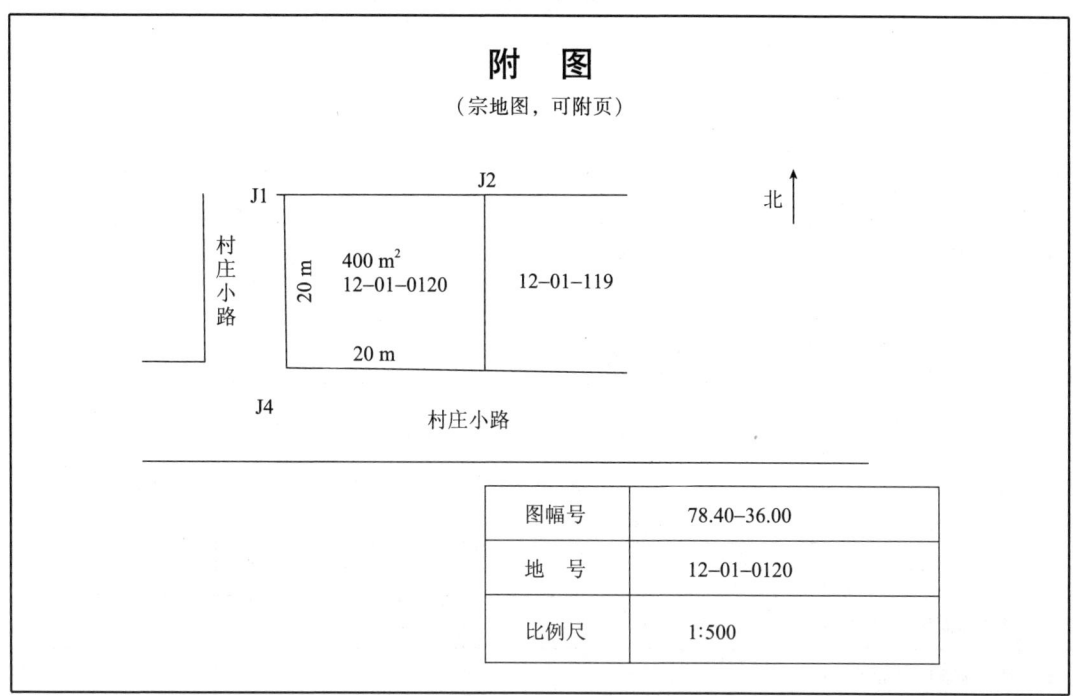

附 图
（宗地图，可附页）

图幅号	78.40-36.00
地　号	12-01-0120
比例尺	1:500

建设用地使用权、宅基地使用权登记信息			
不动产单元号：120112012001JB001××			
内容　＼　业务号	2016042211××		
权利人	张×		
证件种类	身份证		
证件号	1201121955×××2123		
共有情况	共同共有		
权利人类型	个人		
登记类型	宅基地使用权首次登记		
登记原因	批准划拨		
使用权面积（m²）	400 m²		
使用期限	2015 年 9 月 16 日起　　　　／　　止		
取得价格（万元）			
不动产权证书号	津（2016）津南不动产权第××号		
登记时间	2016 年 5 月 20 日		
登簿人	李××		
附记	张××，申请人之儿子， 身份证号码：1201121985×××2123		

<h2>房地产权登记信息（独幢、层、套、间房屋）</h2>

不动产单元号：12011201200JB00120F000300××　　房地坐落：天津市津南区小站乡××村三排××号

内容＼业务号	2016042211××		
房屋所有权人	张×		
证件种类	身份证		
证件号	1201121955×××2123		
房屋共有情况	共同共有		
权利人类型	个人		
登记类型	房屋所有权首次登记		
登记原因	自建		
土地使用权人	张×		
独用土地面积（m²）	400		
分摊土地面积（m²）	／		
土地使用期限	2015年9月16日起　／　止		
房地产交易价格（万元）	／		
规划用途	住宅		
房屋性质	私有		
房屋结构	砖混结构		
所在层/总层数	1/1		
建筑面积（m²）	150		
专有建筑面积（m²）	150		
分摊建筑面积（m²）	／		
竣工时间	2016年4月10日		
不动产权证书号	津（2016）津南不动产权第××号		
登记时间	2016年5月20日		
登簿人	李××		
附记	张××，申请人之儿子，身份证号码：1201121985×××2123		

附图页

附　图

（房地产平面图，可附页）

坐落：津南　区小站乡××村三排××号

150 m²

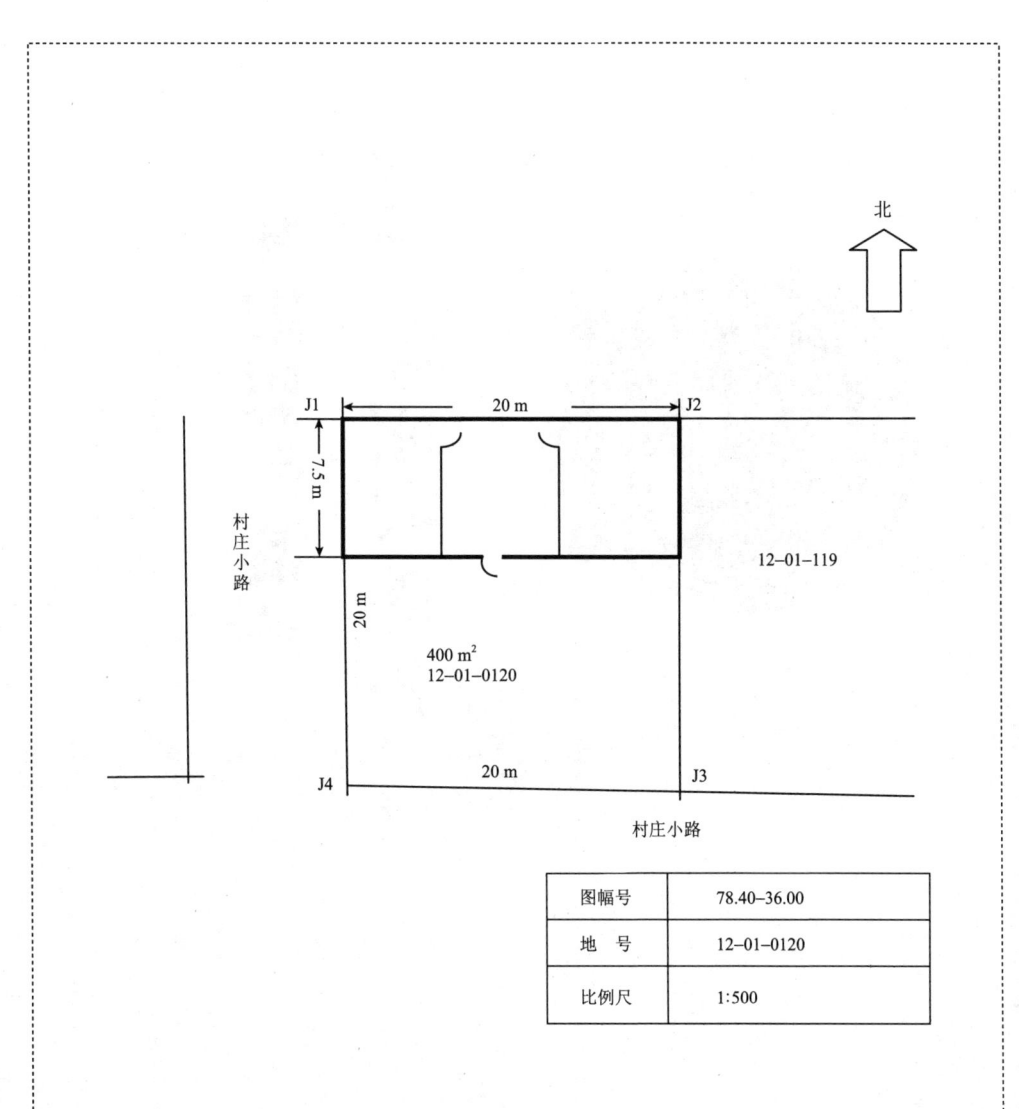

村庄小路

J1　　　20 m　　　J2

7.5 m

12—01—119

20 m

400 m²
12—01—0120

J4　　　20 m　　　J3

村庄小路

北

图幅号	78.40—36.00
地　号	12—01—0120
比例尺	1:500

附件2－2－5 不动产权证书（样例）

中华人民共和国

不动产权证书

津 （2016） 津南 不动产权第00000××号

权利人	张×		
共有情况	共同共有		
坐落	天津市津南区小站乡××村三排××号		
不动产单元号	120112012001JB00120F000300××		
权利类型	宅基地使用权/房屋所有权		
权利性质	批准拨用/自建房		
用途	农村宅基地/住宅		
面积	400 m²/150 m²		
使用期限	起 止		
权利其他状况	张××，申请人之儿子，身份证号码： 1201121985×××2123 房屋为砖混结构，专有面积150 m²，共一层， 竣工时间为2016年4月10日		

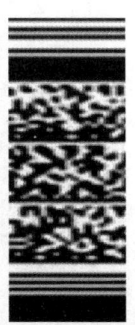

根据《中华人民共和国物权法》等法律法规，
为保护不动产权利人合法权益，对不动产权利人申
请登记的本证所列不动产权利，经审查核实，准予
登记，颁发此证。

登记机构（章）：

2016年05月22日

中华人民共和国国土资源部监制
编号 NO. D120000000××

附图页

附 图

（房地产平面图，可附页）

坐落：<u>津南</u>区<u>小站</u>乡<u>××</u>村<u>三</u>排<u>××</u>号
<u>150 m²</u>

图幅号	78.40-36.00
地 号	12-01-0120
比例尺	1:500

附 记

单元三　房屋所有权转移登记

房屋所有权的转移登记是指由于一定的法律行为或法律规定使得房屋所有权从原所有权人转移到另一个人身上的登记过程。当发生房屋的买卖、交换、赠予房地产的，以房地产作价出资（入股）的，法人或者其他组织因合并、分立，共有人增加或者减少以及共有份额变化等原因致使房地产权属发生转移的，房地产分割、合并导致权属发生转移的，继承、受遗赠导致权属发生转移的，因人民法院、仲裁委员会的生效法律文书导致房地产权属发生转移的，法律、行政法规规定的其他房地产转移情形，当事人应当在有关法律文件生效或者事实发生后申请房屋所有权转移登记。

房地产开发企业销售商品房的，应当协助商品房买受人办理房屋登记手续。

一、房屋所有权转移的依据

房屋所有权转移主要基于两类法律事实，即法律行为和法律行为以外的法律直接规定。法律行为是房屋所有权转移最普遍、最主要的原因但非唯一原因，社会经济生活中发生的不动产物权的得丧变更大多属于此。对于因法律行为引起的所有权转移，必须登记，不登记不生效；对于法律行为以外的法律直接规定引起的房屋所有权转移，自事实发生时起生效。除"继承、受遗赠"是属于法律直接规定引起物权变动外，其他皆属于法律行为引起的物权变动。根据《物权法》第二十九条规定，因继承或者受遗赠取得物权的，自继承或者受遗赠开始时发生效力。继承人或受遗赠人处分该物权的，应该办理所有权继承或受遗赠登记手续后，方可办理转移手续。房屋所有权转移登记的具体情形有：

1）买卖。由买卖双方订立房屋买卖合同，卖方将出卖的房屋交付与买受人，买受人按约定支付房款。

2）互换。本来是指以货币以外的物品进行交换，房屋的交换应是局限于房屋和房屋的交换，拆迁安置时以交换房屋产权作为补偿的，也属互换。

3）赠予。是赠予人把属于其所有的房产无偿地赠送给受赠人，受赠人愿意接受的行为。

4）继承、受遗赠。房产继承是按照《继承法》的规定，把被继承人（业已死亡或宣告死亡并遗留财产者）所遗的房产转归继承人（按法律规定有权接受遗产的人）所有的行为。继承同时又是一种法律制度。继承有法定继承和遗嘱继承两种形式，法定继承是依照法律的规定，由继承人按继承顺序、继承份额进行继承；遗嘱继承是按照遗嘱的内容进行继承。继承开始后，如被继承人立有遗嘱，按照遗嘱继承或遗赠（将财产指定给法定继承人以外的人或组织）办理；没有遗嘱的，按法定继承办理。

5）房屋分割、合并，所有权发生转移的。首先应明确的是，这里指的分割、合并不是指同一所有权人对房屋的分割、合并，而是指两个或两个以上的权利人共同作为房屋所有权的权利主体对房屋进行的分割、合并。房屋分割是指两个或两个以上的权利人共同地作为房屋所有权的权利主体,共有人并不能明确房屋的哪一部分属于其所有,但经分割后,变为各自分别所有,权利主体变成了单一的所有权人。合并则是两个或两个以上的权利人将其各自分别所有的房屋变为共同所有。

在对房地产的分割上,"析产"和"分割"应是同义词。房产分割应当以房产属于共有为前提,只有原来属于共有的房产(包括夫妻之间虽以一方登记但是实际上属于共有的房产)才能进行分割。如果父母所有的房屋要分一部分给儿子,这是房产的赠予,而不是分割。

房产作为一种特殊的物,对它的分割是有条件的。具体地说就是房屋在分割后应当有明确的权属界限,并保证正常的使用功能。我们常见的单元式住宅,同一套房屋就无法再进行产权分割。

6)以房屋出资入股。《城市房地产转让管理规定》(以下简称《转让管理规定》)第三条第二款明确了以房地产作价入股,与他人成立企业法人,房地产权属发生变更的,属于房地产转让行为;以房地产作价出资,从出资人和其他出资人的合同关系而言,应该说合同已经成立。《中华人民共和国公司法》(以下简称《公司法》)第二十八条、八十三条规定,股东应当按期足额缴纳公司章程中规定的各自所认缴的出资额。股东以货币出资的,应当将货币出资足额存入有限责任公司在银行开设的账户;以非货币财产出资的,应当依法办理其财产权的转移手续。以发起设立方式设立股份有限公司,发起人应当书面认足公司章程规定其认购的股份,并按照公司章程规定缴纳出资。以非货币财产出资的,应当依法办理其财产权的转移手续。因此,以房屋出资入股的应当及时办理房屋所有权转移登记。

7)法人或者其他组织分立、合并,导致房屋权属发生转移的。《转让管理规定》第三条第二款还规定了因企业被收购、兼并或者合同,房地产权属随之转移。分立是指一个法人或者其他组织通过法定程序分为两个或两个以上的新法人或者新的组织。《公司法》第一百七十五条规定,公司分立,其财产做相应的分割。房屋合并是指房产权利人通过企业兼并、合资经营、以房价入股等方式将自己的房产转移到新的或者另一企业法人单位的行为。值得注意的是,对股权变更、股东变化、名称变化应如何办理登记?就股权变更、名称变化而言,根据《公司法》的有关规定,公司是具有独立的法人资格,不因股权的转让而改变其法人资格,公司名称变更也不导致公司实体的改变,它并未因上述要素的变更而发生改变。国家税务总局《关于股权变动导致企业法人房地产权属更名登记不征契税的批复》(国税函〔2002〕771号)中明确,由于企业法人名称变更,并因此进行相应土地、房屋权属人名称变更登记的过程中,土地、房屋权属不发生转移,不征收契税。因此,对因股权变更或名称变化申请登记的,不动产登记机构可直接办理房屋变更登记。

8)法律、法规规定的其他情形。

二、房屋所有权转移登记的程序

房屋所有权转移登记流程如下:

当事人申请→受理并开具收件收据→审核→记载于登记簿→打印并颁发不动产权证。

事由一　国有建设用地使用权和房屋所有权转移登记

已经登记的国有建设用地使用权及房屋所有权，因法定的事实发生后，当事人可以申请转移登记。国有建设用地使用权转移的，其范围内的房屋所有权一并转移；房屋所有权转移，其范围内的国有建设用地使用权一并转移。

流程1　登记申请

1. 申请人

房屋转移双方的当事人共同申请，如果是共有房屋应有共有人共同申请。当事人不能到场申请的可以由代理人申请。因继承、接受遗赠等原因或者因人民法院、仲裁委员会的生效法律文件致使房地转移的，当事人单方申请，申请人为受让人。不动产登记申请详见附件3－1－1。

2. 申请国有土地上房屋所有权转移登记提交的材料

①申请人应提交登记申请书。②申请人身份证明或营业执照（查验原件，复印件留存）。③土地使用证、房屋所有权证或房地产权证或不动产权证书（商品房首次登记如没有领取不动产权属证书的除外，还迁安置房在首次登记时开发企业没有领取不动产权属证书的除外）。④契税缴纳凭证（房改售房的、继承房屋的除外，房地产交换的交换价格不相等的应提交差额的契税缴纳凭证，还迁安置补交购房款的提交缴纳契税凭证）（查验原件）《中华人民共和国契税暂行条例》（以下简称《契税暂行条例》）第十一条规定，纳税人未出具契税完税凭证的，土地管理部门、房产管理部门不予办理有关土地、房屋的权属变更登记手续。⑤证明房屋所有权发生转移的材料。⑥其他必要材料。

3. 证明房屋所有权发生转移的材料

证明房屋所有权发生转移的材料是指房屋所有权发生转移的具体原因证明文件。

1）买卖合同。买卖合同是出卖人转移标的物的所有权于买受人，买受人支付价款的合同。房屋买卖合同包括商品房预销售合同、二手房买卖合同（如果房屋是通过拍卖来转让，以拍卖确认书替代房屋买卖合同）。

2）互换合同。房屋买卖是房屋和货币的交换，房屋互换是房屋和房屋进行的交换。互换合同也称互易合同。

3）赠予合同。赠予合同是赠予人将自己的财产无偿给予受赠人，受赠人表示接受赠予的合同，是可以直接作为证明房屋所有权发生转移的材料。

4）受遗赠证明。赠予和遗赠有一定类似之处，都是房屋所有权人无偿地将自己的房产转让给他人的行为。但两者的区别也很明显：赠予应当是赠予人与受赠人双方意思表示一致，即赠予人愿意将自有的房产无偿地给予受赠人，受赠人表示愿意接受该项赠予。赠予的合同一经成立随即可以履行，受赠人以合同方式取得房屋所有权；而遗赠则是遗赠人单方的法律行为，不需受遗赠人的同意即可成立，遗赠虽是由遗赠人生前做出，但是应当在遗赠人死亡后方能实施。

5）继承证明。分为法定继承和遗嘱继承。因继承、受遗赠取得不动产，当事人申请登记的，应当提交死亡证明材料、遗嘱或者全部法定继承人关于不动产分配的协议以及与被继承人的亲属关系材料等，也可以提交经公证的材料或者生效的法律文书。

6）分割、合并协议。当事人对房屋进行分割或合并的协议（查验原件，复印件留存），或者记载有关分割或合并内容的生效法律文书。实体分割或合并的，还应提交有权部门同意实体分割或合并的批准文件以及分割或合并后的不动产权籍调查表、宗地图、宗地界址点坐标等不动产权籍调查成果。

7）房屋还迁协议或证明文件，补交购房款的需提交购房交款凭证（查验原件）。

8）以房抵债的协议或者证明文件（查验原件，复印件留存）。

9）接管房屋合同或者证明文件（查验原件，复印件留存）。

10）授权经营的批准文件。国有房产授权经营的转移登记要由授权经营的批准文件（查验原件，复印件留存）。

11）调拨、划拨的批准文件或者其他证明文件（查验原件，复印件留存）。

12）共有人增加或者减少的，提交共有人增加或者减少的协议；共有份额变化的，提交份额转移协议。

13）已经办理预告登记的，提交不动产登记证明。

14）人民法院生效的法律文书：判决书、裁定书、调解书，有时还会附带协助执行通知书。人民法院的协助执行通知书与上述文件有所区别，是因为当事人不自觉履行生效法律文书所确定的义务，人民法院要求相关的单位协助执行已经发生法律效力的判决、裁决或调解书所确定的事项（查验原件，复印件留存）。

15）仲裁委员会生效的法律文书：裁决书、调解书。仲裁委员会做出的法律文书与人民法院生效的法律文书有所区别。一是仲裁实行"一裁终局"的制度，各仲裁委员会之间没有隶属关系，所以不存在上诉问题。裁决书自做出之日起就发生法律效力。如果当事人自行履行仲裁裁决书的裁决或调解书的约定，当事人提供的仲裁机构的裁决书、调解书都可以作为权属登记的证明文件（在《物权法》公布实施以前，当事人一方不履行的，另一方当事人可以按照有关规定，向人民法院申请执行，由人民法院出具司法文书，要求登记机关协助执行）。二是当事人在收到仲裁裁决书之日起六个月内，能提出证据证明原裁决有《中华人民共和国仲裁法》（以下简称《仲裁法》）第五十八条规定的情形的，仲裁委员会所在地中级人民法院可以撤销裁决。此外，人民法院认定该裁决违背社会公共利益的，也应当裁定撤销。这种情况虽然较为少见，但是仍应注意，避免将已被人民法院撤销的裁决作为生效的法律文书。

4. 其他必要材料

其他必要材料是针对特定登记类型和个案收取的资料，除法律法规另有规定，并非要求所有的登记都收取此类材料。这些要件可能包括：

1）转让划拨土地上的房屋，应提交政府的批准文件。

2）测绘图件：房屋分割、合并的测绘图件。

3）各种佐证的证明文件，如遗失声明、其他按规定要求申请人补充的材料，如委托书、公证书。

4）在建工程房地产转移登记。指在建工程连同土地使用权的转让（包含部分房屋已办理首次登记，部分房屋未实施建设的）。在建工程房地产转移登记还需提交建设工程规划许可证及附件、附图（查验原件，复印件留存）；地籍测绘成果两份；土地使用权转让审核意见通知书或土地出让补充合同（无须交转让协议）。

5）新建商品房买卖的转移登记还需提交购房交款凭证（查验原件，复印件留存）；首次登记是开发企业领取了不动产权属证书的，还应提交不动产权属证书。如果申请人是房屋所有权预告登记权利人，申请人应提交房屋所有权预告登记证明，不再提交商品房买卖合同和契税缴纳凭证。预购商品房预告登记权利人申请转移登记的，应在房屋所有权首次登记后的三个月内向登记经办机构提出申请。预告登记已失效，因开发企业吊销、注销或下落不明，购房人单方申请转移登记的，登记经办机构受理申请后，应当进行核查并将有关情况在本市主要报纸上公告；公告三个月期满无异议的，予以登记。

6）房改售房的转移登记需提交公有住房买卖协议；出售公有住房价格评估审核表；出售公有住房专用发票；出售单位产公有住房（含单位内部调增互换）的，售房单位应提交公有住房出售批准书；部分房屋转移登记引起面积变动的，还应提交房屋测绘成果。

7）有抵押权、地役权登记的，应提交抵押权人、地役权人同意的书面材料（继承、受遗赠的转移登记；因人民法院、仲裁委员会已经生效法律文书导致的转移登记除外）。

8）因人民法院、仲裁委员会已经生效法律文书导致的转移登记申请人不能提交原不动产权属证书的，登记经办机构依据协助执行通知书中载明的不能提交证书的情况办理转移登记，原不动产权属证书作废。

流程2　登记受理

1. 检查证件

登记工作人员检查应交的资料是否齐全、资料格式是否符合规定的要求、各资料的主体或当事人是否一致、资料所涉及的内容是否相同。

2. 询问

对询问结果应进行记录并要求申请人签字确认（见附件3-1-2）。

3. 收件

收件是登记机构工作人员根据受理的规定要求，在对申请人提交的资料进行检查后，将资料收集整理到一个档案袋中，列清写好档案袋中的资料内容，并给申请人填写收件收据。在收件工作中，一定要保证登记文件应当齐全（见附件3-1-3）。

除以上资料外，还应提交缴税凭证和缴费凭证。按国家发展改革委财政部《关于不动产登记收费标准等有关问题的通知》住宅类不动产转移登记收费标准为每件80元；非住宅类不动产转移登记收费标准为每件550元；申请宅基地使用权及地上房屋所有权登记的只收取不动产权属证书工本费，每本证书10元。

流程3　登记审核

不动产登记机构在审核过程中应注意以下要点：
1）国有建设用地使用权与房屋所有权转移的登记原因文件是否齐全、有效；
2）申请转移的国有建设用地使用权与房屋所有权与登记原因文件记载是否一致；
3）国有建设用地使用权与房屋所有权被查封的，不予办理转移登记；

4）涉及买卖房屋等不动产，已经办理预告登记的，受让人与预告登记权利人是否一致；

5）设有抵押权的，是否已经办理抵押权注销登记；

6）有异议登记的，受让方是否已签署知悉存在异议登记并自担风险的书面承诺；

7）依法应当缴纳土地价款、纳税的，是否已提交土地价款和税费缴纳凭证；

8）申请登记事项与不动产登记簿的记载是否冲突；

9）其他审查事项（单元一审核内容）（见附件3-1-4）。

在审核中依据《不动产登记暂行条例实施细则》所提的审核要求进行审核，还要特别注意下面几种情况：

1. 已抵押房屋的转移登记

抵押期间，抵押人转让抵押房屋的所有权，申请房屋所有权转移登记的，除提供上述规定材料外，还应当提交抵押权人的身份证明、抵押权人同意抵押房屋转让的书面文件、不动产登记证明。

《中华人民共和国担保法》（以下简称《担保法》）第四十九条规定："抵押期间，抵押人转让已办理登记的抵押物的，应当通知抵押权人并告知受让人转让物已经抵押的情况；抵押人未通知抵押权人或者未告知受让人的，转让行为无效。"该规定允许抵押人履行有关通知和告知义务后，转移抵押物所有权。《最高人民法院关于适用〈中华人民共和国担保法〉若干问题的解释》（以下简称《担保法解释》）第六十七条"抵押权存续期间，抵押人转让抵押物未通知抵押权人或者受让人的，如果抵押物已经登记的，抵押权人仍可以行使抵押权；取得抵押物所有权的受让人，可以代替债务人清偿其全部债务，使抵押权消灭。受让人清偿债务后可以向抵押人追偿。如果抵押物未经登记的，抵押权不得对抗受让人，因此给抵押权人造成损失的，由抵押人承担责任。"《物权法》第一百九十一条规定："抵押期间，抵押人经抵押权人同意转让抵押财产的，应当将转让所得的价款向抵押权人提前清偿债务或者提存。转让的价款超过债权数额的部分归抵押人所有，不足部分由债务人清偿。抵押期间，抵押人未经抵押权人同意，不得转让抵押财产，但受让人代为清偿债务消灭抵押权的除外。"

2. 因法定原因取得的所有权在处分前的登记

因人民法院或者仲裁委员会生效的法律文书、合法建造房屋、继承或者受遗赠取得房屋所有权，权利人转让该房屋所有权或者以该房屋设定抵押权时，应当先将房屋登记到权利人名下后，再办理房屋所有权转移登记或者房屋抵押权首次登记。因人民法院或者仲裁委员会生效的法律文书取得房屋所有权，人民法院协助执行通知书要求不动产登记机构予以登记的，不动产登记机构应当予以办理。不动产登记机构予以登记的，应当在房屋登记簿中记载基于人民法院或者仲裁委员会生效的法律文书予以登记的事实。

3. 隐形共有人的审核

《婚姻法》及《最高人民法院关于适用〈中华人民共和国婚姻法〉若干问题的解释（二）》（以下简称《婚姻法解释（二）》）第十九条规定，由一方婚前承租、婚后用共同财产购买的房屋，房屋权属证书登记在一方名下的，应当认定为夫妻共同财产，因此，对夫妻共有房屋常常仅登记在一方名下。特别是在推行住房制度改革中，对于购买的所租住的公房，通常以双方工龄合并计算房价，但购房合同是以一方签订的，房屋产权也是登记在一方名下。对这一类登记，需要针对不同的情况分类处理，第一类：对于《物权法》实施以后进行首次登记的房屋，登记机构首先在受理登记环节应当告知其共有房屋必须共同申请，并通过填写申请表询问登记申请人是否为共有，让申请人自己签字确认。登记机构根据申请人的申请办理房屋登记，登记簿上记载的房屋所有权人为实际所有权人，今后登记机构在办理该房屋的相关登记时不再审查是否存在隐形共有人。第二类，对于《物权法》实施前已经进行首次登记的房屋，当事人来申请抵押、转移等相应登记的，登记机构应当要求当事人夫妇双方共同到场，共同申请，不能共同到场的，应提交其配偶的书面委托书并经公证，同时，告知其可以增加共有人，登记机构可结合相关登记增加共有人，并在房屋登记簿上记载为共有。若申请人确认为单方所有，应当提交未婚证明或关于房屋属于单方所有的书面约定，不能提供未婚证明的，应当由当事人出具具结保证，并承诺由其承担相应的法律后果的书面材料，登记机构可在登记簿上记载房屋所有权为单方所有。

流程4　核准登记并记载于登记簿

经审核后如符合登记要求，依照申请审核表的内容记载登记簿。对登记簿的其他内容不需变动，只需填写"建设用地使用权、宅基地使用权登记信息""房地产权登记信息"两页（见附件3-1-5）。如审核后不符合登记要求，须书面通知申请人。

因人民法院或者仲裁委员会生效的法律文书取得房屋所有权登记时要注意在审核栏中记载"基于人民法院生效的法律文书登记"字样。

办理房屋所有权转移登记的，应当一并办理建设用地使用权的转移登记。

流程5　制证、发证

登簿后，将原来不动产权证书收回注销后存档，誊写新的不动产权证书，填写不动产权利人的姓名或名称。共有不动产，发一本证书的，权利人填写全部共有人，"权利其他状况"栏记载持证人；共有人分别持证的，权利人填写持证人，其余共有人在"权利其他状况"栏记载。"使用期限"一项可以不填写。申请房屋所有权在"权利其他状况"栏记载"房屋结构、专有建筑面积和分摊建筑面积、房屋总层数和所在层、房屋竣工时间"（见附件3-1-6）。填写完毕后，将不动产权证书发给房屋受让人。申请人不能提交原不动产权属证书的，不动产登记经办机构依据协助执行通知书中载明的不能提交证书的情况办理转移登记，原不动产权属证书作废。

发证时由房屋受让人在发证簿上签字，并收回受理时交给申请人的收件收据。

事由二　集体建设用地使用权及房屋所有权转移登记

一、集体建设用地上转移登记与国有土地上的转移登记的区别

已经登记的集体建设用地使用权及建筑物、构筑物所有权，因下列情形之一导致权属发生转移的，当事人可以申请转移登记：①作价出资（入股）的；②企业合并、分立、

破产、兼并等情形，导致建筑物、构筑物所有权发生转移的；③因人民法院、仲裁委员会的生效法律文书等导致权属转移的；④买卖、互换、赠予的；⑤继承或受遗赠的；⑥法律、法规规定的其他情形。

已经登记的宅基地使用权及房屋所有权，由下列情形之一的，当事人可以申请转移登记：①依法继承；②分家析产；③集体经济组织内部通过买卖、互换等方式转让房屋；④因人民法院、仲裁委员会的生效法律中文书或者人民政府的生效决定等导致权属发生变化的

1. 集体建设用地上转移登记与国有土地上转移登记的相同点和不同点

两者相同点在于，两者均是房屋所有权从转让方转移到受让方的一种权属登记，登记前后的权利主体发生了根本性变化。

两者差别主要在于土地所有性质不同、土地使用权流转限制不同所导致的房屋流转条件不同，具体就是两者转移登记的收件资料的存在很大差别。集体建设用地上村民住房申请转移登记除了双方同意外，必须经过农村集体经济组织同意转移，而国有土地上房屋转移登记则只需双方当事人同意即可。

2. 集体建设用地上房屋所有权转移登记和国有土地上房屋所有权转移登记的主要差别在于收件资料的不同

1）村民住房所有权转移登记，应当提交农村集体经济组织同意转移的证明。农村房屋所有权转移不能脱离宅基地使用权单独存在，宅基地使用权人应当和该宅基地上房屋所有权人保持一致，房屋的产权人与房屋所占用的宅基地使用权人应当是一致的，不得分离。农村的宅基地使用权是我国特有的一种物权形式，是一种带有身份性质的财产权，与农村集体经济组织成员的资格联系在一起的，是农民安身立命之本，目前法律法规明确禁止农村宅基地自由流转，禁止城市居民到农村购房。集体建设用地上房屋登记时提交集体经济组织的同意转移登记的证明文件，可以避免集体建设用地上房屋违反规定私自流转，从而维护和谐稳定的社会秩序，保障农民基本生存权。

2）农村集体经济组织转移房屋需提交村民会议同意登记或者由村民会议授权经村民代表会议同意登记的证明材料，是为了贯彻村民自治原则，保护广大农民群众的民主权利，加强对村集体经济组织资产管理的监督，保障了农村社会的发展和稳定，这也与《中华人民共和国村民委员会组织法》（以下简称《村民委员会组织法》）规定的村民自治原则相一致。

二、集体建设用地使用权及房屋所有权转移登记流程

流程1　登记申请

1. 申请人

集体建设用地使用权及建筑物、构筑物所有权转移登记应当由双方共同申请。因继承或者人民法院、仲裁委员会的生效法律文书等导致权属转移的，可由单方申请。不动产登记申请书见附件3－2－1。

2. 申请集体建设用地上房屋所有权转移登记提交的材料

①登记申请书。②申请人的身份证明（查验原件，复印件留存）。③不动产权证书（房屋所有权证书、集体土地使用证）。④证明房屋所有权发生转移的材料，即房屋发生集体经济组织内部买卖、交换、赠予、析产、继承的证明或协议；作价出资（入股）的协议；企业合并、分立、兼并、破产的材料；集体建设用地使用权及建筑物、构筑物所有权权属转移材料、有权部门的批准文件；人民法院、仲裁委员会的生效法律文书；属于单方申请的，还应提交协助执行通知书等转让协议或证明。⑤契税完税凭证（查验原件，继承和交换价格相等的情形除外）。⑥有抵押权、地役权登记的，应提交抵押权人、地役权人同意的书面材料（继承除外）。⑦受让人为自然人的（继承人除外），应提交受让人户籍证明等属于本农民集体成员的证明；受让人为法人或其他组织的，应提交该农村集体经济组织出资成立的证明文件。⑧部分房屋转移登记引起面积变动的，还应提交房屋测绘成果资料。⑨属于独用宗地（含宅基地）的，还应提交地籍测绘成果两份（包括电子版）；属于原土地登记成果无解析坐标等按照规定需要进行权籍调查的，还应提交不动产权籍调查成果，不再提交地籍测绘成果。⑩本集体经济组织三分之二以上成员或者三分之二以上村民代表同意的材料。

流程 2　登记受理

1. 检查证件

登记工作人员检查应交的资料是否齐全、资料格式是否符合规定的要求、各资料的主体或当事人是否一致、资料所涉及的内容是否相同。

因继承、受遗赠取得不动产申请登记的，申请人提交经公证的材料或者生效的法律文书的，可直接作为权属来源材料，按规范关于转移登记的相关规定办理登记。申请人不提交经公证的材料或者生效的法律文书，可以按照下列方式办理：

申请人因继承提交的申请材料包括：

1）所有继承人或受遗赠人的身份证、户口簿或其他身份证明。

2）被继承人或遗赠人的死亡证明，包括医疗机构出具的死亡证明；公安机关出具的死亡证明或者注明了死亡日期的注销户口证明；人民法院宣告死亡的判决书；其他能够证明被继承人或受遗赠人死亡的材料等。

3）所有继承人或受遗赠人与被继承人或遗赠人之间的亲属关系证明，包括户口簿、婚姻证明、收养证明、出生医学证明，公安机关以及村委会、居委会、被继承人或继承人单位出具的证明材料，其他能够证明相关亲属关系的材料等。

4）放弃继承的，应当在不动产登记机构设立的登记场所，在不动产登记经办机构人员的见证下，签署放弃继承权的声明。

5）继承人已死亡的，代位继承人或转继承人可参照上述材料提供。

6）被继承人或遗赠人享有不动产权利的材料。

7）被继承人或遗赠人生前有遗嘱或者遗赠扶养协议的，提交其全部遗嘱或者遗赠扶养协议。

8）被继承人或遗赠人生前与配偶有夫妻财产约定的，提交书面约定协议。

受理登记前应由全部法定继承人或受遗赠人共同到不动产所在地的不动产登记经办机构进行继承材料查验。不动产登记经办机构应重点查验当事人的身份是否属实、当事人与被继承人或遗赠人的亲属关系是否属实、被继承人或遗赠人有无其他继承人、被继承人或遗赠人和已经死亡的继承人或受遗赠人的死亡事实是否属实、被继承人或遗赠人生前有无遗嘱或者遗赠扶养协议、申请继承的遗产是否属于被继承人或遗赠人个人所有等，并要求申请人签署继承（受遗赠）不动产登记具结书。不动产登记经办机构可以就继承人或受遗赠人是否齐全、是否愿意接受或放弃继承、就不动产继承协议或遗嘱内容及真实性是否有异议、所提交的资料是否真实等内容进行询问，并做好记录，由全部相关人员签字确认。

2. 询问

对询问结果应进行记录并要求申请人签字确认。经查验或询问，符合受理条件的，不动产登记经办机构应当予以受理。如果是发生继承（受遗赠）原因的转移登记时，应由申请人签订不动产登记具结书（见附件3-2-2）。

3. 收件

收件是登记机构工作人员根据受理的规定要求，在对申请人提交的资料进行检查后，将资料收集整理到一个档案袋中，列清写好档案袋中的资料内容，并给申请人填写收件收据。在收件工作中，一定要保证登记文件应当齐全（见附件3-2-3）。

这里需要说明的是，申请宅基地使用权及地上房屋所有权登记的，不收取房屋登记费，只收取房屋权属证书工本费。

流程3　登记审核

不动产登记机构在审核集体建设用地使用权及建筑物、构筑物所有权转移登记过程中应注意以下要点：

1）申请宅基地使用权及房屋所有权转移登记的受让方为本集体经济组织的成员且符合宅基地申请条件，但因继承房屋以及人民法院、仲裁委员会的生效法律文书等导致宅基地使用权及房屋所有权发生转移的除外。

2）因破产、兼并以外情形转移的，受让方是否符合使用集体土地条件。

3）申请转移的建设用地使用权及建筑物、构筑物所有权材料是否齐全、有效。

4）申请转移的建设用地使用权及建筑物、构筑物所有权与登记原因文件记载是否一致。

5）有异议登记的，受让方是否已签署知悉存在异议登记并自担风险的书面承诺。

6）申请登记事项与不动产登记簿的记载是否冲突。

7）集体建设用地使用权及建筑物、构筑物所有权被查封的，不予办理转移登记。

8）其他审查事项（单元一审核内容）。

在审核集体土地上的房屋时，还要特别注意以下几个方面：

1. 农村集体经济组织和组织内部成员的界定

所谓农村集体经济组织是指，村民集体管理集体经济而设立的组织，其主要形式包括农业生产合作社、农村经济合作社、农村农工商公司等。农村集体经济组织不同于村民委员会。按照《村民委员会组织法》规定，农村基层社会的自治组织虽然是村民委员会和其下设的村民小组，但在当前的农村基层组织中，大多是农村集体经济组织（经济合作社），与村民小组或村民委员会是同一机构，即两枚印章一套机构。二者决策机制相似，实践中职能相互重叠，特别是对农村基层社会的管理与服务，二者无法截然分开，具有"政社合一性"。

农村集体经济组织内部成员一般包括以下成员：①本集体经济组织内出生，且户口在本集体经济组织的人员；②因合法的婚姻、收养关系，户口迁入本集体经济组织的人员；③根据国家移民政策，户口迁入本集体经济组织的人员；④户口迁入本集体经济组织并实际居住，在原居住地未取得承包地、无稳定非农职业、经本集体经济组织成员的村民会议三分之二以上成员或者三分之二以上村民代表同意、接纳为本集体经济组织成员的人员；⑤原户口在本集体经济组织的现役义务兵、符合国家有关规定的士官以及高等院校、中等职业技术学校的在校学生；⑥原户口在本集体经济组织的服刑人员；⑦依照法律、法规和国家、省的规定，有权承包土地的其他人员。

2. 集体建设用地上房屋流转不得向城市居民出售

《国务院办公厅关于严格执行有关农村集体建设用地法律和政策的通知》（国办发〔2007〕171 号）规定："农村住宅用地只能分配给本村村民，城镇居民不得到农村购买宅基地、农民住宅或'小产权房'。单位和个人不得非法租用、占用农民集体所有土地搞房地产开发。农村村民一户只能拥有一处宅基地，其面积不得超过省、自治区、直辖市规定的标准。农村村民出卖、出租住房后，再申请宅基地的，不予批准。"

宅基地使用权是一种带有身份性质的财产权，与农村集体经济组织成员的资格联系在一起的，集体建设用地上房屋的受让人必须为本集体经济组织成员。

3. 农村集体经营性建设用地上的房屋转移

农村集体经营性建设用地，在符合规划和用途管制的前提下，可以进入城市的建设用地市场，享受和国有土地同等权利。

2013 年 11 月 15 日，《中共中央关于全面深化改革若干重大问题的决定》（以下简称《决定》）发布。其中《决定》指出要建立城乡统一的建设用地市场。农村的集体建设用地分为三大类：宅基地、公益性公共设施用地和集体建设经营性用地。农村集体经营性建设用地出让、租赁、入股，实行与国有土地同等入市、同权同价。

4. 继承、遗赠的不动产审核

不动产登记经办机构应按照审核规则（单元一审核内容）进行审核。认为需要进一步核实情况的，可以发函给出具证明材料的单位、被继承人或遗赠人原所在单位或居住地的村委会、居委会核实相关情况。

对拟登记的不动产登记事项在不动产登记经办机构门户网站进行公示，公示期不少于十五个工作日。公示期满无异议的，将申请登记事项记载于不动产登记簿。

已拥有一处宅基地的本集体经济组织成员、非集体经济组织成员的农村或城镇居民，因继承取得宅基地使用权及房屋所有权的，在不动产权属证书附记栏记载该权利人为本农民集体原成员住宅的合法继承人（见附件 3 - 2 - 4）。

流程 4　核准登记并记载不动产登记簿

经审核后不存在不予登记情形的，将登记事项记载于不动产登记簿，并向权利人核发不动产权属证书。依据不动产登记审批表，将房屋转移的情境记录在登记簿上。只需记载登记簿"建设用地使用权、宅基地使用权登记信息""房地产权登记信息（独幢、层、套、间房屋）"两页（见附件3-2-5）。

流程 5　颁证、发证

登簿后，由登记机构将原来不动产权证书收回注销后存档，缮写新的不动产权证书。在不动产权证书的"权利人"一项填写户主姓名，其余权利人在"权利其他状况"栏记载；"使用期限"一项可以不填写。申请房屋所有权在"权利其他状况"栏记载"房屋结构、专有建筑面积和分摊建筑面积、房屋总层数和所在层、房屋竣工时间"。在附记页记载该权利人符合集体建设用地使用权的受让人的原因（见附件3-2-6）。

不动产权证书缮写完毕后发给房屋受让人，发证时由房屋受让人在发证簿上签字，并收回受理时交给申请人的收件收据。

附件 3－1－1　不动产登记申请书（样例）

不动产登记申请书

单位：☑平方米　□公顷（□亩）、万元

<table>
<tr>
<td rowspan="3">申请登记事由</td>
<td colspan="6">□土地所有权　☑国有建设用地使用权　□宅基地使用权　□集体建设用地使用权　□土地承包经营权
□林地使用权　□海域使用权　☑房屋所有权　□构筑物所有权　□森林、林木所有权
□森林、林木使用权　□抵押权　□地役权　□其他＿＿＿＿＿＿＿</td>
</tr>
<tr>
<td colspan="6">□首次登记（□总登记　□初始登记）　☑转移登记　□变更登记　□注销登记　□更正登记
□异议登记　□预告登记　□查封登记　□其他＿＿＿＿＿＿＿</td>
</tr>
<tr><td colspan="6"></td></tr>
<tr>
<td rowspan="13">申请人情况</td>
<td colspan="6" align="center">登记申请人</td>
</tr>
<tr>
<td colspan="2">姓名（名称）</td>
<td colspan="4" align="center">林××、林××</td>
</tr>
<tr>
<td colspan="2">身份证件种类</td>
<td align="center">身份证</td>
<td>证件号</td>
<td colspan="2">1201031978×××1234
1201031980×××1123</td>
</tr>
<tr>
<td colspan="2">通信地址</td>
<td colspan="2" align="center">天津市河西区友谊路××号</td>
<td>邮编</td>
<td align="center">3000××</td>
</tr>
<tr>
<td colspan="2">法定代表人或负责人</td>
<td colspan="2"></td>
<td>联系电话</td>
<td align="center">151221188××</td>
</tr>
<tr>
<td colspan="2">代理人姓名</td>
<td colspan="2" align="center">张忠</td>
<td>联系电话</td>
<td align="center">131123456××</td>
</tr>
<tr>
<td colspan="2">代理机构名称</td>
<td colspan="4">天津××房地产开发公司</td>
</tr>
<tr>
<td colspan="6" align="center">登记申请人</td>
</tr>
<tr>
<td colspan="2">姓名（名称）</td>
<td colspan="4" align="center">天津××房地产开发公司</td>
</tr>
<tr>
<td colspan="2">身份证件种类</td>
<td align="center">营业执照</td>
<td>证件号</td>
<td colspan="2">98765432××</td>
</tr>
<tr>
<td colspan="2">通信地址</td>
<td colspan="2" align="center">天津市新兴路××号</td>
<td>邮编</td>
<td align="center">3000××</td>
</tr>
<tr>
<td colspan="2">法定代表人或负责人</td>
<td colspan="2" align="center">李××</td>
<td>联系电话</td>
<td align="center">244144××</td>
</tr>
<tr>
<td colspan="2">代理人姓名</td>
<td colspan="2" align="center">张××</td>
<td>联系电话</td>
<td align="center">131123456××</td>
</tr>
<tr>
<td rowspan="22">不动产情况</td>
<td colspan="2">代理机构名称</td>
<td colspan="4"></td>
</tr>
<tr>
<td colspan="2">坐落</td>
<td colspan="4" align="center">天津市南开区新华路5号御湖花园××室</td>
</tr>
<tr>
<td colspan="2">不动产单元号</td>
<td colspan="4" align="center">120104002003GB00035F000101××</td>
</tr>
<tr>
<td colspan="2">不动产类型</td>
<td colspan="4" align="center">土地/房屋</td>
</tr>
<tr>
<td rowspan="2">土地状况</td>
<td>面积</td>
<td align="center">60.18 m²</td>
<td>用途</td>
<td colspan="2" align="center">住宅</td>
</tr>
<tr>
<td>权利性质</td>
<td align="center">出让</td>
<td>使用（承包）期限</td>
<td colspan="2" align="center">70</td>
</tr>
<tr>
<td rowspan="2">房屋（构筑物）等状况</td>
<td>建筑面积</td>
<td align="center">97.29 m²</td>
<td>总套数</td>
<td colspan="2" align="center">1</td>
</tr>
<tr>
<td>构筑物类型</td>
<td colspan="4" align="center">/房屋</td>
</tr>
<tr>
<td rowspan="3">林地（森林、林木）状况</td>
<td>主要树种</td>
<td></td>
<td>株数</td>
<td colspan="2"></td>
</tr>
<tr>
<td>林种</td>
<td></td>
<td>造林年度</td>
<td colspan="2"></td>
</tr>
<tr>
<td>小地名</td>
<td></td>
<td>林班</td>
<td></td>
<td>小班</td>
</tr>
<tr>
<td rowspan="6">海域状况</td>
<td>项目名称</td>
<td></td>
<td>项目性质</td>
<td colspan="2">□公益性　□经营性</td>
</tr>
<tr>
<td>使用期限</td>
<td colspan="4"></td>
</tr>
<tr>
<td>用海类型</td>
<td></td>
<td>用海总面积</td>
<td colspan="2"></td>
</tr>
<tr>
<td>用海方式</td>
<td>面积</td>
<td>具体用途</td>
<td colspan="2" align="center">使用金数额</td>
</tr>
<tr>
<td></td>
<td></td>
<td></td>
<td colspan="2"></td>
</tr>
<tr>
<td colspan="4"></td>
</tr>
<tr>
<td colspan="2">原不动产权证书号</td>
<td colspan="4"></td>
</tr>
</table>

抵押情况	被担保债权数额（最高债权数额）		债务履行期限（债权确定期间）	
	抵押范围			
地役权情况	需役地坐落			
	需役地不动产单元号			
登记原因及证明	登记原因	购买商品房		
	登记原因证明文件	买方身份证明（复印件）		
		"商品房买卖合同"合同编号：JF（2015）11××		
		销售不动产统一发票（复印件）		
		代理人身份证明（复印件）		
		授权委托书		
		××房地产开发公司"公司营业执照"98765432××（复印件）		
		契税凭证（复印件）		
申请证书版式	☑单一版　□集成版		申请分别持证	□是　☑否
备注				

本申请人对填写的上述内容及提交的申请材料的真实性负责。如有不实，申请人愿承担法律责任。

对于商品房等共用宗项目，申请人同意暂不进行土地分摊按整宗土地面积申请房地登记。待按规划全部房屋竣工后再计算土地分摊系数，申请人同意在办理转移、变更等登记时变更为土地分摊面积。

对登记机关的行政行为有异议的，自知道之日起60日内依法申请行政复议或六个月内提起行政诉讼。

申请人（签章）：林××、林××　　　　　　　申请人（签章）：

代理人（签章）：张××　　　　　　　　　　代理人（签章）：张××

2016年4月10日　　　　　　　　　　　　　2016年4月10日

领收件收据人签章	张××	申请日期	2016年4月10日
领证人签章		领证日期	

附件 3－1－2 房屋转移登记询问表

房屋转移登记询问表

依据《中华人民共和国物权法》，房屋登记受理时就如下事项对申请人（代理人）进行询问，请您如实填写，并在所选项目后的"□"内划"√"：

序号	询问事项		转让方当事人回答
一	您是否是房屋所有权人？		是□　　否□
二	您申请转移的房屋产权是否存在潜在（隐形）共有？		是□　　否□
三	您的房屋产权共有情况为		共同共有□　单独所有□　按份共有□
四	您提交的产权证书是否与登记簿、产权档案记载的信息一致？		是□　　否□
五	您申请转移的房屋是否是婚前财产？		是□　　否□
六	您是否是他（她）的监护人？		是□　　否□
	您处分未成年人房屋是否为了未成年人利益？		是□　　否□
七	您申请转移的房屋	A、是否存在租赁情况？	是□　　否□
		B、是否存在权属纠纷和权利限制状况？	是□　　否□
		C、是否列入拆迁范围？	是□　　否□
八	您的民事行为能力为？		完全□　限制□　　无□
九	您是否对所提交资料的合法性、真实性、有效性负责并对其承担法律责任？		是□　　否□
十	您的申请方式为：		双方□　　单方□
十一	以上所答是否为您的真实意思表示？		是□　　否□

询问记录人（签名）：	以上我看过，无异议。 被询问当事人（签名）：
	询问时间：　　　　　　　　　　　年　　月　　日

序号	询问事项		受让方当事人回答
一	您申请登记的房屋取得方式是？		
二	您申请登记的房屋共有情况为？		共同共有□ 单独所有□ 按份共有□
三	您的婚姻状况是？		
四	您是否是他（她）的监护人？		是□ 否□
五	您申请登记的房屋	A、是否以合理价格取得？	是□ 否□
		B、是否善意取得？	是□ 否□
		C、是否列入拆迁范围？	是□ 否□
六	您的民事行为能力为？		完全□ 限制□ 无□
七	您是否对所提交资料的合法性、真实性、有效性负责并对其承担法律责任？		是□ 否□
八	您的申请方式为：		双方□ 单方□
九	您提交转让协议书的内容是否为真实性？		是□ 否□
十	以上所答是否为您的真实意思表示？		是□ 否□
十一	补充询问		
询问记录人（签名）：	以上我看过，无异议。 被询问当事人（签名）：		
			询问时间： 　　年　月　日

附件 3 - 1 - 3　不动产登记领证通知（收件收据）（样例）

不动产登记领证通知（收件收据）

收件号：2016041012××   收件日期：2016 年 4 月 10 日

申请人	林××、林×× 天津××房地产开发公司		
权利类型	国有建设用地使用权、房屋所有权	登记类型	转移登记
坐落	天津市南开区新华路 5 号御湖花园××室		
文件名称	证号	份数	备注
商品房买卖合同	合同编号：JF（2015）××	1	
授权委托书		1	
收件人	李××		

　　上列文件，已经收讫，符合受理规定，请您于＿＿30 日＿＿后，凭此通知和身份证件领取不动产权证书或登记证明；经审核不符合登记规定的，凭此通知和身份证件办理退件手续，特此通知。

登记机构（盖章）：

附件3-1-4 不动产登记审批表（样例）

不动产登记审批表

<table>
<tr><td rowspan="2">收件</td><td>编号</td><td>2016041012××</td><td rowspan="2">收件人</td><td rowspan="2">李××</td><td rowspan="2">单位：☑平方米 □公顷（□亩）、万元</td></tr>
<tr><td>日期</td><td>2016年4月10日</td></tr>
<tr><td rowspan="2">申请登记事由</td><td colspan="5">□土地所有权 ☑国有建设用地使用权 □宅基地使用权 □集体建设用地使用权 □土地承包经营权
□林地使用权 □海域使用权 □无居民海岛使用权 ☑房屋所有权 □构筑物所有权
□森林、林木所有权 □森林、林木使用权 □抵押权 □地役权 □其他_____</td></tr>
<tr><td colspan="5">□首次登记（□总登记 □初始登记） ☑转移登记 □变更登记 □注销登记 □更正登记
□异议登记 □预告登记 □查封登记 □其他_____</td></tr>
<tr><td rowspan="12">申请人情况</td><td colspan="5" align="center">登记申请人</td></tr>
<tr><td>权利人姓名（名称）</td><td colspan="4" align="center">林××、林××</td></tr>
<tr><td>身份证件种类</td><td>身份证</td><td>证件号</td><td>1201031978××××1234
1201031980××××1123</td></tr>
<tr><td>通讯地址</td><td colspan="2">天津市河西区友谊路××号</td><td>邮编</td></tr>
<tr><td>法定代表人或负责人</td><td colspan="2"></td><td>联系电话</td></tr>
<tr><td>代理人姓名</td><td>张××</td><td>联系电话</td><td>131123456××</td></tr>
<tr><td>代理机构名称</td><td colspan="4" align="center">天津××房地产开发公司</td></tr>
<tr><td colspan="5" align="center">登记申请人</td></tr>
<tr><td>义务人姓名（名称）</td><td colspan="4" align="center">天津××房地产开发公司</td></tr>
<tr><td>身份证件种类</td><td>营业执照</td><td>证件号</td><td>98765432××</td></tr>
<tr><td>通讯地址</td><td colspan="2">天津市新兴路××号</td><td>邮编</td></tr>
<tr><td>法定代表人或负责人</td><td colspan="2">李××</td><td colspan="2">244144××</td></tr>
</table>

补充行：

<table>
<tr><td></td><td>法定代表人或负责人</td><td>李××</td><td></td><td>244144××</td></tr>
<tr><td></td><td>代理人姓名</td><td>张××</td><td>联系电话</td><td>131123456××</td></tr>
<tr><td></td><td>代理机构名称</td><td colspan="3"></td></tr>
<tr><td rowspan="6">不动产情况</td><td>坐落</td><td colspan="4" align="center">天津市南开区新华路5号御湖花园××室</td></tr>
<tr><td>不动产单元号</td><td>120104002003GB00035F000101××</td><td>不动产类型</td><td>土地/房屋</td></tr>
<tr><td>面积</td><td>60.18 m²/97.29 m²</td><td>用途</td><td>住宅</td></tr>
<tr><td>原不动产权证书号</td><td></td><td>用海类型</td><td></td></tr>
<tr><td>构筑物/类型</td><td>房屋</td><td>林种</td><td></td></tr>
<tr><td rowspan="2">抵押情况</td><td>被担保债权数额
（最高债权数额）</td><td></td><td>债务履行期限
（债权确定期间）</td><td></td></tr>
<tr><td>在建建筑物抵押范围</td><td colspan="3"></td></tr>
<tr><td rowspan="2">地役权情况</td><td>需役地坐落</td><td colspan="3"></td></tr>
<tr><td>需役地不动产单元号</td><td colspan="3"></td></tr>
</table>

登记原因及证明	登记原因	购买商品房		
	登记原因证明文件	登记申请书		
		买方居民身份证（复印件）		
		"商品房买卖合同"合同编号：JF（2015）11××		
		销售不动产统一发票（复印件）		
		代理人身份证明（复印件）		
		授权委托书		
		××房地产开发公司"公司营业执照"98765432××（复印件）		
		契税凭证（复印件）		
申请证书版式		☑单一版　□集成版	申请分别持证	□是　☑否
不动产登记审批情况（申请人请勿填写）		初审	复审	核定
		南开区新华路5号御湖花园××室是天津××房地产开发公司开发，并于2016年3月31日进行所有权首次登记，申请人林××、林××购于2015年11月15日购置该商品房预售合同编号为JF（2015）××，并进行了预购商品房预告登记。申请人提交了登记申请应当提供的文件；申请书填写的内容与申请人提交的其他文件一致；申请人姓名与提交的身份证明以及登记簿记载的权利人姓名一致；房屋权属证书真实；委托书中的委托人代理权限与办理事项相符。申请人林××、林××要求取得房屋所有权和土地使用权。符合房屋转移登记要求。 审查人（签章）：李×× 2016年4月10日	申请书、证明文件等与国家规定的规范格式一致；登记原因证明文件与申请登记的内容一致；申请人与提交的材料记载的主体一致；申请登记的房屋与申请人提交的证明材料记载一致；申请登记的内容与有关材料证明的事实一致；申请登记的事项与房屋登记簿记载的房屋权利不冲突；符合法律的规定，建议进行房屋所有权和土地使用权转移登记。 审查人（签章）：李×× 2016年4月17日	同意登记并颁发不动产权证书。 负责人（公章）：李×× 2016年4月19日
备注		持证人林××		

附件3-1-5 不动产登记簿（样例）

建设用地使用权、宅基地使用权登记信息			
不动产单元号：120104002003GB000××			
内容　　　　　　　　业务号	2013022311××	2016041012××	
权利人	天津××房地产开发公司	林××、林××	
证件种类	营业执照	身份证	
证件号	98765432××	1201031978××1234 1201031980××1123	
共有情况	单独所有	共同共有	
权利人类型	企业	个人	
登记类型	建设用地使用权首次登记	建设用地使用权转移登记	
登记原因	出让	购买商品房	
使用权面积（m²）	60.18 m²	60.18 m²	
使用期限	2013年2月20日　起 2083年2月19日　止	2016年4月19日　起 2083年2月19日　止	
取得价格（万元）	24万元	24万元	
不动产权证书号	津国用（2013）第××号	津（2016）南开不动产权第××号	
登记时间	2013年2月27日	2016年4月19日	
登簿人	李××	李××	
附记		持证人林××	

房地产权登记信息（项目内多幢房屋）

不动产单元号：120104002003GB00035 F00010101

房地坐落：南开区新华路5号御湖花园××室

内容＼业务号	201603251111	201604101211
房屋所有权人	天津××房地产开发公司	林××、林××
证件种类	营业执照	身份证
证件号	98765432××	1201031978××××1234 1201031980××××1123
房屋共有情况	单独所有	共同共有
权利人类型	企业	个人
登记类型	房屋所有权首次登记	房屋所有权转移登记
登记原因	新建商品房	购买商品房
土地使用权人	天津××房地产开发公司	全体业主
独用土地面积（m²）	50.84 m²	50.84 m²
分摊土地面积（m²）	9.34 m²	9.34 m²
土地使用期限	2013年2月20日　起 2083年2月19日　止	2016年4月19日　起 2083年2月19日　止
项目名称	御湖花园	御湖花园
幢号	1#	1#
总层数	15	15
规划用途	住宅	住宅
房屋结构	钢筋混凝土结构	钢筋混凝土结构
建筑面积（m²）	97.29 m²	97.29 m²
竣工时间	2016年2月25日	2016年2月25日
总套数	1	1
房地产交易价格（万元）		291.87
不动产权证书号		津（2016）南开不动产权第××号
登记时间	2016年3月31日	2016年4月19日
登簿人	李××	李××
附记		持证人林××

附件 3 - 1 - 6 不动产权证书（单一版）（样例）

津（2016）南开不动产权第××号

权利人	林××、林××
共有情况	共同共有
坐落	天津市南开区新华路 5 号御湖花园 ×× 室
不动产单元号	120104002003GB00035F000101 × ×
权利类型	国有建设用地使用权/房屋所有权
权利性质	出让/商品房
用途	城镇住宅用地/住宅
面积	60.18 m²/97.29 m²
使用期限	起　　　　止
权利其他状况	房屋竣工时间 2016 年 2 月 25 日；钢筋混凝土结构；专有面积 50.84 m²；分摊面积 9.34 m²；房屋总层数 15/1；持证人林××

附图页

坐落：南开区新华路御湖花园
第 1 幢 × × 室 97.29 m²
套内建筑面积：81.686 m²　　公摊面积：15.60 m²

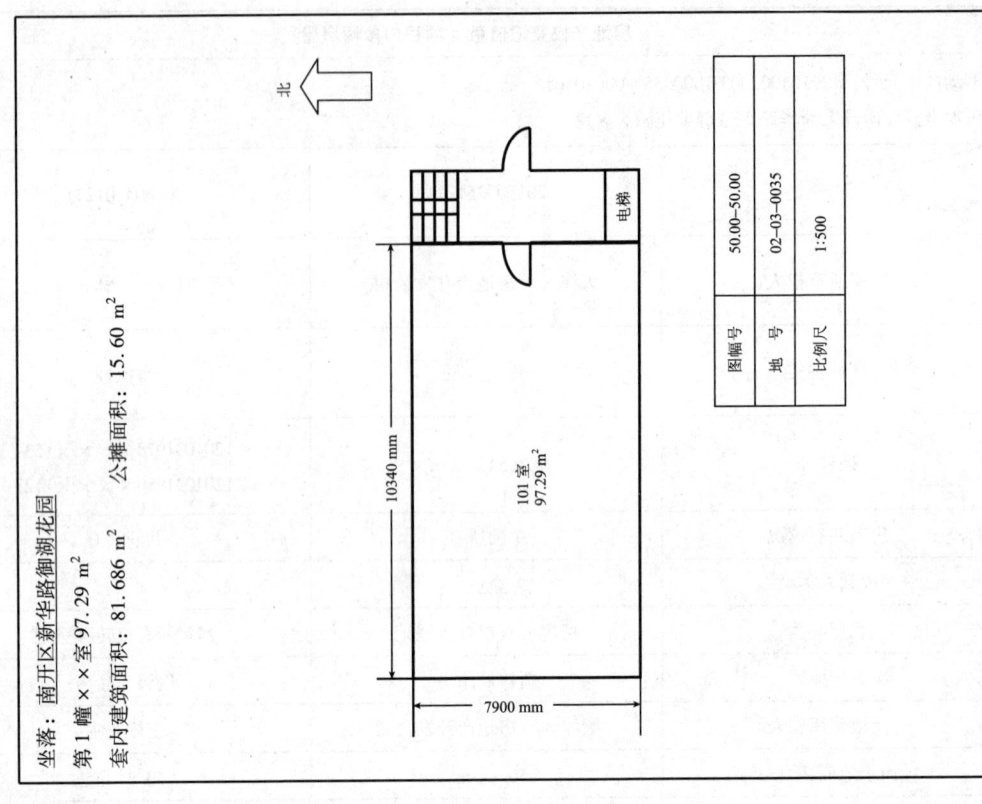

101室
97.29 m²

电梯

北

10340 mm

7900 mm

图幅号	50.00-50.00
地　号	02-03-0035
比例尺	1:500

附件3-2-1 不动产登记申请书（样例）

不动产登记申请书

单位：☑平方米 □公顷（□亩）、万元

<table>
<tr><td rowspan="3">申请登记事由</td><td colspan="4">□土地所有权 □国有建设用地使用权 ☑宅基地使用权 □集体建设用地使用权 □土地承包经营权
□林地使用权 □海域使用权 ☑房屋所有权 □构筑物所有权 □森林、林木所有权
□森林、林木使用权 □抵押权 □地役权 □其他_____</td></tr>
<tr><td colspan="4">□首次登记（□总登记 □初始登记） ☑转移登记 □变更登记 □注销登记 □更正登记
□异议登记 □预告登记 □查封登记 □其他_____</td></tr>
</table>

<table>
<tr><td rowspan="13">申请人情况</td><td colspan="4" align="center">登记申请人</td></tr>
<tr><td>姓名（名称）</td><td colspan="3" align="center">张××</td></tr>
<tr><td>身份证件种类</td><td align="center">身份证</td><td align="center">证件号</td><td align="center">1201121985×××2123</td></tr>
<tr><td>通信地址</td><td colspan="2" align="center">天津市津南区小站乡××村</td><td>邮编   3001××</td></tr>
<tr><td>法定代表人或负责人</td><td></td><td align="center">联系电话</td><td align="center">133567856××</td></tr>
<tr><td>代理人姓名</td><td></td><td align="center">联系电话</td><td></td></tr>
<tr><td>代理机构名称</td><td colspan="3"></td></tr>
<tr><td colspan="4" align="center">登记申请人</td></tr>
<tr><td>姓名（名称）</td><td colspan="3"></td></tr>
<tr><td>身份证件种类</td><td></td><td align="center">证件号</td><td></td></tr>
<tr><td>通信地址</td><td colspan="2"></td><td>邮编</td></tr>
<tr><td>法定代表人或负责人</td><td></td><td align="center">联系电话</td><td></td></tr>
<tr><td>代理人姓名</td><td></td><td align="center">联系电话</td><td></td></tr>
<tr><td>代理机构名称</td><td colspan="3"></td></tr>
</table>

<table>
<tr><td rowspan="20">不动产情况</td><td colspan="2">坐落</td><td colspan="3" align="center">天津市津南区小站乡盛字营村三排××号</td></tr>
<tr><td colspan="2">不动产单元号</td><td colspan="3" align="center">120112012001JB00120F000300××</td></tr>
<tr><td colspan="2">不动产类型</td><td colspan="3" align="center">土地/房屋</td></tr>
<tr><td rowspan="2">土地状况</td><td>面积</td><td align="center">400 m²</td><td align="center">用途</td><td align="center">宅基地</td></tr>
<tr><td>权利性质</td><td align="center">批准拨用</td><td align="center">使用（承包）期限</td><td></td></tr>
<tr><td rowspan="2">房屋（构筑物）等状况</td><td>建筑面积</td><td align="center">150 m²</td><td align="center">总套数</td><td></td></tr>
<tr><td>构筑物类型</td><td colspan="3" align="center">房屋</td></tr>
<tr><td rowspan="3">林地（森林、林木）状况</td><td>主要树种</td><td></td><td align="center">株数</td><td></td></tr>
<tr><td>林种</td><td></td><td align="center">造林年度</td><td></td></tr>
<tr><td>小地名</td><td></td><td align="center">林班</td><td>小班</td></tr>
<tr><td rowspan="7">海域状况</td><td>项目名称</td><td></td><td align="center">项目性质</td><td>□公益性 □经营性</td></tr>
<tr><td>使用期限</td><td colspan="3"></td></tr>
<tr><td>用海类型</td><td></td><td align="center">用海总面积</td><td></td></tr>
<tr><td>用海方式</td><td align="center">面积</td><td align="center">具体用途</td><td align="center">使用金数额</td></tr>
<tr><td></td><td></td><td></td><td></td></tr>
<tr><td></td><td></td><td></td><td></td></tr>
<tr><td colspan="2">原不动产权证书号</td><td colspan="3" align="center">津（2016）津南 不动产权第××号</td></tr>
</table>

抵押情况	被担保债权数额（最高债权数额）		债务履行期限（债权确定期间）	
	抵押范围			
地役权情况	需役地坐落			
	需役地不动产单元号			
登记原因及证明	登记原因	继承		
	登记原因证明文件	申请人身份证（复印件）		
		遗嘱（复印件）		
		遗嘱公证书（复印件）		
		死亡证明（复印件）		
		关系证明（复印件）		
		"不动产权证书"津（2016）津南不动产权第00000××号		
申请证书版式		☑单一版 □集成版	申请分别持证	□是 ☑否
备注				

本申请人对填写的上述内容及提交的申请材料的真实性负责。如有不实，申请人愿承担法律责任。

对于商品房等共用宗项目，申请人同意暂不进行土地分摊按整宗土地面积申请房地登记。待按规划全部房屋竣工后再计算土地分摊系数，申请人同意在办理转移、变更等登记时变更为土地分摊面积。

对登记机关的行政行为有异议的，自知道之日起60日内依法申请行政复议或六个月内提起行政诉讼。

申请人（签章）：张××　　　　　　　　　　　申请人（签章）：

代理人（签章）：　　　　　　　　　　　　　　代理人（签章）：

2016 年 8 月 15 日　　　　　　　　　　　　　　2016 年 8 月 15 日

领收件收据人签章	张××	申请日期	2016 年 8 月 15 日
领证人签章		领证日期	

附件3-2-2 继承（受遗赠）不动产登记具结书（样例）

继承（受遗赠）不动产登记具结书

申请人：　张××　　　　　　　　身份证明号码：　1201121955××××2123　

被继承人（遗赠人）：　张×　　　身份证明号码：　1201121985××××2123　

　　申请人　张××　因继承（受遗赠）被继承人（遗赠人）　张×　的不动产权，于　2016　年　8　月　15　日向　津南区不动产登记中心　申请办理不动产登记，并提供了　死亡证明、申请人与被申请人之间的关系证明、遗嘱、遗嘱公证书、户口簿　等申请材料，并保证以下事项的真实性：

　　一、被继承人（遗赠人）于　2016　年　8　月　5　日死亡。

　　二、被继承人（遗赠人）的不动产坐落于　天津市津南区小站乡盛字营村三排××号　。

　　三、被继承人（遗赠人）的不动产权由　张××　继承（受遗赠）。

　　四、除第三项列举的继承人（受遗赠人）外，其他继承人放弃继承权或者无其他继承人（受遗赠人）。

　　以上情况如有不实，本人愿承担一切法律责任，特此具结。

　　具结人签名（盖章）：　张××　

　　　　　　　　　　　　　　　　　　　2016　年　8　月　15　日

附件3－2－3 不动产登记领证通知（收件收据）（样例）

不动产登记领证通知（收件收据）

收件号：2016081513××   收件日期：2016 年 8 月 15 日

申请人	张××		
权利类型	宅基地使用权、房屋所有权	登记类型	继承转移登记
坐落	天津市津南区小站乡盛字营村三排××号		
文件名称	证号	份数	备注
不动产权证书	津（2016）津南不动产权第00000××号	1	
收件人	李××		

　　上列文件，已经收讫，符合受理规定，请您于__30 日__后，凭此通知和身份证件领取不动产权证书或登记证明；经审核不符合登记规定的，凭此通知和身份证件办理退件手续，特此通知。

登记机构（盖章）：

附件 3-2-4 不动产登记审批表（样例）

不动产登记审批表

<table>
<tr><td rowspan="2">收件</td><td>编号</td><td>2016081513××</td><td rowspan="2">收件人</td><td rowspan="2">李××</td><td rowspan="2">单位：☑平方米 □公顷（□亩）、万元</td></tr>
<tr><td>日期</td><td>2016 年 8 月 15 日</td></tr>
<tr><td rowspan="2">申请登记事由</td><td colspan="5">□土地所有权 □国有建设用地使用权 ☑宅基地使用权 □集体建设用地使用权 □土地承包经营权
□林地使用权 □海域使用权 □无居民海岛使用权 ☑房屋所有权 □构筑物所有权
□森林、林木所有权 □森林、林木使用权 □抵押权 □地役权 □其他_____</td></tr>
<tr><td colspan="5">□首次登记（□总登记 □初始登记） ☑转移登记 □变更登记 □注销登记 □更正登记
□异议登记 □预告登记 □查封登记 □其他_____</td></tr>
<tr><td rowspan="14">申请人情况</td><td colspan="5" align="center">登记申请人</td></tr>
<tr><td>权利人姓名（名称）</td><td colspan="4" align="center">张××</td></tr>
<tr><td>身份证件种类</td><td align="center">身份证</td><td>证件号</td><td>1201121985×××2123</td></tr>
<tr><td>通信地址</td><td align="center">天津市津南区小站乡××村</td><td>邮编</td><td>3001××</td></tr>
<tr><td>法定代表人或负责人</td><td></td><td>联系电话</td><td>131222123××</td></tr>
<tr><td>代理人姓名</td><td></td><td>联系电话</td><td></td></tr>
<tr><td>代理机构名称</td><td colspan="3"></td></tr>
<tr><td colspan="4" align="center">登记申请人</td></tr>
<tr><td>权利人姓名（名称）</td><td colspan="3"></td></tr>
<tr><td>身份证件种类</td><td></td><td>证件号</td><td></td></tr>
<tr><td>通信地址</td><td></td><td>邮编</td><td></td></tr>
<tr><td>法定代表人或负责人</td><td></td><td>联系电话</td><td></td></tr>
<tr><td>代理人姓名</td><td></td><td>联系电话</td><td></td></tr>
<tr><td>代理机构名称</td><td colspan="3"></td></tr>
<tr><td rowspan="6">不动产情况</td><td>坐落</td><td colspan="4" align="center">天津市津南区小站乡盛字营村三排××号</td></tr>
<tr><td>不动产单元号</td><td align="center">120112012001JB00120F000300××</td><td>不动产类型</td><td align="center">土地/房屋</td></tr>
<tr><td>面积</td><td align="center">400 m²/150 m²</td><td>用途</td><td align="center">住宅</td></tr>
<tr><td>原不动产权证书号</td><td align="center">津（2016）津南不动产权第××号</td><td>用海类型</td><td></td></tr>
<tr><td>构筑物类型</td><td></td><td>林种</td><td></td></tr>
<tr><td rowspan="2">抵押情况</td><td>被担保债权数额
（最高债权数额）</td><td></td><td>债务履行期限
（债权确定期间）</td><td></td></tr>
<tr><td>在建建筑物抵押范围</td><td colspan="3"></td></tr>
<tr><td rowspan="2">地役权情况</td><td>需役地坐落</td><td colspan="3"></td></tr>
<tr><td>需役地不动产单元号</td><td colspan="3"></td></tr>
</table>

登记原因及证明	登记原因	继承			
	登记原因证明文件	登记申请书			
		申请人身份证（复印件）			
		遗嘱（复印件）			
		遗嘱公证书（复印件）			
		死亡证明书（复印件）			
		关系证明（复印件）			
		"不动产权证书"津（2016）津南不动产权第××号			
申请证书版式		☑单一版　□集成版	申请分别持证		□是　☑否

	初审	复审	核定
不动产登记审批情况（申请人请勿填写）	天津市津南区小站乡盛字营村三排××号房屋的产权原归张×自建房屋《不动产权证书》津（2016）津南不动产权第××号。产权人张×于2016年6月5日死亡（死亡证明书编号：××），所有人生前留有自书遗嘱房屋财产由其继子张××继承。现张××申请房屋所有权。申请人提交了登记申请应当提供的文件；申请书填写的内容与申请人提交的其他文件一致；申请人姓名与提交的身份证明以及登记簿记载的权利人姓名一致；不动产权属证书真实。符合房屋产权转移登记要求。 审查人（签章）：李×× 2016年8月15日	申请人与提交的材料记载的主体一致；申请登记的房屋与申请人提交的证明材料记载一致；申请登记的内容与有关材料证明的事实一致；申请登记的事项与房屋登记簿记载的房屋权利不冲突；村集体经济组织同意房屋继承的事实；符合法律的规定，建议进行房屋所有权和宅基地使用权转移登记。 审查人（签章）：李×× 2016年8月23日	同意登记并颁发不动产权证书。 负责人（公章）：李×× 2016年8月25日
备注			

130

附件3-2-5 不动产登记簿（样例）

建设用地使用权、宅基地使用权登记信息			
不动产单元号：120112012001JB00120			
内容 ＼ 业务号	201604221112	201608151324	
权利人	张×	张××	
证件种类	身份证	身份证	
证件号	1201121955××××2123	1201121985××××2123	
共有情况	共同共有	单独所有	
权利人类型	个人	个人	
登记类型	宅基地使用权首次登记	宅基地使用权转移登记	
登记原因	批准划拨	继承	
使用权面积（m^2）	400 m^2	400 m^2	
使用期限	2015年9月16起 止	2016年8月25起 止	
取得价格（万元）			
不动产权证书号	津（2016）津南不动产权第××号	津（2016）津南不动产权第××号	
登记时间	2016年5月20日	2016年8月25日	
登簿人	李××	李××	
附记	张××，申请人之儿子， 身份证号码：1201121985××××2123	该权利人为本农民集体原成员 住宅的合法继承人	

房地产权登记信息（独幢、层、套、间房屋）

不动产单元号：120112012001JB00120F000300××　　房地坐落：天津市津南区小站乡××村三排××号

内容＼业务号	2016042211××	2016081513××	
房屋所有权人	张×	张××	
证件种类	身份证	身份证	
证件号	1201121955×××2123	1201121985×××2123	
房屋共有情况	共同共有	单独所有	
权利人类型	个人	个人	
登记类型	所有权首次登记	所有权转移登记	
登记原因	自建	继承	
土地使用权人	张×	张××	
独用土地面积（m²）	400 m²	400 m²	
分摊土地面积（m²）	／	／	
土地使用期限	2015 年 9 月 16 日起 止	2016 年 8 月 25 日起 止	
房地产交易价格（万元）			
规划用途	住宅	住宅	
房屋性质	自建房	自建房	
房屋结构	砖混结构	砖混结构	
所在层/总层数	1/1	1/1	
建筑面积（m²）	150 m²	150 m²	
专有建筑面积（m²）	150 m²	150 m²	
分摊建筑面积（m²）			
竣工时间	2016 年 4 月 10 日	2016 年 4 月 10 日	
不动产权证书号	津（2016）津南不动产权第××号	津（2016）津南不动产权第××号	
登记时间	2016 年 5 月 20 日	2016 年 8 月 25 日	
登簿人	李××	李××	
附记	张××，申请人之儿子，身份证号码：1201121985×××2123	该权利人为本农民集体原成员住宅的合法继承人	

津（2016）津南不动产权第 00600×× 号

权利人	张××
共有情况	单独所有
坐落	天津市津南区小站乡××村三排××号
不动产单元号	12011201200 1JB00120F000300××
权利类型	宅基地使用权/房屋所有权
权利性质	批准拨用/自建房
用途	农村宅基地/住宅
面积	400 m²/150 m²
使用期限	起 止
权利其他状况	房屋为砖混结构，专有面积 150 m²，共一层，竣工时间为 2016 年 4 月 10 日

附件 3－2－6 不动产权证书（单一版）（样例）

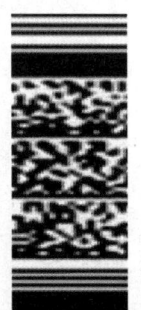

根据《中华人民共和国物权法》等法律法规，为保护不动产权利人合法权益，对不动产权利人申请登记的本证所列不动产权利，经审查核实，准予登记，颁发此证。

登记机构（章）

年 月 日

中华人民共和国国土资源部监制
编号 NQ. D001234567××

附图页

附 图

（房地产平面图，可附页）

坐落：津南区小站乡××村三排××号

150 m²

附 记

该权利人为本农民集体原成员住宅的合法继承人。

单元四 房屋所有权和建设用地使用权变更登记和注销登记

事由一 建设用地使用权及房屋所有权变更登记

一、房屋所有权变更登记的情形

（一）房屋所有权变更登记的含义

不动产在首次登记的基础上，房屋的权利人的姓名、名称、身份证明类型或者身份证明号码发生变更的；房屋坐落的街道、门牌号或房屋名称变更的；房屋面积增加或者减少的；同一权利人分割或者合并不动产的权利人应申请所有权变更登记。

有下列情形之一的，不动产权利人可以向不动产登记机构申请变更登记：

1）权利人的姓名、名称、身份证明类型或者身份证明号码发生变更的；

2）不动产的坐落、名称、用途等自然状况变更的；

3）不动产权利期限、来源等权利状况发生变化的；

4）同一权利人分割或者合并不动产的；

5）因翻建、改建致使房屋状况变化的；

6）配偶之间房地登记权利人变更，具体包括房地权利人为配偶一方，增加另一方为共有人的；

7）共同共有的房地与等额按份共有之间转换的；

8）抵押担保的范围、主债权数额、最高额抵押担保的债权范围、最高额抵押债权额、债权确定期间等发生变化的；

9）地役权的利用目的、方法等发生变化的；

10）法律、行政法规规定的其他不涉及不动产权利转移的变更情形。

变更登记和转移登记有较为明确的区分。变更登记后房屋所有权没有转移，所有权主体没有发生实质性变化，如房屋坐落或名称的变更、面积的变更以及所有权人法定名称的变更等。转移登记后房屋所有权发生转移，房屋权利主体发生实质性变化，如买卖、互换、赠予、继承、接受遗赠、以房屋出资入股等引起房屋所有权的转移等。即房屋状况或是所有权人法定名称变更的，属于变更登记。

变更登记与更正登记不涉及权利归属和内容更正的关系。更正登记是在登记簿记载内容与实际状况不符时所采取的纠正方式，它可能是权利人以及利害关系人导致的错误，也可能是登记机关的过错造成，通过对登记簿上不正确登记的纠正，使登记权利状态符合事实权利状态，进而避免真正权利人因登记公信力受到损害。而变更登记是指因权利人名称、房屋现状或者同一所有权人分割合并房屋等发生变更而进行的登记。更正登记是一种主动的登记行为，而变更登记是一种被动的登记行为。

（二）房屋所有权人的姓名或者名称的变更

房屋所有权人法定名称的改变，如自然人更改姓名，法人或其他组织更改法定名称。这里需要强调两点：其一，企业股权变更是否需要办理变更登记？企业股权转让并不使该股份制企业的房屋所有权发生转移。因为股权转让只是股东的变化，而股份制企业作为法人并未发生变化（如股份有限公司所发行的股票不断地在流通，但是该企业的房屋所有权并不随之不断地流通）。因而，这种股东的变化是股权的交易行为而不是房产交易行为，无须办理房产交易和登记手续。如果股权转让后企业更改法定名称的，则应办理变更登记。其二，个体工商户、个人独资公司的法律地位等同于自然人，个体工商户可以起字号，但并不改变其性质，该两者在法律责任的承担上亦与自然人相同，均为以个人全部财产承担无限责任。因此，在将字号或公司名称改为自然人名称时，所有权并未发生转移，应当办理变更登记。

（三）房屋坐落的街道名称、门牌号或房屋名称的变更

所谓房屋坐落，通俗地说就是房屋所在的街道（或路、巷等）名称及其门牌号，或者是房屋所在的村、社名称及其门牌号。随着《物权法》的实施和房屋登记簿的建立，房屋坐落将成为登记簿的重要内容，它是确定权利客体范围的主要指标，具有唯一性和合法性；房屋没有唯一和合法的坐落位置，也就难以在房屋登记簿上进行记载。故房屋坐落发生变化应当申请所有权的变更登记。申请房屋坐落变更，应由当地地名管理部门出具申请房屋所在街道、幢号、门号发生变更的证明。

（四）房屋面积增加或者减少的变更

房屋面积应当理解为登记簿记载的面积。它主要发生在房屋所有权人未发生变化的前提下，权利人对房屋进行的翻、改、添建或部分拆除的情形下应当申请的登记，另外由于房屋测绘规范的调整导致房屋面积增加或者减少的，也应纳入此种情形。

（五）房屋分割、合并的变更

同一所有权人分割、合并房屋的，对此款的理解，登记机构应当把握两点：

一是分割合并的所有权人必须是同一个人。同一所有权人对自己的房屋进行分割或合并则不同，分割或合并前、后房屋所有权并没有在不同的权利主体之间流转，分割、合并后的权利人并没有丝毫变化，应办理变更登记。比如某产权人原有两间房屋，后来购买了与其房屋相毗连的邻居的一间房屋，在办好这一间房屋的所有权转移登记后，当事人要求将两处房屋合并登记为一处。这是同一所有权人合并房屋，属于房屋所有权变更登记。注意共有人对房产的分割截然不同，共有房产的分割是从各个共有人共同地作为全部房屋所有权的权利主体变为各自成为原房屋中某一部分房屋的所有权的权利主体。在分割前各个共有人是共同地作为全部房屋所有权的权利主体，而在分割以后，这种共有关系消失，原来的共有人分别成了原房屋中某一部分房屋的所有权的权利主体，所有权的权利主体已经

发生了变化，应办理转移登记。

二是要符合分割、合并的条件，特别是分割并非是产权人自行进行的分割，而应是有权部门批准可以分割，分割的最小单位符合规定的房屋登记基本单元。

二、房屋所有权变更登记流程

申请→受理→审核→记载于登记簿→颁发证书。

流程1　登记申请

1. 申请人

建设用地使用权及房屋所有权变更登记的申请主体应当为不动产登记簿记载的权利人。

1）已登记的房地因权利人姓名、名称、地名、用途、面积等变更以及翻建、改建致使房屋状况变化的，由权利人申请房地变更登记；因共有人的姓名、名称发生变化的，可以由发生变更的权利人申请。

2）配偶之间变更房地登记权利人的，由登记簿记载的权利人和其配偶申请房地变更登记；因房地产共有关系由共同共有转为等额按份共有，或者由等额按份共有转为共同共有的，申请人是登记簿记载的共有人。

3）因房地产分割、合并申请变更登记的，申请人是权利人。

2. 申请房屋所有权变更登记提交的资料

①登记申请书（见附件4-1-1）；②申请人身份证明（查验原件，复印件留存）；③不动产权证书（房屋所有权证书、土地使用证或者房地产权证书）；④证明发生变更事实的材料；⑤其他必要材料。

3. 证明发生变更事实的相应材料

证明发生变更事实的相应材料主要有：

（1）在建工程房地产变更登记

指在建工程连同土地使用权人的姓名或者名称、地址等变更的（含部分房屋已办理首次登记，部分房屋未实施建设的）应提交：

1）原建设工程规划许可证及附件、附图（查验原件，复印件留存）。

2）有关变更的证明文件。其中属于权利人姓名、名称等变更的，应提交原颁发身份证件机关出具的姓名、名称等变更的证明文件（查验原件，复印件留存）。因国有企业改制导致名称变更的，应当提交有批准权的人民政府或者主管部门的批准文件。改制后以有偿方式使用土地的，还应提交土地出让合同、土地出让价款及契税缴纳凭证等（查验原件，复印件留存）。属于地名改变的，提交房地产坐落的街道、门牌号等名称发生改变的证明文件（查验原件，复印件留存）。属于宗地分割的，提交用地部门签订的土地出让补充合同等用地批准文件（查验原件，复印件留存）。

3）地籍测绘成果两份（包括电子版）。属于原土地登记成果无解析坐标等需进行不动产权籍调查的，还应提交不动产权籍调查成果，不再提交地籍测绘成果。

4）有抵押权、地役权登记的，应提交抵押权人、地役权人同意的书面材料（因权利人姓名或者名称、地址变更的除外）。

（2）权利人姓名、名称等变更登记

1）自然人应提供身份证件机关出具的姓名、名称等变更的证明文件（查验原件，复印件留存）：①内地人士姓名或者证件号码发生变更的，提供发证机关出具的变更证明文件。②港澳人士姓名或者证件号码发生变更的，提供中国委托公证人（香港、澳门）出具的变更证明文件；内地居民取得港澳特别行政区居民身份，而房地产以原内地身份证明文件登记的，提供经中国委托公证人（香港、澳门）出具的变更证明文件；港澳特别行政区居民取得内地居民身份，而房地产以原港澳身份证明文件登记的，提供公证机关出具的变更证明文件，或户籍所在地公安机关出具的变更证明文件。③台湾人士姓名或者证件号码发生变更的，提供台湾公证机构公证（经海基会转递并由中国公证员协会或各省公证协会确认）的变更证明文件；其他情形参照②提供。④境外人士姓名或者护照号码发生变更的，提供经外交认证的其所在国家的公证或者见证变更证明文件。移居境外取得境外身份，而房地产以境内身份证明文件登记的，提供经外交认证的其所在国家的公证或者见证变更证明文件，或者公证机关出具的变更证明文件。其所在国与我国无外交关系的，提供经与我国有外交关系的第三国驻该国使、领馆认证后，再由中国驻该第三国使、领馆认证的变更证明文件；其所在国与中国有相关文书互认领事协议的，提供该国驻中国大使馆或领事馆外交认证的变更证明文件。境外自然人取得内地居民身份，而房地产以原境外身份证明文件登记的，提供公证机关出具的变更证明文件，或户籍所在地公安机关出具的变更证明文件。⑤境内外、港澳台法人或者其他组织名称发生变更的，参照自然人提供变更证明文件。单位的上级主管部门同意更名的批文；工商登记部门核准名称变更登记的文件；

2）企业法人、民办非企业、社团组织名称的变更：①企业法人、民办非企业、社团组织应提供变更后的企业营业执照、民办非企业登记证书、社团团体法人登记证书或组织机构代码证等（查验原件，复印件留存）。②属于独用宗地的，还应提交地籍测绘成果两份（包括电子版）。属于原土地登记成果无解析坐标等需进行不动产权籍调查的，还应提交权籍调查成果，不再提交地籍测绘成果。③因企业改制导致名称变更的，应当提交有批准权的人民政府或者主管部门的批准文件。改制后以有偿方式使用土地的，还应提交土地出让合同、土地出让价款及契税缴纳凭证等（查验原件，复印件留存）。

（3）房屋坐落的街道、门牌号或房屋名称变更登记

1）当地负责管理地名的相关机构或房屋所在地派出所出具的房地产坐落的街道、门牌号等名称发生改变的证明文件（查验原件，复印件留存）；

2）属于独用宗地的，还应提交地籍测绘成果两份（包括电子版）。

属于原土地登记成果无解析坐标等需要进行不动产权籍调查的，还应提交不动产权籍调查成果，不再提交地籍测绘成果。

（4）配偶之间变更房地登记权利人的变更登记

1）婚姻关系证明文件（查验原件，复印件留存）；

2）配偶之间变更房地登记权利人的协议（查验原件，复印件留存）；

3）有抵押权、地役权登记的，应提交抵押权人、地役权人同意的书面材料；

4）属于独用宗地的，还应提交地籍测绘成果两份（包括电子版）。

属于原土地登记成果无解析坐标等需要进行不动产权籍调查的，还应提交不动产权籍调查成果，不再提交地籍测绘成果。

（5）房地产共有关系发生变化的变更登记

1）房地产共有关系转换的协议；

2）有抵押权、地役权登记的，应提交抵押权人、地役权人同意的书面材料；

3）属于独用宗地的，还应提交地籍测绘成果两份（包括电子版）。

属于原土地登记成果无解析坐标等需要进行不动产权籍调查的，还应提交不动产权籍调查成果，不再提交地籍测绘成果。

（6）因土地界址范围发生变化或因房屋翻、改、添建而导致房屋面积发生变化的变更登记

1）属部分土地收回引起房屋面积、界址变更的，提交人民政府收回决定书。

2）改建、扩建引起房屋面积、界址变更的，提交建设工程规划许可证及附件、附图，建设工程规划验收合格证件，建设工程竣工验收合格证明材料；建设工程规划许可证及附件、附图（查验原件，复印件留存）。

3）因自然灾害导致部分房屋灭失的，提交部分房屋灭失的材料（包括现场查看记录）；

4）其他面积、界址变更情形的，提交有权机关出具的批准文件。依法需要补交土地出让价款的，还应当提交土地出让合同补充协议和土地价款缴纳凭证。

5）房屋测绘成果。

6）有抵押权、地役权登记的，应提交抵押权人、地役权人同意的书面材料。

7）地籍测绘成果两份（包括电子版）。

属于原土地登记成果无解析坐标等需要进行不动产权籍调查的，还应提交不动产权籍调查成果，不再提交地籍测绘成果。

（7）同一所有权人分割、合并房屋的变更登记

1）房屋分割或合并的证明文件（查验原件，复印件留存）；

2）房屋分割提交房屋测绘成果，房屋合并涉及房屋状况变动的，提交房屋测绘成果；

3）因分割或合并导致地名发生变更的，还应提交标准地名证明文件（查验原件，复印件留存）；

4）有抵押权、地役权登记的，应提交抵押权人、地役权人同意的书面材料；

5）属于独用宗地的，还应提交地籍测绘成果两份（包括电子版）。

属于原土地登记成果无解析坐标等需要进行不动产权籍调查的，还应提交不动产权籍调查成果，不再提交地籍测绘成果。

（8）房地产用途改变的变更登记

房地产用途改变的，提交城市规划部门出具的批准文件、与国土资源主管部门签订的土地出让合同补充协议或有关批准文件。依法需要补交土地出让价款的，还应当提交土地

价款以及相关税费缴纳凭证。

（9）房地产性质变更的变更登记

房地产性质变更的，提供以下变更证明文件：

1）非商品房转商品房的，提供与土地主管部门签订的补交地价证明和付清地价款证明；

2）政策性住房上市换证的，提供人民政府住房制度改革办公室批复，涉及权利人变化的提供相关的变更证明材料。

（10）土地使用权期限变更或者续期的变更登记

土地使用权期限变更或者续期的，提供土地使用权年限变更（或者续期）合同及付清地价款证明。

（11）企业改制的变更登记

企业改制的，提供国有资产管理部门改制批复、土地主管部门土地资产处置方案批复或者备案意见、工商部门变更信息以及其他变更登记的批准文件。

流程2 登记受理

1. 检查证件

登记工作人员检查应交的资料是否齐全、资料格式是否符合规定的要求、各资料的主体或当事人是否一致、资料所涉及的内容是否相同。

2. 询问

对询问结果应进行记录并要求申请人签字确认（见附件4-1-2）。

3. 收件

收件是登记机构工作人员根据受理的规定要求，在对申请人提交的资料进行检查后，将资料收集整理到一个档案袋中，列清写好档案袋中的资料内容，并给申请人填写收件收据。在收件工作中，一定要保证登记文件应当齐全（见附件4-1-3）。

提交登记费交款凭证。住宅及其建设用地用途、面积、权利期限、来源等状况发生变化，以及共有性质发生变更等，申请办理的不动产变更登记，收费标准为每件80元；非住宅类不动产登记收费标准为每件550元。

因房屋坐落的街道或门牌号码变更、权利人名称变更而申请的变更登记，登记费减半收取；夫妻间不动产权利人变更，申请登记的只收取不动产权属证书工本费，每本证书10元；因行政区划调整导致不动产坐落的街道、门牌号或房屋名称变更而申请变更登记的及因农村集体产权制度改革导致土地、房屋等确权变更而申请变更登记的，免收不动产登记费（含第一本不动产权属证书的工本费）。

流程3 审核

审查提交的资料是否齐全，申请人的资格是否正确，变更登记的证明是否准确，提供的资料所涉及的内容是否一致，资料与登记簿的记载是否冲突（见附件4-1-4）。

审核要点如下：

1）申请材料是否齐全；

2）申请变更登记的房屋及其占用范围内的土地在不动产登记簿记载的范围内；

3）申请变更登记的内容与有关文件证明的变更事实一致；

4）无正在办理的更正登记、异议登记记载；

5）无人民法院、人民检察院、公安机关依据法律规定采取限制措施记载；

6）共用宗地的房屋无土地信息的，登记经办机构应按有关规定进行土地补登补测，如确因土地权属来源文件不齐、土地查封等原因无法进行土地补登的，可先行为申请人办理房屋变更登记；

7）存在预告登记的，不动产登记簿记载的权利人可以申请不涉及权属的变更登记；

8）不动产权籍调查成果或测绘成果资料是否齐全、规范；

9）依法应当补交土地价款的，是否已提交补交土地价款凭证；

10）属于配偶之间房屋登记权利人变更申请变更登记的，提及婚姻关系证明，拟登记权利人应是农村集体经济组织成员（集体建设用地房地变更登记）。

流程4　核准登记并记载不动产登记簿

经核准后由登记机构的工作人员依据不动产申请审批表的内容填写登记簿的"建设用地使用权、宅基地使用权登记信息""房地产权登记信息"两页，在登记簿的登记原因上填写更名（见附件4-1-5）。

流程5　颁证、发证

符合登记条件的予以登记，变更事项涉及证书记载内容的，登簿后，应当收回原证换发新的不动产权证书。登记机构工作人员将原来不动产权证书收回加盖注销章后存档，按权利人变更后名字缮写不动产权证书，在"权利其他状况"一栏填写房屋结构、专有建筑面积和分摊建筑面积、房屋总层数和所在层、房屋竣工时间等。

发证时由领证人在发证簿上签字，并收回受理时交给申请人的收件收据（见附件4-1-6）。

事由二　房屋所有权注销登记

房屋所有权注销登记是指由房屋所有权人通过房屋登记将其丧失所有权的行为记载在登记簿上的过程。经依法登记的房屋发生房屋灭失的；所有权人放弃所有权的；法律、法规规定的其他情形之一的，登记簿记载的所有权人应当自事实发生后申请房屋所有权注销登记。

一、房屋所有权注销登记的情形

有下列情形之一的，当事人可以申请办理注销登记：

1）因拆除、倒塌等原因致使房屋灭失的；

2）房屋被依法征收（拆迁）或收购整理储备土地的；

3）因土地整理储备等原因，原权利人放弃房地产权利的；

4）因人民法院、仲裁委员会的生效法律文书致使房地产权利消灭的；

5）土地被依法征收或者房屋被依法没收的（集体建设用地房屋注销登记）；

6）法律、法规规定的其他情形。

土地使用权出让最高年限居住用地为七十年，商业、旅游、娱乐用地为四十年，综合或者其他用地为五十年；土地使用权期满，土地使用权及其地上建筑物、其他附着物所有权由国家无偿取得，土地使用者应当交还土地使用证，并依照规定办理注销登记。《物权法》对土地使用权期限制度做了较大调整，第一百四十九条规定，住宅建设用地使用权期间届满的，自动续期。非住宅建设用地使用权期间届满后的续期，依照法律规定办理。该土地上的房屋及其他不动产的归属，有约定的，按照约定；没有约定或者约定不明确的，依照法律、行政法规的规定办理。根据《物权法》的规定，对土地使用年限届满的房屋应当办理所有权注销登记这一规定不予保留。所有权人申请注销决定的具体情形包括房屋灭失、所有权人放弃所有权和法律、法规规定的其他情形。

1. 房屋灭失

房屋灭失是指房屋因为倒塌或者被拆除而在物理形态上消灭。房屋作为登记的客体，是登记的前提和基础，一旦客体不复存在，房屋所有权也失去了依存的基础。房屋灭失后房屋上所设立的各种物权也随之消灭。根据《物权法》第三十条规定，因合法建造、拆除房屋等事实行为设立或者消灭物权的，自事实行为成就时发生效力。

2. 房屋所有权人放弃所有权

房屋所有权人放弃所有权是指房屋所有权人对所有权的抛弃。所有权是最完整的物权，具有物权的所有权能，其中包括处分权，对所有权的抛弃也是行使处分权的一种方式。放弃所有权应以登记后生效。当然，放弃房屋所有权是以不侵害他人的权利为前提的，如该房屋存在查封和他项权利的情况下，房屋所有权人称放弃所有权的，是不能为其办理房屋所有权注销登记的。

3. 依法没收、征收、收回不动产权利和因人民法院、仲裁委员会的生效法律文书致使不动产权利消灭的，由登记机构依职权办理注销登记的情形

理论上讲，房屋所有权注销登记包括申请注销登记和依职权注销登记两种方式。申请注销登记是指依当事人的申请而办理的注销登记。依职权注销登记是指无须当事人主动提出申请而由不动产登记机构基于职权直接办理的注销登记。登记的一般程序均是依申请启动，包括所有权的设立、变更、转移、注销登记均应由房屋所有权人主动申请，但现实生活中，原权利人怠于申请注销登记的情况很多，那么登记簿仍然记载为原权利人，这既与实际的权利状态不符，对登记簿的管理也容易造成混乱，还影响到其他人的权利，由此才做出了登记机构能基于职权直接办理注销登记。《物权法》第二十八条规定："因人民法院、仲裁委员会的法律文书或者人民政府的征收决定等，导致物权设立、变更、转让或者消灭的，自法律文书或者人民政府的征收决定等生效时发生效力。"

二、注销登记与不动产权证书

登记机构将注销事项记载于房屋登记簿，就起到了公示的作用，原房屋所有权证就丧失了法律效力。严格来讲，是否将该房屋所有权证收回或者公告作废已经没有必要，但考虑到房屋所有权证是房屋所有权人拥有该房屋的唯一合法凭证这一观念在公众中还根深蒂固，"以登记簿的记载为准"这一观念还未普及，所以规定登记机构办理注销登记，应将注销事项记载于房屋登记簿，收回原房屋所有权证或者公告作废。由于登记机构依职权注销登记时，引入了第三方监督机制，人民法院、仲裁委员会的生效法律文书或者人民政府的生效征收决定都具有法律效力，不动产登记机构办理注销登记，将注销事项记载于房屋登记簿，无须另行做出书面决定，送达当事人。

三、房屋所有权注销登记流程

申请→受理→审核（必要时可进行公告）→记载于登记簿。

流程1　登记申请

1. 申请人

1）因拆除、倒塌等原因致使房屋灭失申请注销登记的，申请人是原权利人。

2）因房屋被依法征收（拆迁）或收购整理储备土地申请注销登记的，申请人是征收实施单位（拆迁人）或土地整理储备机构。

3）因土地整理储备等原因，原权利人放弃房地产权利申请注销登记的，申请人是原权利人。

4）因土地被依法征收申请注销登记的，申请人为原权利人或者征收实施单位（集体土地房地注销登记）。

2. 申请房屋所有权注销登记提交的材料

申请房屋所有权注销登记的，应当提交下列材料：

①登记申请书；②申请人身份证明（查验原件，复印件留存）；③不动产权证书（房屋所有权证书或房地产权证书）；④证明房屋所有权消灭的材料；⑤其他必要材料。

注销登记需提交的证明房屋所有权消灭的材料可分为以下几种：

1）不动产灭失的，提交其灭失的材料（包括现场查看记录）。房屋灭失证明是指能够证明房屋物理形态消灭的文件资料，能够对房屋被拆除或是倒塌时间和原因加以说明，比如，究竟是因地震而倒塌、因洪水而冲毁、因火灾而烧毁等自然灾害而灭失的，还是因拆除等人为因素而灭失的要详加描述。

2）房屋征收决定（房屋拆迁许可证）、征收实施单位（拆迁单位）依法完成征收（拆迁）及补偿的书面承诺以及与原权利人签订的拆迁补偿协议或土地整理储备计划、与原土地使用者签订的收购整理协议等有关房地权利消灭的证明文件。

3）属于房屋被依法征收（拆迁）或收购整理储备土地，且已办理土地使用证的，还应提交土地使用证。

4）涉及军用土地办理土地使用权注销登记的，提交经军队不动产主管部门审核后的相关材料。

5）放弃房地产权利的注销登记，应提交所有权人表示放弃所有权的书面声明。按照房地一致原则，房屋所有权放弃房屋所有权的，应当一并放弃土地使用权，不能不放弃土地使用权只放弃房屋所有权，否则放弃所有权后的房屋系无主财产，他人依法取得所有权后可能造成房屋所有权和土地使用权主体不一致的情形。同样，也不能单独放弃房屋土地使用权而不放弃房屋所有权。放弃所有权是一种单方法律行为，无需向特定当事人做出意思表示并征得他人同意，因放弃所有权而申请注销登记的，需要提交放弃所有权的书面声明。

6）有抵押权、地役权登记记载的，还应提交抵押权、地役权权利人的书面同意材料。设有他项权利房屋所有权的放弃，设有的他项权利并不因此消灭。但放弃所有权并办理注销登记后，将导致他项权利人无法行使权利。因此，在所有权人因放弃房屋所有权申请注销登记的，应当提供他项权利人的书面同意文件。

7）涉及军用土地办理土地使用权注销登记的，提交经军队不动产主管部门审核后的相关材料。

8）依法没收、收回不动产的，提交人民政府生效决定书。

由登记经办机构依职权注销登记。当事人可以持人民法院、仲裁委员会的生效法律文书、协助执行通知书、人民政府的生效征收决定或者国土资源部门依法做出的没收决定办理房地注销登记，原不动产权属证书公告作废。同时提交有关国家机关工作人员工作证（查验原件）和单位介绍信及人民法院、仲裁委员会的生效法律文书与协助执行通知书、人民政府的生效征收决定。

流程2　登记受理

1. 检查证件

登记工作人员检查应交的资料是否齐全、资料格式是否符合规定的要求、各资料的主体或当事人是否一致、资料所涉及的内容是否相同。如果缺少应交的资料，应书面通知申请人。

2. 询问

对询问结果应进行记录并要求申请人签字确认。

3. 收件

收件是登记机构工作人员根据受理的规定要求，在对申请人提交的资料进行检查后，将资料收集整理到一个档案袋中，列清写好档案袋中的资料内容，并给申请人填写收件收据。在收件工作中，一定要保证登记文件应当齐全。

不动产登记机构依法办理不动产注销登记不得收取不动产登记费。

流程3　登记审核

1）对于所有权的注销登记，登记机构应当核实当事人资格以及当事人注销申请的合法性。一旦注销发生了错误，其后果往往是无法恢复的。因此，对于登记的注销，登记机构要承担注意义务和谨慎义务。登记机构不仅要核实申请人的身份、资格、授权书等，还要审查申请人提供的关于申请注销登记的文件的真实性和合法性。经审核后，认为符合注销登记的要求，应当办理房屋所有权的注销登记。

2）对于申请人以房屋灭失为由提出房屋所有权注销登记的，在登机前登记机关应组织人员现场查看，填写查看意见。

审核：审查提交的资料是否齐全，申请人的资格是否正确，变更登记的证明是否准确，提供的资料所涉及的内容是否一致，资料与登记簿的记载是否冲突。注意：①申请人是征收实施单位（拆迁人）、土地储备机构或者不动产登记簿记载的权利人；②申请注销登记的房地在不动产登记簿记载的范围内；③抵押权、地役权登记记载，权利人放弃房地产权利申请注销登记的，应经抵押权、地役权权利人书面同意。

3）申请材料是否齐全。

4）申请注销登记的房地是否在不动产登记簿记载的范围内。

流程4　公告

对依法没收、征收、收回不动产权利和因人民法院、仲裁委员会的生效法律文书致使不动产权利消灭的，应由登记机构依职权办理注销登记。登记机构在办理注销登记审核程序后需要公告。公告应当在不动产登记机构门户网站、当地公开发行的报刊或者不动产所在地等指定场所进行，公告期不少于三十个工作日，公告所需时间不计算在登记办理期限内。

流程5　核准登记并记载不动产登记簿

符合登记条件的予以注销，并核发核准注销通知书。属于权利人自行拆除的房屋等情形，继续享有土地权利的，核发只记载土地状况的不动产权证书。

登记经办机构在办理房地注销登记时，可按照有关规定根据申请人提交的房、地两证等文件，办理房地注销登记手续，登记系统中没有土地信息的，可直接办理房地注销登记，不再补录土地信息，并在审核意见中记载上述情况。

将原来登记簿上记载的所有权内容进行不动产注销，只需填写"房地产权登记信息""建设用地使用权、宅基地使用权登记信息"两页，在登记类型上填写注销登记，登记原因、登记时间按照审批表上的内容记录注销的情境。

同时在收回的不动产权证书上加盖"注销"章，并及时将收回注销的不动产权证书存档。如果不能收回不动产权证书应公告该不动产权证书作废。

附件4-1-1 不动产登记申请书（样例）

不动产登记申请书

单位：☑平方米　□公顷（□亩）、万元

<table>
<tr>
<td rowspan="2">申请登记事由</td>
<td colspan="6">□土地所有权　□国有建设用地使用权　☑宅基地使用权　□集体建设用地使用权　□土地承包经营权
□林地使用权　□海域使用权　☑房屋所有权　□构筑物所有权　□森林、林木所有权
□森林、林木使用权　□抵押权　□地役权　□其他_____</td>
</tr>
<tr>
<td colspan="6">□首次登记（□总登记　□初始登记）　□转移登记　☑变更登记　□注销登记　□更正登记
□异议登记　□预告登记　□查封登记　□其他_____</td>
</tr>
<tr>
<td rowspan="14">申请人情况</td>
<td colspan="6" align="center">登记申请人</td>
</tr>
<tr>
<td>姓名（名称）</td>
<td colspan="5" align="center">张×</td>
</tr>
<tr>
<td>身份证件种类</td>
<td>身份证</td>
<td>证件号</td>
<td colspan="3">1201121985××××2123</td>
</tr>
<tr>
<td>通信地址</td>
<td colspan="2">天津市津南区小站乡××村</td>
<td>邮编</td>
<td colspan="2">3001××</td>
</tr>
<tr>
<td>法定代表人或负责人</td>
<td colspan="2"></td>
<td>联系电话</td>
<td colspan="2"></td>
</tr>
<tr>
<td>代理人姓名</td>
<td colspan="2"></td>
<td>联系电话</td>
<td colspan="2"></td>
</tr>
<tr>
<td>代理机构名称</td>
<td colspan="5"></td>
</tr>
<tr>
<td colspan="6" align="center">登记申请人</td>
</tr>
<tr>
<td>姓名（名称）</td>
<td colspan="5"></td>
</tr>
<tr>
<td>身份证件种类</td>
<td colspan="2"></td>
<td>证件号</td>
<td colspan="2"></td>
</tr>
<tr>
<td>通信地址</td>
<td colspan="3"></td>
<td>邮编</td>
<td></td>
</tr>
<tr>
<td>法定代表人或负责人</td>
<td colspan="2"></td>
<td>联系电话</td>
<td colspan="2"></td>
</tr>
<tr>
<td>代理人姓名</td>
<td colspan="2"></td>
<td>联系电话</td>
<td colspan="2"></td>
</tr>
<tr>
<td>代理机构名称</td>
<td colspan="5"></td>
</tr>
<tr>
<td rowspan="19">不动产情况</td>
<td>坐落</td>
<td colspan="5" align="center">天津市津南区小站乡盛字营村三排××号</td>
</tr>
<tr>
<td>不动产单元号</td>
<td colspan="5" align="center">120112012001JB00120F000300××</td>
</tr>
<tr>
<td>不动产类型</td>
<td colspan="5" align="center">房屋/土地</td>
</tr>
<tr>
<td rowspan="2">土地状况</td>
<td>面积</td>
<td>400 m²</td>
<td>用途</td>
<td colspan="2" align="center">住宅</td>
</tr>
<tr>
<td>权利性质</td>
<td>批准拨用</td>
<td>使用（承包）期限</td>
<td colspan="2"></td>
</tr>
<tr>
<td rowspan="2">房屋（构筑物）等状况</td>
<td>建筑面积</td>
<td>150 m²</td>
<td>总套数</td>
<td colspan="2" align="center">1</td>
</tr>
<tr>
<td>构筑物类型</td>
<td colspan="4" align="center">房屋</td>
</tr>
<tr>
<td rowspan="3">林地（森林、林木）状况</td>
<td>主要树种</td>
<td></td>
<td>株数</td>
<td colspan="2"></td>
</tr>
<tr>
<td>林种</td>
<td></td>
<td>造林年度</td>
<td colspan="2"></td>
</tr>
<tr>
<td>小地名</td>
<td></td>
<td>林班</td>
<td></td>
<td>小班</td>
</tr>
<tr>
<td rowspan="6">海域状况</td>
<td>项目名称</td>
<td></td>
<td>项目性质</td>
<td colspan="2">□公益性　□经营性</td>
</tr>
<tr>
<td>使用期限</td>
<td colspan="4"></td>
</tr>
<tr>
<td>用海类型</td>
<td></td>
<td>用海总面积</td>
<td colspan="2"></td>
</tr>
<tr>
<td>用海方式</td>
<td>面积</td>
<td>具体用途</td>
<td colspan="2">使用金数额</td>
</tr>
<tr>
<td></td>
<td></td>
<td></td>
<td colspan="2"></td>
</tr>
<tr>
<td></td>
<td></td>
<td></td>
<td colspan="2"></td>
</tr>
<tr>
<td>原不动产权证书号</td>
<td colspan="5" align="center">津（2016）津南不动产权第××号</td>
</tr>
</table>

抵押情况	被担保债权数额 （最高债权数额）		债务履行期限 （债权确定期间）	
	抵押范围			
地役权 情况	需役地坐落			
	需役地不动产单元号			
登记原因 及证明	登记原因	更名		
	登记原因证明文件	申请人身份证明		
		名称变更证明		
		"不动产权证书"编号：津（2016）津南不动产权第××号		

申请证书版式	☑单一版 □集成版	申请分别持证	□是 □否
备注			

本申请人对填写的上述内容及提交的申请材料的真实性负责。如有不实，申请人愿承担法律责任。

对于商品房等共用宗项目，申请人同意暂不进行土地分摊按整宗土地面积申请房地登记。待按规划全部房屋竣工后再计算土地分摊系数，申请人同意在办理转移、变更等登记时变更为土地分摊面积。

对登记机关的行政行为有异议的，自知道之日起 60 日内依法申请行政复议或六个月内提起行政诉讼。

申请人（签章）：张×　　　　　　　　　　申请人（签章）：

代理人（签章）：　　　　　　　　　　　　代理人（签章）：

2017 年 2 月 1 日　　　　　　　　　　　　年　　月　　日

领收件收据人签章	张×	申请日期	2017 年 2 月 1 日
领证人签章		领证日期	

附件 4-1-2 房地产变更及其他登记询问申请人记录

房地产变更及其他登记询问申请人记录（根据需要填写）

1. 本人（单位）＿＿＿＿＿＿（是/否）所申请登记之房地产所有人。
2. 申请事项＿＿＿＿＿＿（是/否）本人（单位）真实意思表示。
3. 除本人（单位）外，所申请登记之房地产＿＿＿＿＿＿（是/否）有其他共有人。如是，共有人＿＿＿＿＿＿（是/否）同意申请事项，并依法提交相关证明材料。
4. 所申请登记之房地产＿＿＿＿＿＿（是/否）处于抵押状态。
5. 所申请登记之房地产＿＿＿＿＿＿（是/否）处于查封状态。
6. ＿＿＿。

　　　申请人承诺：本人（单位）就登记机构上列询问所填写的内容是真实的。因提供虚假信息而引起的法律责任，均由本人（单位）承担。

申请人（签章）：	询问人：
代理人（签章）：	询问人：
年　月　日	年　月　日

附件 4-1-3 不动产登记领证通知（收件收据）（样例）

不动产登记领证通知（收件收据）

收件号：201702013××　　　　　　　　　　　　收件日期：2017年2月1日

申请人	张×		
权利类型	宅基地使用权、房屋所有权	登记类型	变更登记
坐落	天津市津南区小站乡××村三排××号		
文件名称	证号	份数	备注
名称变更证明		1	
"不动产权证书"编号：	津（2016）津南不动产权第××号	1	
收件人	李××		

　　上列文件，已经收讫，符合受理规定，请您于__30日__后，凭此通知和身份证件领取不动产权证书或登记证明；经审核不符合登记规定的，凭此通知和身份证件办理退件手续，特此通知。

登记机构（盖章）

附件 4－1－4　不动产登记审批表（样例）

不动产登记审批表

<table>
<tr><td rowspan="2">收件</td><td>编号</td><td>201702013××</td><td rowspan="2">收件人</td><td rowspan="2">李××</td><td rowspan="2">单位：☑平方米　□公顷（□亩）、万元</td></tr>
<tr><td>日期</td><td>2017 年 2 月 1 日</td></tr>
<tr><td rowspan="2">申请登记事由</td><td colspan="5">□土地所有权　□国有建设用地使用权　☑宅基地使用权　□集体建设用地使用权　□土地承包经营权
□林地使用权　□海域使用权　□无居民海岛使用权　☑房屋所有权　□构筑物所有权
□森林、林木所有权　□森林、林木使用权　□抵押权　□地役权　□其他_____</td></tr>
<tr><td colspan="5">□首次登记（□总登记　□初始登记）　□转移登记　☑变更登记　□注销登记　□更正登记
□异议登记　□预告登记　□查封登记　□其他_____</td></tr>
<tr><td rowspan="14">申请人情况</td><td colspan="5" align="center">登记申请人</td></tr>
<tr><td>权利人姓名（名称）</td><td colspan="4" align="center">张××</td></tr>
<tr><td>身份证件种类</td><td>身份证</td><td>证件号</td><td colspan="2">1201121985×××2123</td></tr>
<tr><td>通信地址</td><td colspan="2">天津市津南区小站乡××村</td><td>邮编</td><td>3001××</td></tr>
<tr><td>法定代表人或负责人</td><td colspan="2"></td><td>联系电话</td><td></td></tr>
<tr><td>代理人姓名</td><td colspan="2"></td><td>联系电话</td><td></td></tr>
<tr><td>代理机构名称</td><td colspan="4"></td></tr>
<tr><td colspan="5" align="center">登记申请人</td></tr>
<tr><td>权利人姓名（名称）</td><td colspan="4"></td></tr>
<tr><td>身份证件种类</td><td></td><td>证件号</td><td colspan="2"></td></tr>
<tr><td>通信地址</td><td colspan="2"></td><td>邮编</td><td></td></tr>
<tr><td>法定代表人或负责人</td><td colspan="2"></td><td>联系电话</td><td></td></tr>
<tr><td>代理人姓名</td><td colspan="2"></td><td>联系电话</td><td></td></tr>
<tr><td>代理机构名称</td><td colspan="4"></td></tr>
<tr><td rowspan="6">不动产情况</td><td>坐落</td><td colspan="4" align="center">天津市津南区小站乡××村三排××号</td></tr>
<tr><td>不动产单元号</td><td colspan="2">120112012001JB00120F000300××</td><td>不动产类型</td><td>土地/房屋</td></tr>
<tr><td>面积</td><td colspan="2">400 m²/150 m²</td><td>用途</td><td>住宅</td></tr>
<tr><td>原不动产权证书号</td><td colspan="2">津（2016）津南不动产权第××号</td><td>用海类型</td><td></td></tr>
<tr><td>构筑物类型</td><td colspan="2"></td><td>林种</td><td></td></tr>
<tr><td rowspan="3">抵押情况</td><td>被担保债权数额
（最高债权数额）</td><td colspan="2"></td><td>债务履行期限
（债权确定期间）</td><td></td></tr>
<tr><td>在建建筑物抵押范围</td><td colspan="4"></td></tr>
<tr><td rowspan="2">地役权情况</td><td>需役地坐落</td><td colspan="4"></td></tr>
<tr><td>需役地不动产单元号</td><td colspan="4"></td></tr>
</table>

登记原因及证明	登记原因	更名		
	登记原因证明文件	登记申请书		
		申请人身份证明		
		名称变更证明		
		"不动产权证书"编号：津（2016）津南不动产权第××号		

申请证书版式	☑单一版　□集成版	申请分别持证	□是　☑否

	初审	复审	核定
不动产登记审批情况（申请人请勿填写）	天津市津南区小站乡××村三排××号房屋的产权原房屋所有人是张××，"不动产权证书"编号为：津（2016）津南不动产权第××号。现原房屋所有人申请将张旭刚更名为张×，出具了公安局更名证明。申请人提交了登记申请应当提供的文件；申请书填写的内容与申请人提交的其他文件一致；申请人姓名与提交的身份证明以及登记簿记载的权利人姓名一致；房屋权属证书真实。申请人张刚要求进行房屋所有权变更登记。符合房屋变更登记要求。 审查人（签章）：李×× 2017 年 2 月 1 日	申请人与提交的材料记载的主体一致，申请登记的房屋与申请人提交的证明材料记载一致，申请登记的内容与有关材料证明的事实一致，申请登记的事项与房屋登记簿记载的房屋权利不冲突，符合法律的规定，建议进行房屋所有权变更登记。 审查人（签章）：李×× 2017 年 2 月 3 日	同意登记并重新颁发不动产权证书。 负责人（公章）：李×× 2017 年 2 月 5 日

备注	

附件 4－1－5 不动产登记簿（样例）

第 本 第 页

建设用地使用权、宅基地使用权登记信息			
不动产单元号：120112012001JB001××			
内容　　业务号	2016042211××	2016081513××	201702013××	
权利人	张×	张××	张×	
证件种类	身份证	身份证	身份证	
证件号	1201121955×××2123	1201121985××××2123	1201121985×××2123	
共有情况	单独所有	单独所有	单独所有	
权利人类型	个人	个人	个人	
登记类型	宅基地使用权首次登记	宅基地使用权转移登记	宅基地使用权变更登记	
登记原因	划拨	继承	更名	
使用权面积（m²）	400 m²	400 m²	400 m²	
使用期限	2015 年 9 月 16 起 止	2016 年 8 月 25 起 止	2017 年 2 月 5 起 止	
取得价格（万元）				
不动产权证书号	津（2016）津南 不动产权第××号	津（2016）津南 不动产权第××号	津（2017）津南 不动产权第××号	
登记时间	2016 年 5 月 20 日	2016 年 8 月 25 日	2017 年 2 月 5 日	
登簿人	李××	李××	李××	
附记	张××，申请人之儿子， 身份证号码： 1201121985×××2123	该权利人为本农民集体 原成员住宅的合法继承人		

房地产权登记信息（独幢、层、套、间房屋）

不动产单元号：120112012001JB00120F000300×× 　房地坐落：天津市津南区小站乡××村三排××号

内容＼业务号	2016042211××	2016081513××	201702013××
房屋所有权人	张×	张××	张×
证件种类	身份证	身份证	身份证
证件号	1201121955×××2123	1201121985×××2123	1201121985×××2123
房屋共有情况	共同共有	单独所有	单独所有
权利人类型	个人	个人	个人
登记类型	所有权首次登记	所有权转移登记	所有权变更登记
登记原因	自建	继承	更名
土地使用权人	张×	张××	张×
独用土地面积（m^2）	400 m^2	400 m^2	400 m^2
分摊土地面积（m^2）	0		
土地使用期限	2015年9月16日起 止	2016年8月25日起 止	2017年2月5日起 止
房地产交易价格（万元）			
规划用途	住宅	住宅	住宅
房屋性质	自建房	自建房	自建房
房屋结构	砖混结构	砖混结构	砖混结构
所在层/总层数	1/1	1/1	1/1
建筑面积（m^2）	150 m^2	150 m^2	150 m^2
专有建筑面积（m^2）	150 m^2	150 m^2	150 m^2
分摊建筑面积（m^2）			
竣工时间	2016年4月10日	2016年4月10日	2016年4月10日
不动产权证书号	津（2016）津南不动产权第××号	津（2016）津南不动产权第××号	津（2017）津南不动产权第××号
登记时间	2016年5月20日	2016年8月25日	2016年2月5日
登簿人	李××	李××	李××
附记	张××，申请人之儿子，身份证号码：1201121985×××2123	该权利人为本农民集体原成员住宅的合法继承人	

附件4-1-6 不动产权证书（单一版）（样例）

津（2017）津南不动产权第00000××号

权利人	张×
共有情况	单独所有
坐落	天津市津南区小站乡盛字营村三排××号
不动产单元号	12011201200JB00120F000300××
权利类型	宅基地使用权/房屋所有权
权利性质	批准拨用/自建房
用途	农村宅基地/住宅
面积	400 m²/150 m²
使用期限	起 止
权利其他状况	房屋为砖混结构、专有面积150 m²、共一层、竣工时间为2016年4月10日

附 图

（房地产平面图，可附页）

坐落：津南区小站乡××村三排××号
150 m²

北

12-01-119

400 m²
12-01-0120

20 m　20 m　7.5 m

村庄小路

J1　J2　J3　J4

图幅号	78.40-36.00
地 号	12-01-0120
比例尺	1:500

单元五　房屋抵押权登记

抵押是指债务人或者第三人向债权人提供一定的财产以担保债务的履行，在债务人不履行债务时，债权人有依照法律的规定以该财产折价或拍卖、变卖该财产的价款优先受偿。在抵押法律关系中，享有抵押权的人是债权人，亦称抵押权人；接受房地产抵押作为债务人履行债务担保的公民、法人或者其他组织可以作为抵押权人。将房屋抵押当事人双方的抵押行为记载在登记簿上的行为称为房屋抵押权登记。这里申请获得房屋抵押权的人不是房屋所有权人，因此房屋抵押权属于房屋他项权利。

房地产抵押合同订立之日起三十日内，抵押当事人应当到房地产所在地的房地产管理部门办理房地产抵押登记。

不动产抵押的范围：①建设用地使用权；②建筑物和其他土地附着物；③海域使用权；④以招标、拍卖、公开协商等方式取得的荒地等土地承包经营权；⑤正在建造的建筑物；⑥法律、行政法规未禁止抵押的其他不动产。

以建设用地使用权、海域使用权抵押的，其上的建筑物、构筑物一并抵押。以建筑物、构筑物抵押的，其占用范围内的建设用地使用权、海域使用权一并抵押。

以房屋设定抵押的，当事人应当申请抵押权登记

《物权法》第一百八十七条规定："以本法第一百八十条第一款至第三项规定的财产或者第五项规定的正在建造的建筑物抵押的，应当办理抵押登记。抵押权自登记时设立。"因此，登记是抵押权设立的前提，未经登记，抵押权不成立。抵押权登记后，债务人到期不履行债务，债权人可依法行使抵押权。

以建设用地使用权抵押的，该土地上的房屋一并抵押。以房屋抵押的，该房屋占用范围内的建设用地使用权一并抵押。

一、抵押权的效力

1. 抵押期间抵押权人可以限制抵押人转移抵押的房屋

《物权法》第一百九十一条规定："抵押期间，抵押人经抵押权人同意转让抵押财产的，应当将转让所得的价款向抵押权人提前清偿债务或者提存。转让的价款超过债权数额的部分归抵押人所有，不足部分由债务人清偿。抵押期间，抵押人未经抵押权人同意，不得转让抵押财产，但受让人代为清偿债务消灭抵押权除外。"

2. 办理抵押权登记，使抵押权人获得了对抵押物的追及效力

抵押登记能使抵押权人的权利得到最大限度的保障，相应的抵押人的权利会受到极大的限制，对此，法律也做出了相应的规定，《物权法》第一百九十条规定："订立抵押合同前抵押财产已出租的，原租赁关系不受该抵押权的影响。抵押权设立后抵押财产出租

的，该租赁关系不得对抗已登记的抵押权。"也就是说，对出租在前的抵押财产，应遵循"不破租赁"的规则，租赁受保护，如果将已办理了抵押登记财产出租，该租赁关系不得对抗已登记的抵押权，也不得妨碍抵押权的实现，不适用"不破租赁"规则。

3. 抵押期间抵押权人可以要求保管抵押物的抵押人保证抵押物的价值

《物权法》第一百九十三条规定："抵押人的行为足以使抵押财产价值减少的，抵押权人有权要求抵押人停止其行为。抵押财产价值减少的，抵押权人有权要求恢复抵押财产的价值，或者提供与减少的价值相应的担保。抵押人不恢复抵押财产的价值也不提供担保的，抵押权人有权要求债务人提前清偿债务。"

二、房地产抵押的处分

1. 抵押房地产的处分条件

有下列情况之一的，抵押权人有权要求处分抵押的房地产：

1）债务履行期满，抵押权人未受清偿的，债务人又未能与抵押权人达成延期履行协议的。

2）抵押人死亡，或者被宣告死亡而无人代为履行到期债务的；或者抵押人的合法继承人、受遗赠人拒绝履行到期债务的。

3）抵押人被依法宣告解散或者破产的。

4）抵押人擅自处分抵押房地产的。

5）抵押合同约定的其他情况。

2. 处分抵押房地产所得金额分配顺序

1）支付处分抵押房地产的费用；

2）扣除抵押房地产应缴纳的税款；

3）偿还抵押权人债权本息及支付违约金；

4）赔偿由债务人违反合同而对抵押权人造成的损害；

5）剩余金额交还抵押人。

处分抵押房地产所得金额不足以支付债务和违约金、赔偿金时，抵押权人有权向债务人追索不足部分。

3. 两个以上债权人债务清偿顺序

根据《物权法》第一百九十九条的规定："同一财产向两个以上债权人抵押的，拍卖、变卖抵押财产所得的价款依照下列规定清偿：①抵押权已登记的，按照登记的先后顺序清偿；顺序相同的，按照债权比例清偿；②抵押权已登记的先于未登记的受偿；③抵押权未登记的，按照债权比例清偿。"

事由一　房屋一般抵押权首次登记

房屋抵押权首次登记是指根据抵押当事人申请，登记机构依法将抵押权设立的事项在登记簿上予以记载的行为。

流程1　登记申请

当事人提出办理抵押登记的意思表示，申请人应在申请书上注明申请事项并签字确认（见附件5-1-1）。

1. 申请人

抵押合同的双方当事人即抵押权人和抵押人。自然人、法人、其他组织为保障其债权的实现，依法以不动产设定抵押所以应由抵押关系双方共同申请办理抵押登记。

2. 申请抵押权登记，应当提交的材料

①登记申请书；②申请人的身份证明（查验原件、复印件留存）；③不动产权证书（申请人持房证、地证申请办理抵押权登记的，应当同时申请办理房地统一登记，换发不动产权证书；国有土地范围内共用宗地上的住宅房屋无土地信息的，申请人可持房屋所有权证申请办理抵押权登记）（原件暂存）；④抵押合同（债权合同中包含有抵押条款的，可以只提供债权合同）；⑤主债权合同；⑥其他必要材料。

3. 抵押合同

抵押合同是抵押人与抵押权人意思表示一致所订立的协议，它是抵押权设定登记的原因文件，由于抵押合同涉及财产数额较大，存续时间较长，法律关系较复杂，因此，法律对此均做出了明确规定，《物权法》第一百八十五条规定："设立抵押权，当事人应当采取书面形式订立抵押合同。抵押合同一般包括下列条款：①被担保债权的种类和数额；②债务人履行债务的期限；③抵押财产的名称、数量、质量、状况、所在地、所有权归属或者使用权归属；④担保范围。"抵押合同作为要式合同，也是登记重要要件之一。主债权合同中包含抵押条款的，可以不提交单独的抵押合同书。

4. 主债权合同

主债权合同也称主合同。抵押权具有从属性，它是以债权的存在为前提，债权不存在，抵押权也不存在，因此，债权合同又称主债权合同，《担保法》称"主合同"，在抵押关系中它的具体表现形式主要是借款合同，《担保法》第五十二条规定："抵押权与其担保的债权同时存在，债权消灭的，抵押权也消灭。"因此，抵押合同是从属于借款合同的从合同，主合同是产生抵押关系的原因基础，所以，主合同应当是申请抵押权登记提交的要件。

5. 其他必要材料

1）以划拨土地使用权抵押的，还应当提供抵押权实现时优先交纳出让金的确认文件，无地上物的应提交批准抵押文件；

2）以集体建设用地使用权抵押的，提交集体建设用地所有权人同意抵押证明。

流程2　登记受理

1. 检查证件

登记机构主要审查以下事项：①核实房屋所有权信息。包括所有权证记载信息是否与登记簿记载信息一致、房屋所有权证的真伪等。②查验资料是否齐全，要件是否齐备。应对提交要件进行查验，包括是否符合法定形式，是否齐全，要件与要件之间、要件证明事项与申请登记事项之间逻辑关系是否一致等。③核对当事人身份状况。登记机构应对当事人身份状况与登记簿记载的所有权人信息是否一致进行查验，核对申请人身份证明是否与本人一致，如为委托须提供相应的委托证明，法人须提供法人授权委托书。

2. 询问

询问当事人并制作询问笔录。登记机构可根据不同的申请事项制作不同的询问笔录，可以按申请书中罗列询问内容，也可以单独制作独立的询问笔录，询问笔录最后应由申请人签字确认，并归档保存（见附件 5 - 1 - 2）。

3. 收件

收取提交的资料。对符合登记条件的予以受理，在对申请人提交的资料进行检查后，将资料收集整理到一个档案袋中，列清写好档案袋中的资料内容，并给申请人填写收件收据。在收件工作中，一定要保证登记文件应当齐全（见附件 5 - 1 - 3）。

除以上资料外还应提交缴费凭证。因当事人以住宅及其建设用地设定抵押，办理抵押权首次登记收费标准：住宅为每件 80 元，非住宅类不动产抵押权登记收费标准为每件 550 元。

流程3　登记审核

1）抵押财产是否属于法律、行政法规禁止抵押的不动产。如下列不动产不得抵押：

①土地所有权；②学校、幼儿园、医院等以公益为目的的事业单位、社会团体的教育设施、医疗卫生设施和其他社会公益设施；③所有权、使用权不明或者有争议的不动产；④依法被查封等限制权利的不动产；⑤无地上物划拨国有土地使用权未经批准不得抵押；⑥油气及其他海洋矿产资源勘查开采的；⑦未按规定缴纳海域使用金、改变海域用途等违法用海的；⑧法律、行政法规规定不得抵押的其他不动产。

2）申请材料是否齐全。

3）抵押权人是主债合同的贷款人，且抵押人是不动产登记簿记载的权利人；抵押人是房地产开发企业的，应是登记簿记载的预售人；抵押人和抵押权人应与抵押合同签订双方一致。

4）申请登记的房屋（以非商品房在建工程抵押的除外）及其占用范围内的土地（共用宗地上的房屋无土地信息的除外），以及海域等不动产是否在登记簿记载范围内。

5）主债权合同、抵押合同载明的主体、不动产坐落、土地面积、房屋建筑面积等与登记簿记载一致。

6）抵押合同上载明的抵押人抵押权人、被担保主债权的数额或种类、担保范围、债务履行期限、抵押不动产是否明确。

7）分割抵押的，应先办理宗地分割登记手续。

8）乡镇、村企业的建设用地使用权不得单独抵押，设定抵押权的集体土地使用权应为已设定抵押的乡（镇）、村企业厂房等建筑物占用范围的集体土地使用权，及依法承包、租赁、拍卖取得的荒山、荒沟、荒丘、荒滩等荒地的集体土地使用权。

9）无正在办理的更正登记、异议登记记载。

10）无他人不动产预告登记记载。

11）无人民法院、人民检察院、公安机关依据法律规定采取限制措施记载。

12）持房、地两证申请办理房地产抵押权登记的，应先办理房地合一登记。

详见附件5-1-4不动产登记审批表（样例）。

流程4　核准登记并记载不动产登记簿

登记人员对拟登记事项确认无误以后，应将房屋抵押权登记事项准确、完整地载入登记簿。对符合规定条件的抵押权设立登记，登记机构应当将下列事项记载于房屋登记簿：

【抵押不动产类型】用勾选的方式填写土地、土地和房屋、林地和林木、土地和在建建筑物、海域、海域和构筑物、其他等。

【抵押权人】填写抵押合同中的抵押权人。

【抵押人】填写抵押合同中的抵押人。

【抵押方式】填写一般抵押或者最高额抵押。

【登记类型】填写登记的具体类型，如初始登记、转移登记、变更登记、更正登记等。

【登记原因】填写合同设立、因不动产受让取得、因生效法律文书取得，因抵押权内容变化进行变更登记等抵押权登记的原因。

【在建建筑物坐落】填写在建建筑物项目的具体坐落位置。

【在建建筑物抵押范围】填写抵押合同约定的在建建筑物抵押范围。可以附图表。

【被担保主债权数额（最高债权数额）】填写被担保的主债权金额。

【债务履行期限（债权确定期间）】填写主债权合同中约定的债务人履行债务的期限。

【最高债权确定事实和数额】填写债权确定的原因及事实，同时注明所确定的债权金额。如约定的债权确定期间届满；没有约定债权确定期间或者约定不明确，抵押权人或者抵押人自最高额抵押权设立之日起满两年后请求确定债权；新的债权不可能发生；抵押财产被查封、扣押；债务人、抵押人被宣告破产或者被撤销等。

同一不动产上设立多个抵押权的，不动产登记机构应当按照受理时间的先后顺序办理登记，并依次记载于不动产登记簿。

抵押权登记簿是抵押权设立的真实记录，是对在他人之物上设立权利的确认，是表证在抵押物上存在权利的根据，具有公示力。在登记制度中，登记簿具有特殊的地位。当债权人接受抵押时需要从登记簿上查明，抵押人对抵押物是否享有所有权或者使用权，在抵押物上是否已经存在其他权利，才能决定是否接受抵押。抵押权人在对抵押物行使抵押权利时，抵押人的其他债权人为保护自己权利的实现，需要查明该抵押权是否合法存在，在同一财产之上同时存在几个抵押权时，当一个抵押权人行使抵押权时，其他抵押权人需要查明该抵押权何时设立，是否享有优先受偿权，其依据均为抵押登记簿上的登记（见附件5-1-5）。

流程5　颁证、发证

按照登记簿记载事项缮写不动产登记证明。证明记载事项应与登记簿记载一致，在不动产登记证明其他栏填写①不动产权证书号；②抵押的方式；③担保债权的数额。

在不动产权证书的附记栏记录抵押的主要内容（抵押登记的时间、抵押方式、抵押类型、债务履行期限）。不动产登记证明发给房屋抵押权人，不动产权证书退还给房屋所有权人，发证时由房屋抵押权人和房屋所有权人分别在发证簿上签字，并收回受理时交给申请人的收件收据（见附件5-1-6和附件5-1-7）。

事由二　房屋一般抵押权变更登记

一、抵押权变更的法律规定

《物权法》第九条规定："不动产物权的设立、变更、转让和消灭，经依法登记，发生效力；未经登记，不发生效力，但法律另有规定的除外。"《城市房地产管理法》第六十一条第三款规定，房地产转让或者变更时，应当向县级以上地方人民政府房产管理部门申请房产变更登记。《城市房地产抵押管理办法》第三十五条规定："抵押合同发生变更或者抵押关系终止时，抵押当事人应当在变更或者终止之日起十五日内，到原登记机构办理变更或者注销抵押登记。因依法处分抵押房地产而取得土地使用权和土地建筑物、其他附着物所有权的，抵押当事人应当自处分行为生效之日起三十日内，到县级以上地方人民政府房地产管理部门申请房产变更登记，并凭变更后的房屋所有权证书向同级人民政府土地管理部门申请土地使用权变更登记。"

二、抵押权变更登记的内涵

房地产抵押权的变更是指房地产抵押权主体不发生改变，只是客体和内容发生改变，如抵押权人的名称、地址发生改变，或者抵押物的地址、面积发生改变，以及抵押人发生改变等。房地产抵押权的变更是因某些事实状态的改变致使房地产抵押权客体和内容发生变化。抵押权的变更登记是将抵押权变更事项记载于抵押登记簿的行为。

三、抵押权变更的表现形式

房地产抵押权的变更在现实生活中主要有以下几种表现形式：

1. 因抵押权人的名称、地址发生改变而发生的房地产抵押权变更

因抵押权人公司改制、经营方式改变、经营范围调整等情形导致其公司名称发生改变的情况十分普遍，为确保登记簿记载与实际情况一致，往往需要对改变的事项进行变更登记。

2. 因抵押物的地址、面积发生改变而发生的房地产抵押权变更

因城市规划的原因，经常会导致抵押物的坐落或门牌号变化或街道名称发生变化，而在抵押物未修建完毕前的预测面积与修建后的实测面积也会发生变化，对于开发商来说，其因为销售面积的增加也会导致原登记面积与实际面积不符，这都需要及时地进行变更登记。如甲公司因借款纠纷，债权人向法院申请查封该公司的房产，但因之前公安机关重新调整了街道名称，法院在向登记机构要求协助执行的时候，登记机构根据原有的地址无法

对甲公司的房产进行查封，随后不久，甲公司将该房产进行了转移，导致查封的落空。

3. 因抵押权内容的改变而发生的房地产抵押权变更

抵押权人顺位的变化、抵押权所担保的主债权的部分履行、抵押权存续期限的变化以及债权数额的变化等都有可能导致抵押权的变更。

1）因抵押权人顺位的变化。《物权法》第一百九十四条做出了规定："抵押权人可以放弃抵押权或者抵押权的顺位。"目前我国由于抵押权人往往并不愿意在已经有其他抵押权人的情况下再设定抵押权，所以顺位进行变更的情况并不多。

2）抵押权存续期的变化。《物权法》第二百零二条规定："抵押权人应当在主债权诉讼时效期间行使抵押权；未行使的，人民法院不予保护。"《担保法》第三十九条明确规定了抵押合同的内容应当包括债务履行期限。第五十二条还规定了"抵押权与其担保的债权同时存在，债权消灭的，抵押权也消灭。"

在实践中，债务人和债权人因情势变化，经常对债务履行期限做重新约定，最普遍的形式是双方重新修改借款合同和抵押合同，将还款期限延长，然后向登记机构申请办理变更登记。登记机构应严格按照抵押权变更登记的程序办理登记，否则，会损害抵押权人的权益。

3）抵押范围的变化。登记簿记载的内容包括了被担保的范围，比如主债权及其利息、违约金、损害赔偿金、保管担保财产和实现担保物权的费用等，还包括抵押合同没有约定的事项。上述内容在记载的时候有可能全部包涵，也有可能只记载了其中几项。实际上，因为抵押双方协商的情形随时可能发生变化，因此，抵押所担保的范围也有可能发生相应的变化，这都要求及时到登记机构进行相应的变更登记。

4）被担保债权数额的变化。登记簿记载的内容包括了被担保的数额。抵押双方协商后可以更改抵押额。

因被担保主债权的种类及数额、担保范围、债务履行期限发生变更申请一般抵押权变更登记时，如果该一般抵押权的变更将对其他抵押权人产生不利影响的，还应当提交其他抵押权人书面同意的材料与身份证明。

四、抵押权变更登记的流程

流程1　登记申请

1. 申请人

申请房地产抵押权变更登记，应当由抵押权人和抵押人共同申请，申请房地产抵押权变更登记时，相关当事人的权利义务主要体现在，在发生变更事由时通知对方，在对方无异议时和对方一起办理抵押权的变更登记。抵押权人和抵押人对抵押权的变更无异议时，双方应一起到登记机构办理抵押权的变更登记。

因抵押当事人名称或者姓名发生变更，或者抵押房屋坐落、门牌号发生变更申请变更登记的，由于这类变更不会引起当事人抵押权内容的变化，也不会给抵押权另一方造成任何损害，抵押当事人可以单方登记，登记后应通知对方当事人。

2. 申请抵押权变更登记，应当提交的材料

①登记申请书；②申请人的身份证明（查验原件，复印件留存）；③房屋所有权证、

土地使用证或房地产权证或不动产权证书等不动产权属证书（原件暂存）因抵押权人姓名或者名称变更申请抵押权变更登记的，申请人可不提交不动产权属证书；④土地他项权利证明书或抵押权证明书或房地产他项权证或不动产登记证明等；⑤不动产抵押权变更文件（查验原件，复印件留存）；⑥因被担保债权的数额发生变更申请抵押权变更登记的，还应当提交其他抵押权人的书面同意文件。

3. 抵押权变更的材料

1）抵押权人或者抵押人姓名、名称、身份证明类型或者身份证明号码变更的，提交能够证实其身份变更的材料。

2）变更协议。该协议是抵押权变更登记的原因文件，依据抵押当事人变更后的合同，可以申请抵押权的变更登记，变更的内容包括抵押物数量、面积增减，债权数额变化，担保范围、债务履行期限、抵押权顺位变化等需要双方提交变更抵押权的书面协议，其目的主要是保障抵押权人的权益，避免因抵押物的变化，导致抵押权不能实现或不能完全实现。因此，申请抵押权变更登记应当提交变更抵押权的书面协议。

4. 其他必要材料

1）因抵押权顺位、被担保债权数额、最高债权额、担保范围、债务履行期限发生变更等，对其他抵押权人产生不利影响的，还应当提交其他抵押权人的书面同意文件和身份证明文件。如抵押人与第一顺位抵押权人原设定担保债权数额100万元，第二顺位抵押权人设定担保债权数额也为100万元，抵押人与第一顺位抵押权人协商签订合同，将原设定担保债权数额变更为200万元，而抵押物价值只有200万元，而第二顺位抵押权人也不知道抵押人与第一顺位抵押权人担保债权数额已发生变更，那么，第二顺位抵押权人的权益就会受到损害，因此，还应提交其他抵押权人的书面同意文件，主要是保护顺位在后的抵押权人的利益。

因抵押当事人名称或者姓名发生变更，或者抵押房屋坐落、门牌号发生变更申请变更登记的，由于这类变更不会引起当事人抵押权内容的变化，也不会给抵押权另一方造成任何损害，抵押当事人单方完全就可以完成登记，因此，无须提供双方的变更协议。

2）不动产存在异议登记或者设有抵押权、地役权或被查封的，因权利人姓名或名称、身份证明类型及号码、不动产坐落发生变化而申请的变更登记，可以办理。因通过协议改变不动产的面积、用途、权利期限等内容申请变更登记，对抵押权人、地役权人产生不利影响的，应当出具抵押权人、地役权人同意变更的书面材料。

流程2　登记受理

1. 检查证件

登记工作人员检查应交的资料是否齐全、资料格式是否符合规定的要求、各资料的主体或当事人是否一致、资料所涉及的内容是否相同。如果缺少应交的资料，应书面通知申请人。

2. 询问

对询问结果应进行记录并要求申请人签字确认。

3. 收件

收件是登记机构工作人员根据受理的规定要求，在对申请人提交的资料进行检查后，

将资料收集整理到一个档案袋中，列清写好档案袋中的资料内容，并给申请人填写收件收据。在收件工作中，一定要保证登记文件应当齐全。

除以上资料外还应提交缴费凭证。因当事人以住宅及其建设用地设定抵押，办理抵押权变更登记收费标准为：住宅每件 80 元，非住宅类不动产抵押权登记收费标准为每件550 元。因房屋坐落的街道或门牌号码变更、权利人名称变更而申请的变更登记，登记费减半收取；夫妻间不动产权利人变更，申请登记的只收取不动产权属证书工本费，每本证书 10 元；因行政区划调整导致不动产坐落的街道、门牌号或房屋名称变更而申请变更登记的及因农村集体产权制度改革导致土地、房屋等确权变更而申请变更登记的，免收不动产登记费（含第一本不动产权属证书的工本费）。

流程3　登记审核

1）申请材料是否齐全；
2）申请人的资格是否正确；
3）变更登记的证明是否准确；
4）申请变更登记的抵押权是否已经登记；
5）提供的资料所涉及的内容是否一致；
6）资料与登记簿的记载是否冲突；
7）抵押权变更影响其他抵押权人利益的，是否已经其他抵押权人书面同意；
8）无正在办理的更正登记记载；
9）不存在不予登记情形的。

将登记事项记载于不动产登记簿，变更事项涉及证明记载的，应当收回原不动产登记证明换发新的不动产登记证明。

流程4　核准登记并记载不动产登记簿

经审核符合抵押权变更登记的，由登簿人员按照审核表的内容将变更情境记录在不动产登记簿"抵押权登记信息"页内。

流程5　颁证、发证

登簿后将原来不动产权证书和不动产登记证明收回，对不动产权证书附记栏内记录的抵押信息加盖变更章后重新填写变更的内容，对不动产登记证明中变更的项目加盖变更章后重新填写新的内容，发证时由房屋受让人在发证簿上签字，并收回受理时交给申请人的收件收据。

事由三　一般抵押权转移登记

一、房地产抵押权转移的概念

房地产抵押权的转移，是指抵押权人将其所享有的房地产抵押权随主债权转给新的债权人，新债权人受让抵押权后享有就抵押物优先受偿的权利。即抵押权的客体和内容均不发生变化，只是抵押权的主体发生变化。原抵押人对原抵押权人的抗辩对新的受让人依旧可以主张。房地产抵押权转让涉及的相关当事人包括转让人、受让人、主债权的债务人（因房地产抵押权须随主债权的转让而转让）。

二、房地产抵押权转移的步骤

房地产抵押权转让的大致步骤是：首先，房地产抵押权的转让人和受让人达成主债权和抵押权一并转让的协议；其次，房地产抵押权的转让人要通知债务人。

三、房地产抵押权转移登记

因主债权转让导致抵押权转让的，当事人可以持原不动产登记证明、被担保主债权的转让协议、债权人已经通知债务人的证明等相关材料，申请由登记机构将抵押权的转让的事实记录在登记簿上的登记称为抵押权转移登记。

抵押权转移登记的法律依据：《担保法》第五十条规定："抵押权不得与债权分离而单独转让或者作为其他债权的担保。"《城市房地产抵押管理办法》第三十七条规定："抵押权可以随债权转让。抵押权转让时，应当签订抵押权转让合同，并办理抵押权变更登记。抵押权转让后，原抵押权人应当告知抵押人。"《物权法》第一百九十二条规定："抵押权不得与债权分离而单独转让或者作为其他债权的担保。债权转让的，担保该债权的抵押权一并转让，但法律另有规定或者当事人另有约定的除外。"

需要强调的是，《城市房地产抵押管理办法》中的第三十七条："抵押权可以随债权转让。抵押权转让时，应当签订抵押权转让合同，并办理抵押权变更登记。"当时未区分抵押权转让与变更，无论客体变化还是主体变化都归结为变更登记，而房地产抵押权的变更是指房地产抵押权主体不发生改变，只是客体和内容发生改变，如抵押权人的名称、地址发生改变，或者抵押物的地址、面积发生改变，以及抵押人发生改变等。房地产抵押权的转让则涉及抵押权主体的变化，为此，《不动产登记暂行条例》将变更和转让的情形严格做了区分。

抵押权的从属性。抵押权是以担保债权的清偿为其目的，因此抵押权只有与被担保的主债权结合在一起才有其担保意义，这也就是抵押权对被担保主债权的从属性规则，抵押权的从属性，是指抵押权只有附随于所担保的主债权才能够让与他人或者作为其他债权的担保。抵押权可连同债权一并转让，受让人即因此取得抵押权。受让取得抵押权，应进行相应的登记，非经登记，不产生抵押权的法律效力。同时，因抵押权为从属于债权的权利，当有抵押权担保的债权时，即使没有说明连同抵押权一并转让，受让人也同时取得抵押权。房地产抵押权的转让连同主债权一并转让，并经登记产生的房地产抵押权转让的效力。

抵押权不得与所担保的主债权分离而单独让与，主要表现为抵押权人不得将抵押权单独让与他人而自己保留被担保的主债权；抵押权人不得将被担保的主债权单独让与他人，而自己保留抵押权。此时按抵押权从属性原则，抵押权人让与其被担保的主债权，抵押权同时转让，且无须征得抵押人的同意。但是如果抵押权人让与其被担保的主债权时，与受让人有特殊约定仅让与主债权而抵押权不转让的，在法律上自应允许，但此时，抵押权人所保留的抵押权既然没有所担保的主债权存在而归于消灭；受让人仅取得无抵押权担保的普通债权。

四、抵押权转移登记要点

1）不改变抵押权的顺位，只变更抵押权人。

2）登记机构在办理中还应注意，是告知抵押人而不是经抵押人同意。

3）申请人直接申请办理抵押转移登记，而非先申请办理抵押注销登记，然后再申请办理抵押权转移登记。

4）因抵押的不动产转让申请转移登记的，不动产登记机构应先办理抵押权注销登记，再办理不动产转移登记。

五、房屋抵押权转移登记流程

流程1　登记申请

1. 申请人

抵押权转移登记应当由不动产登记簿记载的抵押权人和债权受让人共同申请。填写申请书（见附件5-3-1）。

2. 申请抵押权转移登记提交的资料

1）不动产登记申请书；

2）申请人的身份证明文件（查验原件，复印件留存）：

3）不动产权证书和不动产登记证明等（收原件）；

4）抵押权发生转移的证明材料，如主债权转让合同、债权人已经通知债务人的材料（收原件）。

流程2　登记受理

1. 检查资料

资料齐全的，不动产登记机构应当在三日内决定受理，并出具受理通知书；资料不齐全的，房地产管理部门应当及时通知申请人补齐，以申请人补齐资料之日作为受理日。

2. 询问

针对抵押权转移的有关问题提问，并及时记录；记录后由申请人签字。

3. 收件

收件是登记机构工作人员根据受理的规定要求，在对申请人提交的资料进行检查后，将资料收集整理到一个档案袋中，列清写好档案袋中的资料内容，并给申请人填写收件收据。在收件工作中，一定要保证登记文件应当齐全。除以上资料外还应提交缴费凭证。因当事人以住宅及其建设用地设定抵押，办理抵押权登记转移登记收费标准为：住宅每件80元，非住宅类不动产抵押权登记收费标准为每件550元（见附件5-3-2）。

流程3　登记审核

不动产登记机构应当按照下列要求，对不动产登记申请资料进行审核：

1）申请材料是否齐全；

2）申请人的资格是否正确；

3）申请转移登记的抵押权是否已经登记；

4）申请转移的抵押权与抵押权转移登记申请材料的记载是否一致；

5）资料与登记簿的记载是否冲突；

6）无正在办理的更正登记记载；

7）不存在不予登记情形的，将登记事项记载于不动产登记簿，并向权利人核发不动产登记证明（见附件5-3-3）。

流程4　核准登记并记载不动产登记簿

不动产抵押权转移登记只需记录不动产登记簿的"抵押权登记信息"，抵押的不动产转让申请抵押权转移登记的，应当一并申请原来抵押权注销登记，并提交不动产权属转移证明材料、不动产登记证明和抵押权人同意的书面证明。登簿时不动产登记机构登簿人员应先办理抵押权注销登记，再办理不动产的转移登记。

同一不动产上设立多个抵押权的，不动产登记机构应当按照受理时间的先后顺序办理（见附件5-3-4）。

流程5　颁证、发证

将不动产权证书原来记录的"2015年7月6日设立一般抵押权首次登记"抵押事项注销后，重新记录新的"2016年2月6日设立一般抵押权转移登记，并记录2016年2月6日设立一般抵押权转移登记，并同时记录抵押权人：中国××银行天津市分行河西支行；被担保主债权数额：150万元；债务履行期限：2015年6月25日起-2035年6月24日止；不动产登记证明号：津（2016）南开不动产证明第××号"抵押权人后发还给房屋所有权人。"将不动产权证书发还给房屋所有权人（见附件5-3-5及附件5-3-6）。

将原来的不动产登记证明注销后收回存档，为新的抵押权人重新缮写不动产登记证明。将不动产登记证明发给河西支行。

发证时由领证人在不动产发证簿上签字，并将受理时发放的收件收据收回。

事由四　一般抵押权注销登记

一、抵押权注销的概念

抵押权注销是指当事人提交相应的资料到登记部门申请，登记部门审核后在认为符合条件的情况下，由登记部门将当事人的抵押权消灭情境记录在房屋登记簿上的过程。

《不动产登记暂行条例实施细则》第七十条规定了有下列情形之一的，当事人可以持不动产登记证明、抵押权消灭的材料等必要材料，申请抵押权注销登记：①主债权消灭；②抵押权已经实现；③抵押权人放弃抵押权；④法律、行政法规规定抵押权消灭的其他情形。《城市房屋权属登记管理办法》第二十四条规定："因房屋灭失、土地使用年限届满、他项权利终止等，权利人应当自事实发生之日起三十日内申请注销登记。"《城市房地产抵押管理办法》第三十五条规定："抵押合同发生变更或者抵押关系终止时，抵押当事人应当在变更或者终止之日起十五日内，到原登记机关办理变更或者注销抵押登记。"

二、抵押权注销的情形

发生下列情形之一的，当事人应当持不动产登记证明、一般抵押权消灭证明等必要材料，申请一般抵押权注销登记：①主债权消灭；②一般抵押权已经实现；③抵押权人放弃一般抵押权；④因人民法院、仲裁委员会的生效法律文书只是抵押权消灭的；⑤法律、行政法规规定抵押权消灭的其他情形。

（一）主债权消灭

《担保法》第五十二条明确规定："抵押权与其担保的债权同时存在，债权消灭的，抵押权也消灭。"抵押权是为担保债权而设定的，是从属于主权利即债权的从权利。被担保主债权可因如下原因而消灭：①债务人或第三人为全部清偿；②债务人对抵押权人亦存在债权并符合抵销条件时，其债权相互抵消；③抵押权人与债务人因继承、合并等而发生混同，抵押权人与债务人成为一人；④抵押权人在不损害第三人利益的情况下免除债务人的债务。

（二）抵押权已经实现

抵押权的实现，又称抵押权的实行，即当债务人不能履行债务时，抵押权人行使其抵押权将抵押的标的物变价以满足其债权得到优先受偿的过程。抵押权的实现是债权实现的一种方式，是抵押权担保功能实现的最后环节。抵押权实现，抵押担保法律关系消灭，抵押权自然消灭。抵押权因实现而消灭，其所担保的债权是否得到全部清偿则没有关联，并且即使在同一抵押物上有数个抵押权，其中一个抵押权实现的，该抵押权及其他抵押权均消灭。

总的说来，抵押权实现的条件主要有三种：一为债务履行期届满；二为抵押权人未受清偿；三为发生当事人约定的实现抵押权的情形。另外，就抵押权实现的条件除具备上述三个条件外，依据《城市房地产抵押管理办法》第四十条的规定："有下列情况之一的，抵押权人有权要求处分抵押的房地产：①债务履行期满，抵押权人未受清偿的，债务人又未能与抵押权人达成延期履行协议的；②抵押人死亡，或者被宣告死亡而无人代为履行到期债务的，或者抵押人的合法继承人、受遗赠人拒绝履行到期债务的；③抵押人被依法宣告解散或者破产的；④抵押人违反本办法的有关规定，擅自处分抵押房地产的；⑤抵押合同约定的其他情况。"

在我国依照《物权法》和《担保法》的规定，对抵押权实现的具体方式有折价、拍卖或变卖三种方式。具体以何种方式实现抵押权，首先由当事人决定。抵押合同中对抵押权的实现方式有约定的，应依其约定。抵押合同中没有约定的，在抵押权实现时，抵押权人可与抵押人协商，依双方协商同意上述三种方式中的任何一种实现抵押权；如果抵押权人与抵押人协商达不成一致的，抵押权人则可以根据物权法的规定直接向法院申请拍卖、变卖抵押财产。

（三）抵押权人放弃抵押权

抵押权人放弃抵押权，其实质属于民法理论上的抛弃物权。抛弃是指权利人不将其物权移转于他人而使其物权归于消灭的单独行为。担保物权为财产权，权利人在原则上任意抛弃其担保物权；但是抛弃担保物权，一般应依一定的方式，才能产生抛弃的效力。由于抛弃是一种单独行为，属民事法律行为的一种，因此必须以意思表示而为，且抛弃人须具备行为能力，视为合法有效。

（四）法律、法规规定的抵押权消灭的其他情形

根据现行的法律规定，抵押权消灭的其他情形主要为抵押物消灭的情形，《担保法》第五十八条规定："抵押权因抵押物灭失而消灭。"标的物灭失为物权消灭的一般原因。抵押权作为担保物权，可因抵押标的物的灭失而消灭，而不论该标的物为事实上的灭失，还是法律上的灭失。但抵押权是对于所抵押的标的物拍卖价金的优先受偿权，其在本质上为价值权，具有物上代位性。因此，当抵押标的物灭失时，如果有赔偿金、保险金或补偿金等代位物，由于价值仍存在，抵押权可存在于该赔偿金、保险金或补偿金上，抵押权并不消灭。

三、抵押权注销登记流程

流程1　登记申请

1. 申请人

不动产登记簿上记载的抵押权人与抵押人可以共同申请抵押权的注销登记。

债权消灭或抵押权人放弃抵押权的，抵押人可以单方申请抵押权的注销登记。

人民法院、仲裁委员会生效法律文书确认抵押权消灭的，抵押人等当事人可以单方申请抵押权的注销登记。

2. 申请抵押权注销登记提交的资料

1）房屋登记申请书（收原件）。

2）申请人的身份证明文件（验原件，收复印件）。

3）授权委托的须提交合法有效的委托书（收原件）。

4）代理人身份证明（委托的提交）（验原件，收复印件）。

5）抵押权消灭的证明资料。包括：①因主债权消灭的提交担保的主债权已消灭的证明（收原件）；②因抵押权利人放弃权利的提交抵押权利人放弃权利声明（收原件）；③因抵押权已实现的提交，抵押权已实现的证明（收原件）；④因人民法院、仲裁委员会的生效法律文书确认抵押权登记无效或失效的提交生效的法律文书（收原件）。

6）抵押权人与抵押人共同申请注销登记的，提交不动产权证书和不动产登记证明；

抵押权人单方申请注销登记的，提交不动产登记证明；抵押人等当事人单方申请注销登记的，提交证实抵押权已消灭的人民法院、仲裁委员会做出的生效法律文书以及协助执行通知书（收原件）。

流程2 登记受理

1. 检查证件

登记工作人员检查应交的资料是否齐全、资料格式是否符合规定的要求、各资料的主体或当事人是否一致、资料所涉及的内容是否相同。如果缺少应交的资料，应书面通知申请人。

2. 询问

对询问结果应进行记录并要求申请人签字确认。

3. 收件

收件是登记机构工作人员根据受理的规定要求，在对申请人提交的资料进行检查后，将资料收集整理到一个档案袋中，列清写好档案袋中的资料内容，并给申请人填写收件收据。在收件工作中，一定要保证登记文件应当齐全。不动产登记机构依法办理不动产注销登记不得收取不动产登记费。

流程3 登记审核

1）审查要件是否齐全；
2）申请人的资格是否符合要求；
3）申请注销的抵押权是否已经登记；
4）申请注销的抵押权与抵押权注销登记申请材料的记载是否一致；
5）不动产权证书和不动产登记证明是否真实；
6）对抵押权消灭的证明要认真审查；
7）不存在条不予登记情形的，将登记事项以及不动产登记证明收回、作废等内容记载于不动产登记簿。

对抵押权注销登记不需要现场查看。

流程4 核准并记载不动产登记簿

在不动产登记簿的"抵押权登记信息"页填写注销抵押业务号、注销抵押原因、注销时间。

将不动产权证书记录的抵押权注销后发还给不动产权利权人。

如果不动产登记没有其他的权利，注销不动产登记证明后将其存档。将发放的收件收据收回。

附件 5-1-1 不动产登记申请书（样例）

不动产登记申请书

单位：☑平方米 □公顷（□亩）、万元

<table>
<tr>
<td rowspan="2">申请登记事由</td>
<td colspan="2">□土地所有权 □国有建设用地使用权 □宅基地使用权 □集体建设用地使用权 □土地承包经营权
□林地使用权 □海域使用权 □房屋所有权 □构筑物所有权 □森林、林木所有权
□森林、林木使用权 ☑抵押权 □地役权 □其他_____</td>
</tr>
<tr>
<td colspan="2">□首次登记（□总登记 ☑初始登记） □转移登记 □变更登记 □注销登记 □更正登记 □异议登记 □预告登记 □查封登记 □其他_____</td>
</tr>
<tr>
<td rowspan="14">申请人情况</td>
<td colspan="2" align="center">登记申请人</td>
</tr>
<tr>
<td>姓名（名称）</td>
<td colspan="4" align="center">中国××银行天津市分行南开支行</td>
</tr>
<tr>
<td>身份证件种类</td>
<td>营业执照</td>
<td>证件号</td>
<td>89222432××</td>
</tr>
<tr>
<td>通信地址</td>
<td>天津市黄河道××号</td>
<td>邮编</td>
<td>3000××</td>
</tr>
<tr>
<td>法定代表人或负责人</td>
<td>王××</td>
<td>联系电话</td>
<td>233112××</td>
</tr>
<tr>
<td>代理人姓名</td>
<td></td>
<td>联系电话</td>
<td></td>
</tr>
<tr>
<td>代理机构名称</td>
<td colspan="3"></td>
</tr>
<tr>
<td colspan="4" align="center">登记申请人</td>
</tr>
<tr>
<td>姓名（名称）</td>
<td colspan="3" align="center">杨××</td>
</tr>
<tr>
<td>身份证件种类</td>
<td>身份证</td>
<td>证件号</td>
<td>1201051979×××××1444</td>
</tr>
<tr>
<td>通信地址</td>
<td>天津市河北区河北大街××号</td>
<td>邮编</td>
<td>3000××</td>
</tr>
<tr>
<td>法定代表人或负责人</td>
<td></td>
<td>联系电话</td>
<td>151221188××</td>
</tr>
<tr>
<td>代理人姓名</td>
<td></td>
<td>联系电话</td>
<td></td>
</tr>
<tr>
<td>代理机构名称</td>
<td colspan="3"></td>
</tr>
</table>

<table>
<tr>
<td rowspan="20">不动产情况</td>
<td colspan="2">坐落</td>
<td colspan="3">天津市南开区新华路5号御湖花园××室</td>
</tr>
<tr>
<td colspan="2">不动产单元号</td>
<td colspan="3">120104002003GB00035F000101××</td>
</tr>
<tr>
<td colspan="2">不动产类型</td>
<td colspan="3" align="center">土地/房屋</td>
</tr>
<tr>
<td rowspan="2">土地状况</td>
<td>面积</td>
<td>65.48 m²</td>
<td>用途</td>
<td>住宅</td>
</tr>
<tr>
<td>权利性质</td>
<td>出让</td>
<td>使用（承包）期限</td>
<td>70年</td>
</tr>
<tr>
<td rowspan="2">房屋（构筑物）等状况</td>
<td>建筑面积</td>
<td>105.85 m²</td>
<td>总套数</td>
<td>1</td>
</tr>
<tr>
<td>构筑物类型</td>
<td colspan="3" align="center">土地/房屋</td>
</tr>
<tr>
<td rowspan="3">林地（森林、林木）状况</td>
<td>主要树种</td>
<td></td>
<td>株数</td>
<td></td>
</tr>
<tr>
<td>林种</td>
<td></td>
<td>造林年度</td>
<td></td>
</tr>
<tr>
<td>小地名</td>
<td></td>
<td>林班</td>
<td>小班</td>
</tr>
<tr>
<td rowspan="6">海域状况</td>
<td>项目名称</td>
<td></td>
<td>项目性质</td>
<td>□公益性 □经营性</td>
</tr>
<tr>
<td>使用期限</td>
<td colspan="3"></td>
</tr>
<tr>
<td>用海类型</td>
<td></td>
<td>用海总面积</td>
<td></td>
</tr>
<tr>
<td>用海方式</td>
<td>面积</td>
<td>具体用途</td>
<td>使用金数额</td>
</tr>
<tr>
<td></td>
<td></td>
<td></td>
<td></td>
</tr>
<tr>
<td></td>
<td></td>
<td></td>
<td></td>
</tr>
<tr>
<td colspan="2">原不动产权证书号</td>
<td colspan="3" align="center">津（2016）南开不动产权第××号</td>
</tr>
</table>

抵押情况	被担保债权数额 （最高债权数额）	150 万元	债务履行期限 （债权确定期间）	2016 年 7 月 10 日— 2017 年 7 月 9 日
	抵押范围	房屋的所有权和土地使用权全部抵押		
地役权 情况	需役地坐落			
	需役地不动产单元号			
登记原因 及证明	登记原因	合同设定		
	登记原因证明文件	代理人身份证（复印件）		
		授权委托书		
		南开支行"营业执照"×××（复印件）		
		"中国××银行借款合同"合同编号：（2016）津工字第××号		
		"房地产抵押合同书"合同编号：2016—31××		
		义务人身份证明（复印件）		
		"不动产权证书"津（2016）南开不动产权第××号		
申请证书版式	☑单一版 □集成版		申请分别持证	□是 ☑否
备注				

本申请人对填写的上述内容及提交的申请材料的真实性负责。如有不实，申请人愿承担法律责任。

对于商品房等共用宗项目，申请人同意暂不进行土地分摊按整宗土地面积申请房地登记。待按规划全部房屋竣工后再计算土地分摊系数，申请人同意在办理转移、变更等登记时变更为土地分摊面积。

对登记机关的行政行为有异议的，自知道之日起 60 日内依法申请行政复议或六个月内提起行政诉讼。

申请人（签章）：中国××银行天津市分行南开支行　　　　申请人（签章）：杨××

代理人（签章）：王××　　　　　　　　　　　　　　　代理人（签章）：

2016 年 8 月 2 日　　　　　　　　　　　　　　　　　　2016 年 8 月 2 日

领收件收据人签章	王××	申请日期	2016 年 8 月 2 日
领证人签章		领证日期	

附件 5-1-2 不动产抵押登记询问表

不动产抵押登记询问表

依据《中华人民共和国物权法》及《房屋登记办法》相关规定，登记机关现就如下事项对申请人（代理人）进行询问，请您如实回答，不得隐瞒真实情况或者虚假答复，否则概由您承担法律责任。请在所选项目后的"□"内划"√"。

序号	询问事项	申请当事人回答
一	登记申请是否是您的真实意思表示	是□　　否□
二	您在户口所在本地或户口所在地以外地区是否有婚姻关系存在	是□　　否□
三	您申请登记的房屋是否存在隐性共有人或其他共有人	是□　　否□
四	此房屋共有人是否同意抵押	是□　　否□
五	此房是整体抵押还是部分抵押	整体□　部分□
六	此房是否存在房屋登记机关未知情的限制性权利	是□　　否□
七	此房是否列入拆迁范围	是□　　否□
八	此房土地使用权是否已办理抵押登记	是□　　否□
九	您是否对所提交申请登记资料的合法性、真实性负责并对其承担相应的民事法律责任和经济责任	是□　　否□
十	其他询问事项	

询问人：			
申请人签名：		联系电话：	
共有人签名：		联系电话：	
代理人签名：		联系电话：	
询问时间：　　　　年　　月　　日			

附件5-1-3 不动产登记领证通知（收件收据）（样例）

不动产登记领证通知（收件收据）

收件号：2016080211××   收件日期：2016 年 8 月 2 日

申请人	中国××银行天津市分行南开支行 杨××			
权利类型	房地产抵押权	登记类型		一般抵押权首次登记
坐落	天津市南开区新华路 5 号御湖花园××室			
文件名称	证号		份数	备注
授权委托书			1	
中国××银行借款合同	合同编号：（2016）津工字第××号		1	
房地产抵押合同书	合同编号：2016—××××		1	
不动产权证书	津（2016）南开不动产权第××号		1	
收件人	李××			

　　上列文件，已经收讫，符合受理规定，请您于＿＿10 日＿＿后，凭此通知和身份证件领取不动产权证书或登记证明；经审核不符合登记规定的，凭此通知和身份证件办理退件手续，特此通知。

登记机构（盖章）：

附件5-1-4 不动产登记审批表（样例）

不动产登记审批表

<table>
<tr>
<td rowspan="2">收件</td>
<td>编号</td>
<td>2016080211××</td>
<td rowspan="2">收件人</td>
<td rowspan="2">李××</td>
<td rowspan="2" colspan="2">单位：☑平方米 □公顷（□亩）、万元</td>
</tr>
<tr>
<td>日期</td>
<td>2016 年 8 月 2 日</td>
</tr>
<tr>
<td rowspan="2">申请登记事由</td>
<td colspan="6">□土地所有权 □国有建设用地使用权 □宅基地使用权 □集体建设用地使用权 □土地承包经营权
□林地使用权 □海域使用权 □无居民海岛使用权 □房屋所有权 □构筑物所有权
□森林、林木所有权 □森林、林木使用权 ☑抵押权 □地役权 □其他_____</td>
</tr>
<tr>
<td colspan="6">□首次登记（□总登记 ☑初始登记） □转移登记 □变更登记 □注销登记 □更正登记
□异议登记 □预告登记 □查封登记 □其他_____</td>
</tr>
<tr>
<td rowspan="14">申请人情况</td>
<td colspan="6" align="center">登记申请人</td>
</tr>
<tr>
<td>权利人姓名（名称）</td>
<td colspan="5" align="center">中国××银行天津市分行南开支行</td>
</tr>
<tr>
<td>身份证件种类</td>
<td colspan="2" align="center">营业执照</td>
<td>证件号</td>
<td colspan="2">8922243×××</td>
</tr>
<tr>
<td>通信地址</td>
<td colspan="3" align="center">天津市黄河道××号</td>
<td>邮编</td>
<td>3000××</td>
</tr>
<tr>
<td>法定代表人或负责人</td>
<td colspan="2" align="center">王××</td>
<td>联系电话</td>
<td colspan="2">233112××</td>
</tr>
<tr>
<td>代理人姓名</td>
<td colspan="2"></td>
<td>联系电话</td>
<td colspan="2"></td>
</tr>
<tr>
<td>代理机构名称</td>
<td colspan="5"></td>
</tr>
<tr>
<td colspan="6" align="center">登记申请人</td>
</tr>
<tr>
<td>义务人姓名（名称）</td>
<td colspan="5" align="center">杨××</td>
</tr>
<tr>
<td>身份证件种类</td>
<td colspan="2" align="center">身份证</td>
<td>证件号</td>
<td colspan="2">1201051979×××××1444</td>
</tr>
<tr>
<td>通信地址</td>
<td colspan="3" align="center">天津市河北区河北大街××号</td>
<td>邮编</td>
<td>3000××</td>
</tr>
<tr>
<td>法定代表人或负责人</td>
<td colspan="2"></td>
<td>联系电话</td>
<td colspan="2">151221188××</td>
</tr>
<tr>
<td>代理人姓名</td>
<td colspan="2"></td>
<td>联系电话</td>
<td colspan="2"></td>
</tr>
<tr>
<td>代理机构名称</td>
<td colspan="5"></td>
</tr>
<tr>
<td rowspan="6">不动产情况</td>
<td>坐落</td>
<td colspan="5" align="center">天津市南开区新华路 5 号御湖花园××室</td>
</tr>
<tr>
<td>不动产单元号</td>
<td colspan="2">120104002003GB00035F000101××</td>
<td>不动产类型</td>
<td colspan="2" align="center">土地/房屋</td>
</tr>
<tr>
<td>面积</td>
<td colspan="2" align="center">65.48 m²/105.85 m²</td>
<td>用途</td>
<td colspan="2" align="center">住宅</td>
</tr>
<tr>
<td>原不动产权证书号</td>
<td colspan="2">津（2015）南开不动产权第××号</td>
<td>用海类型</td>
<td colspan="2"></td>
</tr>
<tr>
<td>构筑物类型</td>
<td colspan="2" align="center">房屋</td>
<td>林种</td>
<td colspan="2"></td>
</tr>
<tr>
<td colspan="5"></td>
</tr>
<tr>
<td rowspan="2">抵押情况</td>
<td>被担保债权数额
（最高债权数额）</td>
<td colspan="2" align="center">150 万元</td>
<td>债务履行期限
（债权确定期间）</td>
<td colspan="2" align="center">2016 年 7 月 10 日—
2017 年 7 月 9 日</td>
</tr>
<tr>
<td>在建建筑物抵押范围</td>
<td colspan="5" align="center">房屋的所有权和土地使用权全部抵押</td>
</tr>
<tr>
<td rowspan="2">地役权情况</td>
<td>需役地坐落</td>
<td colspan="5"></td>
</tr>
<tr>
<td>需役地不动产单元号</td>
<td colspan="5"></td>
</tr>
</table>

	登记原因	合同设定		
登记原因 及证明	登记原因证明文件	登记申请书		
		授权委托书		
		代理人身份证明（复印件）		
		南开支行"营业执照"89222432××（复印件）		
		"中国××银行借款合同"合同编号：（2016）津工字第××号		
		"房地产抵押合同书"合同编号：2016—××××		
		义务人身份证明（复印件）		
		"不动产权证书"津（2016）南开不动产权第××号		
申请证书版式		☑单一版 □集成版	申请分别持证	□是 ☑否

	初审	复审	核定
不动产登记 审批情况 （申请人请 勿填写）	中国××银行天津分行南开支行与房屋产权人杨××签订借贷款合同，合同编号为（2016）津工字第××号；借款人杨××愿意以坐落于南开区新华路5号御湖花园××室的自有房屋作为借款担保，并签订《房地产抵押合同书》合同编号：2016—××号。申请人提交了登记申请应当提供的文件；申请书填写的内容与申请人提交的其他文件一致；申请人姓名与提交的身份证明以及登记簿记载的权利人姓名一致；房屋权属证书真实；委托书中的委托人代理权限与办理事项相符。符合房地产抵押权首次登记要求。 审查人（签章）：李×× 2016年8月2日	申请人与提交的材料记载的主体一致，申请登记的房屋与申请人提交的证明材料记载一致，申请登记的内容与有关材料证明的事实一致，申请登记的事项与房屋登记簿记载的房屋权利不冲突，无正在办理的更正登记、异议登记记载；无他人不动产预告登记记载；无人民法院、人民检察院、公安机关依据法律规定采取限制措施记载；符合抵押登记的法律规定，建议进行房地产抵押权首次登记。 审查人（签章）：李×× 2016年8月4日	同意进行房地产抵押权登记并颁发不动产登记证明。 负责人（公章）：李×× 2016年8月6日
备注			

附件5-1-5 不动产登记簿（样例）

抵押权登记信息				
不动产单元号：120104002003GB00035F000101××　抵押不动产类型：□土地　☑土地和房屋　□林地和林木　 □土地和在建建筑物　□海域　□海域和构筑物　□其他				

内容　＼　业务号	2016080211××			
抵押权人	中国××银行天津市分行南开支行			
证件种类	营业执照			
证件号码	89222432××			
抵押人	杨××			
抵押方式	一般抵押			
登记类型	初始登记			
登记原因	合同设立			
在建建筑物坐落				
在建建筑物抵押范围				
被担保主债权数额 （最高债权数额）（万元）	150万元			
债务履行期限 （债权确定期间）	2016年7月10日起 2017年7月9日止			
最高债权确定事实和数额				
不动产登记证明号	津（2016）南开不动产证明第××号			
登记时间	2016年8月6日			
登簿人	李××			
注销抵押业务号				
注销抵押原因				
注销时间				
登簿人				
附记				

津（2016）南开不动产权第××号

权利人	杨××	
共有情况	单独所有	
坐落	天津市南开区新华路5号御湖花园×室	
不动产单元号	12010400 2003 GB 00035 F 000101××	
权利类型	国有建设用地使用权/房屋所有权	
权利性质	出让/商品房	
用途	城镇住宅用地/住宅	
面积	65.48 m²/105.85 m²	
使用期限	起 止	
权利其他状况	房屋竣工时间2016年2月25日；钢筋混凝土结构；专有面积88.87 m²；分摊面积16.98 m²；房屋总层数15/1	

附件5－1－6 不动产权证书（单一版）（样例）

根据《中华人民共和国物权法》等法律法规，为保护不动产权利人合法权益，对不动产权利人申请登记的本证所列不动产权利，经审查核实，准予登记，颁发此证。

登记机构（章）

年　月　日

中华人民共和国国土资源部监制

编号NO. D001234567××

· 176 ·

附 图 页

坐落：南开区新华路衡湖花园××楼

第 1 幢 ××室 105.8526 m²   公摊面积：16.97 m²

套内建筑面积：88.875 m²

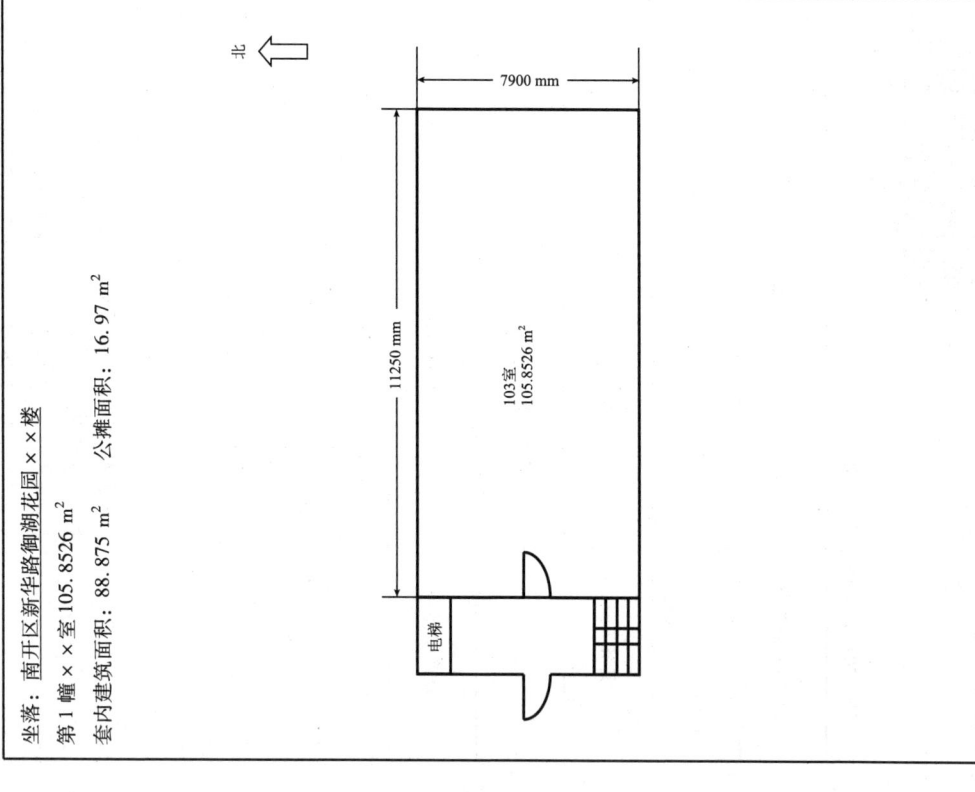

附 记

2016 年 8 月 6 日设立一般抵押权初始登记；

抵押权人：中国××银行天津市分行南开支行

被担保主债权数额：150 万元；

抵押范围：全部抵押房屋的所有权和土地使用权；

债务履行期限：2016 年 7 月 10 日起—2017 年 7 月 9 日止；

不动产登记证明号：津（2016）南开不动产证明第××号

附件 5-1-7 不动产登记证明（样例）

不动产登记证明

根据《中华人民共和国物权法》等法律法规，为保护申请人合法权益，对申请人申请登记的本证明所列不动产权利或登记事项，经审查核实，准予登记，颁发此证明。

准（2016）南开不动产证明第××号

证明权利或事项	抵押权
权利人（申请人）	中国×银行天津市分行南开支行
义务人	杨××
坐落	天津市南开区新华路 5 号陶湖花园××室
不动产单元号	12010400 2003 GB00035 F000101 × ×
其他	（1）不动产权证书号：津（2016）南开不动产权证书第× ×号 （2）抵押的方式：一般抵押 （3）担保债权的数额：150 万元
附记	抵押权人：中国×银行天津市分行南开支行 被担保主债权数额：150 万元 抵押范围：全部抵押房屋的所有权和土地使用权 债务履行期限：2016 年 7 月 10 日起—2017 年 7 月 9 日止

登记机构（章用）
2016年 08 月 06 日

中华人民共和国国土资源部监制

编号 NO. 00000000000

· 178 ·

不动产登记证明填写说明：

1. 登记机构：盖登记机构的不动产登记专用章。填写登簿的时间，填写登簿的时间（章）及时间：盖登记机构的不动产登记专用章。填写登簿的时间，格式为××××年××月××日，如 2015 年 03 月 01 日。

2. 编号：即印制证明的流水号，一般为 11 位。前 2 位为省份代码，北京 11、天津 12、河北 13、山西 14、内蒙古 15、辽宁 21、吉林 22、黑龙江 23、上海 31、江苏 32、浙江 33、安徽 34、福建 35、江西 36、山东 37、河南 41、湖北 42、湖南 43、广东 44、广西 45、海南 46、重庆 50、四川 51、贵州 52、云南 53、西藏 54、陕西 61、甘肃 62、青海 63、宁夏 64、新疆 65。国家 10。用于国务院国土资源主管部门的登记发证。后 9 位为证明印制的顺序码，码值为 000000001～999999999。

3. 不动产登记证明号，即 A（B）C 不动产证明第 D 号：A（B）C 不动产证明号，即 A（B）C 不动产证明第 D 号；"A" 处填写登记机构所在市县的全称，特殊情况下，可根据实际使用情况填写不出现重复，但应确保在省级范围内不出现重复。"B" 处填写登记机构所在省区市的简称。"C" 处填写登记年度。"D" 处填写发证证的顺序号，一般为 7 位，码值为 0000001～9999999。如苏（2015）徐州市不动产证明第 0000001 号，国务院国土资源主管部门登记的，"A" 处填写 "国"。"B" 处填写 "国"。"C" 处填写登记年度。"D" 处填写发证证的顺序号的，国务院国土资源主管部门登记第 0000001 号，码值为 0000001～9999999。如苏（2015）睢宁县不动产证明第 0000001 号，"D" 处是年度发证证的顺序号。

4. 二维码：一般为 7 位，一般为 7 位，可以在证明上生成二维码，二维码为登记信息。二维码由登记机构按照规定自行打印。

5. 证明权利或事项：填写抵押权、地役权或者预告登记、储存不动产告登记、异议登记等事项。填写抵押权、地役权或者预告登记、异议登记等事项。

6. 权利人（申请人）：抵押权、地役权权利人的姓名名称或名称，填写申请人姓名或名称。

7. 义务人：填写抵押权、地役权权利人或者预告登记的义务人的姓名名称或名称，异议登记的，可以不填写。

8. 坐落：填写不动产单元所在宗地、宗海的地理位置名称，填写有关部门依法确定的房屋坐落，涉及地上房屋的，一般包括街道名称、门牌号、门牌号、幢号、楼层号、房号等。

9. 不动产单元号：填写不动产单元的编号。

10. 其他：①不动产权证书号；②抵押方式；③担保债权的数额。①不动产权证书号；②抵押方式；③担保债权的数额。

11. 附记："抵押权人为×××，被担保主债权数额（最高质权数额）为×××，抵押范围为×××，抵押权登记日期为×××，抵押权登记证明号为×××"。

附件5-3-1 不动产登记申请书（样例）

不动产登记申请书

单位：☑平方米 □公顷（□亩）、万元

<table>
<tr>
<td rowspan="2">申请登记事由</td>
<td colspan="6">□土地所有权 □国有建设用地使用权 □宅基地使用权 □集体建设用地使用权 □土地承包经营权
□林地使用权 □海域使用权 □房屋所有权 □构筑物所有权 □森林、林木所有权
□森林、林木使用权 ☑抵押权 □地役权 □其他_____</td>
</tr>
<tr>
<td colspan="6">□首次登记（□总登记 □初始登记） ☑转移登记 □变更登记 □注销登记 □更正登记
□异议登记 □预告登记 □查封登记 □其他_____</td>
</tr>
<tr>
<td rowspan="16">申请人情况</td>
<td colspan="6" align="center">登记申请人</td>
</tr>
<tr>
<td colspan="2">姓名（名称）</td>
<td colspan="4">中国××银行天津市分行河西支行</td>
</tr>
<tr>
<td colspan="2">身份证件种类</td>
<td>营业执照</td>
<td>证件号</td>
<td colspan="2">89222433××</td>
</tr>
<tr>
<td colspan="2">通信地址</td>
<td colspan="2">天津市大沽南路××号</td>
<td>邮编</td>
<td>3000××</td>
</tr>
<tr>
<td colspan="2">法定代表人或负责人</td>
<td>王××</td>
<td>联系电话</td>
<td colspan="2">233112××</td>
</tr>
<tr>
<td colspan="2">代理人姓名</td>
<td></td>
<td>联系电话</td>
<td colspan="2"></td>
</tr>
<tr>
<td colspan="2">代理机构名称</td>
<td colspan="4"></td>
</tr>
<tr>
<td colspan="6" align="center">登记申请人</td>
</tr>
<tr>
<td colspan="2">姓名（名称）</td>
<td colspan="4">中国××银行天津市分行南开支行</td>
</tr>
<tr>
<td colspan="2">身份证件种类</td>
<td>营业执照</td>
<td>证件号</td>
<td colspan="2">89222432××</td>
</tr>
<tr>
<td colspan="2">通信地址</td>
<td colspan="2">天津市黄河道××号</td>
<td>邮编</td>
<td>3000××</td>
</tr>
<tr>
<td colspan="2">法定代表人或负责人</td>
<td>王××</td>
<td>联系电话</td>
<td colspan="2">233112××</td>
</tr>
<tr>
<td colspan="2">代理人姓名</td>
<td></td>
<td>联系电话</td>
<td colspan="2"></td>
</tr>
<tr>
<td colspan="2">代理机构名称</td>
<td colspan="4"></td>
</tr>
<tr>
<td rowspan="18">不动产情况</td>
<td colspan="2">坐落</td>
<td colspan="4">天津市南开区新华路5号御湖花园××室</td>
</tr>
<tr>
<td colspan="2">不动产单元号</td>
<td colspan="4">120104002003GB00035F000101××</td>
</tr>
<tr>
<td colspan="2">不动产类型</td>
<td colspan="4" align="center">土地/房屋</td>
</tr>
<tr>
<td rowspan="2">土地状况</td>
<td>面积</td>
<td>65.48 m²</td>
<td>用途</td>
<td colspan="2">住宅</td>
</tr>
<tr>
<td>权利性质</td>
<td>出让</td>
<td>使用（承包）期限</td>
<td colspan="2">70</td>
</tr>
<tr>
<td rowspan="2">房屋（构筑物）等状况</td>
<td>建筑面积</td>
<td>105.85 m²</td>
<td>总套数</td>
<td colspan="2">1</td>
</tr>
<tr>
<td>构筑物类型</td>
<td colspan="4" align="center">房屋</td>
</tr>
<tr>
<td rowspan="3">林地（森林、林木）状况</td>
<td>主要树种</td>
<td></td>
<td>株数</td>
<td colspan="2"></td>
</tr>
<tr>
<td>林种</td>
<td></td>
<td>造林年度</td>
<td colspan="2"></td>
</tr>
<tr>
<td>小地名</td>
<td></td>
<td>林班</td>
<td>小班</td>
<td></td>
</tr>
<tr>
<td rowspan="6">海域状况</td>
<td>项目名称</td>
<td></td>
<td>项目性质</td>
<td colspan="2">□公益性 □经营性</td>
</tr>
<tr>
<td>使用期限</td>
<td></td>
<td></td>
<td colspan="2"></td>
</tr>
<tr>
<td>用海类型</td>
<td></td>
<td>用海总面积</td>
<td colspan="2"></td>
</tr>
<tr>
<td>用海方式</td>
<td>面积</td>
<td>具体用途</td>
<td colspan="2">使用金数额</td>
</tr>
<tr>
<td></td>
<td></td>
<td></td>
<td colspan="2"></td>
</tr>
<tr>
<td></td>
<td></td>
<td></td>
<td colspan="2"></td>
</tr>
<tr>
<td colspan="2">原不动产权证书号</td>
<td colspan="4">津（2016）南开不动产权第××号</td>
</tr>
</table>

抵押情况	被担保债权数额 （最高债权数额）	150 万元	债务履行期限 （债权确定期间）	2016 年 7 月 10 日 - 2017 年 7 月 9 日
	抵押范围	房屋的所有权和土地使用权全部抵押		
地役权 情况	需役地坐落			
	需役地不动产单元号			
登记原因 及证明	登记原因	合同设定		
	登记原因证明文件	河西支行授权委托书		
		权利代理人身份证明		
		中国××银行天津市分行河西支行"营业执照"		
		抵押担保主债权转让证明		
		中国××银行天津市分行南开支行"营业执照"		
		义务代理人身份证明		
		中国××银行天津市分行南开支行"授权委托书"		
		"不动产登记证明"津（2016）南开不动产证明第××号		
		"不动产权证书"津（2016）南开不动产权第××号		
申请证书版式	☑单一版　□集成版		申请分别持证	□是　☑否
备注				

本申请人对填写的上述内容及提交的申请材料的真实性负责。如有不实，申请人愿承担法律责任。

对于商品房等共用宗项目，申请人同意暂不进行土地分摊按整宗土地面积申请房地登记。待按规划全部房屋竣工后再计算土地分摊系数，申请人同意在办理转移、变更等登记时变更为土地分摊面积。

对登记机关的行政行为有异议的，自知道之日起 60 日内依法申请行政复议或六个月内提起行政诉讼。

申请人（签章）：
代理人（签章）：王××
2016 年 9 月 2 日

申请人（签章）：
代理人（签章）：王××
2016 年 9 月 2 日

领收件收据人签章	王××	申请日期	2016 年 9 月 2 日
领证人签章		领证日期	

附件5－3－2 不动产登记领证通知（收件收据）（样例）

不动产登记领证通知（收件收据）

收件号：2016090233××　　　　　　　　　　　收件日期：2016年9月2日

申请人	中国××银行天津市分行河西支行 中国××银行天津市分行南开支行			
权利类型	房地产抵押权		登记类型	一般抵押权转移登记
坐落	天津市南开区新华路5号御湖花园××室			
文件名称	证号		份数	备注
河西支行授权委托书			1	
抵押担保主债权转让证明			1	
南开支行授权委托书			1	
不动产登记证明	津（2016）南开不动产证明第××号		1	
不动产权证书	津（2016）南开不动产权第××号			
收件人	李××			

　　上列文件，已经收讫，符合受理规定，请您于＿＿10日＿＿后，凭此通知和身份证件领取不动产权证书或登记证明；经审核不符合登记规定的，凭此通知和身份证件办理退件手续，特此通知。

登记机构（盖章）：

附件 5－3－3 不动产登记审批表（样例)

不动产登记审批表

<table>
<tr><td rowspan="2">收件</td><td>编号</td><td>2016090233××</td><td rowspan="2">收件人</td><td rowspan="2">李××</td><td rowspan="2">单位：☑平方米 □公顷（□亩）、万元</td></tr>
<tr><td>日期</td><td>2016 年 9 月 2 日</td></tr>
<tr><td rowspan="2">申请登记事由</td><td colspan="5">□土地所有权 □国有建设用地使用权 □宅基地使用权 □集体建设用地使用权 □土地承包经营权
□林地使用权 □海域使用权 □无居民海岛使用权 □房屋所有权 □构筑物所有权
□森林、林木所有权 □森林、林木使用权 ☑抵押权 □地役权 □其他_____</td></tr>
<tr><td colspan="5">□首次登记（□总登记 □初始登记） ☑转移登记 □变更登记 □注销登记 □更正登记
□异议登记 □预告登记 □查封登记 □其他_____</td></tr>
<tr><td rowspan="14">申请人情况</td><td colspan="5" align="center">登记申请人</td></tr>
<tr><td>权利人姓名（名称）</td><td colspan="4">中国××银行天津市分行河西支行</td></tr>
<tr><td>身份证件种类</td><td>营业执照</td><td>证件号</td><td colspan="2">89222433××</td></tr>
<tr><td>通信地址</td><td colspan="2">天津市大沽南路××号</td><td>邮编</td><td>3000××</td></tr>
<tr><td>法定代表人或负责人</td><td>王××</td><td>联系电话</td><td colspan="2">233112××</td></tr>
<tr><td>代理人姓名</td><td></td><td>联系电话</td><td colspan="2"></td></tr>
<tr><td>代理机构名称</td><td colspan="4"></td></tr>
<tr><td colspan="5" align="center">登记申请人</td></tr>
<tr><td>义务人姓名（名称）</td><td colspan="4">中国××银行天津市分行南开支行</td></tr>
<tr><td>身份证件种类</td><td>营业执照</td><td>证件号</td><td colspan="2">89222432××</td></tr>
<tr><td>通信地址</td><td colspan="2">天津市黄河道××号</td><td>邮编</td><td>3000××</td></tr>
<tr><td>法定代表人或负责人</td><td>王××</td><td>联系电话</td><td colspan="2">233112××</td></tr>
<tr><td>代理人姓名</td><td></td><td>联系电话</td><td colspan="2"></td></tr>
<tr><td>代理机构名称</td><td colspan="4"></td></tr>
<tr><td rowspan="6">不动产情况</td><td>坐落</td><td colspan="4">天津市南开区新华路 5 号御湖花园××室</td></tr>
<tr><td>不动产单元号</td><td colspan="2">120104002003GB00035F000101××</td><td>不动产类型</td><td>土地/房屋</td></tr>
<tr><td>面积</td><td colspan="2">65.48 m²/105.85 m²</td><td>用途</td><td>住宅</td></tr>
<tr><td>原不动产权证书号</td><td colspan="2">津（2016）南开不动产权第××号</td><td>用海类型</td><td></td></tr>
<tr><td>构筑物类型</td><td colspan="2">房屋</td><td>林种</td><td></td></tr>
<tr><td rowspan="2">抵押情况</td><td>被担保债权数额
（最高债权数额）</td><td colspan="2">150 万元</td><td>债务履行期限
（债权确定期间）</td><td>2016 年 7 月 10 日－
2017 年 7 月 9 日</td></tr>
<tr><td>在建建筑物抵押范围</td><td colspan="4">房屋的所有权和土地使用权全部抵押</td></tr>
<tr><td rowspan="2">地役权情况</td><td>需役地坐落</td><td colspan="4"></td></tr>
<tr><td>需役地不动产单元号</td><td colspan="4"></td></tr>
</table>

登记原因及证明	登记原因	合同设定		
	登记原因证明文件	登记申请书		
		河西支行授权委托书		
		权利代理人身份证明		
		中国××银行天津市分行河西支行"营业执照"		
		抵押担保主债权转让证明		
		中国××银行天津市分行南开支行"营业执照"		
		义务代理人身份证明		
		南开支行"授权委托书"		
		"不动产登记证明"津（2016）南开不动产证明第××号		
		"不动产权证书"津（2016）南开不动产权第××号		
申请证书版式	☑单一版　□集成版		申请分别持证	□是　☑否
不动产登记审批情况（申请人请勿填写）	初审	复审		核定
	中国××银行天津分行南开支行与房屋产权人杨××签订借贷款合同，借款总额150万元，合同编号为（2016）津工字第××号，并以坐落于南开区新华路5号御湖花园××室的自有房屋作为借款担保，并签订"房地产抵押合同书"合同编号：2016—××号。现因业务整合中国××银行天津分行南开支行将主债合同权利及房屋抵押权转让给中国××银行天津分行河西支行。申请人提交了登记申请应当提供的文件；申请书填写的内容与申请人提交的其他文件一致；申请人姓名与提交的身份证明以及登记簿记载的权利人姓名一致；房屋权属证书真实；委托书中的委托人代理权限与办理事项相符。符合房屋抵押权转移登记要求。 审查人（签章）：李×× 2016年9月2日	申请人与提交的材料记载的主体一致，申请登记的房屋与申请人提交的证明材料记载一致，申请登记的内容与有关材料证明的事实一致，申请登记的事项与房屋登记簿记载的房屋权利不冲突，无正在办理的更正登记、异议登记记载；无他人不动产预告登记记载；无人民法院、人民检察院、公安机关依据法律规定采取限制措施记载；符合抵押登记的法律规定，建议进行房屋抵押权转移登记。 审查人（签章）：李×× 2016年9月4日		同意进行房屋抵押权转移登记并重新颁发不动产登记证明。 负责人（公章）：李×× 2016年9月6日
备注				

附件5-3-4 不动产登记簿（样例）

抵押权登记信息				
不动产单元号：12010400203GB00035F000101××	抵押不动产类型：□土地 ☑土地和房屋 □林地和林木 □土地和在建建筑物 □海域 □海域和构筑物 □其他			

内容 ＼ 业务号	2016080211××	2016090233××		
抵押权人	中国××银行天津市分行南开支行	中国××银行天津市 分行河西支行		
证件种类	营业执照	营业执照		
证件号码	89222432××	89222433××		
抵押人	杨××	杨××		
抵押方式	一般抵押	一般抵押		
登记类型	初始登记	转移登记		
登记原因	合同设立	合同设立		
在建建筑物坐落				
在建建筑物抵押范围				
被担保主债权数额 （最高债权数额）（万元）	150万元	150万元		
债务履行期限 （债权确定期间）	2016年7月10日起 2017年7月9日止	2016年7月10日起 2017年7月9日止		
最高债权确定事实和数额				
不动产登记证明号	津（2016）南开不动产 证明第××号	津（2016）南开不动产 证明第××号		
登记时间	2016年8月6日	2016年9月6日		
登簿人	李××	李××		
注销抵押业务号	2016090233××			
注销抵押原因	主债权转移			
注销时间	2016年9月6日			
登簿人	李默			
附记	南开支行将主债权转移给河西支行			

准 (2016) 南开不动产权第 00023××号

权利人	杨××
共有情况	单独所有
坐落	天津市南开区新华路 5 号御湖花园××室
不动产单元号	12010400203GB00035F000101××
权利类型	国有建设用地使用权/房屋所有权
权利性质	出让/商品房
用途	城镇住宅用地/住宅
面积	65.48 m²/105.85 m²
使用期限	起 止
权利其他状况	房屋竣工时间 2016 年 2 月 25 日；钢筋混凝土结构；专有面积 88.87 m²；分摊面积 16.98 m²；房屋总层数 15/1

根据《中华人民共和国物权法》等法律法规，为保护不动产权利人合法权益，对不动产权利人申请登记的本证所列不动产权利，经审查核实，准予登记，颁发此证。

登记机构（章）

年 月 日

中华人民共和国国土资源部监制

编号 NQ. D001234567××

附图页

坐落：南开区新华路衡湖花园××楼

第 1 幢 ×× 至 105.8526 m²

套内建筑面积：88.875 m²

公摊面积：16.97 m²

北 ⇧

```
            ←──── 7900 mm ────→

        ┌─────────────────────┐
   ↑    │                     │
   │    │                     │
        │                     │
        │                     │
11250mm │     103室           │
        │   105.8526 m²       │
        │                     │
        │                     │
   │    │                     │
   ↓    └──┐              ┌───┘
      电梯 │              │
          └──────────────┘
```

附 记

2016 年 8 月 6 日设立一般抵押权首次登记；

抵押权人：中国××银行天津市分行南开支行

被担保主债权数额：150 万元；

抵押范围：全部抵押房屋的所有权和土地使用权；

债务履行期限：2016 年 7 月 10 日起—2017 年 7 月 9 日止；

不动产登记证明号：津（2016）南开不动产证明第 ×× 号

2016 年 9 月 6 日设立一般抵押权转移登记

抵押权人：中国××银行天津市分行河西支行

被担保主债权数额：150 万元；

抵押范围：全部抵押房屋的所有权和土地使用权；

债务履行期限：2016 年 7 月 10 日起—2017 年 7 月 9 日止；

不动产登记证明号：津（2016）南开不动产证明第 ×× 号

附件5-3-6 不动产登记证明（样例）

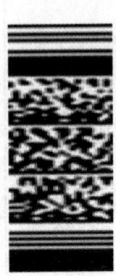

不动产登记证明

根据《中华人民共和国物权法》等法律法规，为保护申请人合法权益，对申请人申请登记的本证明所列不动产权利或登记事项，经审查核实，准予登记，颁发此证明。

津（2016）南开不动产证明第××号

证明权利或事项	抵押权
权利人（申请人）	中国××银行天津市分行河西支行
义务人	杨××
坐落	天津市南开区新华路5号御湖花园××室
不动产单元号	12010400203GB00035F000101××
其他	（1）不动产权证书号：津（2016）南开不动产权证书第××号 （2）抵押的方式：一般抵押 （3）担保债权的数额：150万元
附记	抵押权人：中国××银行天津市分行河西支行 被担保主债权数额：150万元 抵押范围：全部抵押房屋的所有权和土地使用权 债务履行期限：2016年7月10日起—2017年7月9日止

登记机构（章）
××区不动产登记专用章
2016年09月06日

中华人民共和国国土资源部监制
编号 NO.00000000000

单元六 最高额抵押权登记

一、最高额抵押权的概念与特征

最高额抵押权是指，债务人或第三人与抵押权人协议在最高债权额限度内，以抵押财产对一定期间内将要连续发生的债权提供抵押担保，当债务人不履行债务或发生当事人约定的实现抵押权的情形时，抵押权人有权在最高债权额限度内就该担保财产优先受偿。

最高额抵押权既然属于一种特殊的抵押权，其与一般抵押权就存在明显的差异，主要体现在以下几方面：

1. 最高额抵押权是为一定期间内将要连续发生的债权提供的担保

从保障债权的安全实现角度来说，最高额抵押权与一般抵押权一样都是由债务人或者第三人提供抵押财产据此担保债权人的债权能够顺利获得实现。但是最高额抵押权与一般抵押权担保的债权是不同的。一般抵押权担保的债权是已经发生的特定债权，且该债权是独立的而非连续的债权。

1）所谓"一定期间"就是"债权确定期间"，其开始日与终止日可以由当事人约定。如果当事人没有约定或约定不明，那么依据《物权法》第二百零六条，抵押权人或者抵押人自最高额抵押权设立之日起满两年后请求确定债权。该期间的开始日与终止日可以由当事人自行约定。

2）所谓"将要连续发生的债权"包含两层含义：其一，最高额抵押权担保的债权是将要发生的债权，也就是说，在最高额抵押权设立之时，该债权一般都没有发生，属于将来债权，而不能包括已经存在的债权，除非当事人特别约定此种债权也纳入最高额抵押权担保的债权范围之内。其二，最高额抵押权担保的债权是连续债权，属于不特定债权。它是指债权本身具有变动性。也就是说，最高额抵押权所担保的债权，从最高额抵押权产生之时至被担保的债权确定之时，该债权不断发生、消灭，因此具有变动性、代替性，属于一定范围内发生的、生生不息的债权。

一般抵押权既然担保的是既存的特定债权，因此作为从权利的一般抵押权从属的是该特定债权。但是，由于最高额抵押权所担保的债权是一定期间内将要连续发生的债权，因此最高额抵押权并不从属于在该期间内发生的某个或某几个具体的债权，而是从属于引发一定期限内债权连续发生的那个基础法律关系。即便因基础法律关系而引发的具体债权因清偿、抵消等原因，一度归于消灭，债权人与债务人之间的实际债权额为零，最高额抵押权也并不会消灭。同样，即便在一定期间内发生的某个或某几个具体债权发生转让，最高额抵押权也不会随同转让。这就是最高额抵押权与一般抵押权在从属性上的差别。由此可知，在最高额抵押权存续期间内，债权人与债务人之间不断发生具体的债权是无须再到不动产登记机构进行登记的。即便在实践中，一些债权人如银行有此要求，不动产登记机构也应不予理会。

2. 最高额抵押权存在最高债权额限度

由于一般抵押权担保的是既存的特定债权，因此抵押权人优先受偿的范围从一开始就是非常明确的，不动产登记机构在登记时可以直接登记担保的数额和担保的范围。但是，最高额抵押权既然担保的是一定期间内将要连续发生的债权，所以债权人与债务人之间的债权属于将来要发生的连续性债权，抵押权担保的范围虽然可以确定，但是抵押权人能够支配的抵押物的交换价值的具体数额即优先受偿的范围却无法明确。故此最高额抵押权存在一个"最高债权额限度"。所谓最高债权额限度就是指，抵押权人基于最高额抵押权所能够优先受清偿的债权的最高限度数额。我们这里所说的是抵押权人"所能够"优先受清偿的债权的最高限度数额，而不是最高额抵押权所实际担保的债权数额，更不是债务人必须清偿的债权数额。《担保法司法解释》第八十三条第二款规定："抵押权人实现最高额抵押权时，如果实际发生的债权余额高于最高限额的，以最高限额为限，超过部分不具有优先受偿的效力；如果实际发生的债权余额低于最高限额的，以实际发生的债权余额为限对抵押物优先受偿。"

二、最高额抵押权的意义

1. 最高额抵押权可以成为抵押担保方式

《担保法司法解释》第五十六条第一款规定："抵押合同对被担保的主债权种类、抵押财产没有约定或者约定不明，根据主合同和抵押合同不能补正或者无法推定的，抵押不成立。"例如，甲公司与乙银行于2008年6月1日签订了一份抵押借款合同，约定乙银行将于2008年10月10日发放一笔贷款给甲公司，具体数额届时确定，甲公司以其一栋房屋向乙银行设定一般抵押权。如果双方在2008年6月1日到不动产登记机构办理一般抵押权首次登记的话，登记机构不应予以登记。因为这个被担保的主债权的约定是不明确的。但是，如果甲公司与乙银行于2008年6月1日签订的是一份最高额抵押借款合同，该合同约定：乙银行于2008年9月1日至2010年8月31日这两年时间内将发放最高额度不超过2000万元的贷款给甲公司。甲公司应以其一栋房屋设定最高额抵押权担保。尽管，在合同签订时，乙银行尚未发放任何一笔具体的贷款给甲公司，但是，这一点却并不妨碍最高额抵押权的设立，甲乙双方向不动产登记机构申请设立最高额抵押权登记的，登记机构应当予以登记。

2. 最高额抵押权是一种便捷高效的担保方式

实践中，借款人因经营的需要往往向金融机构办理的不是一笔借款，而是在一段时间内要多次进行融资借款，如果需要每次分别订立借款合同和抵押担保合同并办理登记，对于借款人和金融机构既不方便，成本也过高。如果企业等借款人一次性向金融机构借款过多，则会使借款人背负不必要的利息成本。但是，采取设立最高额抵押权的方式就可以避免这些弊端。一方面，企业等借款人可以与金融机构订立一份授信协议，约定在未来的一段期间内金融机构将给予最高额度不超过一定数额的贷款给借款人。借款人可以依据该授信协议在该期间内向金融机构借款，无须逐次订立借款合同，每次借款的借据自动构成借款合同的组成部分；另一方面，借款人或者第三人与金融机构订立设立最高额抵押权设立合同（可能并非一份独立的合同书而往往是与授信协议合并在一份合同书中，名为最高额抵押贷款合同），办理一次抵押权登记。

3. 最高额抵押权有利于加强对银行等金融机构债权的担保

由于最高额抵押权是在最高债权额限度内担保一定期间内将要发生的债权，而在该期间内债权不断产生、消灭，因此实践中，设立最高额抵押权时，金融机构要求抵押人提供的抵押房屋的价值不得低于最高债权额限度，但是实际存在的债权却常常是并未达到最高债权额度。因此作为金融机构的债权是很可靠的。

三、最高额抵押权的特性

1. 无从属性

抵押权在发生、处分和消灭上具有的从属性是普通抵押权的重要属性。最高额抵押权作为一种特殊的抵押权，其从属性比较特殊，主要体现再以下几方面：

1）最高抵押权设定时并不从属于某一特定的债权，而是从属于引发一定期间内将要连续发生债权的基础法律关系。但是，一般抵押权在设定时必须从属于特定的债权，也就是说，这个债权必须是特定的，可以识别的。

2）最高额抵押权没有处分上的从属性。抵押权处分上的从属性是指"让与"上的从属性，即抵押权不能单独为处分而让与他人，只能与所担保的债权一同转换，或者在主债权转移时消灭。就是说，抵押权在处分上的从属性是指抵押权与所担保的债权不能异其主体，而不是指抵押权人不能处分抵押权。就最高额抵押权而言，它在处分上的从属性的特殊性为：并不随某一具体债权的转让而转让。因为，最高额抵押权并不从属于某一特定的债权，因此该债权即便被转让或者因第三人代位清偿，也不导致最高额抵押权随之转让或为第三人代位取得。一般来说，最高额抵押权的转让只是发生在以下两种情形之一：其一，最高额抵押权担保的债权已经确定，此时最高额抵押权成了一般抵押权，其当然因主债权的转让而转让。其二，在最高额抵押权担保的债权尚未确定之前，只有当导致一定期间内将要连续发生债权的基础法律关系转让时，最高额抵押权才随同转让。

3）没有消灭上的从属性。抵押权消灭上的从属性是指抵押权所担保的债权如因清偿、提存、抵消、免除等而全部消灭时，抵押权亦随之消灭。由于最高额抵押权并不因抵押存续期间内的某一具体债权的消灭而消灭，因此就具体的各个债权而言，最高额抵押权没有消灭上的从属性。某一具体债权的消灭，并不意味着最高额抵押权所担保债权的全部消灭，因为此后还有发生其他债权的可能，因此最高额抵押权并不因此而消灭。

2. 不特定性

抵押权的特定性包括抵押标的物的特定和抵押权所担保债权的特定两个方面，而后者是抵押权特定性的主要表现。最高额抵押权作为一种特殊的抵押权，其担保的是一定期间将要连续发生的债权，即不特定的债权。

四、最高额抵押权登记的类型

为贯彻落实《物权法》的规定，充分发挥最高额抵押权的融资担保的功能，规定了最高额抵押权的各类登记，包括：最高额抵押权的首次登记、最高额抵押权的变更登记、最高额抵押权的转移登记、最高额抵押权的确定登记、最高额抵押权的注销登记。

事由一 最高额抵押权的首次登记

最高额抵押权的首次登记，即当事人约定以房屋设立最高额抵押权时，应当到不动产登记机构办理最高额抵押权的首次登记。

流程1 登记申请

1. 申请人

房屋抵押人和抵押权人双方共同申请最高额抵押权首次登记。填写申请书（见附件6-1-1）。

2. 申请最高额抵押权首次登记提交的材料

①登记申请书；②申请人的身份证明；③不动产权证书（①持房证、地证申请办理抵押权登记的，应当同时申请办理房地统一登记，换发不动产权证书；②国有土地范围内共用宗地上的住宅房屋无土地信息的，申请人可持房屋所有权证等申请办理抵押权登记）；④最高额抵押合同；⑤主债合同（一定期间内将要连续发生的债权的合同或其他登记原因证明材料）；⑥以划拨土地使用权抵押的，还应当提供抵押权实现时优先交纳出让金的确认文件，无地上物的应提交批准抵押文件；⑦以集体建设用地使用权抵押的，提交集体建设用地所有权人同意抵押证明；⑧其他必要材料。

3. 最高额抵押权合同

最高额抵押权与一般抵押权在登记上存在很多共同的地方，正因如此，我国《物权法》第二百零七条规定："最高额抵押权除适用本节规定外，适用本章第一节一般抵押权的规定。"这一规定就意味着，除非法律、法规对于最高额抵押权有特别的规定，否则最高额抵押权的很多内容可以适用《物权法》关于一般抵押权的规定。例如，依据《物权法》第一百八十五条第一款的规定："设立抵押权，当事人应当采取书面形式订立抵押合同。"所以，当事人在以房屋设定最高额抵押权时，也应当采取书面形式订立最高额抵押合同。再如，《物权法》第一百八十六条规定："抵押权人在债务履行期届满前，不得与抵押人约定债务人不履行到期债务时抵押财产归债权人所有。"这是对抵押契约的禁止性规定，该规定显然也适用于最高额抵押。但是，最高额抵押权毕竟是一种比较特殊的抵押权，与一般抵押权存在差异，故抵押合同归纳起来有以下几点差异：

1）最高债权额限度条款。最高额抵押权与一般抵押权的一项最大区别就在于存在最高债权额限度。这是因为最高额抵押权担保的是一定期间内将要发生的债权，如果没有最高债权额限度，则意味着抵押权人与抵押人之间设定的是一般抵押权，而该抵押权担保的债权又属于将要发生的不确定的债权，故此因违反从属性，该一般抵押权亦不成立。所以，不动产登记机构在办理最高额抵押权登记时一定要认真审查，最高额抵押合同中是否有对最高债权额限度的明确约定，如果没有约定或者约定不明确，登记机构不应核准登记。

2）债权确定期间条款。所谓债权确定期间也称"决算期"，它是使得最高额抵押权所担保的不特定债权得以特定的日期。但是，需要注意的是，债权确定期间条款并非最高额抵押合同的必备条款，它可由当事人自行约定；如果没有约定或约定不明，则依据我国《物权法》第二百零六条第二项，抵押权人或者抵押人可以自最高额抵押权设立之日起满两年后请求确定债权。

4. 一定期间内将要连续发生债权的合同或其他登记原因证明材料（主债合同）

依据《担保法》第四十四条的规定，无论是在房屋上设立一般抵押权，还是设立最高额抵押权，当事人都应当向登记部门提供主合同。但是，设立一般抵押权与设立最高额抵押权时当事人提交的主合同是不同的。在房屋上设立一般抵押权时，当事人提交的主合同都是产生特定债权的合同，也就是说，无论当事人之间的债权合同是借款合同、买卖合同，还是其他合同，该合同产生的债权数额都是已经特定的。例如，甲银行与乙企业之间签订一份抵押借款合同，约定，甲银行向乙企业贷款 1000 万元用于设备改造，乙企业以其一栋厂房向甲银行设定一般抵押权。在申请一般抵押权登记时，所谓主合同就是这个贷款合同。当然，主合同的表现形式也可以是多种多样的，如单独订立的借款合同书，也可以与抵押合同条款混合在一起。但是，无论如何一般抵押权首次登记中，主合同发生的债权都是特定的。可是，最高额抵押权首次登记中的主合同却非常特殊，它是"一定期间内将要连续发生的债权的合同或其他登记原因证明材料"。所谓"一定期间内将要连续发生的债权的合同"，可以是买卖合同、借款合同，也可以是票据贴现合同、银行卡合同等。但是，这个买卖合同、借款合同或者票据贴现合同、银行卡合同，与一般抵押权首次登记中的主合同不同的是，它能够导致一定期间债权的连续发生。例如，当事人之间订立的一定期间内的连续性供货合同、一定期间内的授信协议等。所谓"其他登记原因证明材料"是一种兜底性的规定，也就是说，随着将来经济生活的发展，可能出现的在当事人订立的合同之外的能够引起一定期间内将要连续发生债权的证明材料。

5. 其他必要材料

当事人申请最高额抵押权首次登记时，同意将最高额抵押权设立前已经存在的债权转入最高额抵押担保的债权范围的，还应当提交：

1）已存在债权的合同或其他登记原因证明材料；如果当事人不能提供这些证明材料，登记机构将无法判断要纳入到最高额抵押权担保的债权范围的某一债权是否存在。

2）抵押人与抵押权人同意将该债权纳入最高额抵押权担保范围的书面材料。

依据《物权法》第二百零三条第二款，最高额抵押权设立前已经存在的债权，经当事人同意，可以转入最高额抵押担保的债权范围。登记机构在办理将已存在债权转入最高额抵押权担保的债权范围的登记时，必须要认真审查抵押人与抵押权人之间是否对此已经达成合意。为了使得登记机构能够有效地判断当事人之间存在此种合意，抵押人与抵押权人必须向登记机构提交同意将该债权纳入最高额抵押权担保范围的书面材料。

当事人要将最高额抵押权设立前已经存在的债权转入最高额抵押担保的债权范围的情形可能包括三种：其一，在申请最高额抵押权的首次登记时，就要求将该已经存在的债权转入最高额抵押担保的债权范围，不动产登记机构应当在首次登记程序中一并办理，将该债权记入最高额抵押权担保的债权范围；其二，最高额抵押权已经设立并且办理了登记之后，当事人合意将已经存在的债权转入最高额抵押权担保的债权范围，不动产登记机构办理的应当是最高额抵押权的变更登记；其三，最高额抵押权担保的债权已经确定，当事人在申请最高额抵押权确定登记时要求将最高额抵押权设立之前已经存在的债权转人最高额抵押权担保的债权范围，不动产登记机构办理的是一般抵押权的变更登记。

流程2　登记受理

1. 检查证件

登记工作人员检查应交的资料是否齐全、资料格式是否符合规定的要求、各资料的主体或当事人是否一致、资料所涉及的内容是否相同。如果缺少应交的资料，应书面通知申请人。

2. 询问

对询问结果应进行记录并要求申请人签字确认。

3. 收件

收件是登记机构工作人员根据受理的规定要求，在对申请人提交的资料进行检查后，将资料收集整理到一个档案袋中，列清写好档案袋中的资料内容，并给申请人填写收件收据。在收件工作中，一定要保证登记文件应当齐全（见附件6-1-2）。

除以上资料外还应提交缴费凭证。因当事人以住宅及其建设用地设定抵押，办理抵押权首次登记收费标准为：住宅每件80元，非住宅类不动产抵押权登记收费标准为每件550元。

流程3　登记审核

不动产登记机构应当按照下列要求，对不动产登记申请资料进行审核：

1）申请材料是否齐全；

2）抵押财产是否属于法律、行政法规禁止抵押的不动产；

3）主债权合同、抵押合同载明的主体、不动产坐落、土地面积、房屋建筑面积等与登记簿记载一致；

4）抵押合同上记载的抵押人、抵押权人、最高债权额限度、债权确定的期间是否明确，担保范围、债务履行期限、抵押不动产是否明确；

5）申请登记的房屋及其占用范围内的土地是否在登记簿记载范围内；

6）分割抵押的，应先办理宗地分割登记手续；

7）同一不动产上设有多个抵押权的，应当按照受理时间的先后顺序依次办理登记；

8）无查封登记、无正在办理的更正登记、无他人抵押权预告登记记载；

9）其他审查事项（单元一审核要求）。

在最高额抵押权是一种比较特殊的抵押权，其特殊之处就在于该抵押权担保的不是特定的某个债权，而是在最高债权额限度内担保一定期间内将要连续发生的债权。因此，最高债权限额和债权的确定期间是最高额抵押合同中独有的条款，如果当事人合同中没有约定最高债权限额或者对之约定不明，那么该抵押权不可能是最高额抵押权。绝对不能办理最高额抵押权的首次登记。但是，债权确定的期间却并不是最高额抵押合同中的必要条款，《物权法》已经明确规定了，没有约定债权确定期间或者约定不明确，抵押权人或者抵押人自最高额抵押权设立之日起满两年后请求确定债权。但是，如果当事人在最高额抵押合同中对于债权确定的期间已经有明确的约定，那么登记机构应当将其记载于房屋登记簿。理由在于：首先，通过在登记簿上记载债权确定的期间，可以有效地维护同一房屋上后顺位抵押权人的利益，使之据此权衡自己的利益；其次，房屋登记簿上记载债权确定的期间，也为登记机构后面办理最高额抵押权确定登记提供了判断标准（见附件6-1-3）。

流程4　核准登记并记载不动产登记簿

登记机构在房屋登记簿上明确记载该抵押权是最高额抵押权，这一规定对于贯彻落实《物权法》确定的公示公信原则也是非常必要的。

对最高额抵押权登记，登记机构应当在不动产登记簿"抵押权登记信息"页上记载以下内容：最高额抵押权人、抵押人、最高债权额、债务履行期限、债权确定的期间、最高债权额已经确定的事实和数额、登记时间、登记最终审核人员以及其他需要记载的事项。这里的最高额抵押权人、抵押人，指最高额抵押合同中记载的抵押权人、抵押人；最高债权额，指最高额抵押合同中双方当事人约定的能够担保的最高债权额度；债务履行期限，指主债权合同中约定的债务人履行债务的期限；债权确定的期间，指最高额抵押合同中双方当事人约定的债权确定期间；最高债权额已经确定的事实和数额，指因《物权法》第二百零六条规定的情形导致最高额抵押权所担保的债权确定时，记载债权确定的原因及事实，同时注明所确定的债权金额；登记时间，指登记事项记载于登记簿上的时间；登记最终审核人员，指登记机构做出最终审核决定的人员（见附件6-1-4）。

流程5　颁证、发证

登簿后，登记人员根据登记簿的记载缮写新的不动产登记证明，在新的不动产登记证明中其他一项中填写"①不动产权证书号：津（2015）南开不动产权证书第××号；②抵押的方式：最高额抵押；③担保债权的最高数额：240万元"。将原不动产登记证明收回注销后存档。

将不动产权证书上在附记栏内原来记载的"2016年2月6日设立的一般抵押权转移登记"注销，填写"2016年3月6日设立最高额抵押权首次登记，并填写抵押权人、被担保主债权数额、债务履行期限、不动产登记证明号"。

在规定的日期将重新缮写的不动产登记证明发放给最高额抵押权人，由最高额抵押权人在房屋领证簿上签字。将不动产权证书发放给房屋所有权人，由房屋所有权人在房屋领证簿上签字。收回受理时发放的收件收据（见附件6-1-5及附件6-1-6）。

事由二　最高额抵押权的变更登记

所谓最高额抵押权的变更登记是指在不改变最高额抵押权主体（即抵押人和抵押权人）的情况下，因最高额抵押权的抵押人或债务人、抵押权人的姓名或名称发生变化，被抵押的房屋的坐落等自然状况发生变化，最高额抵押权的担保的债权范围发生变化，最高额抵押权的最高额债权额发生变化，债权确定期间和共有性质发生变化时，当事人向不动产登记机构申请的最高额抵押权变更登记。

变更最高额抵押权的情形有两种，一为变更最高额抵押权登记事项；一为发生法律、法规规定的变更最高额抵押权的其他情形。

一、变更最高额抵押权登记事项

所谓变更最高额抵押权登记事项中的"最高额抵押权登记事项"包括两大类。

（一）最高额抵押权的一般登记事项

设立最高额抵押权时，登记机构应当在房屋登记簿上记载的最高额抵押权登记事项包括：①抵押当事人、债务人的名称或者姓名；②被担保债权的数额；③登记时间。因此，当事人在对这些一般登记事项进行变更时，应当办理最高额抵押权变更登记。这里需要注意三个问题：其一，登记时间虽然属于抵押权登记时应当在登记簿上记载的事项，但是要确认登记时间是不是当事人能够进行变更的事项。因为登记时间是登记机构将经审查符合法律规定的不动产物权的变动事项记载于登记簿之上的时间，其对于确定不动产物权的变动及其顺位具有重要的意义，如果当事人可以任意改变该时间，将会对不动产登记工作的合法性与权威性造成严重损害。其二，依据《物权法》第一百九十四条规定，抵押权人与抵押人变更被担保的债权数额时，未经其他抵押权人书面同意，不得对其他抵押权人产生不利影响。此外，依据《物权法》第二百零五条，在最高额抵押担保的债权确定前，如果抵押权人与抵押人通过协议变更债权范围的，该变更的内容不得对其他抵押权人产生不利影响。所以，因被担保债权的数额发生变更申请抵押权变更登记的，还应当提交其他抵押权人的书面同意文件。这一规定不仅适用于一般抵押权的变更登记，同样适用于最高额抵押权的变更登记。第三，最高额抵押权的变更登记情形同一般抵押权的变更登记情形一样还包括债务履行期限变化引起的变更登记。

（二）最高额抵押权的特殊登记事项

由于最高额抵押权具有不同于一般抵押权的特殊之处，因此在登记事项中除前述一般抵押登记事项之外，还应当包括以下两项特殊的登记事项：①最高债权额，所谓最高债权额就是指抵押权人基于最高额抵押权所能够优先受清偿的债权的最高限度数额。在银行与企业的授信协议中，最高债权额往往就是最高贷款额度，二者是同一的。需要注意的是，最高债权额与一般抵押权中被担保债权的数额虽然都具有明确抵押权优先受偿范围的功能，但是二者是不同的。最高债权额与抵押权人最终实际优先受偿的数额常常是不一致的，但是一般抵押权中被担保债权的数额常常就是抵押权实际优先受偿的数额。②确定债权的期间就是指，当事人约定的确定最高额抵押权担保的债权数额的期间。该期间届满之后，当事人再发生的债权即便没有超过最高债权额，也不能再纳入到最高额抵押权担保的债权范围。

二、发生法律、法规规定的变更最高额抵押权的其他情形

所谓"发生法律、法规规定的变更最高额抵押权的其他情形"，主要包括以下情形：

1）作为抵押财产的房屋坐落的街道、面积发生变化而导致的最高额抵押权的变更。

2）最高额抵押权的顺位发生变化。依据《物权法》第一百九十四条第一款的规定，抵押权人与抵押人可以协议变更抵押权顺位，但是此种抵押权顺位的变更，未经其他抵押权人书面同意，不得对其他抵押权人产生不利影响。

三、最高额抵押权的变更登记流程

流程1　登记申请

1. 申请人

抵押双方当事人。

2. 申请最高额抵押权变更登记提交的材料

①登记申请书（见附件6-2-1）；②申请人的身份证明；③不动产登记证明（他项权利证书）；④最高额抵押权担保的债权尚未确定的证明材料；⑤最高额抵押权发生变更的证明材料；⑥其他必要材料，包括：因最高债权额、债务履行期限、债权确定的期间发生变更申请最高额抵押权变更登记时，如果该变更将对其他抵押权人产生不利影响的，还应当提交其他抵押权人的书面同意文件与身份证明。

（1）最高额抵押权担保的债权尚未确定的证明材料

如果最高额抵押权担保的债权已经确定，那么就意味着此时该抵押权已经不再是最高额抵押权，而已经变成了一般抵押权，当事人申请办理的应当是一般抵押权的变更登记。所以要求当事人必须提交最高额抵押权担保的债权尚未确定的证明材料。

（2）最高额抵押权发生变更的证明材料

最高额抵押权发生变更的情形很多，但是无论哪一种情形导致的最高额抵押权变更，都应当提交相应的证明材料。例如，因最高额抵押权人的公司名称发生改变，那么应当提交工商行政管理机关的相关证明文件；再如，当事人协议变更最高额抵押权中的债权确定期间，则应当提交该变更的协议。

（3）因最高债权限额、债权确定的期间发生变更而申请变更登记的，还应当提交其他抵押权人的书面同意文件

由于当事人变更最高债权额和债权确定的期间可能会对同一房屋上的其他抵押权人的利益产生影响，因此《物权法》第二百零五条规定："最高额抵押担保的债权确定前，抵押权人与抵押人可以通过协议变更债权确定的期间、债权范围以及最高债权额，但变更的内容不得对其他抵押权人产生不利影响。"这里所谓的"其他抵押权人"指的是同一抵押财产上的后顺位抵押权人，而并非是同一抵押财产上的除变更抵押权的抵押权人之外的全部抵押权人。

流程2　登记受理

1. 检查证件

登记工作人员检查应交的资料是否齐全、资料格式是否符合规定的要求、各资料的主

体或当事人是否一致、资料所涉及的内容是否相同。如果缺少应交的资料，应书面通知申请人。

2. 询问

对询问结果应进行记录并要求申请人签字确认。

3. 收件

收件是登记机构工作人员根据受理的规定要求，在对申请人提交的资料进行检查后，将资料收集整理到一个档案袋中，列清写好档案袋中的资料内容，并给申请人填写收件收据（见附件6－2－2）。在收件工作中，一定要保证登记文件应当齐全。

除以上资料外还应提交缴费凭证。因当事人以住宅及其建设用地设定抵押，办理抵押权变更登记收费标准为：住宅每件80元，非住宅类不动产抵押权登记收费标准为每件550元。因房屋坐落的街道或门牌号码变更、权利人名称变更而申请的变更登记，登记费减半收取；夫妻间不动产权利人变更，申请登记的只收取不动产权属证书工本费，每本证书10元；因行政区划调整导致不动产坐落的街道、门牌号或房屋名称变更而申请变更登记的及因农村集体产权制度改革导致土地、房屋等确权变更而申请变更登记的，免收不动产登记费（含第一本不动产权属证书的工本费）。

流程3　登记审核

不动产登记机构应当按照下列要求，对不动产登记申请资料进行审核：

1）申请书、证明文件、委托书、权属证明与国家规定的规范格式一致；
2）申请人、委托代理人身份证明材料以及授权委托书与申请主体一致；
3）不动产界址、空间界限、面积等材料与申请登记的不动产一致；
4）权属来源证明材料或者登记原因证明文件与申请登记的内容一致；
5）法律、行政法规规定的缴费凭证齐全；
6）属于教育、社区医疗卫生、文化体育、社区服务（含菜市场）、行政管理和市政公用等新建住宅配套非经营性公建，不得办理在建工程抵押；
7）无正在办理的更正登记、异议登记记载；
8）无他人不动产预告登记记载；
9）无人民法院、人民检察院、公安机关依据法律规定采取限制措施记载；
详见附件6－2－3不动产登记审批表（样例）。

流程4　核准登记并记载不动产登记簿

将2016年3月6日设立最高额抵押权首次登记事项注销，按照审批表的内容在抵押登记簿上重新填写。详见附件6－2－4不动产登记簿（样例）。

流程5　颁证、发证

登簿后，将不动产权证书附记栏的"2016年3月6日设立最高额抵押权首次登记"注销。重新填写2016年4月6日设立最高额抵押权变更登记，包括"抵押权人：中国××银行天津市分行河西支行、被担保主债权数额：300万元"；债务履行期限：2016年2

月 25 日 -2020 年 6 月 24 日；不动产登记证明号：津（2016）南开不动产证明第××号"。填写好后，发还给房屋所有权人。详见附件 6 - 2 - 5 不动产权证书（样例）。

将原已发放的不动产登记证明"津（2016）南开不动产证明第××号"收回并注销存档，重新填写"津（2016）南开不动产证明第××号"证明，并发给河西支行。详见附件 6 - 2 - 6A、B 不动产登记证明（样例）。

领证时由领证人在领证簿上签字。收回受理时发放的收件收据。

事由三　最高额抵押权的转移登记

一、最高额抵押权转移登记的含义

最高额抵押权的转移登记，是指因最高额抵押权所从属的基础法律关系中的债权人将其在基础法律关系中的权利义务转让给第三人时，而引起的最高额抵押权的转移，当事人向不动产登记机构申请的最高额抵押权转移登记。

二、最高额抵押权转移的特点

最高额抵押权随债权的转移而转移有其特殊之处，主要表现在以下几点：

1. 最高额抵押权担保的债权没有确定时，部分债权转让的，除当事人另有约定外，最高额抵押权不得转让，登记机构不能办理最高额抵押权转移登记

《物权法》第二百零四条明确规定"最高额抵押担保的债权确定前，部分债权转让的，最高额抵押权不得转让"，关键原因在于：

最高额抵押权担保的不是某个特定的债权，而是一定期间内将要连续发生的债权，因此最高额抵押权不是如同一般抵押权那样从属于某个特定的债权，而是从属于一定期间内将要连续发生的债权的合同，即引发一定期间内债权连续发生的基础法律关系。只要该基础法律关系没有发生转让，最高额抵押权原则上就不会转让，至于该基础法律关系引发的具体的某个或某几个债权的转让是无关紧要的。例如，A 银行与 B 企业签订一份授信协议，该协议约定：A 银行在 2008 年 1 月 2 日至 2010 年 1 月 2 日这两年的时间内，向 B 企业提供最高不超过 5000 万元人民币的贷款。该授信协议就是导致一定期间内将要连续发生债权的基础法律关系。A 银行又与 B 企业签订协议，约定 B 企业以其价值 8000 万元的房屋一栋向 A 银行设定最高额抵押担保。协议签订后，A 银行分别于 2008 年 1 月 4 日、2008 年 6 月 4 日、2009 年 6 月 1 日分别向 B 企业发放了 800 万元、1000 万元、2000 万元共三笔贷款，如果 A 银行在 2009 年 7 月 1 日将第二笔贷款即 1000 万元的贷款债权转让给 C 银行时，A 银行享有的最高额抵押权并不随同转让。此时，该笔 1000 万元贷款即脱离了最高额抵押权的担保。

2. 最高额抵押权担保的债权没有确定时，部分债权转让的，双方约定基础法律关系一同转让时，登记机构可以办理最高额抵押权转移登记

如上所述，如果 A 银行、B 企业与 C 银行于 2009 年 7 月 1 日经过协商，A 银行将与

B 企业签订的授信协议中的全部权利义务转让给 C 银行，此时 A 银行享有的最高额抵押权也应当随之转让给 C 银行。也就是说，此时由于抵押权人已经将其在基础法律关系中享有的全部权利义务转让给第三人了，此时，当事人应当提交"最高额抵押权发生转移的证明材料"，就是指证明基础关系已经发生转让的证明材料，既上面例子中所提到的 A 银行与 C 银行之间关于授信协议中 A 银行的全部权利和义务转让给 C 银行的协议。此外，按照《合同法》第八十八条的规定："当事人一方经对方同意，可以将自己在合同中的权利和义务一并转让给第三人。"所以，不动产登记机构要求当事人提交的"最高额抵押权发生转移的证明材料"中应当包含合同一方当事人对另一方当事人转让合同中的权利义务的书面同意。

3. 如果最高额抵押权担保的债权已经确定，特定的债权转让时应办理一般抵押权转移登记

如果最高额抵押权担保的债权已经确定，则该抵押权已经不是最高额抵押权而是一般抵押权，此时该已被特定的债权转让时，一般抵押权当然也随之转让，但是此时不动产登记机构办理的就不再是最高额抵押权的转移登记，而是一般抵押权的转移登记，即经依法登记的房屋抵押权因主债权转让而转让。

4. 当事人约定最高额抵押权随同部分债权的转让而转移的，应当在办理最高额抵押权确定登记之后，办理一般抵押权转移登记

如果当事人约定最高额抵押权随同部分债权的转让而转让的，此时因最高额抵押权已经不再是担保"一定期间内将要发生的债权"，而是担保特定的债权即被转让的部分债权，这实际上就意味着新的债权已经不可能再发生，符合《物权法》第二百零六条第三项规定的"新的债权不可能发生"这种最高额抵押权担保的债权的确定事由，应当先办理最高额抵押权确定登记，然后再按照一般抵押权转让登记的规定处理。"

5. 债权人转让部分债权，当事人约定最高额抵押权随同部分债权的转让而转移的，应当分别申请下列登记

1）当事人约定受让人享有一般抵押权、原抵押权人就扣减已转移的债权数额后继续享有最高额抵押权的，应当申请一般抵押权的转移登记以及最高额抵押权的变更登记。

2）当事人约定原抵押权人不再享有最高额抵押权的，应当一并申请最高额抵押权确定登记以及一般抵押权转移登记。

三、最高额抵押权转移登记流程

流程 1　登记申请

1. 申请人

由登记簿上记载的抵押权人和债务受让人共同登记。

2. 申请最高额抵押权转移登记提交的资料

①登记申请书（见附件 6 - 3 - 1）；②申请人的身份证明；③不动产登记证明（房屋他项权证书）；④最高额抵押权担保的债权尚未确定的证明材料；⑤部分债权转移的证

明；⑥最高额抵押权发生转移的证明材料；⑦债权人已经通知债务人的材料。

流程2　登记受理

1. 检查证件

登记工作人员检查应交的资料是否齐全、资料格式是否符合规定的要求、各资料的主体或当事人是否一致、资料所涉及的内容是否相同。如果缺少应交的资料，应书面通知申请人。

2. 询问

对询问结果应进行记录并要求申请人签字确认。

3. 收件

收件是登记机构工作人员根据受理的规定要求，在对申请人提交的资料进行检查后，将资料收集整理到一个档案袋中，列写好档案袋中的资料内容。并给申请人填写收件收据。在收件工作中，一定要保证登记文件应当齐全。除以上资料外还应提交缴费凭证。因当事人以住宅及其建设用地设定抵押，办理抵押权转移登记收费标准为：住宅每件80元，非住宅类不动产抵押权登记收费标准为每件550元。详见附件6-3-2。

流程3　登记审核

不动产登记机构应当按照下列要求，对不动产登记申请资料进行审核：

①申请材料是否齐全；②申请书、证明文件、委托书、权属证明与国家规定的规范格式一致；③申请人的资格是否正确；④申请人、委托代理人身份证明材料以及授权委托书与申请主体一致；⑤不动产界址、空间界限、面积等材料与申请登记的不动产一致；⑥申请转移登记的抵押权是否已经登记；⑦申请转移的抵押权与抵押权转移登记申请材料的记载是否一致；权属来源证明材料或者登记原因证明文件与申请登记的内容一致；⑧无正在办理的更正登记、异议登记记载；⑨无他人不动产预告登记记载；⑩无人民法院、人民检察院、公安机关依据法律规定采取限制措施记载；⑪法律、行政法规规定的缴费凭证齐全。详见附件6-3-3。

流程4　核准登记并记载不动产登记簿

在不动产登记簿抵押权登记信息上记载最高额抵押权转移的情境，抵押权人：中国××银行天津市分行南开支行；登记种类：转移登记；不动产登记证明号：津（2016）南开不动产证明第××号。同时对河西支行的最高额抵押权予以注销（见附件6-3-4）。

流程5　颁证、发证

登簿后，对不动产权证书的附记栏内"2016年4月6日设立最高额抵押权变更登记"予以注销。重新填写"2016年5月6日设立最高额抵押权转移登记；抵押权人：中国××银行天津市分行南开支行；被担保主债权数额：300万元；债务履行期限：2016年2月25日-2020年6月24日；不动产登记证明号：津（2016）南开不动产证明第0042345号"。并将不动产登记簿发还给不动产所有权人。

将原已发放的不动产登记证明"津（2016）南开不动产证明第0032345号"注销后

存档，重新填写不动产登记证明"津（2016）南开不动产证明第0042345号；权利人：中国××银行天津市分行南开支行；其他：①不动产权证书号：津（2015）南开不动产权证书第0002371号；②抵押的方式：最高额抵押；③担保债权的最高数额：300万元"。将不动产登记证明发给最高额抵押权转移登记受让人（见附件6-3-5及附件6-3-6）。

发证时由领证人在领证簿上签字，并收回受理时发放的收件收据。

事由四　最高额抵押权的确定登记

一、最高额抵押权的确定登记的含义

当发生法定或者确定的事由，导致最高额抵押权担保的债权被确定，从而使最高额抵押权转变为一般抵押权时，当事人应当持不动产登记证明、最高额抵押权担保的债权已确定的证明等必要材料申请办理确定最高额抵押担保权的登记。

最高额抵押权不可能一直存在，而最高额抵押权人要实现其抵押权也必须先确定债权，将最高额抵押权变更为一般抵押权，才能就抵押房屋的交换价值优先受偿。最高额抵押权的确定登记实际上就是变更登记，即在最高额抵押权担保的债权确定后，依法将最高额抵押权变更为一般抵押权。

最高额抵押权的确定登记主要有以下两方面的意义：

1）优先受偿的债权及金额有确定的必要。最高额抵押权所担保的债权为一定范围内的不特定债权，在确定前，此项受担保的不特定债权，一直保持流动性，生生不息。然而，最高额抵押权作为担保物权，其终究是为了担保债权的优先受偿而存在，其实现担保价值亦即实行抵押权之际，关于哪一种债权属于优先受偿的债权仍需要予以具体特定。此外，最高额抵押权的优先受偿金额虽然有最高限额的限制，但是计算担保债权的金额是否逾越最高限额或实际债权额究竟有多少，也需要将最高额抵押权所担保的债权加以具体化、特定化。

2）出于保护利害关系人利益的考虑，如果对于最高额抵押权所担保的债权不加以特定，则最高额抵押权无法实现，抵押人的一般债权人或抵押物上的后顺序抵押权人的利益难以得到保障。因此，办理确定登记之后，债权人与债务人再发生新的债权都不能纳入到抵押权的担保范围。

二、最高额抵押权担保的债权确定的情形

我国《物权法》第二百零六条规定了最高额抵押权确定的情形，该条规定了有下列情形之一的，抵押权人的债权确定。

1. 约定的确定债权期间届满

约定的确定债权的期间届满，即决算期届至，此时最高额抵押权担保的债权当然应当确定。

2. 没有约定的确定债权期间或者约定不明确

没有约定的确定债权期间或者约定不明确，抵押权人或者抵押人自最高额抵押权设立

之日起满两年后请求确定债权。

由于实践中当事人有时没有约定的决算期或者有约定却又不明确，此时如果任由该最高额抵押权持续下去，只要主债务人仍在继续从债权人处得到融资，抵押人就不能摆脱担保责任，有可能会长期的约束债务人之外的抵押人，因此立法上需要提供保护措施。需要注意的是，这个"两年"是一个固定期间，不存在中止、中断的问题，其起算点是最高额抵押权设立之日。

3. 新的债权不可能发生

所谓"新的债权不可能发生"是指，债务人与债权人之间的基础法律关系已经消灭，不可能发生新的债权。例如，银行已经解除了与借款人之间的借款关系、买方与卖方已经终止了连续性买卖合同等。此时，因新的债权不可能再发生，债权不再处于变动不安的状态，自然就确定了。

4. 抵押财产被查封、扣押

当抵押财产因财产保全或者执行程序而被查封或扣押时，最高额抵押所担保的债权应当特定。这是因为：首先，因财产保全而查封抵押物的根本目的就是为了防止由于被申请人转移、隐匿或毁损财产而造成将来判决难以执行情况的出现，如果在最高额抵押权标的物被查封后债权仍可以不特定的话，就会出现抵押人与最高额抵押权人串通，故意在抵押物被查封后连续制造虚假的债权，由于这些债权连同抵押物被查封之前产生的债权都可以从抵押物拍卖、变卖所得价款中优先受偿，财产保全的目的就完全落空了。其次，在执行程序中查封的目的是为了保证对财产的顺利换价，实现债权的清偿。它是一种临时性的措施，是为了进一步的拍卖或变卖做准备。而且查封不仅是强制执行程序的实质性开始，而且通过将被查封的财产与被执行人的其他财产分开，揭示社会公众不要就查封物进行交易，查封也具有维护交易安全的作用。既然在抵押物被查封时，抵押权人的优先受偿权不受影响，那么就必须明确最高额抵押权人优先受偿的范围，如果这个范围都没有明确的话，执行申请的债权就无法获得清偿。因此，当抵押物因强制执行程序而被查封后，债权应当特定。因此，《最高人民法院关于人民法院民事执行中查封、扣押、冻结财产的规定》（以下简称《民事执行中查封、扣押、冻结财产的规定》）第二十七条规定："人民法院查封、扣押被执行人设定最高额抵押权的抵押物的，应当通知抵押权人。抵押权人受抵押担保的债权数额自收到人民法院通知时起不再增加。人民法院虽然没有通知抵押权人，但有证据证明抵押权人知道查封、扣押事实的，受抵押担保的债权数额从其知道该事实时起不再增加。"

5. 债务人、抵押人被宣告破产或者被撤销

当债务人被宣告破产之时，依照《中华人民共和国企业破产法》（以下简称《企业破产法》）第一百零七条第二款的规定，人民法院受理破产申请时对债务人享有的债权称为破产债权。此时，如果仍然不确定最高额抵押权担保的债权，仍任由其变动，必然有损其他破产债权人的合法权益。债务人被撤销时，依法应当清算，所以最高额抵押权担保的债权也必须特定。至于抵押人被宣告破产，依据《企业破产法》第一百零七条第二款的规定，被宣告破产的抵押人为破产人，其财产称为破产财产，如果任由债权继续增加，将会损害其他破产债权人的合法权益，因此也必须确定。抵押人被撤销时，最高额抵押权担保

的债权必须确定的理由也是一样的。

最高额抵押权在被担保的债权特定之后，发生效力。只有在特定时已经发生的主债权属于抵押权担保的范围，特定之后产生的债权即便是来源于基础法律关系也不属于担保的范围。至于特定时已经存在的被担保主债权的利息、违约金、损害赔偿金只有在特定时已经发生而且与主债权合计数额没有超过最高债权额限度时，才可以列入最高额抵押权担保的债权范围。

并不是所有的最高额抵押权都需要办理确定登记，若发生上述最高额抵押权确定的情形，抵押人和抵押权人正常地履行完债权债务关系后，当事人可申请最高额抵押注销登记，此时，最高额抵押权和一般抵押权的登记类似。

三、最高额抵押权确定登记的流程

流程1　登记申请

1. 申请人

经依法登记的最高额抵押权担保的债权确定由抵押双方当事人申请；抵押当事人协议确定或者人民法院、仲裁委员会生效的法律文书确定了最高额抵押权担保的债权的，可由抵押当事人一方申请确定登记。

2. 申请最高额抵押权确定登记提交的资料

1）房屋登记申请书（收原件，见附件6－4－1）；

2）申请人的身份证明文件（验原件，收复印件）；

3）授权委托的须提交合法有效的委托书（收原件）；

4）代理人身份证明（委托的提交）（验原件，收复印件）；

5）不动产权证书（房屋所有权证书或房地产权证书，共有的房屋还应当提交其他共有证）（收原件）；

6）不动产登记证明（房地产他项权证书）（收原件）；

7）最高额抵押权担保的债权已确定的证明材料（见附件6－4－2）。

流程2　登记受理

1. 检查证件

登记工作人员检查应交的资料是否齐全、资料格式是否符合规定的要求、各资料的主体或当事人是否一致、资料所涉及的内容是否相同。如果缺少应交的资料，应书面通知申请人。

2. 询问

对询问结果应进行记录并要求申请人签字确认。

3. 收件

收件是登记机构工作人员根据受理的规定要求，在对申请人提交的资料进行检查后，将资料收集整理到一个档案袋中，列清写好档案袋中的资料内容，并给申请人填写收件收据。在收件工作中，一定要保证登记文件应当齐全（见附件6-4-3）。

流程3 登记审核

不动产登记机构应当按照下列要求，对不动产登记申请资料进行审核（见附件6-4-4）：

1）申请书、证明文件、委托书、权属证明、调查材料、不动产测量资料等与国家规定的规范格式一致；

2）申请人、委托代理人身份证明材料以及授权委托书与申请主体一致；

3）不动产界址、空间界限、面积等材料与申请登记的不动产一致；

4）权属来源证明材料或者登记原因证明文件与申请登记的内容一致；

5）法律、行政法规规定的缴费凭证齐全；

6）不违反法律、行政法规的强制性规定。

流程4 核准登记并记载不动产登记簿

将抵押权的确定情境记载在登记簿上。登簿有两种情况，其中第一种情况，登记机构对符合规定的最高额抵押权确定登记应将最高额抵押权担保的债权已经确定的事实记载在房屋登记簿上。第二种情况，登记机构依据单方申请将债权数额确定的事实记载于房屋登记簿。

依据第一种情况，不动产登记机构对于符合规定条件的最高额抵押权确定登记，应当将最高额抵押权担保的债权已经确定的事实记载于房屋登记簿。所谓符合规定条件是指符合《物权法》第二百零六条规定的最高额抵押权担保的债权的确定事由。登记机构办理确定登记时，在登记簿上记载的债权已经确定的事实包括两部分：其一，债权确定的事由，例如约定的确定债权期间届满、当事人已经合意解除合同等；其二，纳入最高额抵押权的担保数额。

依据第二种情况，当存在以下情形时，登记机构可以依据单方申请进行最高额抵押权确定登记的情形，主要包括两种：其一，当事人协议确定了最高额抵押权担保的债权的，此时即便另一方没有一同申请，不动产登记机构也可以依据单方申请进行确定登记。其二，人民法院、仲裁委员会生效的法律文书确定了债权数额的，例如法院对于债权人与债务人之间的合同已经做出了生效的判决，该判决确认了当事人之间的债权数额，此时，一方当事人持这些生效的法律文书就可以单方到不动产登记机构办理最高额抵押权确定登记。此外，人民法院做出的查封抵押房屋的裁定时，最高额抵押权担保的债权也应当确定。《民事执行中查封、扣押、冻结财产的规定》第二十七条规定："人民法院查封、扣押被执行人设定最高额抵押权的抵押物的，应当通知抵押权人。抵押权人受抵押担保的债权数额自收到人民法院通知时起不再增加。人民法院虽然没有通知抵押权人，但有证据证明抵押权人知道查封、扣押事实的，受抵押担保的债权数额从其知道该事实时起不再增加。"

需要注意的一点是，依据《物权法》第二百零六条的规定，如果当事人没有约定确定债权期间或者约定不明确的，抵押权人或者抵押人自最高额抵押权设立之日起满两年后请求确定债权。此时，也应当允许抵押权人或抵押人单方申请最高额抵押权确定登记。但是，不动产登记机构要审查清楚登记簿上是否记载了确定债权期间（见附件6-4-5）。

流程5　颁证、发证

登簿后，将原已发放的不动产登记证明"津（2016）南开不动产证明第××号"注销后存档，重新填写不动产登记证明"津（2016）南开不动产证明第××号；权利人：中国××银行天津市分行南开支行；其他：①不动产权证书号：津（2016）南开不动产权证书第××号；②抵押的方式：一般抵押；③担保债权的最高数额：240万元"。将新缮写的不动产登记证明发给南开支行。

对不动产权证书的附记栏内"2016年11月6日设立最高额抵押权转移登记"予以注销。重新填写"2016年12月6日设立最高额抵押权确定登记；抵押权人：中国××银行天津市分行南开支行；被担保主债权数额：240万元；债务履行期限：2016年7月10日～2020年7月9日；不动产登记证明号：津（2016）南开不动产证明第××号"，并将不动产权证书发还给不动产所有权人（见附件6-4-6及附件6-4-7）。

发证时由领证人在领证簿上签字，并收回受理时发放的收件收据。

事由五　最高额抵押权的注销登记

当最高额抵押权办理确定登记后，其就变成了一般抵押权，而因一般抵押权担保的主债权消灭或抵押权的实现等原则导致抵押权消灭时，当事人应当办理的是一般抵押权的注销登记。但是，当最高额抵押权担保的债权的确定期间尚未届满，而基础法律关系已经合法中止或者因其他原因而消灭，且当事人也没有发生任何一项具体的债权时，则应当办理最高额抵押权的注销登记。

发生下列情形之一的，应当持不动产权利证书、最高额抵押权消灭的证明材料等必要材料申请最高额抵押权注销登记：

①主债权消灭；②最高额抵押权已经实现；③抵押权人放弃抵押权；④法律、行政法规规定抵押权消灭的其他情形。

房屋最高额抵押权注销登记流程

流程1　登记申请

1. 申请人

抵押双方当事人提出申请。

2. 申请最高额抵押权注销登记提交的资料

1）房屋登记申请书（收原件）；

2）申请人的身份证明文件（验原件，收复印件）；

3）授权委托的须提交合法有效的委托书（收原件）；

4）代理人身份证明（委托的提交）（验原件，收复印件）；

5）不动产登记证明（房地产他项权证）（收原件）；

6）不动产权证书（房屋所有权证书或房地产权证书，共有的房屋还应当提交其他共有证）（收原件）；

7）不动产可以注销的证明（收原件），包括：担保的主债权已消灭的证明、抵押权利人放弃权利声明、抵押权已实现的证明、生效的法律文书（因人民法院、仲裁委员会的生效法律文书确认抵押权登记无效或失效的提交）。

流程2　登记受理

1. 检查证件

登记工作人员检查应交的资料是否齐全、资料格式是否符合规定的要求、各资料的主体或当事人是否一致、资料所涉及的内容是否相同。如果缺少应交的资料，应书面通知申请人。

2. 询问

对询问结果应进行记录并要求申请人签字确认。

3. 收件

收件是登记机构工作人员根据受理的规定要求，在对申请人提交的资料进行检查后，将资料收集整理到一个档案袋中，列清写好档案袋中的资料内容，并给申请人填写收件收据。在收件工作中，一定要保证登记文件应当齐全。不动产登记机构依法办理不动产注销登记不得收取不动产登记费。

流程3　登记审核

不动产登记机构应当按照下列要求，对不动产登记申请资料进行审核：

1）申请书、证明文件、委托书、权属证明等与国家规定的规范格式一致；

2）申请人、委托代理人身份证明材料以及授权委托书与申请主体一致；

3）不动产界址、空间界限、面积等材料与申请登记的不动产一致；

4）权属来源证明材料或者登记原因证明文件与申请登记的内容一致；

5）不违反法律、行政法规的强制性规定。

流程4　核准登记并记载不动产登记簿

将注销情境记载在登记簿上，在登记簿上注明注销抵押原因、注销时间、登簿人、附记。

附件6-1-1 不动产登记申请书（样例）

不动产登记申请书

单位：☑平方米 □公顷（□亩）、万元

<table>
<tr>
<td rowspan="2">申请登记事由</td>
<td colspan="6">□土地所有权 □国有建设用地使用权 □宅基地使用权 □集体建设用地使用权 □土地承包经营权
□林地使用权 □海域使用权 □房屋所有权 □构筑物所有权 □森林、林木所有权
□森林、林木使用权 ☑抵押权 □地役权 □其他_____</td>
</tr>
<tr>
<td colspan="6">□首次登记（□总登记 ☑初始登记） □转移登记 □变更登记 □注销登记 □更正登记
□异议登记 □预告登记 □查封登记 □其他_____</td>
</tr>
<tr>
<td rowspan="12">申请人情况</td>
<td colspan="6" style="text-align:center">登记申请人</td>
</tr>
<tr>
<td colspan="2">姓名（名称）</td>
<td colspan="4">中国××银行天津市分行河西支行</td>
</tr>
<tr>
<td colspan="2">身份证件种类</td>
<td>营业执照</td>
<td>证件号</td>
<td colspan="2">89222433××</td>
</tr>
<tr>
<td colspan="2">通信地址</td>
<td colspan="2">天津市大沽南路××号</td>
<td>邮编</td>
<td>3000××</td>
</tr>
<tr>
<td colspan="2">法定代表人或负责人</td>
<td>王××</td>
<td>联系电话</td>
<td colspan="2">233112××</td>
</tr>
<tr>
<td colspan="2">代理人姓名</td>
<td></td>
<td>联系电话</td>
<td colspan="2"></td>
</tr>
<tr>
<td colspan="2">代理机构名称</td>
<td colspan="4"></td>
</tr>
<tr>
<td colspan="6" style="text-align:center">登记申请人</td>
</tr>
<tr>
<td colspan="2">姓名（名称）</td>
<td colspan="4">杨××</td>
</tr>
<tr>
<td colspan="2">身份证件种类</td>
<td>身份证</td>
<td>证件号</td>
<td colspan="2">1201051979×××1444</td>
</tr>
<tr>
<td colspan="2">通信地址</td>
<td colspan="2">天津市河北区河北大街××号</td>
<td>邮编</td>
<td>3000××</td>
</tr>
</table>

<table>
<tr>
<td colspan="2">法定代表人或负责人</td>
<td></td>
<td>联系电话</td>
<td colspan="2">151221188××</td>
</tr>
<tr>
<td colspan="2">代理人姓名</td>
<td></td>
<td>联系电话</td>
<td colspan="2"></td>
</tr>
<tr>
<td colspan="2">代理机构名称</td>
<td colspan="4"></td>
</tr>
</table>

<table>
<tr>
<td rowspan="18">不动产情况</td>
<td colspan="2">坐落</td>
<td colspan="4">天津市南开区新华路5号御湖花园××室</td>
</tr>
<tr>
<td colspan="2">不动产单元号</td>
<td colspan="4">120104002003GB00035F000101××</td>
</tr>
<tr>
<td colspan="2">不动产类型</td>
<td colspan="4">土地/房屋</td>
</tr>
<tr>
<td rowspan="2">土地状况</td>
<td>面积</td>
<td>65.48 m²</td>
<td>用途</td>
<td colspan="2">住宅</td>
</tr>
<tr>
<td>权利性质</td>
<td>出让</td>
<td>使用（承包）期限</td>
<td colspan="2">70</td>
</tr>
<tr>
<td rowspan="2">房屋（构筑物）等状况</td>
<td>建筑面积</td>
<td>105.85 m²</td>
<td>总套数</td>
<td colspan="2">1</td>
</tr>
<tr>
<td>构筑物类型</td>
<td colspan="4">房屋</td>
</tr>
<tr>
<td rowspan="3">林地（森林、林木）状况</td>
<td>主要树种</td>
<td></td>
<td>株数</td>
<td colspan="2"></td>
</tr>
<tr>
<td>林种</td>
<td></td>
<td>造林年度</td>
<td colspan="2"></td>
</tr>
<tr>
<td>小地名</td>
<td></td>
<td>林班</td>
<td></td>
<td>小班</td>
</tr>
<tr>
<td rowspan="6">海域状况</td>
<td>项目名称</td>
<td></td>
<td>项目性质</td>
<td colspan="2">□公益性 □经营性</td>
</tr>
<tr>
<td>使用期限</td>
<td colspan="4"></td>
</tr>
<tr>
<td>用海类型</td>
<td></td>
<td>用海总面积</td>
<td colspan="2"></td>
</tr>
<tr>
<td>用海方式</td>
<td>面积</td>
<td>具体用途</td>
<td colspan="2">使用金数额</td>
</tr>
<tr>
<td></td>
<td></td>
<td></td>
<td colspan="2"></td>
</tr>
<tr>
<td></td>
<td></td>
<td></td>
<td colspan="2"></td>
</tr>
<tr>
<td colspan="2">原不动产权证书号</td>
<td colspan="4">津（2016）南开不动产权第××号</td>
</tr>
</table>

抵押情况	被担保债权数额 （最高债权数额）	240 万元	债务履行期限 （债权确定期间）	2016 年 7 月 10 日 - 2020 年 7 月 9 日
	抵押范围	房屋的所有权和土地使用权全部抵押		

地役权 情况	需役地坐落	
	需役地不动产单元号	

登记原因 及证明	登记原因	合同设定
	登记原因证明文件	河西支行授权委托书
		权利代理人身份证明
		中国××银行天津分行河西支行"营业执照"
		将连续发生债权的合同
		"最高额抵押合同"（2016）津工字第××号
		"房地产抵押合同书"合同编号：2016—××
		河西支行同意将已经发生的债权纳入最高而抵押权担保范围的证明
		"不动产登记证明"津（2016）南开不动产证明第××号
		义务人身份证明
		"不动产权证书"津（2016）南开不动产权第××号

申请证书版式		☑单一版　□集成版	申请分别持证	□是　☑否

备注	

本申请人对填写的上述内容及提交的申请材料的真实性负责。如有不实，申请人愿承担法律责任。

对于商品房等共用宗项目，申请人同意暂不进行土地分摊按整宗土地面积申请房地登记。待按规划全部房屋竣工后再计算土地分摊系数，申请人同意在办理转移、变更等登记时变更为土地分摊面积。

对登记机关的行政行为有异议的，自知道之日起 60 日内依法申请行政复议或六个月内提起行政诉讼。

申请人（签章）：
代理人（签章）：王××
2016 年 9 月 10 日

申请人（签章）：杨××
代理人（签章）：
2016 年 9 月 10 日

领收件收据人签章	王××	申请日期	2016 年 9 月 10 日
领证人签章		领证日期	

附件6-1-2 不动产登记领证通知（收件收据）（样例）

不动产登记领证通知（收件收据）

收件号：2016091044××　　　　　　　　　　　　　　收件日期：2016年9月10日

申请人	中国××银行天津市分行河西支行 杨××			
权利类型	房地产抵押权	登记类型	最高额抵押权首次登记	
坐落	天津市南开区新华路5号御湖花园××室			
文件名称	证号	份数	备注	
河西支行授权委托书		1		
将连续发生债权的合同		1		
最高额抵押合同	（2016）津工字第××号	1		
房地产抵押合同书	合同编号：2015—××	1		
河西支行同意将已经发生的债权纳入 最高而抵押权担保范围的证明		1		
不动产登记证明	津（2016）南开不动产证明第××号	1		
不动产权证书	津（2016）南开不动产权第××号	1		
收件人	李××			

　　上列文件，已经收讫，符合受理规定，请您于__10日__后，凭此通知和身份证件领取不动产权证书或登记证明；经审核不符合登记规定的，凭此通知和身份证件办理退件手续，特此通知。

登记机构（盖章）

附件 6－1－3　不动产登记审批表（样例）

不动产登记审批表

<table>
<tr><td rowspan="2">收件</td><td>编号</td><td>2016091044××</td><td rowspan="2">收件人</td><td rowspan="2">李××</td><td rowspan="2">单位：☑平方米　□公顷（□亩）、万元</td></tr>
<tr><td>日期</td><td>2016 年 9 月 10 日</td></tr>
<tr><td rowspan="2">申请登记事由</td><td colspan="5">□土地所有权　□国有建设用地使用权　□宅基地使用权　□集体建设用地使用权　□土地承包经营权
□林地使用权　□海域使用权　□无居民海岛使用权　□房屋所有权　□构筑物所有权
□森林、林木所有权　□森林、林木使用权　☑抵押权　□地役权　□其他_____</td></tr>
<tr><td colspan="5">□首次登记（□总登记　☑初始登记）　□转移登记　□变更登记　□注销登记　□更正登记
□异议登记　□预告登记　□查封登记　□其他_____</td></tr>
<tr><td rowspan="12">申请人情况</td><td colspan="5" align="center">登记申请人</td></tr>
<tr><td>权利人姓名（名称）</td><td colspan="4">中国××银行天津市分行河西支行</td></tr>
<tr><td>身份证件种类</td><td>营业执照</td><td>证件号</td><td colspan="2">89222433××</td></tr>
<tr><td>通信地址</td><td colspan="2">天津市大沽南路××号</td><td>邮编</td><td>3000××</td></tr>
<tr><td>法定代表人或负责人</td><td>王××</td><td>联系电话</td><td colspan="2">233112××</td></tr>
<tr><td>代理人姓名</td><td></td><td>联系电话</td><td colspan="2"></td></tr>
<tr><td>代理机构名称</td><td colspan="4"></td></tr>
<tr><td colspan="5" align="center">登记申请人</td></tr>
<tr><td>义务人姓名（名称）</td><td colspan="4">杨××</td></tr>
<tr><td>身份证件种类</td><td>身份证</td><td>证件号</td><td colspan="2">1201051979××××1444</td></tr>
<tr><td>通信地址</td><td colspan="2">天津市河北区河北大街××号</td><td>邮编</td><td>3000××</td></tr>
<tr><td>法定代表人或负责人</td><td></td><td>联系电话</td><td colspan="2">151221188××</td></tr>
<tr><td rowspan="2"></td><td>代理人姓名</td><td></td><td>联系电话</td><td colspan="2"></td></tr>
<tr><td>代理机构名称</td><td colspan="4"></td></tr>
<tr><td rowspan="6">不动产情况</td><td>坐落</td><td colspan="4">天津市南开区新华路 5 号御湖花园××室</td></tr>
<tr><td>不动产单元号</td><td colspan="2">120104002003GB00035F000101××</td><td>不动产类型</td><td>土地/房屋</td></tr>
<tr><td>面积</td><td colspan="2">65.48 m²/105.85 m²</td><td>用途</td><td>住宅</td></tr>
<tr><td>原不动产权证书号</td><td colspan="2">津（2016）南开不动产权第××号</td><td>用海类型</td><td></td></tr>
<tr><td>构筑物类型</td><td colspan="2">房屋</td><td>林种</td><td></td></tr>
<tr><td rowspan="2">抵押情况</td><td>被担保债权数额
（最高债权数额）</td><td colspan="2">240 万元</td><td>债务履行期限
（债权确定期间）</td><td>2016 年 7 月 10 日起－
2020 年 7 月 9 日</td></tr>
<tr><td>在建建筑物抵押范围</td><td colspan="4">房屋的所有权和土地使用权全部抵押</td></tr>
<tr><td rowspan="2">地役权情况</td><td>需役地坐落</td><td colspan="4"></td></tr>
<tr><td>需役地不动产单元号</td><td colspan="4"></td></tr>
</table>

登记原因及证明	登记原因	合同设定		
	登记原因证明文件	登记申请书		
		河西支行授权委托书		
		权利代理人身份证明		
		中国××银行天津分行河西支行"营业执照"		
		将连续发生债权的合同		
		"最高额抵押合同"（2016）津工字第××号		
		"房地产抵押合同书"合同编号：2016—××		
		河西支行同意将已经发生的债权纳入最高而抵押权担保范围的证明		
		"不动产登记证明"津（2016）南开不动产证明第××号		
		义务人身份证明		
		"不动产权证书"津（2016）南开不动产权第××号		
申请证书版式		☑单一版　□集成版	申请分别持证	□是　☑否

	初审	复审	核定
不动产登记审批情况（申请人请勿填写）	中国××银行天津分行南开支行与房屋产权人杨××签订借贷款合同，借款总额150万元，并以坐落于南开区新华路5号御湖花园××室的自有房屋作为借款担保，因业务整合中国××银行天津分行南开支行将主债合同权利及房屋抵押权转让给中国××银行天津分行河西支行。现债务人杨××申请将原债务转为最高额抵押，并经过债权人同意提交了登记申请应当提供的文件；申请书填写的内容与申请人提交的其他文件一致；申请人姓名与提交的身份证明以及登记簿记载的权利人姓名一致；房屋权属证书真实；委托书中的委托人代理权限与办理事项相符。符合房屋最高额抵押权登记要求。 审查人（签章）：李×× 2016年9月10日	申请人与提交的材料记载的主体一致，申请登记的房屋与申请人提交的证明材料记载一致，申请登记的内容与有关材料证明的事实一致，申请登记的事项与房屋登记簿记载的房屋权利不冲突无正在办理的更正登记、异议登记记载；无他人不动产预告登记记载；符合抵押登记的法律规定，建议进行房屋最高额抵押权登记。 审查人（签章）：李×× 2016年9月12日	同意进行房屋最高额抵押权登记并重新颁发不动产登记证明。 负责人（公章）：李×× 2016年9月14日
备注			

附件 6-1-4　不动产登记簿（样例）

	抵押权登记信息			
不动产单元号：120104002003GB00035F000101××	抵押不动产类型：□土地　☑土地和房屋　□林地和林木　□土地和在建建筑物　□海域　□海域和构筑物　□其他			
业务号 内容	2016080211××	2016090233××	2016091044××	
抵押权人	中国××银行天津市分行南开支行	中国××银行天津市分行河西支行	中国××银行天津市分行河西支行	
证件种类	营业执照	营业执照	营业执照	
证件号码	89222432××	89222433××	89222433××	
抵押人	杨××	杨××	杨××	
抵押方式	一般抵押	一般抵押	最高额抵押	
登记类型	初始登记	转移登记	初始登记	
登记原因	合同设立	合同设立	合同设立	
在建建筑物坐落				
建建筑物抵押范围				
被担保主债权数额 （最高债权数额）（万元）	150 万元	150 万元	240 万元	
债务履行期限 （债权确定期间）	2016 年 7 月 10 日起 2017 年 7 月 9 日止	2016 年 7 月 10 日起 2017 年 7 月 9 日止	2016 年 7 月 10 日起 2020 年 7 月 9 日止	
最高债权确定事实和数额				
不动产登记证明号	津（2016）南开不动产证明第××号	津（2016）南开不动产证明第××号	津（2016）南开不动产证明第××号	
登记时间	2016 年 8 月 6 日	2016 年 9 月 6 日	2016 年 9 月 14 日	
登簿人	李××	李××	李××	
注销抵押业务号	2016090233××	2016091044××		
注销抵押原因	主债权转移	纳入最高额抵押		
注销时间	2016 年 9 月 6 日	2016 年 9 月 14 日		
登簿人	李××	李××		
附记	南开支行将主债权转移给河西支行	河西支行同意将原债务 150 万元纳入最高额抵押 240 万元		

附件6-1-5 不动产权证书（样例）

津（2015）南开不动产权第××号

权利人	杨××
共有情况	单独所有
坐落	天津市南开区新华路5号御湖花园××室
不动产单元号	12010400 2003 GB00035 F000101××
权利类型	国有建设用地使用权/房屋所有权
权利性质	出让/商品房
用途	城镇住宅用地/住宅
面积	65.48 m²/105.85 m²
使用期限	起 止
权利其他状况	房屋竣工时间2016年2月25日；钢筋混凝土结构；专有 面积88.87 m²；分摊面积16.98 m²；房屋总层数15/1

附 记

2016年8月6日设立一般抵押权首次登记；

抵押权人：中国××银行天津市分行南开支行；

被担保主债权数额：150万元；

抵押范围：全部抵押房屋的所有权和土地使用权；

债务履行期限：2016年7月10日起—2017年7月9日止；

不动产登记证明号：津（2016）南开不动产证明第××号；

2016年9月6日设立一般抵押权转移登记

抵押权人：中国××银行天津市分行河西支行；

被担保主债权数额：150万元；

抵押范围：全部抵押房屋的所有权和土地使用权；

债务履行期限：2016年7月10日起—2017年7月9日止；

不动产登记证明号：津（2016）南开不动产证明第××号；

2016年9月14日设立最高额抵押权首次登记

抵押权人：中国××银行天津市分行河西支行；

被担保主债权数额：240万元；

抵押范围：全部抵押房屋的所有权和土地使用权；

债务履行期限：2016年7月10日—2020年7月9日；

不动产登记证明号：津（2016）南开不动产证明第××号；

不动产登记证明

根据《中华人民共和国物权法》等法律法规，为保护申请人合法权益，对申请人申请登记事项，经审查核实，准予登记，列不动产权利或登记事项的本证明所颁发此证明。

津（2016）南开不动产证明第××号

证明权利或事项	抵押权
权利人（申请人）	中国××银行天津市分行河西支行
义务人	杨××
坐落	天津市南开区新华路5号御湖花园××室
不动产单元号	120104002003GB00035F000101××
其他	（1）不动产权证书号：津（2016）南开不动产权证书第××号 （2）抵押的方式：最高额抵押 （3）担保债权的最高数额：240万元
附记	抵押权人：中国××银行天津市分行河西支行 被担保主债权数额：240万元 抵押范围：全部抵押房屋的所有权和土地使用权 债务履行期限：2016年7月10日—2020年7月9日

登记机构（章）

2016年09月10日

中华人民共和国国土资源部监制

编号 NO.0000000000

附件6-2-1 不动产登记申请书（样例）

不动产登记申请书

单位：☑平方米 □公顷（□亩）、万元

申请登记事由	□土地所有权 □国有建设用地使用权 □宅基地使用权 □集体建设用地使用权 □土地承包经营权 □林地使用权 □海域使用权 □房屋所有权 □构筑物所有权 □森林、林木所有权 □森林、林木使用权 ☑抵押权 □地役权 □其他_____
	□首次登记（□总登记 □初始登记） □转移登记 ☑变更登记 □注销登记 □更正登记 □异议登记 □预告登记 □查封登记 □其他_____

申请人情况	登记申请人			
	姓名（名称）	中国××银行天津市分行河西支行		
	身份证件种类	营业执照	证件号	89222433××
	通信地址	天津市大沽南路××号	邮编	3000××
	法定代表人或负责人	王××	联系电话	233112××
	代理人姓名		联系电话	
	代理机构名称			
	登记申请人			
	姓名（名称）	杨××		
	身份证件种类	身份证	证件号	1201051979×××××1444
	通信地址	天津市河北区河北大街××号	邮编	3000××
	法定代表人或负责人		联系电话	151221188××
	代理人姓名		联系电话	
	代理机构名称			

不动产情况	坐落	天津市南开区新华路5号御湖花园××室		
	不动产单元号	120104002003GB00035F000101××		
	不动产类型	土地/房屋		
	土地状况	面积	65.48 m²	用途	住宅
		权利性质	出让	使用（承包）期限	70
	房屋（构筑物）等状况	建筑面积	105.85 m²	总套数	1
		构筑物类型	房屋		
	林地（森林、林木）状况	主要树种	株数		
		林种	造林年度		
		小地名	林班	小班	
	海域状况	项目名称	项目性质	□公益性 □经营性	
		使用期限			
		用海类型	用海总面积		
		用海方式	面积	具体用途	使用金数额
	原不动产权证书号	津（2016）南开不动产权第××号		

· 216 ·

抵押情况	被担保债权数额 （最高债权数额）	300 万元	债务履行期限 （债权确定期间）	2016 年 7 月 10 日 – 2020 年 7 月 9 日
	抵押范围	房屋的所有权和土地使用权全部抵押		
地役权 情况	需役地坐落			
	需役地不动产单元号			
登记原因 及证明	登记原因	抵押权内容变化		
	登记原因证明文件	河西支行授权委托书		
		权利代理人身份证明		
		中国××银行天津分行河西支行"营业执照"		
		河西支行出具的最高额抵押权担保的债权尚未确定的证明		
		"最高额抵押变更合同"（变更最高债权额为 300 万元）(2016) 津工字第××号		
		"不动产登记证明"津（2016）南开不动产证明第××号		
		义务人身份证明		
		"不动产权证书"津（2016）南开不动产权第××号		

申请证书版式	☑单一版　□集成版	申请分别持证	□是　☑否
备注			

本申请人对填写的上述内容及提交的申请材料的真实性负责。如有不实，申请人愿承担法律责任。

对于商品房等共用宗项目，申请人同意暂不进行土地分摊按整宗土地面积申请房地登记。待按规划全部房屋竣工后再计算土地分摊系数，申请人同意在办理转移、变更等登记时变更为土地分摊面积。

对登记机关的行政行为有异议的，自知道之日起 60 日内依法申请行政复议或六个月内提起行政诉讼。

申请人（签章）：　　　　　　　　　　　　　　申请人（签章）：杨××

代理人（签章）：王××　　　　　　　　　　　代理人（签章）：

2016 年 10 月 2 日　　　　　　　　　　　　　2016 年 10 月 2 日

领收件收据人签章	王××	申请日期	2016 年 10 月 2 日
领证人签章		领证日期	

附件6－2－2　不动产登记领证通知（收件收据）（样例）

不动产登记领证通知（收件收据）

收件号：2016100244××　　　　　　　　　　　收件日期：2016年10月2日

申请人	中国××银行天津市分行河西支行 杨××			
权利类型	房地产抵押权	登记类型		最高额抵押权变更登记
坐落	天津市南开区新华路5号御湖花园××室			
文件名称	证号		份数	备注
河西支行授权委托书			1	
河西支行出具的最高额抵押担保的债权尚未确定的证明			1	
最高额抵押变更合同（变更最高债权额为300万元）	（2016）津工字第××号		1	
不动产登记证明	津（2016）南开不动产证明第××号		1	
不动产权证书	津（2016）南开不动产权第××号		1	
收件人	李××			

　　上列文件，已经收讫，符合受理规定，请您于＿10日＿后，凭此通知和身份证件领取不动产权证书或登记证明；经审核不符合登记规定的，凭此通知和身份证件办理退件手续，特此通知。

登记机构（盖章）

附件6-2-3 不动产登记审批表（样例）

不动产登记审批表

<table>
<tr><td rowspan="2">收件</td><td>编号</td><td>2016100244××</td><td rowspan="2">收件人</td><td rowspan="2">李××</td><td rowspan="2" colspan="3">单位：☑平方米 □公顷（□亩）、万元</td></tr>
<tr><td>日期</td><td>2016年10月2日</td></tr>
<tr><td rowspan="2">申请登记事由</td><td colspan="7">□土地所有权 □国有建设用地使用权 □宅基地使用权 □集体建设用地使用权 □土地承包经营权
□林地使用权 □海域使用权 □无居民海岛使用权 □房屋所有权 □构筑物所有权
□森林、林木所有权 □森林、林木使用权 ☑抵押权 □地役权 □其他_____</td></tr>
<tr><td colspan="7">□首次登记（□总登记 □初始登记） □转移登记 ☑变更登记 □注销登记 □更正登记
□异议登记 □预告登记 □查封登记 □其他_____</td></tr>
<tr><td rowspan="14">申请人情况</td><td colspan="7" align="center">登记申请人</td></tr>
<tr><td colspan="2">权利人姓名（名称）</td><td colspan="5" align="center">中国××银行天津市分行河西支行</td></tr>
<tr><td colspan="2">身份证件种类</td><td colspan="2" align="center">营业执照</td><td>证件号</td><td colspan="2">津89222433××</td></tr>
<tr><td colspan="2">通信地址</td><td colspan="4" align="center">天津市大沽南路××号</td><td>邮编</td><td>3000××</td></tr>
<tr><td colspan="2">法定代表人或负责人</td><td colspan="2" align="center">王××</td><td>联系电话</td><td colspan="2">233112××</td></tr>
<tr><td colspan="2">代理人姓名</td><td colspan="2"></td><td>联系电话</td><td colspan="2"></td></tr>
<tr><td colspan="2">代理机构名称</td><td colspan="5"></td></tr>
<tr><td colspan="7" align="center">登记申请人</td></tr>
<tr><td colspan="2">义务人姓名（名称）</td><td colspan="5" align="center">杨××</td></tr>
<tr><td colspan="2">身份证件种类</td><td colspan="2" align="center">身份证</td><td>证件号</td><td colspan="2">1201051979052114××</td></tr>
<tr><td colspan="2">通信地址</td><td colspan="4" align="center">天津市河北区河北大街××号</td><td>邮编</td><td>3000××</td></tr>
<tr><td colspan="2">法定代表人或负责人</td><td colspan="2"></td><td>联系电话</td><td colspan="2">151221188××</td></tr>
<tr><td colspan="2">代理人姓名</td><td colspan="2"></td><td>联系电话</td><td colspan="2"></td></tr>
<tr><td colspan="2">代理机构名称</td><td colspan="5"></td></tr>
<tr><td rowspan="6">不动产情况</td><td colspan="2">坐落</td><td colspan="5" align="center">天津市南开区新华路5号御湖花园××室</td></tr>
<tr><td colspan="2">不动产单元号</td><td colspan="3">120104002003GB00035F000101××</td><td>不动产类型</td><td>土地/房屋</td></tr>
<tr><td colspan="2">面积</td><td colspan="3" align="center">65.48 m²/105.85 m²</td><td>用途</td><td>住宅</td></tr>
<tr><td colspan="2">原不动产权证书号</td><td colspan="3">津（2015）南开不动产权第××号</td><td>用海类型</td><td></td></tr>
<tr><td colspan="2">构筑物类型</td><td colspan="3"></td><td>林种</td><td></td></tr>
<tr><td rowspan="2">抵押情况</td><td colspan="2">被担保债权数额
（最高债权数额）</td><td colspan="3" align="center">300万元</td><td>债务履行期限
（债权确定期间）</td><td>2016年7月10日起-
2020年7月9日</td></tr>
<tr><td colspan="2">在建建筑物抵押范围</td><td colspan="5" align="center">房屋的所有权和土地使用权全部抵押</td></tr>
<tr><td rowspan="2">地役权情况</td><td colspan="2">需役地坐落</td><td colspan="5"></td></tr>
<tr><td colspan="2">需役地不动产单元号</td><td colspan="5"></td></tr>
</table>

登记原因及证明	登记原因	抵押权内容变化		
	登记原因证明文件	登记申请书		
		河西支行授权委托书		
		权利代理人身份证明		
		中国××银行天津分行河西支行营业执照		
		河西支行出具的最高额抵押权担保的债权尚未确定的证明		
		"最高额抵押变更合同"（变更最高债权额为300万元）（2016）津工字第××号		
		"不动产登记证明"津（2016）南开不动产证明第××号		
		义务人身份证明		
		"不动产权证书"津（2016）南开不动产权第××号		
申请证书版式		☑单一版 □集成版	申请分别持证	□是 ☑否

不动产登记审批情况（申请人请勿填写）	初审	复审	核定
	中国××银行天津分行河西支行与房屋产权人杨××签订最高额抵押权变更合同，最高额变更为300万元，并以坐落于南开区新华路5号御湖花园××室的自有房屋作为借款担保，河西支行出具了最高额抵押担保债权尚未确定的证明，并提交了登记申请应当提供的文件；申请书填写的内容与申请人提交的其他文件一致；申请人姓名与提交的身份证明以及登记簿记载的权利人姓名一致；房屋权属证书真实；委托书中的委托人代理权限与办理事项相符。符合房屋最高额抵押权变更登记要求。 审查人（签章）：李×× 2016年10月2日	申请人与提交的材料记载的主体一致，申请登记的房屋与申请人提交的证明材料记载一致，申请登记的内容与有关材料证明的事实一致，无正在办理的更正登记、异议登记记载；无他人不动产预告登记记载；无人民法院、人民检察院、公安机关依据法律规定采取限制措施记载；符合抵押登记的法律规定，建议进行房屋最高额抵押权变更登记。 审查人（签章）：李×× 2016年10月4日	同意进行房屋最高额抵押权变更登记并重新颁发不动产登记证明。 负责人（公章）：李×× 2016年10月6日

备注	

附件 6－2－4 不动产登记簿（样例）

抵押权登记信息					

不动产单元号：120104002003GB00035F000101×× | 抵押不动产类型：□土地 ☑土地和房屋 □林地和林木
□土地和在建建筑物 □海域 □海域和构筑物 □其他

内容　　　　业务号	2016080211××	2016090233××	2016091044××	2016100244××
抵押权人	中国××银行天津市分行南开支行	中国××银行天津市分行河西支行	中国××银行天津市分行河西支行	中国××银行天津市分行河西支行
证件种类	营业执照	营业执照	营业执照	营业执照
证件号码	89222432××	89222433××	89222433××	89222433××
抵押人	杨××	杨××	杨××	杨××
抵押方式	一般抵押	一般抵押	最高额抵押	最高额抵押
登记类型	初始登记	转移登记	初始登记	变更登记
登记原因	合同设立	合同设立	合同设立	抵押权内容变化
在建建筑物坐落				
在建建筑物抵押范围				
被担保主债权数额（最高债权数额）（万元）	150万元	150万元	240万元	300万元
债务履行期限（债权确定期间）	2016年7月10日起 2017年7月9日止	2016年7月10日起 2017年7月9日止	2016年7月10日起 2020年7月9日止	2016年7月10日起 2020年7月9日止
最高债权确定事实和数额				
不动产登记证明号	津（2016）南开不动产证明第××号	津（2016）南开不动产证明第××号	津（2016）南开不动产证明第××号	津（2016）南开不动产证明第××号
登记时间	2016年8月6日	2016年9月6日	2016年9月14日	2016年10月6日
登簿人	李××	李××	李××	李××
注销抵押业务号	2016090233××	2016091044××	2016100244××	
注销抵押原因	主债权转移	纳入最高额抵押	改变债权数额	
注销时间	2016年9月6日	2016年9月14日	2016年10月6日	
登簿人	李××	李××	李××	
附记	南开支行将主债权转移给河西支行	河西支行同意将原债务150万元纳入最高额抵押240万元	将最高债权数额变更为300万元	

附件6-2-5 不动产权证书（样例）

津（2016）南开不动产权第××号

权利人	杨××
共有情况	单独所有
坐落	天津市南开区新华路5号湖湖花园××室
不动产单元号	120104002003GB00035F000101××
权利类型	国有建设用地使用权/房屋所有权
权利性质	出让/商品房
用途	城镇住宅用地/住宅
面积	65.48 m²/105.85 m²
使用期限	起 止
权利其他状况	房屋竣工时间2016年2月25日；钢筋混凝土结构；专有面积88.87 m²；分摊面积16.98 m²；房屋总层数15/1

附　记

2016年8月6日设立一般抵押权首次登记
抵押权人：中国××银行天津分行花南支行；
被担保主债权数额：150万元；
抵押范围：全部抵押房屋的所有权和土地使用权；
债务履行期限：2016年7月10日起—2017年7月9日止；
不动产登记证明号：津（2016）南开不动产证明第××号；

2016年9月6日设立一般抵押权转移登记
抵押权人：中国××银行天津市分行河西支行；
被担保主债权数额：150万元；
抵押范围：全部单元的房屋所有权和土地使用权；
债务履行期限：2016年7月10日起—2017年7月9日止；
不动产登记证明号：津（2016）南开不动产证明第××号；

2016年9月14日设立最高额抵押权登记
抵押权人：中国工商银行天津市分行河西支行；
被担保主债权数额：240万元；
抵押范围：全部单元的房屋所有权和土地使用权；
债务履行期限：2016年7月10日起—2017年7月9日止；
不动产登记证明号：津（2016）南开不动产证明第××号。

2016年10月6日设立最高额抵押权变更登记
抵押权人：中国××银行天津分行河西支行；
被担保主债权数额：300万元；
抵押范围：全部单元的房屋所有权和土地使用权；
债务履行期限：2016年7月10日起—2020年7月9日；
不动产登记证明号：津（2016）南开不动产证明第××号。

不动产登记证明

根据《中华人民共和国物权法》等法律法规，为保护申请人合法权益，对申请人申请登记事项，经审查核实，准予登记，列不动产权利或登记事项的本证明所颁发此证明。

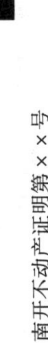

津（2016）南开不动产证明第××号

证明权利或事项	抵押权
权利人（申请人）	中国××银行天津市分行河西支行
义务人	
坐落	天津市南开区藩华路 5 号御湖花园××室
不动产单元号	12010400203GB00035B000101××
其他	（1）不动产权证书号：津（2016）南开不动产权证书第 00023××号 （2）抵押的方式：最高额抵押 （3）担保债权的最高数额：240 万元
附记	抵押权人：中国××银行天津市分行河西支行 被担保主债权数额：240 万元 抵押范围：全部抵押房屋的所有权和土地使用权 债务履行期限：2016 年 7 月 10 日—2020 年 7 月 9 日

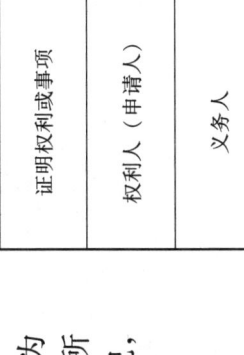

登记机构（章）

2016 年 09 月 14 日

中华人民共和国国土资源部监制

编号 NO. 00000000000

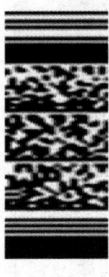

附件6-2-6B 不动产登记证明（样例2）

不动产登记证明

根据《中华人民共和国物权法》等法律法规，为保护申请人合法权益，对申请人申请登记的本证明所列不动产权利或登记事项，经审查核实，准予登记，颁发此证明。

津（2016）南开不动产证明第××号

证明权利或事项	抵押权
权利人（申请人）	中国××银行天津市分行河西支行
义务人	杨××
坐落	天津市南开区新华路5号御湖花园××室
不动产单元号	120104002003GB00035F000101××室
其他	（1）不动产权证书号：津（2016）南开不动产权证书第××号 （2）抵押的方式：最高额抵押 （3）担保债权的数额：300万元
附记	抵押权人：中国××银行天津市分行河西支行 被担保主债权数额：300万元 抵押范围：全部抵押房屋的所有权和土地使用权 债务履行期限：2016年7月10日—2020年7月9日

登记机构（章）

2016年10月10日

中华人民共和国国土资源部监制

编号 NO.0000000000

附件6－3－1　不动产登记申请书（样例）

不动产登记申请书

单位：☑平方米　□公顷（□亩）、万元

<table>
<tr><td rowspan="2">申请登记事由</td><td colspan="6">□土地所有权　□国有建设用地使用权　□宅基地使用权　□集体建设用地使用权　□土地承包经营权
□林地使用权　□海域使用权　□房屋所有权　□构筑物所有权　□森林、林木所有权
□森林、林木使用权　☑抵押权　□地役权　□其他________</td></tr>
<tr><td colspan="6">□首次登记（□总登记　□初始登记）　☑转移登记　□变更登记　□注销登记　□更正登记
□异议登记　□预告登记　□查封登记　□其他________</td></tr>
<tr><td rowspan="14">申请人情况</td><td colspan="6">登记申请人</td></tr>
<tr><td>姓名（名称）</td><td colspan="5">中国××银行天津市分行南开支行</td></tr>
<tr><td>身份证件种类</td><td>营业执照</td><td>证件号</td><td colspan="3">89222432××</td></tr>
<tr><td>通信地址</td><td colspan="2">天津市黄河道××号</td><td>邮编</td><td colspan="2">3000××</td></tr>
<tr><td>法定代表人或负责人</td><td>王××</td><td>联系电话</td><td colspan="3">233112××</td></tr>
<tr><td>代理人姓名</td><td></td><td>联系电话</td><td colspan="3"></td></tr>
<tr><td>代理机构名称</td><td></td><td></td><td colspan="3"></td></tr>
<tr><td colspan="6">登记申请人</td></tr>
<tr><td>姓名（名称）</td><td colspan="5">中国××银行天津市分行河西支行</td></tr>
<tr><td>身份证件种类</td><td>营业执照</td><td>证件号</td><td colspan="3">89222433××</td></tr>
<tr><td>通信地址</td><td colspan="2">天津市大沽南路××号</td><td>邮编</td><td colspan="2">3000××</td></tr>
<tr><td>法定代表人或负责人</td><td>王××</td><td>联系电话</td><td colspan="3">233112××</td></tr>
<tr><td>代理人姓名</td><td></td><td>联系电话</td><td colspan="3"></td></tr>
<tr><td>代理机构名称</td><td></td><td></td><td colspan="3"></td></tr>
<tr><td rowspan="19">不动产情况</td><td>坐落</td><td colspan="5">天津市南开区新华路5号御湖花园××室</td></tr>
<tr><td>不动产单元号</td><td colspan="5">120104002003GB00035F000101××</td></tr>
<tr><td>不动产类型</td><td colspan="5">土地/房屋</td></tr>
<tr><td rowspan="2">土地状况</td><td>面积</td><td>65.48 m^2</td><td>用途</td><td colspan="2">住宅</td></tr>
<tr><td>权利性质</td><td>出让</td><td>使用（承包）期限</td><td colspan="2">70</td></tr>
<tr><td rowspan="2">房屋（构筑物）等状况</td><td>建筑面积</td><td>105.85 m^2</td><td>总套数</td><td colspan="2">1</td></tr>
<tr><td>构筑物类型</td><td colspan="4">房屋</td></tr>
<tr><td rowspan="3">林地（森林、林木）状况</td><td>主要树种</td><td></td><td>株数</td><td colspan="2"></td></tr>
<tr><td>林种</td><td></td><td>造林年度</td><td colspan="2"></td></tr>
<tr><td>小地名</td><td></td><td>林班</td><td>小班</td><td></td></tr>
<tr><td rowspan="7">海域状况</td><td>项目名称</td><td></td><td>项目性质</td><td colspan="2">□公益性　□经营性</td></tr>
<tr><td>使用期限</td><td colspan="4"></td></tr>
<tr><td>用海类型</td><td></td><td>用海总面积</td><td colspan="2"></td></tr>
<tr><td>用海方式</td><td>面积</td><td>具体用途</td><td colspan="2">使用金数额</td></tr>
<tr><td></td><td></td><td></td><td colspan="2"></td></tr>
<tr><td></td><td></td><td></td><td colspan="2"></td></tr>
<tr><td></td><td></td><td></td><td colspan="2"></td></tr>
<tr><td>原不动产权证书号</td><td colspan="5">津（2016）南开不动产权第××号</td></tr>
</table>

抵押情况	被担保债权数额 （最高债权数额）	300 万元	债务履行期限 （债权确定期间）	2016 年 7 月 10 日 – 2020 年 7 月 9 日
	抵押范围	房屋的所有权和土地使用权全部抵押		
地役权 情况	需役地坐落			
	需役地不动产单元号			
登记原因 及证明	登记原因	合同设定		
	登记原因证明文件	南开支行授权委托书、权利代理人身份证明		
		中国××银行天津分行南开支行"营业执照"		
		"不动产登记证明"津（2016）南开不动产证明第××号		
		最高额抵押权发生转移的证明（双方约定基础法律关系一同转让）		
		义务代理人身份证明、河西支行授权委托书		
		中国××银行天津分行河西支行"营业执照"		
		河西支行出具的最高额抵押权担保的债权尚未确定的证明		
		"不动产权证书"津（2016）南开不动产权第××号		
申请证书版式		☑单一版 □集成版	申请分别持证	□是 ☑否
备注				

本申请人对填写的上述内容及提交的申请材料的真实性负责。如有不实，申请人愿承担法律责任。

对于商品房等共用宗项目，申请人同意暂不进行土地分摊按整宗土地面积申请房地登记。待按规划全部房屋竣工后再计算土地分摊系数，申请人同意在办理转移、变更等登记时变更为土地分摊面积。

对登记机关的行政行为有异议的，自知道之日起 60 日内依法申请行政复议或六个月内提起行政诉讼。

申请人（签章）：	申请人（签章）：
代理人（签章）：王××	代理人（签章）：王××
2016 年 11 月 2 日	2016 年 11 月 2 日

领收件收据人签章	王×× 王××	申请日期	2016 年 11 月 2 日
领证人签章		领证日期	

附件6-3-2 不动产登记领证通知（收件收据）（样例）

不动产登记领证通知（收件收据）

收件号：2016110255××   收件日期：2016 年 11 月 2 日

申请人	中国××银行天津市分行南开支行 中国××银行天津市分行河西支行			
权利类型	房地产抵押权	登记类型	最高额抵押权转移登记	
坐落	天津市南开区新华路 5 号御湖花园××室			
文件名称	证号		份数	备注
南开支行授权委托书				
不动产登记证明	津（2016）南开不动产证明第××号			
最高额抵押权发生转移的证明（双方约定基础法律关系一同转让）				
河西支行出具的最高额抵押权担保的债权尚未确定的证明				
不动产权证书	津（2016）南开不动产权第××号			
收件人	李××			

　　上列文件，已经收讫，符合受理规定，请您于　10 日　后，凭此通知和身份证件领取不动产权证书或登记证明；经审核不符合登记规定的，凭此通知和身份证件办理退件手续，特此通知。

登记机构（盖章）

附件6-3-3 不动产登记审批表（样例）

不动产登记审批表

<table>
<tr><td rowspan="2">收件</td><td>编号</td><td>2016110255××</td><td rowspan="2">收件人</td><td rowspan="2">李××</td><td rowspan="2">单位：☑平方米 □公顷（□亩）、万元</td></tr>
<tr><td>日期</td><td>2016 年 11 月 2 日</td></tr>
<tr><td rowspan="2">申请登记事由</td><td colspan="5">□土地所有权 □国有建设用地使用权 □宅基地使用权 □集体建设用地使用权 □土地承包经营权
□林地使用权 □海域使用权 □无居民海岛使用权 □房屋所有权 □构筑物所有权
□森林、林木所有权 □森林、林木使用权 ☑抵押权 □地役权 □其他_____</td></tr>
<tr><td colspan="5">□首次登记（□总登记 □初始登记） ☑转移登记 □变更登记 □注销登记 □更正登记
□异议登记 □预告登记 □查封登记 □其他_____</td></tr>
<tr><td rowspan="12">申请人情况</td><td colspan="5" align="center">登记申请人</td></tr>
<tr><td>权利人姓名（名称）</td><td colspan="4">中国××银行天津市分行南开支行</td></tr>
<tr><td>身份证件种类</td><td>营业执照</td><td>证件号</td><td colspan="2">89222432××</td></tr>
<tr><td>通信地址</td><td colspan="2">天津市黄河道××号</td><td>邮编</td><td>3000××</td></tr>
<tr><td>法定代表人或负责人</td><td>王××</td><td>联系电话</td><td colspan="2">233112××</td></tr>
<tr><td>代理人姓名</td><td></td><td>联系电话</td><td colspan="2"></td></tr>
<tr><td>代理机构名称</td><td colspan="4"></td></tr>
<tr><td colspan="5" align="center">登记申请人</td></tr>
<tr><td>义务人姓名（名称）</td><td colspan="4">中国××银行天津市分行河西支行</td></tr>
<tr><td>身份证件种类</td><td>营业执照</td><td>证件号</td><td colspan="2">89222433××</td></tr>
<tr><td>通信地址</td><td colspan="2">天津市大沽南路××号</td><td>邮编</td><td>3000××</td></tr>
<tr><td>法定代表人或负责人</td><td>王××</td><td>联系电话</td><td colspan="2">233112××</td></tr>
<tr><td></td><td>代理人姓名</td><td></td><td>联系电话</td><td colspan="2"></td></tr>
<tr><td></td><td>代理机构名称</td><td colspan="4"></td></tr>
<tr><td rowspan="6">不动产情况</td><td>坐落</td><td colspan="4">天津市南开区新华路5号御湖花园××室</td></tr>
<tr><td>不动产单元号</td><td colspan="2">120104002003GB00035F000101××</td><td>不动产类型</td><td>土地/房屋</td></tr>
<tr><td>面积</td><td colspan="2">65.48 m²/105.85 m²</td><td>用途</td><td>住宅</td></tr>
<tr><td>原不动产权证书号</td><td colspan="2">津（2016）南开不动产权第××号</td><td>用海类型</td><td></td></tr>
<tr><td>构筑物类型</td><td colspan="2">房屋</td><td>林种</td><td></td></tr>
<tr><td rowspan="2">抵押情况</td><td>被担保债权数额
（最高债权数额）</td><td colspan="2">300 万元</td><td>债务履行期限
（债权确定期间）</td><td>2016 年 7 月 10 日起 –
2020 年 7 月 9 日</td></tr>
<tr><td>在建建筑物抵押范围</td><td colspan="4">房屋的所有权和土地使用权全部抵押</td></tr>
<tr><td rowspan="2">地役权情况</td><td>需役地坐落</td><td colspan="4"></td></tr>
<tr><td>需役地不动产单元号</td><td colspan="4"></td></tr>
</table>

登记原因及证明	登记原因	合同设定		
	登记原因证明文件	登记申请书		
		南开支行授权委托书、权利代理人身份证明		
		中国××银行天津分行南开支行"营业执照"		
		"不动产登记证明"津（2016）南开不动产证明第××号		
		最高额抵押权发生转移的证明（双方约定基础法律关系一同转让）		
		义务代理人身份证明、河西支行授权委托书		
		中国××银行天津分行河西支行"营业执照"		
		河西支行出具的最高额抵押权担保的债权尚未确定的证明		
		"不动产权证书"津（2016）南开不动产权第××号		
申请证书版式		☑单一版 □集成版	申请分别持证	□是 ☑否

	初审	复审	核定
不动产登记审批情况（申请人请勿填写）	中国××银行天津分行河西支行与房屋产权人杨舒杰签订最高额抵押权变更合同，最高额变更为300万元，并以坐落于南开区新华路5号御湖花园××室的自有房屋作为借款担保，现中国××银行天津分行河西支行与中国××银行天津分行南开支行签订了最高额抵押权转移协议（双方约定基础法律关系一同转让）。河西支行出具了最高额抵押担保债权尚未确定的证明，并提交了登记申请应当提供的文件；申请书填写的内容与申请人提交的其他文件一致；申请人姓名与提交的身份证明以及登记簿记载的权利人姓名一致；房屋权属证书真实；委托书中的委托人代理权限与办理事项相符。符合房屋最高额抵押权转移登记要求。 审查人（签章）：李×× 2016年11月2日	申请人与提交的材料记载的主体一致，申请登记的房屋与申请人提交的证明材料记载一致，申请登记的内容与有关材料证明的事实一致，申请登记的事项与房屋登记簿记载的房屋权利不冲突，无正在办理的更正登记、异议登记记载；无他人不动产预告登记记载；无人民法院、人民检察院、公安机关依据法律规定采取限制措施记载；符合抵押登记的法律规定，建议进行房屋最高额抵押权转移登记。 审查人（签章）：李×× 2016年11月4日	同意进行房屋最高额抵押权转移登记并重新颁发不动产登记证明。 负责人（公章）：李×× 2016年11月6日
备注			

附件 6-3-4 不动产登记簿（样例）

抵押权登记信息				
不动产单元号：12010400203GB00035F000101××		抵押不动产类型：□土地 ☑土地和房屋 □林地和林木 □土地和在建建筑物 □海域 □海域和构筑物 □其他		
内容 ＼ 业务号	2016080211××	2016090233××	2016091044××	2016100244××
抵押权人	中国××银行天津市分行南开支行	中国××银行天津市分行河西支行	中国××银行天津市分行河西支行	中国××银行天津市分行河西支行
证件种类	营业执照	营业执照	营业执照	营业执照
证件号码	89222432××	89222433××	89222433××	89222433××
抵押人	杨××	杨××	杨××	杨××
抵押方式	一般抵押	一般抵押	最高额抵押	最高额抵押
登记类型	初始登记	转移登记	初始登记	变更登记
登记原因	合同设立	合同设立	合同设立	抵押权内容变化
在建建筑物坐落				
在建建筑物抵押范围				
被担保主债权数额 （最高债权数额）（万元）	150 万元	150 万元	240 万元	300 万元
债务履行期限 （债权确定期间）	2016 年 7 月 10 日起 2017 年 7 月 9 日止	2016 年 7 月 10 日起 2017 年 7 月 9 日止	2016 年 7 月 10 日起 2020 年 7 月 9 日止	2016 年 7 月 10 日起 2020 年 7 月 9 日止
最高债权确定事实和数额				
不动产登记证明号	津（2016）南开 不动产证明第××号	津（2016）南开 不动产证明第××号	津（2016）南开 不动产证明第××号	津（2016）南开 不动产证明第××号
登记时间	2016 年 8 月 6 日	2016 年 9 月 6 日	2016 年 9 月 14 日	2016 年 10 月 6 日
登簿人	李××	李××	李××	李××
注销抵押业务号	2016090233××	2016091044××	2016100244××	20160110255××
注销抵押原因	主债权转移	纳入最高额抵押	改变债权数额	转移抵最高额抵押权
注销时间	2016 年 9 月 6 日	2016 年 9 月 14 日	2016 年 10 月 6 日	2016 年 11 月 6 日
登簿人	李××	李××	李××	李××
附记	南开支行将主债权转移给河西支行	河西支行同意将原债务 150 万元纳入最高额抵押 240 万元	将最高债权数额变更为 300 万元	河西支行将最高额抵押权连同基础法律关系一同转让给南开支行

抵押权登记信息

不动产单元号：120104002003GB00035F000101××　　抵押不动产类型：□土地　☑土地和房屋　□林地和林木
□土地和在建建筑物　□海域　□海域和构筑物　□其他

内容 ＼ 业务号	2016110255××			
抵押权人	中国××银行天津市分行南开支行			
证件种类	营业执照			
证件号码	89222432××			
抵押人	杨××			
抵押方式	最高额抵押			
登记类型	转移登记			
登记原因	合同设立			
在建建筑物坐落				
在建建筑物抵押范围				
被担保主债权数额（最高债权数额）（万元）	300 万元			
债务履行期限（债权确定期间）	2016 年 7 月 10 日起 2020 年 7 月 9 日止			
最高债权确定事实和数额				
不动产登记证明号	津（2016）南开不动产证明第××号			
登记时间	2016 年 11 月 6 日			
登簿人	李××			
注销抵押业务号				
注销抵押原因				
注销时间				
登簿人				
附记				

附件6－3－5 不动产权证书（样例）

建（2016）<u>南开</u>不动产权第00023××号

权利人	杨××
共有情况	单独所有
坐落	天津市南开区新华路5号衡湖花园××室
不动产单元号	12010400203GB00035F000101××
权利类型	国有建设用地使用权/房屋所有权
权利性质	出让/商品房
用途	城镇住宅用地/住宅
面积	65.48 m²/105.85 m²
使用期限	起 止
权利其他状况	房屋竣工时间2016年2月25日；钢筋混凝土结构；房屋总层数15/1 专有面积88.87 m²；分摊面积16.98 m²；

附 记

2016年8月6日设立一般抵押权首次登记
抵押权人：中国××银行天津市分行南开支行；
被担保主债权数额：150万元；
抵押范围：全部被抵押房屋的所有权和土地使用权；
债务履行期限：2016年7月9日起—2017年2月9日止；
不动产登记证明号：津（2016）南开不动产一般抵押第××号；

2016年9月6日设立一般抵押权转移登记
抵押权人：中国××银行天津市分行南开支行；
被担保主债权数额：150万元；
抵押范围：全部被抵押房屋的所有权和土地使用权；
债务履行期限：2016年7月9日起—2017年2月9日止；
不动产登记证明号：津（2016）南开不动产一般抵押第××号；

2016年9月14日设立最高额抵押权首次登记
抵押权人：中国××银行天津市分行南开支行；
被担保主债权数额：240万元；
抵押范围：全部被抵押房屋的所有权和土地使用权；
债务履行期限：2016年7月9日—2020年7月9日；
不动产登记证明号：津（2016）南开不动产最高额抵押第××号；

2016年10月6日设立最高额抵押权变更登记
抵押权人：中国××银行天津市分行南开支行；
被担保主债权数额：300万元；
抵押范围：全部被抵押房屋的所有权和土地使用权；
债务履行期限：2016年7月9日—2020年7月9日；
不动产登记证明号：津（2016）南开不动产最高额抵押第××号；

2016年11月6日设立最高额抵押权转移登记
抵押权人：中国××银行天津市分行南开支行；
被担保主债权数额：300万元；
抵押范围：全部被抵押房屋的所有权和土地使用权；
债务履行期限：2016年7月10日—2020年7月9日；
不动产登记证明号：津（2016）南开不动产证明第××号。

附件6-3-6 不动产登记证明（样例）

不动产登记证明

根据《中华人民共和国物权法》等法律法规，为保护申请人合法权益，对申请登记事项，经审查核实，准予登记，列不动产权利或登记事项的本证明所颁发此证明。

准（2016）南开不动产证明第××号

证明权利或事项	抵押权
权利人（申请人）	中国××银行天津市分行南开支行
义务人	杨××
坐落	天津市南开区新华路5号御湖花园××室
不动产单元号	12010400203GB00035F000101××
其他	（1）不动产权证书号：津（2016）南开不动产权证书第××号 （2）抵押的方式：最高额抵押 （3）担保债权的最高数额：300万元
附记	抵押权人：中国××银行天津市分行南开支行 被担保主债权数额：300万元 抵押范围：全部被抵押房屋的所有权和土地使用权 债务履行期限：2016年7月10日—2020年7月9日

2016年11月06日

中华人民共和国国土资源部监制

编号 NO. 00000000000

附件 6-4-1 不动产登记申请书（样例）

不动产登记申请书

单位：☑平方米　□公顷（□亩）、万元

<table>
<tr>
<td rowspan="2">申请登记事由</td>
<td colspan="5">□土地所有权　□国有建设用地使用权　□宅基地使用权　□集体建设用地使用权　□土地承包经营权
□林地使用权　□海域使用权　□房屋所有权　□构筑物所有权　□森林、林木所有权
□森林、林木使用权　☑抵押权　□地役权　□其他_____</td>
</tr>
<tr>
<td colspan="5">□首次登记（□总登记　□初始登记）　□转移登记　□变更登记　□注销登记　□更正登记
□异议登记　□预告登记　□查封登记　☑其他确定登记</td>
</tr>
<tr>
<td rowspan="14">申请人情况</td>
<td colspan="5" style="text-align:center">登记申请人</td>
</tr>
<tr>
<td>姓名（名称）</td>
<td colspan="4">中国××银行天津市分行南开支行</td>
</tr>
<tr>
<td>身份证件种类</td>
<td>营业执照</td>
<td>证件号</td>
<td colspan="2">89222432××</td>
</tr>
<tr>
<td>通信地址</td>
<td colspan="2">天津市黄河道××号</td>
<td>邮编</td>
<td>3000××</td>
</tr>
<tr>
<td>法定代表人或负责人</td>
<td>王××</td>
<td>联系电话</td>
<td colspan="2">233112××</td>
</tr>
<tr>
<td>代理人姓名</td>
<td></td>
<td>联系电话</td>
<td colspan="2"></td>
</tr>
<tr>
<td>代理机构名称</td>
<td colspan="4"></td>
</tr>
<tr>
<td colspan="5" style="text-align:center">登记申请人</td>
</tr>
<tr>
<td>姓名（名称）</td>
<td colspan="4">杨××</td>
</tr>
<tr>
<td>身份证件种类</td>
<td>身份证</td>
<td>证件号</td>
<td colspan="2">1201051979×××1444</td>
</tr>
<tr>
<td>通信地址</td>
<td colspan="2">天津市河北区河北大街××号</td>
<td>邮编</td>
<td>3000××</td>
</tr>
<tr>
<td>法定代表人或负责人</td>
<td></td>
<td>联系电话</td>
<td colspan="2">151221188××</td>
</tr>
<tr>
<td>代理人姓名</td>
<td></td>
<td>联系电话</td>
<td colspan="2"></td>
</tr>
<tr>
<td>代理机构名称</td>
<td colspan="4"></td>
</tr>
<tr>
<td rowspan="18">不动产情况</td>
<td>坐落</td>
<td colspan="4">天津市南开区新华路5号御湖花园××室</td>
</tr>
<tr>
<td>不动产单元号</td>
<td colspan="4">120104002003GB00035F000101××</td>
</tr>
<tr>
<td>不动产类型</td>
<td colspan="4" style="text-align:center">土地/房屋</td>
</tr>
<tr>
<td rowspan="2">土地状况</td>
<td>面积</td>
<td>65.48 m²</td>
<td>用途</td>
<td>住宅</td>
</tr>
<tr>
<td>权利性质</td>
<td>出让</td>
<td>使用（承包）期限</td>
<td>70</td>
</tr>
<tr>
<td rowspan="2">房屋（构筑物）等状况</td>
<td>建筑面积</td>
<td>105.85 m²</td>
<td>总套数</td>
<td>1</td>
</tr>
<tr>
<td>构筑物类型</td>
<td colspan="3" style="text-align:center">房屋</td>
</tr>
<tr>
<td rowspan="3">林地（森林、林木）状况</td>
<td>主要树种</td>
<td>株数</td>
<td colspan="2"></td>
</tr>
<tr>
<td>林种</td>
<td>造林年度</td>
<td colspan="2"></td>
</tr>
<tr>
<td>小地名</td>
<td>林班</td>
<td>小班</td>
<td></td>
</tr>
<tr>
<td rowspan="6">海域状况</td>
<td>项目名称</td>
<td>项目性质</td>
<td colspan="2">□公益性　□经营性</td>
</tr>
<tr>
<td>使用期限</td>
<td colspan="3"></td>
</tr>
<tr>
<td>用海类型</td>
<td>用海总面积</td>
<td colspan="2"></td>
</tr>
<tr>
<td>用海方式</td>
<td>面积</td>
<td>具体用途</td>
<td>使用金数额</td>
</tr>
<tr>
<td></td>
<td></td>
<td></td>
<td></td>
</tr>
<tr>
<td></td>
<td></td>
<td></td>
<td></td>
</tr>
<tr>
<td>原不动产权证书号</td>
<td colspan="4" style="text-align:center">津（2016）南开不动产权第××号</td>
</tr>
</table>

抵押情况	被担保债权数额 （最高债权数额）	240 万元	债务履行期限 （债权确定期间）	2016 年 7 月 10 日 – 2020 年 7 月 9 日
	抵押范围	房屋的所有权和土地使用权全部抵押		
地役权 情况	需役地坐落			
	需役地不动产单元号			
登记原因 及证明	登记原因	新的债券不可能发生		
	登记原因证明文件	南开支行授权委托书		
		权利代理人身份证明		
		中国××银行天津分行南开支行"营业执照"		
		"不动产登记证明"津（2016）南开不动产证明第××号		
		最高额抵押权担保的债权已确定的证明		
		义务身份证明		
		"不动产权证书"津（2016）南开不动产权第××号		

申请证书版式	☑单一版 □集成版	申请分别持证	□是 ☑否

备注	

本申请人对填写的上述内容及提交的申请材料的真实性负责。如有不实，申请人愿承担法律责任。

对于商品房等共用宗项目，申请人同意暂不进行土地分摊按整宗土地面积申请房地登记。待按规划全部房屋竣工后再计算土地分摊系数，申请人同意在办理转移、变更等登记时变更为土地分摊面积。

对登记机关的行政行为有异议的，自知道之日起60日内依法申请行政复议或六个月内提起行政诉讼。

申请人（签章）：　　　　　　　　　　　申请人（签章）：杨××

代理人（签章）：王××　　　　　　　　代理人（签章）：

2016 年 12 月 2 日　　　　　　　　　　　2016 年 12 月 2 日

领收件收据人签章	王××	申请日期	2016 年 12 月 2 日
领证人签章		领证日期	

附件 6-4-2 债权确认书（样例）

最高额抵押登记转为一般抵押登记时的债权确认书

　　　南开区　　不动产登记管理局：

　　因　中国××银行天津市分行南开支行　与　杨××　登记的（不动产登记证明）他项权证号为　津（2016）南开不动产证明第××号　的最高额抵押权所担保的债权已确定，现申请该最高额抵押权转为一般抵押权的确定登记：最高额抵押登记转为一般抵押登记时的债权总额为　240 万　元，债权总额未超过最高债权额限度　300 万　元。确认的具体债权统计如下：

1. 债权人：中国××银行天津市分行南开支行　债权发生日期：2016 年 7 月 10 日
　　债权数额：150 万元　　　　　　　　　　借款合同编号：（2016）津工字第××号
2. 债权人：中国××银行天津市分行南开支行　债权发生日期：2016 年 11 月 12 日
　　债权数额：90 万元　　　　　　　　　　借款合同编号：（2016）津工字第××号

　　我双方均确认如上所统计的抵押合同编号为　（2016）津工字第××号、（2016）津工字第××号　的债权是最高额抵押权所担保的全部债权，并同意自本最高额抵押权确定登记之后发生的任何债权均不再享有本抵押登记的抵押权。

抵押权人签章：中国××银行天津市分行南开支行　　　　　抵押人盖章：杨××

法人代表签章：王××　　　　　　　　　　　　　　　　　法人代表签章：

　　　　　　　　　　　　　　　　　　　　　　　　　　　2016 年 11 月 20 日

附件 6 - 4 - 3 不动产登记领证通知（收件收据）（样例）

不动产登记领证通知（收件收据）

收件号：2016120266××   收件日期：2016 年 12 月 2 日

申请人	中国××银行天津市分行南开支行 杨××			
权利类型	房地产抵押权	登记类型	最高额抵押权确认登记	
坐落	天津市南开区新华路5号御湖花园××室			
文件名称	证号		份数	备注
南开支行授权委托书			1	
不动产登记证明	津（2016）南开不动产证明第××号		1	
最高额抵押权担保的债权已确定的证明			1	
不动产权证书	津（2016）南开不动产权第××号		1	
收件人	李××			

　　上列文件，已经收讫，符合受理规定，请您于__10 日__后，凭此通知和身份证件领取不动产权证书或登记证明；经审核不符合登记规定的，凭此通知和身份证件办理退件手续，特此通知。

登记机构（盖章）：

附件6-4-4 不动产登记审批表（样例）

不动产登记审批表

<table>
<tr><td rowspan="2">收件</td><td>编号</td><td>2016120266××</td><td rowspan="2">收件人</td><td rowspan="2">李××</td><td rowspan="2">单位：☑平方米　□公顷（□亩）、万元</td></tr>
<tr><td>日期</td><td>2016 年 12 月 2 日</td></tr>
<tr><td rowspan="2">申请登记事由</td><td colspan="5">□土地所有权　□国有建设用地使用权　□宅基地使用权　□集体建设用地使用权　□土地承包经营权
□林地使用权　□海域使用权　□无居民海岛使用权　□房屋所有权　□构筑物所有权
□森林、林木所有权　□森林、林木使用权　☑抵押权　□地役权　□其他_____</td></tr>
<tr><td colspan="5">□首次登记（□总登记　□初始登记）　□转移登记　□变更登记　□注销登记　□更正登记
□异议登记　□预告登记　□查封登记　☑其他　确定登记</td></tr>
<tr><td rowspan="11">申请人情况</td><td colspan="5" align="center">登记申请人</td></tr>
<tr><td>权利人姓名（名称）</td><td colspan="4">中国××银行天津市分行南开支行</td></tr>
<tr><td>身份证件种类</td><td>营业执照</td><td>证件号</td><td colspan="2">89222432××</td></tr>
<tr><td>通信地址</td><td>天津市黄河道××号</td><td>邮编</td><td colspan="2">3000××</td></tr>
<tr><td>法定代表人或负责人</td><td>王××</td><td>联系电话</td><td colspan="2">233112××</td></tr>
<tr><td>代理人姓名</td><td></td><td>联系电话</td><td colspan="2"></td></tr>
<tr><td>代理机构名称</td><td colspan="4"></td></tr>
<tr><td colspan="5" align="center">登记申请人</td></tr>
<tr><td>义务人姓名（名称）</td><td colspan="4">杨××</td></tr>
<tr><td>身份证件种类</td><td>身份证</td><td>证件号</td><td colspan="2">1201051979××××1444</td></tr>
<tr><td>通信地址</td><td>天津市河北区河北大街××号</td><td>邮编</td><td colspan="2">3000××</td></tr>
<tr><td rowspan="3">申请人情况</td><td>法定代表人或负责人</td><td></td><td>联系电话</td><td colspan="2">151221188××</td></tr>
<tr><td>代理人姓名</td><td></td><td>联系电话</td><td colspan="2"></td></tr>
<tr><td>代理机构名称</td><td colspan="4"></td></tr>
<tr><td rowspan="7">不动产情况</td><td>坐落</td><td colspan="4">天津市南开区新华路 5 号御湖花园××室</td></tr>
<tr><td>不动产单元号</td><td colspan="2">120104002003GB00035F000101××</td><td>不动产类型</td><td>土地/房屋</td></tr>
<tr><td>面积</td><td colspan="2">65.48 m²/105.85 m²</td><td>用途</td><td>住宅</td></tr>
<tr><td>原不动产权证书号</td><td colspan="2">津（2016）南开不动产权第××号</td><td>用海类型</td><td></td></tr>
<tr><td>构筑物类型</td><td colspan="2"></td><td>林种</td><td></td></tr>
<tr><td rowspan="2">抵押情况</td><td>被担保债权数额
（最高债权数额）</td><td colspan="2">240 万元</td><td>债务履行期限
（债权确定期间）</td><td>2016 年 7 月 10 日起—
2020 年 7 月 9 日</td></tr>
<tr><td>在建建筑物抵押范围</td><td colspan="4">房屋的所有权和土地使用权全部抵押</td></tr>
<tr><td rowspan="2">地役权情况</td><td>需役地坐落</td><td colspan="4"></td></tr>
<tr><td>需役地不动产单元号</td><td colspan="4"></td></tr>
</table>

登记原因及证明	登记原因	新的债权不可能发生
	登记原因证明文件	登记申请书
		南开支行授权委托书
		权利代理人身份证明
		中国××银行天津分行南开支行"营业执照"
		"不动产登记证明"津（2016）南开不动产证明第××号
		最高额抵押权担保的债权已确定的证明
		义务身份证明
		"不动产权证书"津（2016）南开不动产权第××号

申请证书版式	☑单一版 □集成版	申请分别持证	□是 ☑否

不动产登记审批情况（申请人请勿填写）	初审	复审	核定
	中国××银行天津分行南开支行与房屋产权人杨××签订最高额抵押权合同，最高额为300元，并以坐落于南开区新华路5号御湖花园××室的自有房屋作为借款担保，现中国××银行天津分行南开支行与债务人杨××签订了最高额抵押权确定协议，并提交了登记申请应当提供的文件；申请书填写的内容与申请人提交的其他文件一致；申请人姓名与提交的身份证明以及登记簿记载的权利人姓名一致；房屋权属证书真实；委托书中的委托人代理权限与办理事项相符。符合房屋最高额抵押权确定登记要求。 审查人（签章）：李×× 2016年12月2日	申请人与提交的材料记载的主体一致，申请登记的房屋与申请人提交的证明材料记载一致，申请登记的内容与有关材料证明的事实一致，申请登记的事项与房屋登记簿记载的房屋权利不冲突，符合抵押登记的法律规定，建议进行房屋最高额抵押权确定登记。 审查人（签章）：李×× 2016年12月4日	同意进行房屋最高额抵押权确定登记并重新颁发不动产登记证明。 负责人（公章）：李×× 2016年12月6日

备注	

239

附件6-4-5 不动产登记簿（样例）

抵押权登记信息				
不动产单元号：120104002003GB00035F000101××　抵押不动产类型：□土地　☑土地和房屋　□林地和林木 □土地和在建建筑物　□海域　□海域和构筑物　□其他				
内容　　　　业务号	2016110255××	20160120266××		
抵押权人	中国××银行天津市 分行南开支行	中国××银行天津市 分行南开支行		
证件种类	营业执照	营业执照		
证件号码	89222432××	89222432××		
抵押人	杨××	杨××		
抵押方式	最高额抵押	最高额抵押		
登记类型	转移登记	确定登记		
登记原因	合同设立	新的债权不可能发生		
在建建筑物坐落				
在建建筑物抵押范围				
被担保主债权数额 （最高债权数额）（万元）	300万元	300万元		
债务履行期限 （债权确定期间）	2016年7月10日起 2020年7月9日止	2016年7月10日起 2020年7月9日止		
最高债权确定事实和数额		新的债权不可能产生/240万元		
不动产登记证明号	津（2016）南开不动产 证明第××号	津（2016）南开不动产 证明第××号		
登记时间	2016年11月6日	2016年12月6日		
登簿人	李××	李××		
注销抵押业务号	201612026666			
注销抵押原因	经协议解除最高额抵押合同			
注销时间	2016年12月6日			
登簿人	李××			
附记	最高抵押权经双方协议 确定转为一般抵押权			

附件6-4-6 不动产权证书（样例）

<u>津</u> （2016）　<u>南开</u>　不动产权第00023××号

权利人	杨××
共有情况	单独所有
坐落	天津市南开区新华路5号御湖花园××室
不动产单元号	12010400203GB00035F000101××
权利类型	国有建设用地使用权/房屋所有权
权利性质	出让/商品房
用途	城镇住宅用地/住宅
面积	65.48 m²/105.85 m²
使用期限	起 止
权利其他状况	房屋竣工时间2015年2月25日；钢筋混凝土结构；专有 面积88.87 m²；分摊面积16.98 m²；房屋总层数15/1

附　记

2016年8月6日设立一般抵押权办理登记；
抵押权人：中国××银行天津市分行南开支行；
被担保主债权数额：2016年7月16日起—2017年7月9日止；
债务履行期限：全部被抵押房屋的所有权和土地使用权；
抵押范围：全部被抵押房屋的所有权和土地使用权；
不动产登记证明号：津（2016）南开不动产证明第××号；

2016年9月6日设立一般抵押权办理转移登记；
抵押权人：中国××银行天津市分行南开支行；
被担保主债权数额：150万元；
债务履行期限：2016年7月10日起—2017年7月94日止；
抵押范围：全部被抵押房屋的所有权和土地使用权；
不动产登记证明号：津（2016）南开不动产证明第××号；

2016年9月14日设立最高额抵押权初始登记；
抵押权人：中国××银行天津市分行南开支行；
被担保主债权数额：240万元；
债务履行期限：2016年7月10日—2020年7月9日；
抵押范围：全部被抵押房屋的所有权和土地使用权；
不动产登记证明号：津（2016）南开不动产证明第××号；

2016年10月6日设立最高额抵押权变更登记；
抵押权人：中国××银行天津市分行南开支行；
被担保主债权数额：300万元；
债务履行期限：2016年7月10日—2020年7月9日；
抵押范围：全部被抵押房屋的所有权和土地使用权；
不动产登记证明号：津（2016）南开不动产证明第××号；

2016年11月6日设立最高额抵押权转移登记；
抵押权人：中国××银行天津市分行南开支行；
被担保主债权数额：300万元；
债务履行期限：2016年7月10日—2020年7月9日；
抵押范围：全部被抵押房屋的所有权和土地使用权；
不动产登记证明号：津（2016）南开不动产证明第××号。

2016年12月6日设立最高额抵押权确定登记；
抵押权人：中国××银行天津市分行南开支行；
被担保主债权数额：240万元；
债务履行期限：2016年7月10日—2020年7月7日；
抵押范围：全部被抵押房屋的所有权和土地使用权；
不动产登记证明号：津（2016）南开不动产证明第××号。

附件 6-4-7 不动产登记证明（样例）

不动产登记证明

根据《中华人民共和国物权法》等法律法规，为保护申请人合法权益，对申请人权利或登记事项，经审查核实，准予登记，列不动产权利或登记事项的本证明所颁发此证明。

津（2016）南开不动产证明第××号

证明权利或事项	抵押权
权利人（申请人）	中国××银行天津市分行南开支行
义务人	杨××
坐落	天津市南开区新华路 5 号湖花园××室
不动产单元号	1201040020003GB00035F000101××
其他	(1) 不动产权证书号：津（2016）南开产权证书第××号 (2) 抵押的方式：一般抵押 (3) 担保债权的数额：240 万元
附记	抵押权人：中国××银行天津市分行南开支行 被担保主债权数额：240 万元 抵押范围：全部被抵押房屋的所有权和土地使用权 债务履行期限：2016 年 7 月 10 日—2020 年 7 月 9 日

登记机构（章）

2016 年 12 月 06 日

中华人民共和国国土资源部监制

编号 NO. 00000000000

单元七 在建建筑物抵押权登记

一、在建建筑物抵押的含义

在建建筑物抵押，即抵押人为取得在建建筑物继续建造资金的贷款，以其合法方式取得的土地使用权连同在建建筑物的投入资产，以不转移占有的方式抵押给贷款银行作为偿还贷款履行担保的行为。在建建筑物抵押和预购商品房抵押都属于以正在建造的建筑物向银行等金融机构设定抵押权进行融资的情形，但是，在建建筑物抵押权登记属于本登记而非预告登记。首先，在建建筑物抵押不同于预购商品房抵押，前者中抵押的只是在建建筑物已经完工的部分，至于将来全部完工后，没有被抵押的部分属于新增建筑物。其次，《物权法》第一百八十七条将建筑物抵押和正在建造的建筑物抵押一并加以规定的，即均规定为"应当办理抵押登记。抵押权自登记时设立"。因此以在建建筑物设定抵押权就是一般抵押权，应当办理的是抵押权登记。

二、在建建筑物抵押应符合的条件

1）目的要件：在建建筑物抵押的目的是"抵押人为取得在建建筑物继续建造资金的贷款"，该贷款的用途是继续建造工程。这就要求银行不能接受在建建筑物抵押而发放流动资金贷款或者其他类型的贷款。

2）主体要件：在建建筑物抵押的抵押权人是具有贷款经营权的金融机构（一般是商业银行），也就是借款合同的贷款人。而抵押人必须是借款合同的债务人，同时也是在建建筑物所占用土地的使用权人。这就要求银行不能接受债务人以第三人的在建建筑物作为抵押物向银行申请贷款。

3）客体要求：在建建筑物抵押的抵押物必须是债务人"合法方式取得的土地使用权连同在建建筑物的投入资产"，同时必须是"依法获准尚未建造的或者正建造中的房屋或者其他建筑物"。因此，抵押人必须已经取得在建建筑物占用土地的国有土地使用权，同时还必须已经获得有关部门关于同意其进行建造的建设用地规划许可证及其他证件，这就要求银行在办理在建建筑物抵押贷款时不仅必须查看和收集有关证件，还必须评估在建建筑物的价值。

4）形式要件：在建建筑物抵押要在法律上有效，不仅当事人之间必须签订抵押合同，而且必须依法办理抵押物登记，否则抵押行为不具有法律效力。这就要求银行在办理在建建筑物抵押贷款时，必须到登记部门办理合法有效的在建建筑物抵押登记手续。

三、在建建筑物抵押当事人

在建建筑物抵押的当事人双方包括抵押人和抵押权人，其必须满足以下条件：

1）抵押人为主债务人，在建建筑物抵押的目的是为了取得在建建筑物继续建造的资金，也就是说必须满足本项目的建设需要，出于这个目的，其抵押人与债务人须为同一人，在建建筑物的所有人不得将该在建建筑物为其他的债务设定担保。

2）抵押权人须为银行或者其他具有金融许可的机构，《城市房地产抵押管理办法》将在建建筑物的抵押权人限定为银行，是因为在当时的历史条件下，在建建筑物涉及的债权数额往往比较大，而除了银行，很难有机构能够有条件针对在建建筑物进行融资，出于维护社会稳定的角度对抵押权人的范围进行限制是当时历史条件下的产物。而现在随着经济的发展，社会财富日益增加，现实中，许多具有融资能力的机构已经能够作为在建建筑物的抵押权人。因此，我们认为只要是具有金融许可的机构如信托投资机构等都可以成为在建建筑物的抵押权人。

事由一　在建建筑物抵押权的首次登记

《不动产登记暂行条例》第九十四条"以建设用地使用权及正在建造的全部或者部分房屋等在建建筑物设定抵押的，应当一并申请建设用地使用权及在建建筑物抵押权的首次登记。以正在建造的建筑物设定抵押的，当事人可以申请建设用地使用权及在建建筑物抵押权首次登记。当事人申请在建建筑物抵押权首次登记时，抵押财产范围不包括已经办理预告登记的预购商品房和已办理预售备案的商品房。"

流程1　登记申请

1. 申请人

抵押人为主债务人，抵押权人须为银行或者其他具有金融许可的机构，双方共同申请登记。

2. 申请在建建筑物抵押权首次登记提交的资料

①登记申请书（见附件7-1-1）；②申请人的身份证明（查验原件，复印件留存）；③抵押合同；④主债权合同；⑤不动产权证书或建设用地使用权证书或者记载土地使用权状况的房地产权证书（原件暂存）；⑥建设工程规划许可证及附件、附图，并用红线标注抵押范围（查验原件，复印件留存）；⑦其他必要材料。

3. 抵押合同

抵押合同是在建建筑物抵押权设定登记的原因文件，它是产生抵押法律关系的文件，是因债权合同的产生而产生的，随债权合同的消灭而消灭，是从属于债权合同的从合同，主合同无效，从合同也无效。为了确保登记安全，《城市房地产抵押管理办法》第二十八条对在建建筑物抵押合同应当载明的内容除了一般房地产抵押合同的内容外，还做了特殊规定，以在建建筑物抵押的，抵押合同还应载明以下内容：

①《不动产权证书》（国有土地使用权证）、《建设用地规划许可证》和《建设工程规划许可证》编号。②已交纳的土地使用权出让金或需交纳的相当于土地使用权出让金的款额。③已投入在建建筑物的工程款。④施工进度及工程竣工日期。⑤已完成的工作量和工程量。

4. 建设工程规划许可证

建设工程规划许可证是有关建设工程符合城市规划要求的法律凭证。根据《城乡规划法》第三十二条的规定，在城市规划区内新建、扩建和改建建筑物、构筑物、道路、管线和其他工程设施，必须持有关批准文件向城市规划行政主管部门提出申请，由城市规划行政主管部门根据城市规划提出的规划设计要求，核发建设工程规划许可证件。建设单位或者个人在取得建设工程规划许可证件和其他有关批准文件后，方可申请办理开工手续。对符合控制性详细规划和规划条件的，由城市、县人民政府城乡规划主管部门或者省、自治区、直辖市人民政府确定的镇人民政府核发建设工程规划许可证。城市、县人民政府城乡规划主管部门或者省、自治区、直辖市人民政府确定的镇人民政府应当依法将经审定的修建性详细规划、建设工程设计方案的总平面图予以公布。凡是未取得建设工程规划许可证进行建设的属违法建筑。因建设工程规划许可证是在建建筑物建设是否合法的标志，所以，它也是办理在建建筑物的要件之一。

5. 其他必要材料

1）以划拨土地使用权抵押的，还应当提供抵押权实现时优先交纳出让金的确认文件，无地上物的应提交批准抵押文件。

2）以集体建设用地使用权抵押的，提交集体建设用地所有权人同意抵押证明。

3）标准地名证明文件（查验原件，复印件留存）。

4）属于商品房在建建筑物抵押的，应先行办理预售登记；未取得商品住宅销售许可前在建建筑物抵押的，应提交测算到套的测绘成果；未取得非住宅商品房销售许可前在建建筑物抵押的，应提交测算到幢、层的测绘成果，同时提交经抵押权人同意办理销售许可时拆分到套的书面承诺。

5）可以证明抵押房地产价值的资料（如抵押物价值评估报告）（收原件）。

6）已完成的工程量证明（施工监理单位出具）（收原件）。

7）施工进度证明（施工监理单位出具）（收原件）。

8）董事会或股东会决议（企业章程另有规定的除外）（以中外合资、合作经营企业和外商独资企业、有限责任公司、股份有限公司的房地产抵押的提交）（收原件）。

9）国有资产管理部门批文（国有企业、集体所有制企业、事业单位法人以国家授予其经营管理的房地产抵押的提交）（收原件）。

流程 2　登记受理

1. 检查证件

登记工作人员检查应交的资料是否齐全、资料格式是否符合规定的要求、各资料的主体或当事人是否一致、资料所涉及的内容是否相同。如果缺少应交的资料，应书面通知申请人。

2. 询问

对询问结果应进行记录并要求申请人签字确认。

3. 收件

收件是登记机构工作人员根据受理的规定要求，在对申请人提交的资料进行检查后，

将资料收集整理到一个档案袋中，列清写好档案袋中的资料内容，并给申请人填写收件收据（见附件 7－1－2）。在收件工作中，一定要保证登记文件应当齐全。

除以上资料外还应提交缴费凭证。因当事人以住宅及其建设用地设定抵押，办理抵押权首次登记收费标准为：住宅每件 80 元，非住宅类不动产抵押权登记收费标准为每件 550 元。

流程3　登记审核

1）申请材料是否齐全。

2）抵押财产是否属于法律、行政法规禁止抵押的不动产。

3）主债权合同、抵押合同载明的主体、不动产坐落、土地面积、房屋建筑面积等与登记簿记载一致；属于在建建筑物抵押的，抵押人还应当是建设工程规划许可证载明的建设单位，商品房项目的抵押人应是登记簿记载的预售人；抵押人和抵押权人应与抵押合同签订双方一致。

4）抵押合同上记载的抵押人、抵押权人、被担保主债权的数额或种类、担保范围、债务履行期限、抵押不动产是否明确；最高额抵押权登记的，最高债权额限度、债权确定的期间是否明确。

5）申请登记的房屋及其占用范围内的土地是否在登记簿记载范围内。

6）分割抵押的，应先办理宗地分割登记手续。

7）同一不动产上设有多个抵押权的，应当按照受理时间的先后顺序依次办理登记。

8）无查封登记、无正在办理的更正登记、无他人抵押权预告登记记载。

9）属于在建建筑物抵押的，应当实地查看的，是否已实地查看；属于未办理预售登记在建建筑物抵押的，测绘成果是否网上上传数据。

不存在不予登记情形的，记载不动产登记簿后向抵押权人核发不动产登记证明。

申请在建建筑物首次登记的房屋与申请人提交的规划证明材料的记载是否一致，登记机构无权对规划证明材料的合法性加以审查，但其首先应当对规划证明材料加以核查，判断其真实性。其次，登记机构应当比对登记申请书、房屋权利变动的原因文件以及申请人提交的规划证明材料，确认其指向的房屋是同一的。在这一过程中，可能出现建设工程取得规划许可后，其坐落的街道、门牌号或者名称等发生变化的情形，登记机构应当通过询问当事人、要求其补交材料等方式，确认登记客体的一致性。申请抵押的在建屋建筑物、构筑物的界址、空间界限、面积等与提交的其他材料的表述是否一致（见附件 7－1－3）。

用在建建筑物进行抵押时，登记机构应该到现场查看，目的是要证实建筑物的实际状况与申请资料的描述是否一致，防止登记抵押的在建建筑物脱离实际，会给抵押权人的债权担保带来影响，同时也会影响登记机构的公信力。现场查看人员应将查看的结果以书面的形式填写实地查看记录经签字后交到登记审批部门，作为审批人员的工作依据。实地查看记录将随登记资料一起存档（见附件 7－1－4）。

流程4　核准登记并记载不动产登记簿

按审批的表的内容将在建建筑物抵押权登记的情境记载在登记簿上（见附件 7－1－5）。主要包括：在建建筑物坐落、在建建筑物抵押范围、被担保主债权数额（最高债权数额）、债务履行期限、（债权确定期间）。

流程5 颁证、发证

符合登记条件的予以登记或注销，并分别核发不动产登记证明或核准注销通知书。核发不动产登记证明的，需在不动产权利人的不动产权证书的"附记"栏内注记"抵押权人为×××，被担保主债权数额（最高债权数额）为×××，抵押范围为×××，抵押权登记日期为×××，抵押权登记证明号为×××"（见附件7-1-6）。

办理在建工程抵押权登记时，登记经办机构根据抵押双方当事人提交的抵押合同记载的抵押范围在权属证书予以注记：属于在建工程及其占用范围内的土地使用权抵押的，还应在不动产权证书、不动产登记证明的"附记"栏注记"××在建工程及其占用范围内的土地使用权抵押"；属于在建工程连同整宗土地使用权抵押的，注记"××在建工程连同整宗土地使用权抵押"。在商品房网络系统上办理在建工程抵押权登记后，应同时在不动产登记系统上注记已抵押的有关情况。

登簿后，由登记机构缮写不动产登记证明（见附件7-1-7）。在其他栏内填写①不动产权证书号；②抵押的方式，在建建筑物抵押；③担保债权的数额。

将不动产登记证明发给抵押权人。由领证人在领证簿上签字。同时收回受理时交给申请人的收件收据。

在建建筑物竣工并经建筑物所有权首次登记后，当事人可以申请将在建建筑物抵押权登记转为建筑物抵押权登记。

事由二 在建建筑物抵押权变更登记

当在建建筑物抵押期间发生抵押当事人的姓名或名称变更、被担保债权的数额变更、抵押物的地址变更、债务履行期限变更等情形等情形抵押当事人双方应申请在建建筑物抵押权变更登记。

流程1 登记申请

1. 申请人

申请人应由抵押人和抵押权人共同申请。因抵押人或抵押权人姓名、名称、身份证明类型或者身份证明号码发生变化的，可由发生变化的当事人单方申请；不动产坐落发生变化的，可由抵押人单方申请。

2. 申请在建建筑物抵押权变更登记提交的资料

1）申请书。

2）申请人身份证明（查验原件，复印件留存）。

3）不动产权证书（原件暂存）。

4）不动产登记证明（或房地产他项权证或登记证明或抵押权证明书）。

5）在建工程抵押权变更文件（查验原件，复印件留存），包括：①抵押权人或者抵押人姓名、名称、身份证明类型或者身份证明号码变更的，提交能够证实其身份变更的材料；②抵押范围、担保范围、抵押权顺位、被担保债权种类或者数额、债务履行期限、最高债权额、债权确定期间等发生变更的，提交抵押人与抵押权人约定相关变更内容的协议。

6）因抵押权人姓名或者名称变更申请抵押权变更登记的，申请人可不提交土地使用证或房地产权证或不动产权证书。

7）因权利价值增加申请在建工程抵押权变更登记的，还应提交其他抵押权人的书面同意文件。

8）不动产存在异议登记或者设有抵押权、地役权或被查封的，因权利人姓名或名称、身份证明类型及号码、不动产坐落发生变化而申请的变更登记，可以办理；因通过协议改变不动产的面积、用途、权利期限等内容申请变更登记，对抵押权人、地役权人产生不利影响的，应当出具抵押权人、地役权人同意变更的书面材料。

流程 2　登记受理

1. 检查证件

登记工作人员检查应交的资料是否齐全、资料格式是否符合规定的要求、各资料的主体或当事人是否一致、资料所涉及的内容是否相同。如果缺少应交的资料，应书面通知申请人。

2. 询问

对询问结果应进行记录并要求申请人签字确认。

3. 收件

收件是登记机构工作人员根据受理的规定要求，在对申请人提交的资料进行检查后，将资料收集整理到一个档案袋中，列清写好档案袋中的资料内容，并给申请人填写收件收据。在收件工作中，一定要保证登记文件应当齐全。除以上资料外还应提缴费凭证。因当事人以住宅及其建设用地设定抵押，办理抵押权变更登记收费标准为：住宅每件 80 元，非住宅类不动产抵押权登记收费标准为每件 550 元。因房屋坐落的街道或门牌号码变更、权利人名称变更而申请的变更登记，登记费减半收取；夫妻间不动产权利人变更，申请登记的只收取不动产权属证书工本费，每本证书 10 元；因行政区划调整导致不动产坐落的街道、门牌号或房屋名称变更而申请变更登记的及因农村集体产权制度改革导致土地、房屋等确权变更而申请变更登记的，免收不动产登记费（含第一本不动产权属证书的工本费）。

流程 3　登记审核

申请人与不动产登记簿记载的权利人是否一致；申请登记的内容与有关材料证明（权属来源证明材料或者登记原因证明文件）的事实是否一致；登记机构应当首先核查申请人提交的权属证书的记载是否与房屋登记簿的记载相一致；再比对登记申请书、房屋权利变动的原因文件以及登记簿记载的房屋坐落的街道、门牌号或者房屋名称等，确认其指向的房屋是同一的。申请抵押的在建建筑物、构筑物的界址、空间界限、面积等与提交的其他材料的表述是否一致。不动产是否存在抵押、异议登记、预告登记、预查封、查封以及正在受理的更正登记等情形。

流程4　核准登记并记载不动产登记簿

将在建建筑物的变更情境记载在登记簿上，同一般抵押的变更登记。

流程5　颁证、发证

登簿后，根据变更的项目重新缮写不动产登记证明上，将旧证收回注销并存档。

事由三　在建建筑物抵押权转移登记

在建建筑物抵押权的转移，是指抵押权人将其所享有的房地产抵押权随主债权转给新的债权人，新债权人受让抵押权后享有就抵押物优先受偿的权利。即抵押权的客体和内容均不发生变化，只是抵押权的主体发生变化。

1. 申请人

以在建工程连同土地使用权抵押申请转移登记的，申请人是不动产登记簿记载的抵押权人和债权受让人共同申请。

在建建筑物抵押权的转让人要通知债务人在建建筑物抵押权转移的情况。

2. 申请在建建筑物抵押权转移登记提交的资料

①房屋登记申请书（收原件）；②申请人的身份证明文件（验原件，收复印件）：③授权委托的须提交合法有效的委托书（收原件）；④代理人身份证明（委托的提交）（验原件，收复印件）；⑤不动产登记证明（在建建筑物抵押登记证明书）（收原件）；⑥在建建筑物抵押权发生转移的证明材料（如主债权转让合同、抵押合同）（收原件）。

事由四　在建建筑物抵押权注销登记

发生下列情形之一的，当事人应当持不动产登记证明、在建建筑物抵押权消灭的证明等必要材料，申请一般抵押权注销登记：①主债权消灭；②一般抵押权已经实现；③抵押权人放弃一般抵押权；④法律、行政法规规定抵押权消灭的其他情形。

1. 申请人

不动产登记簿记载的抵押权人与抵押人可以共同申请抵押权的注销登记。

债权消灭或抵押权人放弃抵押权的，抵押权人可以单方申请抵押权的注销登记。

人民法院、仲裁委员会生效法律文书确认抵押权消灭的，抵押人等当事人可以单方申请抵押权的注销登记。

2. 申请在建建筑物抵押权注销登记提交的资料

①房屋登记申请书（收原件）；②申请人的身份证明文件（查验原件，复印件留存）；③授权委托的须提交合法有效的委托书（收原件）；④代理人身份证明（委托的提交）（验原件，收复印件）；⑤不动产登记证明（在建建筑物抵押登记证明书）（收原件）；⑥土

地使用证或房地产权证或不动产权证书（原件暂存）；⑦担保的主债权已消灭的证明（因主债权消灭的提交）（收原件）；⑧抵押权利人放弃权利声明（因抵押权利人放弃权利的提交）（收原件）；⑨抵押权已实现的证明（因抵押权已实现的提交）（收原件）；⑩生效的法律文书（因人民法院、仲裁委员会的生效法律文书确认抵押权登记无效或失效的提交）（收原件）。

不动产登记机构依法办理不动产注销登记不得收取不动产登记费。

附件 7-1-1 不动产登记申请书（样例）

不动产登记申请书

单位：☑平方米　□公顷（□亩）、万元

<table>
<tr>
<td rowspan="2">申请登记事由</td>
<td colspan="2">□土地所有权　□国有建设用地使用权　□宅基地使用权　□集体建设用地使用权　□土地承包经营权
□林地使用权　□海域使用权　□房屋所有权　□构筑物所有权　□森林、林木所有权
□森林、林木使用权　☑抵押权　□地役权　□其他_____</td>
</tr>
<tr>
<td colspan="2">□首次登记（□总登记　☑初始登记）　□转移登记　□变更登记　□注销登记　□更正登记
□异议登记　□预告登记　□查封登记　☑其他　在建建筑物抵押</td>
</tr>
<tr>
<td rowspan="12">申请人情况</td>
<td colspan="2" align="center">登记申请人</td>
</tr>
<tr>
<td>姓名（名称）</td>
<td colspan="5">中国××银行天津市分行南开支行</td>
</tr>
<tr>
<td>身份证件种类</td>
<td>营业执照</td>
<td>证件号</td>
<td colspan="3">89222432××</td>
</tr>
<tr>
<td>通信地址</td>
<td colspan="2">天津市黄河道××号</td>
<td>邮编</td>
<td colspan="2">3000××</td>
</tr>
<tr>
<td>法定代表人或负责人</td>
<td>王××</td>
<td>联系电话</td>
<td colspan="3">233112××</td>
</tr>
<tr>
<td>代理人姓名</td>
<td></td>
<td>联系电话</td>
<td colspan="3"></td>
</tr>
<tr>
<td>代理机构名称</td>
<td colspan="5"></td>
</tr>
<tr>
<td colspan="2" align="center">登记申请人</td>
</tr>
<tr>
<td>姓名（名称）</td>
<td colspan="5">天津××房地产开发公司</td>
</tr>
<tr>
<td>身份证件种类</td>
<td>营业执照</td>
<td>证件号</td>
<td colspan="3">98765432××</td>
</tr>
<tr>
<td>通信地址</td>
<td colspan="2">天津市新兴路××号</td>
<td>邮编</td>
<td colspan="2">3000××</td>
</tr>
</table>

<table>
<tr>
<td rowspan="2">申请人情况</td>
<td>法定代表人或负责人</td>
<td>李忠</td>
<td>联系电话</td>
<td colspan="3">244144××</td>
</tr>
<tr>
<td>代理人姓名</td>
<td>张××</td>
<td>联系电话</td>
<td colspan="3">131123456××</td>
</tr>
<tr>
<td colspan="7">代理机构名称</td>
</tr>
<tr>
<td rowspan="20">不动产情况</td>
<td>坐落</td>
<td colspan="6">天津市南开区新华路5号御湖花园××层</td>
</tr>
<tr>
<td>不动产单元号</td>
<td colspan="6">120104002003GB00035F000100××</td>
</tr>
<tr>
<td>不动产类型</td>
<td colspan="6">土地/房屋</td>
</tr>
<tr>
<td rowspan="2">土地状况</td>
<td>面积</td>
<td>2275 m²</td>
<td>用途</td>
<td colspan="3">住宅</td>
</tr>
<tr>
<td>权利性质</td>
<td>出让</td>
<td>使用（承包）期限</td>
<td colspan="3">70</td>
</tr>
<tr>
<td rowspan="2">房屋（构筑物）等状况</td>
<td>建筑面积</td>
<td>3656 m²</td>
<td>总套数</td>
<td colspan="3">36</td>
</tr>
<tr>
<td>构筑物类型</td>
<td colspan="5">房屋</td>
</tr>
<tr>
<td rowspan="3">林地（森林、林木）状况</td>
<td>主要树种</td>
<td></td>
<td>株数</td>
<td colspan="3"></td>
</tr>
<tr>
<td>林种</td>
<td></td>
<td>造林年度</td>
<td colspan="3"></td>
</tr>
<tr>
<td>小地名</td>
<td></td>
<td>林班</td>
<td></td>
<td>小班</td>
<td></td>
</tr>
<tr>
<td rowspan="5">海域状况</td>
<td>项目名称</td>
<td></td>
<td>项目性质</td>
<td colspan="3">□公益性　□经营性</td>
</tr>
<tr>
<td>使用期限</td>
<td colspan="5"></td>
</tr>
<tr>
<td>用海类型</td>
<td></td>
<td>用海总面积</td>
<td colspan="3"></td>
</tr>
<tr>
<td>用海方式</td>
<td>面积</td>
<td>具体用途</td>
<td colspan="3">使用金数额</td>
</tr>
<tr>
<td></td>
<td></td>
<td></td>
<td colspan="3"></td>
</tr>
<tr>
<td>原不动产权证书号</td>
<td colspan="6">津国用（2013）第××号</td>
</tr>
</table>

抵押情况	被担保债权数额 （最高债权数额）	2000 万元	债务履行期限 （债权确定期间）	2014 年 6 月 20 日起 – 2015 年 6 月 19 日止
	抵押范围	××层		
地役权 情况	需役地坐落			
	需役地不动产单元号			
登记原因 及证明	登记原因	合同设定		
	登记原因证明文件	南开支行委托代理书		
		代理人身份证明、南开支行营业执照		
		"房地产抵押合同书"合同编号：2014—11××		
		"中国××银行借款合同"合同编号：（2014）津工字第××号		
		"建设工程规划许可证"编号（2014）××		
		"建设用地使用权证明"津国用（2013）第××号		
		××房地产开发公司授权委托书		
		××房地产开发公司"公司营业执照"、代理人身份证明		
申请证书版式		☑单一版　□集成版	申请分别持证	□是　☑否
备注				

本申请人对填写的上述内容及提交的申请材料的真实性负责。如有不实，申请人愿承担法律责任。

对于商品房等共用宗项目，申请人同意暂不进行土地分摊按整宗土地面积申请房地登记。待按规划全部房屋竣工后再计算土地分摊系数，申请人同意在办理转移、变更等登记时变更为土地分摊面积。

对登记机关的行政行为有异议的，自知道之日起 60 日内依法申请行政复议或六个月内提起行政诉讼。

申请人（签章）：　　　　　　　　　　申请人（签章）：

代理人（签章）：王××　　　　　　　代理人（签章）：张××

2014 年 6 月 23 日　　　　　　　　　2014 年 6 月 23 日

领收件收据人签章	王×× 张××	申请日期	2014 年 6 月 23 日
领证人签章		领证日期	

附件7-1-2 不动产登记领证通知（收件收据）（样例）

不动产登记领证通知（收件收据）

收件号：2014062311××   收件日期：2014年6月23日

申请人	中国××银行天津分行南开支行 天津××房地产开发公司			
权利类型	房地产抵押权	登记类型	在建建筑物抵押权首次登记	
坐落	天津市南开区新华路5号御湖花园××			
文件名称	证号		份数	备注
南开支行委托代理书			1	
房地产抵押合同书	合同编号：2014—11××		1	
中国工商银行借款合同	合同编号：（2014）津工字第××号		1	
建设用地使用权证明	津国用（2013）第××号		1	
收件人	李××			

上列文件，已经收讫，符合受理规定，请您于__10日__后，凭此通知和身份证件领取不动产权证书或登记证明；经审核不符合登记规定的，凭此通知和身份证件办理退件手续，特此通知。

登记机构（盖章）：

附件7-1-3 不动产登记审批表（样例）

不动产登记审批表

收件	编号	2014062311××	收件人	李××	单位：☑平方米　□公顷（□亩）、万元		
	日期	2016 年 11 月 2					
申请登记事由	□土地所有权　□国有建设用地使用权　□宅基地使用权　□集体建设用地使用权　□土地承包经营权 □林地使用权　□海域使用权　□无居民海岛使用权　□房屋所有权　□构筑物所有权 □森林、林木所有权　□森林、林木使用权　☑抵押权　□地役权　□其他_____						
	□首次登记（□总登记　☑初始登记）　□转移登记　□变更登记　□注销登记　□更正登记 □异议登记　□预告登记　□查封登记　☑其他　在建建筑物抵押						
申请人情况	登记申请人						
	权利人姓名（名称）	中国××银行天津市分行南开支行					
	身份证件种类	营业执照		证件号		89222432××	
	通信地址	天津市黄河道××号			邮编	3000××	
	法定代表人或负责人	王××		联系电话		233112××	
	代理人姓名			联系电话			
	代理机构名称						
	登记申请人						
	义务人姓名（名称）	天津××房地产开发公司					
	身份证件种类	营业执照		证件号		98765432××	
	通信地址	天津市新兴路××号			邮编	3000××	
	法定代表人或负责人	李××		联系电话		244144××	
	代理人姓名	张××		联系电话		131123456××	
	代理机构名称						
不动产情况	坐落	天津市南开区新华路 5 号御湖花园××层					
	不动产单元号	120104002003GB00035F000100××		不动产类型		土地/房屋	
	面积	2275 m²/3656 m²		用途		住宅	
	原不动产权证书号	津国用（2013）第××号		用海类型			
	构筑物类型			林种			
抵押情况	被担保债权数额（最高债权数额）	2000 万元		债务履行期限（债权确定期间）		2014 年 6 月 20 日起—2015 年 6 月 19 日止	
	在建建筑物抵押范围	××层					
地役权情况	需役地坐落						
	需役地不动产单元号						

	登记原因	合同设定		
登记原因及证明	登记原因证明文件	登记申请书		
		南开支行委托代理书		
		代理人身份证明、南开支行营业执照		
		"房地产抵押合同书"合同编号：2014—11×××		
		"中国××银行借款合同"合同编号：（2014）津工字第××号		
		"建设工程规划许可证"编号（2014）××		
		"建设用地使用权证明"津国用（2013）第××号		
		××房地产开发公司授权委托书		
		××房地产开发公司"公司营业执照"、代理人身份证明		
申请证书版式		☑单一版　□集成版	申请分别持证	□是　☑否
		初审	复审	核定
不动产登记审批情况（申请人请勿填写）		天津××房地产开发公司于2013年5月1日以出让方式获取02－03－0035土地（国有土地使用权出让合同津土合字2013第××号），并取得"国有土地使用证"编号（2013）第××号，"建筑工程规划许可证"编号（2013）××、经实地查看与测量已建设面积为3600 m²（2－10层）。申请人申请在建建筑物抵押权登记。申请人提交了登记申请应当提供的文件；申请书填写的内容与申请人提交的其他文件一致；申请人姓名与提交的身份证明一致；委托书中的委托人代理权限与办理事项相符。符合在建建筑物抵押权登记要求。 审查人（签章）：李×× 2014年6月23日	经查登记资料天津市南开区新华路5号御湖花园××层101、102、103、104室都已经预售并有预购商品房预告登记。2－10层还没有登记。申请人与提交的材料记载的主体一致；申请登记的房屋与申请人提交的规划证明材料记载一致；经实地查看，申请登记的不动产界址、空间界限、已建面积等材料与申请登记的不动产一致；符合法律的规定，建议进行在建建筑物抵押权登记。 审查人（签章）：李×× 2014年6月25日	同意登记并颁发不动产登记证明。 负责人（公章）：李×× 2014年6月27日
备注				

附件 7-1-4 实地查看表（样例）

业务类型	在建建筑物抵押权登记	受理号	2014062311×××
申请人	中国××银行天津市分行南开支行		
房地产（项目）坐落	天津市南开区新华路 5 号御湖花园××		
查看时间	2014 年 6 月 26 日		
查看的标的物状况	南开区新华路 5 号御湖花园工程 1#1-10 层主体已完成内、外装修；经测量建筑面积 3656 m^2		
查看人签名	张××		
备注			

附件7-1-5 不动产登记簿(样例)

第 本 第 页

抵押权登记信息				
不动产单元号：120104002003GB00035F000100×× 抵押不动产类型：□土地 □土地和房屋 □林地和林木 ☑土地和在建建筑物 □海域 □海域和构筑物 □其他				

内容＼业务号	2014062311××			
抵押权人	中国××银行天津市分行南开支行			
证件种类	营业执照			
证件号码	89222432××			
抵押人	天津××房地产开发公司			
抵押方式	一般抵押			
登记类型	初始登记			
登记原因	合同设立			
在建建筑物坐落	天津市南开区新华路5号御湖花园××			
在建建筑物抵押范围	××层			
被担保主债权数额（最高债权数额）（万元）	2000万元			
债务履行期限（债权确定期间）	2014年6月20日起 2015年6月19日止			
最高债权确定事实和数额				
不动产登记证明号	津（2014）南开不动产证明第××号			
登记时间	2014年6月27日			
登簿人	李××			
注销抵押业务号				
注销抵押原因				
注销时间				
登簿人				
附记				

附件 7－1－6 不动产权权证书（样例）

建国用（2013）第 × × 号

土地使用权人	天津 × × 房地产开发公司		
坐落	天津市南开区新华路 5 号衡湖花园 × × 层		
地号	02－03－0035	图号	50. 00－50. 00
地类（用途）	住宅	级别	Ⅲ
使用权类型	出让	终止日期	2083 年 2 月 19 日
使用权面积	3540 m²	其中	独用面积	3540 m²
			分摊面积	m²

附　记

抵押权人为中国 × × 银行天津市分行南开支行
被担保主债权数额为 2000 万元
抵押范围为 × × 层
抵押登记日期为 2014 年年 6 月 27 日
抵押登记证明号为　津　（2014）南开不动产登记证明第 × × 号

附图粘贴线

· 258 ·

附件 7-1-7 不动产登记证明（样例）

不动产登记证明

根据《中华人民共和国物权法》等法律法规，为保护申请人合法权益，对申请人申请登记事项，经审查核实，准予登记，列不动产权利或登记的本证明所颁发此证明。

津 （2014） 南开 不动产证明第 × × 号

证明权利或事项	抵押权
权利人（申请人）	中国 × × 银行天津市分行南开支行
义务人	天津 × × 房地产开发公司
坐落	天津市南开区新华路 5 号御湖花园 × × 层
不动产单元号	12010402003GB00035F000100 × ×
其他	（1）不动产权证书号：津国用（2013）第 × × 号 （2）抵押的方式：在建建筑物抵押 （3）担保债权的数额。2000 万元
附记	抵押权人：中国 × × 银行天津市分行南开支 被担保主债权数额：2000 万元 在建建筑物抵押范围：× × 层 抵押权登记时间：2014 年 6 月 27 日

登记机构（章）

2015 年 06 月 27 日

中华人民共和国国国土资源部监制

编号 NO. 00000000000

单元八　房屋预告登记

一、房屋预告登记的适用范围

《不动产登记暂行条例实施细则》第八十五条规定了有下列情形之一的，当事人可以按照约定申请不动产预告登记：①商品房等不动产预售的；②不动产买卖、抵押的；③以预购商品房设定抵押权的；④法律、行政法规规定的其他情形。预告登记生效期间，未经预告登记的权利人书面同意，处分该不动产权利申请登记的，不动产登记机构应当不予办理。预告登记后，债权未消灭且自能够进行相应的不动产登记之日起三个月内，当事人申请不动产登记的，不动产登记机构应当按照预告登记事项办理相应的登记。

对于房屋预告登记的范围如何确定，预告登记既可以适用于期房的买卖和抵押，也适用于现房的买卖和抵押，理由在于：首先，依据我国《物权法》第二十条第一款，只要是当事人签订买卖房屋或者其他不动产物权的协议，为保障将来实现物权，都可以按照约定向登记机构申请预告登记。《物权法》并没有将预告登记的范围局限在期房。其次，现房买卖和抵押中当事人也存在办理预告登记的需要，例如，在房屋分期付款的买卖中，卖方为了防止买受人违约，而与买受人约定，允许当买受人付清，但是只有在最后一笔房款付清后才与买受人一起办理房屋所有转移登记，此时买受人为了避免使得自己在全部房款付清之后能够确定地得到房屋所有权，阻止出卖人一房多售，也具有申请预告登记的需要。

但是，在期房和现房的买卖、抵押中有两种情形被排除在预告登记范围之外的：

预购商品房转让及预购商品房抵押权转让不得办理预告登记。这是因为，2005 年 5 月 9 日国务院办公厅转发的建设部、发展改革委、财政部、国土资源部、人民银行、税务局、银监会七部委联合发布的《关于做好稳定住房价格工作的意见》第七条规定："根据《中华人民共和国城市房地产管理法》有关规定，国务院决定，禁止商品房预购人将购买的未竣工的预售商品房再行转让。在预售商品房竣工交付、预购人取得房屋所有权证之前，房地产主管部门不得为其办理转让等手续；房屋所有权申请人与登记备案的预售合同载明的预购人不一致的，房屋权属登记机构不得为其办理房屋权属登记手续。"因此，由于目前预购商品房不得转让，所以不能办理预购商品房转让的预告登记，更不可能办理预购商品房抵押权转让的预告登记。

二、房屋预告登记的意义

《物权法》第二十条第一款对预告登记的适用范围做出了明确的规定，该款第一句规定"当事人签订买卖房屋或者其他不动产物权的协议，为保障将来实现物权，按照约定可以向登记机构申请预告登记。"从这一规定可以看出：

1. 预告登记的目的在于"保障将来实现物权"

预告登记是一种必须在不动产登记簿上登记的担保手段，它是为了保障债权人实现其进行物权权利变更的债权请求权。它限制债务人违背其义务对不动产进行处分的权限，使得债权人在债务人违反义务进行处分的情况下也能够取得物权。所以，《物权法》第二十条第一款第二句规定："预告登记后，未经预告登记的权利人同意，处分该不动产的，不发生物权效力。"

2. 预告登记的内容为以取得、变更和消灭不动产物权为目的的债权请求权

具体来说，就是基于"当事人签订买卖房屋或者其他不动产物权的协议"而产生的债权请求权。依据我国《物权法》第二十条第一款，能够进行预告登记的债权请求权只能是基于当事人之间的物权变动协议而产生的债权请求权。至于房屋的租赁无论是现房租赁还是期房租赁，都不能办理预告登记。此外，法院或其他有权机关对不动产进行查封、预查封等限制不动产处分的情形，依据最高人民法院的有关司法解释，采取的是查封登记的方式，也不能适用预告登记。

三、预告登记的效力

1. 预告登记的担保效力

预告登记的首要效力在于担保功能，即防止不动产权利人违反义务对不动产进行处分。《物权法》第二十条第一款有规定："预告登记后，未经预告登记的权利人同意，处分该不动产的，不发生物权效力。"《不动产登记暂行条例实施细则》第八十五条规定："预告登记生效期间，未经预告登记的权利人书面同意，处分该不动产权利申请登记的，不动产登记机构应当不予办理。"

预告登记后并非所有与预告登记所涉房屋的登记都不得办理，只是不能办理处分登记，即所有权转让登记、抵押权登记。至于并非处分登记的其他登记，例如变更登记等，依然可以办理。这是因为，不动产登记法中有一项重要的原则就是"登记同意原则"。所谓登记同意原则是指，在办理不动产登记时，必须取得其权利因该登记而被涉及的民事主体对登记所表示的同意。由于已经预告登记的房屋的处分登记涉及预告登记权利人的利益，因此必须取得该权利人的书面同意，没有其做出的同意，登记机构绝对不能办理处分登记。具体来说，预告登记后依据预告登记的类型不同，不动产登记机构不予办理登记的情形包括以下几类：

1）预购商品房预告登记。在预购商品房的情形下，由于该房屋没有办理首次登记，所以预售人是无法申请办理房屋转移登记的，只可能是预售人申请将该房屋进行抵押，要求办理预售商品房抵押权预告登记，此时不动产登记机构应当不予办理。

2）预购商品房抵押权预告登记。由于我国目前禁止预购商品房再行转让，不动产登记机构不可能为预购人办理预购商品房转让的预告登记。

3）房屋所有权转移预告登记。此时如果房屋所有权人因设立抵押权或转让房屋所有权而再次到不动产登记机构要求办理登记的，在没有预告登记的权利人的书面同意的情况下，不动产登记机构不应办理。

4）房屋抵押权预告登记。此时，如果抵押人因转让房屋所有权而到不动产登记机构办理登记的，在没有预告登记的权利人的书面同意的情况下，不动产登记机构不应办理。但是，如果房屋所有权人再行以该房屋设立抵押权的，由于预告登记具有保全顺位的效力，所以不动产登记机构应当办理，但是该抵押权的顺位应当在房屋抵押权预告登记的顺位之后。

2. 预告登记的顺位效力

所谓预告登记的顺位效力是指，由于预告登记已经表明了被担保的请求权经过履行后将要产生某种不动产物权，因此将来该物权一旦产生后就会取得预告登记所具有的顺位。赋予预告登记顺位效力的原因在于：预告登记毕竟是暂行性的，其要么转为本登记，要么丧失效力，当其能够成功的转为本登记的时候，其所具有的顺位自然应当转归为本登记，只有这样才能更有效地保障债权人的合法权益。

3. 破产保护效力（满足的效力）

所谓预告登记的破产保护效力是指，由于预告登记已经表明了被担保的请求权经过履行后将要产生某种不动产物权，但请求权的履行期限尚未届至或者履行条件并未成就时，权利人可以将作为请求权标的的不动产不列入破产财产，使请求权发生指定的效果，既该请求权被作为该项将来才能产生的不动产物权来看待，具有了与之相同的效力。这一点主要体现在破产的时候。例如，甲将其一栋房屋出卖给乙，约定两年后交付，买受人乙为了担保此项债权请求权而进行了预告登记，如果不久甲就破产了，此时乙虽然并未该不动产的所有权人而只是债权人，但是由于进行了预告登记，所以他有权要求甲的破产管理人将该房屋交付给他。

四、预告登记转为相应的房屋登记

如果预告登记权利人在已经实现了债权请求权而本应进行本登记时却迟迟不进行登记，必然会导致不动产的流通性受到限制。因此，依据《物权法》第二十条第二款，预告登记后，自能够进行不动产登记之日起三个月内预告登记权利人要申请登记，否则预告登记失效。

1）所谓的"申请登记"具体到房屋的预告登记中，就是指按照预告登记事项申请办理相应的房屋登记。所谓"按照预告登记事项申请办理相应的房屋登记"有两层含义：其一，预告登记的内容是转移所有权，则相应的登记就是所有权转移登记；预告登记的内容是设定抵押权，则相应的登记就是抵押权首次登记；其二，预告登记中设定的抵押权是第一顺位，则相应的抵押权首次登记中该抵押权的顺位也应当是第一顺位。

2）这里所谓的"能够进行不动产登记之日"就预购商品房的买卖或抵押的预告登记而言，是指预购商品房已经办理了所有权首次登记，进而为所有权转移或抵押权设定登记奠定了基础；就现房的买卖或抵押而言，是指买受人或抵押权人已经符合了办理相应的房屋登记的条件，例如现房分期付款买卖的买受人已经支付了全部的购房款，符合了合同约定的办理房屋所有权转移登记和抵押登记的条件。不动产登记机构应当按照预告登记事项办理相应的登记。

五、预告登记的失效

《物权法》第二十条第二款规定："预告登记后，债权消灭或者自能够进行不动产登记之日起三个月内未申请登记的，预告登记失效。"这里规定了预告登记失效的两种情形。

1. 债权消灭导致预告登记失效

所谓"债权消灭"是指，当事人之间的债权债务关系终止的情形，如买受人在购买现房且办理了预告登记之后又与出卖人协商终止合同；再如，因出卖人交付的房屋不符合合同约定的条件构成严重违约，买受人解除买卖合同，要求出卖人承担违约责任，此时由于买卖合同已经解除，作为预告登记的基础法律关系丧失了，自然预告登记也应失效。但是，由于债权是当事人之间的合同产生的，不具有公开性，不动产登记机构难以知悉当事人之间的债权是否失效，因此，在预告登记后，如果债权消灭的，当事人应当持债权失效的证明文件（如当事人解除买卖合同或抵押合同的书面协议、法院解除合同的生效判决或仲裁机构生效的裁决）到不动产登记机构申请注销房屋预告登记。

2. 自能够进行不动产登记之日起三个月未申请登记导致预告登记失效

1）房地产开发企业应当自开发建设的商品房竣工验收之日起三十日内申请办理房屋所有权首次登记，并将登记结果及时通知购房人。

实践中，预购商品房的买受人可能常常并不清楚何时是"能够进行相应房屋的登记之日"，而作为预售人的房地产开发企业往往是非常清楚的，如果房地产开发企业在办理了房屋所有权首次登记后不通知预购人，导致预购人不知何时到不动产登记机构办理相应的房屋所有权转移登记，不动产登记机构是否应当办理。目前解决这个问题的方法只能是，不动产登记机构在预售人以三个月时间已经届满预告登记失效为由到登记机构办理。将已经预售的房屋再次转让给第三人时，登记机构应当要求预售人出具预告登记权利人的证明文件以及书面同意的文件，否则即便三个月的时间已经过了，不动产登记机构也不能在明知该房屋已经办理了预告登记的情形下，为预售人再次办理所有权转让登记。

2）房地产开发企业未按照上述规定办理房屋所有权首次登记的，预购期房的房屋所有权预告登记权利人入住两年的，由不动产所在地的登记经办机构在不动产登记系统上按文件规定进行项目数据补录后，购房人可直接到登记经办机构申请办理房屋所有权登记，领取不动产权证书。"入住满两年"是商品房取得住宅商品房准许交付使用证已满两年，或者购房人与房地产开发企业签订的房屋交接单满两年。无法提供上述文件的，由预告登记权利人出具关于入住已满两年的具结书。

在新建商品房的情况下，开发商可以在商品房尚未建成时进行预售，而房屋建成后，由于种种可归责于开发商的原因，导致该商品房迟迟不能办理所有权首次登记，使得购房的业主无法办理转移登记，这对于业主的合法权益是存在损害的。从民法的角度上说，如果作为卖方的开发商迟延为业主办理登记，那么作为买方的业主有权利追究开发商的违约责任。《最高人民法院关于审理商品房买卖合同纠纷案件适用法律若干问题的解释》（以下简称《商品房买卖合同纠纷解释》）第十八条规定，由于出卖人的原因，买受人在下列期限届满未能取得房屋权属证书的，除当事人有特殊约定外，出卖人应当承担违约责任：

①商品房买卖合同约定的办理房屋所有权登记的期限；②商品房买卖合同的标的物为尚未建成房屋的，自房屋交付使用之日起九十日；③商品房买卖合同的标的物为已竣工房屋的，自合同订立之日起九十日。合同没有约定违约金或者损失数额难以确定的，可以按照已付购房款总额，参照中国人民银行规定的金融机构计收逾期贷款利息的标准计算。第十九条规定："商品房买卖合同约定或者《城市房地产开发经营管理条例》第三十三条规定的办理房屋所有权登记的期限届满后超过一年，由于出卖人的原因，导致买受人无法办理房屋所有权登记，买受人请求解除合同和赔偿损失的，应予支持。"

六、商品房预售登记备案与预告登记的区别

《物权法》第二十条规定："当事人签订买卖房屋或者其他不动产物权的协议，为保障将来实现物权，按照约定可以向登记机构申请预告登记。"这是我国第一次以法律的形式确定了预告登记制度。

《城市房地产管理法》第四十五条第二款规定："商品房预售人应当按照国家有关规定将预售合同报县级以上人民政府房产管理部门和土地管理部门登记备案"。那么，房屋预告登记和商品房预售登记备案究竟具备什么特征？二者有什么区别和联系？

（一）预告登记和商品房预售登记备案的特征

1. 预告登记的特征

1）预告登记是为了保全将来发生的不动产物权变动而进行的提前登记，对象是未完成的不动产物权的请求权。

2）预告登记的本质特征是赋予权利人的请求权具有物权的排他效力，即对其后发生的与该请求权内容相同的不动产物权的处分行为，具有排他效力，确保将来发生所期待的结果。

3）预告登记制度能够较好地维护交易安全和秩序，追求财产变动安全的价值功能，它符合社会主义市场经济建设的需要。

2. 商品房预售登记备案的特征

1）具有行政强制性。《城市商品房预售管理办法》第十条规定，商品房预售，开发企业应当与承购人签订商品房预售合同。开发企业应当自签约之日起三十日内，向房地产管理部门和市、县人民政府土地管理部门办理商品房预售合同登记备案手续。这是国家对房地产市场宏观调控的一种行政手段，也是对开发企业的一种行政强制行为。

2）商品房预售登记备案仅仅是属于债权性质的，仅能起到备案的作用，不具有预告登记的法定效力。

3）商品房预售合同无论是否进行登记备案，都不会产生对抗第三人的效力。

（二）预告登记和商品房预售登记备案的区别

预告登记与预售商品房登记备案是两种不同的制度，它们具有以下区别：

1. 法律性质不同

预告登记是由《物权法》规定的一种不动产登记制度，属于民事制度。而商品房预

售登记备案制度是由《城市房地产管理法》规定的行政管理措施，属于行政管理制度。

2. 实际功能不同

预告登记制度的主要目的就是为了保障债权人将来能够实现物权，就预购商品房的预告登记而言就是为了使得预购人在预购的房屋办理所有权初始登记之后，能够办理所有权转移登记，从而确定取得房屋的所有权。但是，商品房预售登记备案制度在行政上对预购人具有保护功能，有助于建设行政管理部门加强对房地产市场的监督管理，维护房地产市场的健康发展。

3. 操作上的不同

预告登记必须是在双方有预告登记的约定之后才能申请。如果没有当事人的约定，任何人不得强制预购人或者预售人进行预购商品房的预告登记。预告登记原则上必须由双方共同申请，除非法律法规另有约定。而商品房预售登记备案制度是一种只针对房地产开发企业的强制性制度。

4. 适用范围不同

预告登记的适用范围比商品房预售登记备案的适用范围广。依据《物权法》第二十条第一款的规定，只要是当事人签订买卖房屋或者其他不动产物权的协议，为保障将来实现物权，都可以按照约定向登记机构申请预告登记。因此，在房屋的买卖、抵押和建设用地使用权的转让中都可以进行预告登记。但是，商品房预售登记备案制度只适用于商品房预售。

5. 登记主体不同

预告登记的主体机关是唯一的，即不动产登记机构。而商品房预售登记备案的主体管理机构法律赋予了当地人民政府。它可以是建设行政主管部门，可以是房地产管理部门，也可以委托给不动产登记机构，具有较大的灵活性。

（三）预告登记和商品房预售登记备案的联系和注意事项

预告登记和商品房预售登记备案的法律特征不同，有着本质的区别，但是二者并非毫无联系。《不动产登记暂行条例》第八十六条规定："申请预购商品房预告登记，应当提交已备案的商品房预售合同。"这就是说，商品房预售合同登记备案是预告登记的前置必要条件。履行预告登记程序时，一定要准确把握这种先后关系，绝对不能颠倒。

预告登记和商品房预售登记备案作为两种不同的法律制度，既有区别又有联系。作为登记机构的工作人员，仅仅掌握了预告登记和商品房预售登记备案的特征、区别和联系显然不够，还应该特别注意以下事项：

1）预告登记和商品房预售登记备案，一定是先商品房预售登记备案后预告登记。但是，预告登记和商品房预售登记备案可以同步完成，最好是同一时间完成。这样，可以避免预售人一房多售，减少预告登记差错。

2）《不动产登记暂行条例》第八十六条规定，预售人和预购人订立商品房买卖合同后，预售人未按照约定与预购人申请预告登记，预购人可以单方申请预告登记。这是一条特别规定，目的是从法律上保护弱势群体。我们在办理预告登记时，一定要牢记这一点，千万别教条式的强求预售人和预购人共同办理。

事由一　预购商品房的预告登记

房地产开发企业办理预售登记后，购买商品房的购房人可以申请预购商品房预告登记。

一、预购商品房的含义

所谓预购商品房是指购买人预先向房地产开发企业购买的正在建设中的房屋。本来房屋没有建成，尚未进行所有权的首次登记是不能作为不动产进行交易的，但是为了能够给房地产开发企业提供融资渠道，使之以预售所得价款进行相关的工程建设，我国法律允许房地产开发企业将正在建设中的房屋预先进行销售，即承认商品房预售制度。《城市房地产管理法》第四十五条规定，商品房预售，应当符合下列条件：①已交付全部土地使用权出让金，取得土地使用权证书；②持有建设工程规划许可证；③按提供预售的商品房计算，投入开发建设的资金达到工程建设总投资的百分之二十五以上，并已经确定施工进度和竣工交付日期；④向县级以上人民政府房产管理部门办理预售登记，取得商品房预售许可证明。商品房预售人应当按照国家有关规定将预售合同报县级以上人民政府房产管理部门和土地管理部门登记备案。商品房预售所得款项，必须用于有关的工程建设。此外，建设部还颁布了《城市商品房预售管理办法》对商品房预售进行专门的规范。

二、预售商品房的登记备案制度

就预购的商品房而言，由于房屋尚未建成，没有进行所有权首次登记，因此预购人与预售人签订商品房预售合同后不可能马上到不动产登记机构办理房屋所有权转移登记，只有等到房屋建成并办理了所有权首次登记后，才能办理所有权转移登记，这样就留出了一个很长的时间差，从制度上为那些不讲诚信的房地产开发企业以可乘之机，使之能够很容易欺诈其他预购人，进行一房多售。为了避免预售商品房过程中的欺诈行为，《城市房地产管理法》等法律规定了预售商品房的登记备案制度。依据这一制度，在商品房预售时，开发企业应当与承购人签订商品房预售合同。开发企业应当自签约之日起三十日内，向房地产管理部门和市、县人民政府土地管理部门办理商品房预售合同登记备案手续。

三、预售商品房的预告登记流程

流程1　登记申请

1. 申请人

申请人为预售商品房买卖合同中的预购人。

《不动产登记暂行条例实施细则》第八十六条第二款中"预售人和预购人订立商品房买卖合同后，预售人未按照约定与预购人申请预告登记，预购人可以单方申请预告登记。"其原因有两点：

1）依据我国《城市房地产管理法》第四十五条的规定，只有符合法律规定条件的商品房才能进行预售，而且商品房预售人应当按照国家有关规定将预售合同报县级以上人民政府房产管理部门和土地管理部门登记备案。《城市房地产预售管理办法》第十条还规定了"商品房预售，开发企业应当与承购人签订商品房预售合同。开发企业应当自签约之日起三十日内，向房地产管理部门和市、县人民政府土地管理部门办理商品房预售合同登记备案手续。房地产管理部门应当积极应用网络信息技术，逐步推行商品房预售合同网上登记备案。"因此，在预购商品房的时候，如果双方存在办理预告登记的约定，此时如果预售人不按照约定与预购人共同申请进行预告登记，而仅由预购人单方申请预告登记，登记机构完全能够对该申请进行有效的审查，并办理预告登记。

2）预购商品房的购房人是最需要得到特殊保护的群体，因为在预售商品房的情形下，开发商和购房人存在信息上的不对称，购房人处于弱势地位，实践中开发商一房多售，损害购房人利益的现象比较常见，但是在其他预告登记的情形下，由于双方地位比较平等，故而没有必要特别规定单方申请预告登记。

2. 申请预售商品房预告登记应提交的材料

①房屋登记申请书（预购商品房预告登记、房屋所有权转移预告登记适用）（收原件）；②申请人的身份证明文件（查验原件，复印件留存）；③授权委托的须提交合法有效的委托书（收原件）；④代理人身份证明（委托的提交）（验原件，收复印件）；⑤已登记备案的商品房买卖合同（收原件）；⑥契税缴纳凭证（复印件）；⑦当事人关于预告登记的约定（收原件）；⑧以预购商品房设定抵押权的，提交不动产登记证明及不动产抵押合同、主债权合同；⑨法律、行政法规规定的其他必要材料（预购人单方申请预购商品房预告登记，预售人与预购人在商品房预售合同中对预告登记附有条件和期限的提交）（收原件）。

3. 当事人关于预告登记的约定

《物权法》第二十条第一款中有规定："当事人签订买卖房屋或者其他不动产物权的协议，为保障将来实现物权，按照约定可以向登记机构申请预告登记。"因此办理预购商品房预告登记必须有当事人之间关于预告登记的约定。登记机构在审查时应当特别注意当事人之间是否有关于预告登记的约定，如果没有约定，则不得办理预告登记。此种约定应当是书面的，它可以体现在商品房预售合同的某一条款当中，也可以体现在当事人签订的补充协议中，还可以是当事人单独订立的关于预告登记的书面协议。

4. 法律、行政法规规定的其他必要材料

依据《物权法》第二十条第一款的规定，预告登记只有在当事人有约定时才能办理，而当事人办理预告登记的约定属于一种双方法律行为，可以适用《合同法》的有关规定。我国《合同法》第四十五条第一款规定："当事人对合同的效力可以约定附条件。附生效条件的合同，自条件成就时生效。附解除条件的合同，自条件成就时失效。"第四十六条规定："当事人对合同的效力可以约定附期限。附生效期限的合同，自期限届至时生效。附终止期限的合同，自期限届满时失效。"《不动产登记暂行条例实施细则》第八十六条第三款规定："预购人单方申请预购商品房预告登记，预售人与预购人在商品房预售合同中对预告登记附有条件和期限的，预购人应当提交相应的证明材料"。预告登记附条件和附期限时预购人单方申请预购商品房预告登记应提交相应的证明材料。

针对所附的条件和期限的不同，证明材料也有所不同。如果预售人与预购人就预告登记的约定所附的是生效条件，则预购人必须提交证明该条件已经成就的材料。例如，预购人与预售人约定只有预购人在支付了全部购房款的80%之后，才能办理预告登记，当预购人在预售人不与其共同申请办理预告登记时，预购人可以单方申请预告登记，但是应当提交其已经支付了全部购房款的80%的证明，否则登记机构认为该生效条件没有成就，不得为预购人办理预告登记。反之，如果该约定所附的是解除条件，则预购人应当提交证明该条件没有成就的证明材料。至于对约定所附期限的，一般来说登记机构可以直接从当事人的约定中加以判断，预购人无须提交证明材料（见附件8-1-1）。

流程2　登记受理

具体内容不再讲述。

不动产登记机构依法办理不动产预告登记不得收取不动产登记费。

流程3　登记审核

不动产登记机构应当按照下列要求，对不动产登记申请资料进行审核：

1）申请书、证明文件、委托书、权属证明等与国家规定的规范格式一致。

2）申请登记的内容与登记原因文件或者权属来源材料是否一致。

3）申请人、委托代理人身份证明材料以及授权委托书与申请主体一致。

4）申请预购商品房预告登记的，商品房买卖合同是否已经备案；申请预购商品房抵押预告登记的，无法律、法规规定的不得抵押情形，是否已经办理预购商品房预告登记；申请其他预告等级的，不动产物权是否已经登记。

5）不动产买卖、抵押的，预告登记内容是否与不动产登记簿记载的有关内容冲突。

6）申请预购商品房预告登记的，房地产开发企业已就该商品房办理预售登记且无他人预购商品房预告登记记载。

7）不动产被查封的，不予办理。

具体样例见附件8-1-2、附件8-1-3及附件8-1-4。

流程4　核准登记并记载不动产登记簿

经审核不存在不予登记情形的，记载不动产登记簿后向申请人核发不动产登记证明。不动产登记簿预告登记信息填写如下内容：

办理预告登记，不动产登记机构应当在登记簿上记载：预告登记权利人和义务人、证件种类、证件号、预告登记种类、登记类型不动产登记证明号、取得价格/被担保主债权数额、登记时间、附记（详见附件8-1-5）。

【权利人】填写不动产买卖合同中的购买人或者抵押合同中的抵押权人。

【义务人】填写不动产买卖合同中的转让人或者抵押合同中的抵押人。

【预告登记种类】填写预告登记的种类，包括预售商品房买卖预告登记、其他不动产买卖预告登记、预售商品房抵押权预告登记、其他不动产抵押权预告登记等。

【登记原因】填写买卖、设定抵押等预告登记的原因。

【不动产坐落、土地权利人、规划用途、房屋性质、所在层/总层数、建筑面积】预购的期房办理预告登记时，需要按照购房合同填写相应的不动产坐落、土地权利人、规划用途、房屋性质、所在层/总层数、建筑面积信息。

土地使用权人指不动产权证书注记的土地使用权人；

房屋性质共划分为商品房、房改房、经济适用住房、廉租住房、自建房等；

规划用途具体分类标准按附件8-1-6中执行预告登记证明号，指登记机构向房屋权利人颁发的预告登记证明的证号。

【取得价格/被担保主债权数额】填写不动产买卖合同中的转让价格或者抵押合同中的被担保主债权数额。

【登记时间】指登记事项记载于登记簿上的时间。

【附记】可以记载"预转现"等情况（见附件8-1-5）。

申请预告登记的商品房已办理在建建筑物抵押权首次登记的，应当一并申请在建建筑物抵押权注销登记，并提交不动产权属转移证明材料、不动产登记证明和抵押权人同意的书面证明。登记机构应当先办理在建建筑物抵押权注销登记，再办理预购商品房转移预告登记。

流程5　颁证、发证

登记机构在办理预告登簿后，应根据登记簿上记载的内容，向预告登记权利人颁发不动产登记证明，证明上主要记载预告登记权利种类、预告登记权利人、预告登记义务人、房屋坐落、不动产单元号、其他、附记等内容。这里的房屋坐落，指房屋的具体地理位置，具体指有关部门依法确定的房屋坐落，一般包括街道名称、门牌号、幢号、楼层号、房（室）号等；证明权利或事项，指预告登记的权利类型，包括预购商品房预告登记、房屋所有权转移预告登记、房屋抵押权预告登记。其他栏包括①已有的不动产权证书号，②预告登记的种类（见附件8-1-7）。将不动产登记证明发给预告登记权利申请人，同时收回受理时交给申请人的收件收据（见附件8-1-8）。

事由二　预购商品房预告登记的变更登记

1. 适用情形

有下列情形之一的，可以申请预购商品房预告登记的变更登记：

1）预告登记权利人姓名或者名称变更的；

2）地名变更的；

3）预告登记权利人死亡后房屋权利被依法继承的；

4）配偶之间房屋权利变动的。

2. 申请人

预告登记变更可以由不动产登记簿记载的当事人单方申请。如因权利人地名、姓名或者名称变更的，申请人为预告登记权利人；因权利人死亡房屋权利被依法继承的，申请人为继承人；属于配偶之间房屋权利变动的，申请人为配偶双方。

3. 申请人应当提交的材料

1）申请书。

2）申请人身份证明（查验原件，复印件留存）。

3）不动产预告登记证明。

4）变更事实的有关证明文件（查验原件，复印件留存），包括：

①权利人姓名或者名称、身份证明类型或者身份证明号码发生变化的，提交公安部门等有权部门出具的姓名变更证明等能够证实其身份变更的材料；②坐落发生变化的，提交房地产坐落的街道、门牌号等名称发生改变的证明文件；③配偶之间变更预告登记权利人的，提交婚姻关系证明文件，配偶之间变更不动产权利的协议。

5）有抵押权、异议登记或被预查封的，按照规定提交相关材料（因权利人姓名或名称、身份证明类型及号码、不动产坐落发生变化而申请的变更登记，可以办理。因通过协议改变不动产的面积、用途、权利期限等内容申请变更登记，对抵押权人、地役权人产生不利影响的，应当出具抵押权人、地役权人同意变更的书面材料）。

4. 审查要点

1）申请变更登记的材料是否齐全；

2）变更登记的事项与申请变更登记的材料记载的内容是否一致；

3）申请人与申请材料记载的主体是否一致；

4）无正在办理的更正登记记载；

5）其他审查事项。

不存在本不予登记情形的，将登记事项记载于不动产登记簿，变更事项涉及证明记载内容的，应当收回原证明换发新的不动产登记证明。

事由三 注销预购商品房预告登记

1. 适用情形

有下列情形之一的，当事人可申请注销预告登记：

1）买卖不动产物权的协议被认定无效、被撤销、被解除等导致债权消灭的；

2）预告登记的权利人放弃预告登记的；

3）法律、行政法规规定的其他情形。

2. 申请人

申请人为不动产登记簿记载的预告登记权利人或生效法律文书记载的当事人。预告当事人协议注销预告登记的，申请人应当为买卖房屋或者其他不动产物权的协议的双方当事人。

3. 申请人应当提交的材料

①申请书；②申请人身份证明（查验原件，复印件留存）；③不动产登记证明（申请注销预告登记的抵押权的，提交预购商品房预告登记证明以及抵押权预告登记证明）；④预告登记终止的证明文件（查验原件，复印件留存）（债权消灭或者权利人放弃预告登

记的材料；）；⑤法律、行政法规规定的其他材料。

4. 申请预告登记的情形

人民法院、仲裁委员会的生效法律文书证明预售合同终止的，凭生效法律文书和协助执行通知书（查验原件，复印件留存），可申请注销预告登记。

5. 预告登记撤销的情形

预告登记权利人办理转移登记后，登记簿记载的预购商品房预告登记自动撤销。

事由四　预告登记的转移

1. 适用

有下列情形之一的，当事人可申请预告登记的转移：

1）因继承、受遗赠导致不动产预告登记转移的；

2）因主债权转移导致预购商品房抵押预告登记转移的；

3）因主债权转移导致不动产抵押预告登记转移的；

4）因人民法院、仲裁委员会生效法律文书导致不动产预告登记转移的；

5）法律、法规规定的其他情形。

2. 申请主体

预告登记转移的申请人由不动产登记簿记载的预告登记权利人和该预告登记转移的受让人共同申请。因继承、受遗赠、人民法院、仲裁委员会生效法律文书导致不动产预告登记转移的可以单方申请。

3. 申请材料

申请预告登记的转移，申请人提交的材料包括：

1）不动产登记申请书。

2）申请人身份证明。

3）预告登记的不动产登记证明。

4）按照不同情形，提交下列材料：

继承、受遗赠的提交：①所有继承人或受遗赠人的身份证、户口簿或其他身份证明；②被继承人或遗赠人的死亡证明，包括医疗机构出具的死亡证明；公安机关出具的死亡证明或者注明了死亡日期的注销户口证明；人民法院宣告死亡的判决书；其他能够证明被继承人或受遗赠人死亡的材料等；③所有继承人或受遗赠人与被继承人或遗赠人之间的亲属关系证明，包括户口簿、婚姻证明、收养证明、出生医学证明，公安机关以及村委会、居委会、被继承人或继承人单位出具的证明材料，其他能够证明相关亲属关系的材料等；④放弃继承的，应当在不动产登记机构设立的登记场所，在不动产登记经办机构人员的见证下，签署放弃继承权的声明；⑤继承人已死亡的，代位继承人或转继承人可参照上述材料提供；⑥被继承人或遗赠人享有不动产权利的材料；⑦被继承人或遗赠人生前有遗嘱或者遗赠扶养协议的，提交其全部遗嘱或者遗赠扶养协议；⑧被继承人或遗赠人生前与配偶有夫妻财产约定的，提交书面约定协议。

主债权转让的合同和已经通知债务人的材料。

人民法院、仲裁委员会生效的法律文书；属于单方申请的，还应提交协助执行通知书。

5）法律、法规规定的其他材料。

4. 审查要点

不动产登记经办机构在审核过程中应注意以下要点：

1）预告登记转移的登记原因文件是否齐全、有效；

2）申请转移的预告登记与登记申请材料的记载是否一致；

3）书面材料审核；

4）查阅不动产登记簿，申请登记事项与不动产登记簿记载的事项是否冲突；

5）查阅登记原始资料。

不存在不予登记情形的，将登记事项记载于不动产登记簿，并向权利人核发不动产登记证明。

附件 8 – 1 – 1　预购商品房预告登记约定

预购商品房预告登记约定

预告登记权利人：（甲方）

预告登记义务人：（乙方）

一、甲乙双方自愿签订了预售商品房买卖合同，暂时不能办理房屋所有权转移登记。双方约定共同到不动产登记机构申请预购商品房预告登记。

二、申请预告登记的房屋预售许可证号：＿＿＿＿＿＿＿＿＿＿＿，已登记备案的商品房预售合同号：＿＿＿＿＿＿＿＿＿＿，不动产位于＿＿＿＿＿＿＿＿＿，成交价格为（大写）＿＿＿＿＿＿＿＿＿＿元，（小写）＿＿＿＿＿元。

三、双方约定该预告登记期限为＿＿月，于＿＿＿＿年＿＿月＿＿日前办理房屋所有权转移登记。

四、预告登记后，债权消灭或者自能够办理相应的登记之日起三个月内未申请登记的，该预告登记时效。

五、其他约定：

甲方：　　　　　　　　　　　　　　　　乙方：

　　　　　　　　　　　　　　　　　　　　　年　　　月　　　日

附件 8-1-2 不动产登记申请书（样例）

不动产登记申请书

单位：☑平方米 □公顷（□亩）、万元

<table>
<tr>
<td rowspan="2">申请登记事由</td>
<td colspan="2">□土地所有权 ☑国有建设用地使用权 □宅基地使用权 □集体建设用地使用权 □土地承包经营权
□林地使用权 □海域使用权 ☑房屋所有权 □构筑物所有权 □森林、林木所有权
□森林、林木使用权 □抵押权 □地役权 □其他_____</td>
</tr>
<tr>
<td colspan="2">□首次登记（□总登记 □初始登记） □转移登记 □变更登记 □注销登记 □更正登记
□异议登记 ☑预告登记 □查封登记 □其他_____</td>
</tr>
<tr>
<td rowspan="12">申请人情况</td>
<td colspan="2" align="center">登记申请人</td>
</tr>
<tr>
<td>姓名（名称）</td>
<td colspan="3" align="center">杨××</td>
</tr>
<tr>
<td>身份证件种类</td>
<td>身份证</td>
<td>证件号</td>
<td>1201051979×××1444</td>
</tr>
<tr>
<td>通信地址</td>
<td>天津市河北区河北大街××号</td>
<td>邮编</td>
<td>3000××</td>
</tr>
<tr>
<td>法定代表人或负责人</td>
<td></td>
<td>联系电话</td>
<td>151221188××</td>
</tr>
<tr>
<td>代理人姓名</td>
<td></td>
<td>联系电话</td>
<td></td>
</tr>
<tr>
<td>代理机构名称</td>
<td></td>
<td></td>
<td></td>
</tr>
<tr>
<td colspan="4" align="center">登记申请人</td>
</tr>
<tr>
<td>姓名（名称）</td>
<td colspan="3" align="center">天津××房地产开发公司</td>
</tr>
<tr>
<td>身份证件种类</td>
<td>营业执照</td>
<td>证件号</td>
<td>98765432××</td>
</tr>
<tr>
<td>通信地址</td>
<td>天津市新兴路××号</td>
<td>邮编</td>
<td>3000××</td>
</tr>
</table>

<table>
<tr>
<td rowspan="2">申请人情况</td>
<td>法定代表人或负责人</td>
<td>李××</td>
<td>联系电话</td>
<td>244144××</td>
</tr>
<tr>
<td>代理人姓名</td>
<td>张××</td>
<td>联系电话</td>
<td>131123456××</td>
</tr>
<tr>
<td></td>
<td>代理机构名称</td>
<td colspan="3"></td>
</tr>
</table>

<table>
<tr>
<td rowspan="19">不动产情况</td>
<td colspan="2">坐落</td>
<td colspan="3">天津市南开区新华路5号御湖花园××室</td>
</tr>
<tr>
<td colspan="2">不动产单元号</td>
<td colspan="3">120104002003GB00035F000101××</td>
</tr>
<tr>
<td colspan="2">不动产类型</td>
<td colspan="3" align="center">土地/房屋</td>
</tr>
<tr>
<td rowspan="2">土地状况</td>
<td>面积</td>
<td>65.48 m²</td>
<td>用途</td>
<td align="center">住宅</td>
</tr>
<tr>
<td>权利性质</td>
<td>出让</td>
<td>使用（承包）期限</td>
<td align="center">70</td>
</tr>
<tr>
<td rowspan="2">房屋（构筑物）等状况</td>
<td>建筑面积</td>
<td>105.85 m²</td>
<td>总套数</td>
<td align="center">1</td>
</tr>
<tr>
<td>构筑物类型</td>
<td colspan="3" align="center">房屋</td>
</tr>
<tr>
<td rowspan="3">林地（森林、林木）状况</td>
<td>主要树种</td>
<td></td>
<td>株数</td>
<td></td>
</tr>
<tr>
<td>林种</td>
<td></td>
<td>造林年度</td>
<td></td>
</tr>
<tr>
<td>小地名</td>
<td></td>
<td>林班</td>
<td>小班</td>
</tr>
<tr>
<td rowspan="7">海域状况</td>
<td>项目名称</td>
<td></td>
<td>项目性质</td>
<td>□公益性 □经营性</td>
</tr>
<tr>
<td>使用期限</td>
<td colspan="3"></td>
</tr>
<tr>
<td>用海类型</td>
<td></td>
<td>用海总面积</td>
<td></td>
</tr>
<tr>
<td>用海方式</td>
<td>面积</td>
<td>具体用途</td>
<td>使用金数额</td>
</tr>
<tr>
<td></td>
<td></td>
<td></td>
<td></td>
</tr>
<tr>
<td></td>
<td></td>
<td></td>
<td></td>
</tr>
<tr>
<td></td>
<td></td>
<td></td>
<td></td>
</tr>
<tr>
<td colspan="2">原不动产权证书号</td>
<td colspan="3"></td>
</tr>
</table>

<table>
<tr><td rowspan="2">抵押情况</td><td>被担保债权数额
（最高债权数额）</td><td></td><td>债务履行期限
（债权确定期间）</td><td></td></tr>
<tr><td>抵押范围</td><td colspan="3"></td></tr>
<tr><td rowspan="2">地役权
情况</td><td>需役地坐落</td><td colspan="3"></td></tr>
<tr><td>需役地不动产单元号</td><td colspan="3"></td></tr>
<tr><td rowspan="7">登记原因
及证明</td><td>登记原因</td><td colspan="3">预购商品房</td></tr>
<tr><td rowspan="6">登记原因证明文件</td><td colspan="3">已备案的"商品房预售合同"合同编号：JFY（2014）000××</td></tr>
<tr><td colspan="3">预告登记约定协议</td></tr>
<tr><td colspan="3">申请人的身份证明文件（查验原件，复印件留存）</td></tr>
<tr><td colspan="3"></td></tr>
<tr><td colspan="3"></td></tr>
<tr><td colspan="3"></td></tr>
<tr><td>申请证书版式</td><td colspan="2">☑单一版　□集成版</td><td>申请分别持证</td><td>□是　☑否</td></tr>
<tr><td>备注</td><td colspan="4"></td></tr>
</table>

本申请人对填写的上述内容及提交的申请材料的真实性负责。如有不实，申请人愿承担法律责任。

对于商品房等共用宗项目，申请人同意暂不进行土地分摊按整宗土地面积申请房地登记。待按规划全部房屋竣工后再计算土地分摊系数，申请人同意在办理转移、变更等登记时变更为土地分摊面积。

对登记机关的行政行为有异议的，自知道之日起60日内依法申请行政复议或六个月内提起行政诉讼。

申请人（签章）：杨××　　　　　　　　　　　　申请人（签章）：

代理人（签章）：　　　　　　　　　　　　　　　代理人（签章）：

2014 年 2 月 1 日　　　　　　　　　　　　　　　　年　　月　　日

<table>
<tr><td>领收件收据人签章</td><td>杨××</td><td>申请日期</td><td>2014 年 2 月 1 日</td></tr>
<tr><td>领证人签章</td><td></td><td>领证日期</td><td></td></tr>
</table>

附件8-1-3 房屋预告登记询问表

房屋预告登记询问表

依据《中华人民共和国物权法》相关规定，登记机关现就如下事项对申请人（代理人）进行询问，请您如实填写，并在所选项目后的"□"内划"√"：

序号	询问事项		申请人回答
一、	您申请的是		期房预告登记　□ 现房预告登记　□
二、	商品房预售许可证号		
三、	1. 房屋坐落和权利范围：_____区_____		
	2. 权利主体、权利客体与登记簿上的记载或地籍图、用地证明文件、规划许可证、施工许可证、实地查看结果是否一致		是　□　　否　□
四、	1. 您据以登记的原因为		约定　□　　法定　□
	2. 您的申请方式为		双方　□　　单方　□
	3. 约定的失效日期为		年　　月　　日
五、	是否附条件附期限		否　□　　是　□
	其中	条件：_____	
		期限：_____	
六、	1. 预告申请人及其设立事项是否与提交资料证明的事实一致并经过批准同意		是　□　　否　□
	2. 其中	A. 土地面积_____m²	
		B. 房屋建筑面积_____m²	
		C. 房屋总层数_____层、所在层次_____层	
		D. 债权数额（最高额债权）_____万元	
		E. 债务履行期限（债权确定期间）_____年___月___日	
七、	您申请登记的房屋	A. 是否存在异议、其他预告及权属纠纷？	否　□　　是　□
		B. 是否存在司法、行政权力限制状况？	否　□　　是　□
		C. 是否列入拆迁范围？	否　□　　是　□
		D. 是否存在隐性共有人？	否　□　　是　□
八、	您的民事行为能力为		完全　□　　限制　□　　无　□
九、	您是否对所提交资料的合法性、真实性负责并对其承担相应的法律责任？		是　□　　否　□
十、	您的登记申请是否为真实意思表示？		是　□　　否　□
十一、	您选择的联系方式为	电话联系　手机：　　　　座机：	
		通信联系　地址：　　　　收件人：	
询问人：	被询问当事人（签章）：		
			询问时间：　　年　　月　　日

附件 8-1-4 不动产登记审批表（样例）

不动产登记审批表

<table>
<tr><td rowspan="2">收件</td><td>编号</td><td colspan="2">2014020100××</td><td rowspan="2">收件人</td><td rowspan="2">李××</td><td colspan="2">单位：☑平方米 □公顷（□亩）、万元</td></tr>
<tr><td>日期</td><td colspan="2">2014 年 2 月 1 日</td></tr>
<tr><td rowspan="3">申请登记事由</td><td colspan="7">□土地所有权 ☑国有建设用地使用权 □宅基地使用权 □集体建设用地使用权 □土地承包经营权</td></tr>
<tr><td colspan="7">□林地使用权 □海域使用权 □无居民海岛使用权 ☑房屋所有权 □构筑物所有权
□森林、林木所有权 □森林、林木使用权 □抵押权 □地役权 □其他_____</td></tr>
<tr><td colspan="7">□首次登记（□总登记 □初始登记） □转移登记 □变更登记 □注销登记 □更正登记
□异议登记 ☑预告登记 □查封登记 □其他_____</td></tr>
<tr><td rowspan="12">申请人情况</td><td colspan="7" align="center">登记申请人</td></tr>
<tr><td colspan="3">权利人姓名（名称）</td><td colspan="4" align="center">杨××</td></tr>
<tr><td colspan="2">身份证件种类</td><td colspan="2" align="center">身份证</td><td>证件号</td><td colspan="2">1201051979×××1444</td></tr>
<tr><td colspan="2">通信地址</td><td colspan="3" align="center">天津市河北区河北大街××号</td><td>邮编</td><td>3000××</td></tr>
<tr><td colspan="2">法定代表人或负责人</td><td colspan="2"></td><td>联系电话</td><td colspan="2">151221188××</td></tr>
<tr><td colspan="2">代理人姓名</td><td colspan="2"></td><td>联系电话</td><td colspan="2"></td></tr>
<tr><td colspan="2">代理机构名称</td><td colspan="5"></td></tr>
<tr><td colspan="7" align="center">登记申请人</td></tr>
<tr><td colspan="3">义务人姓名（名称）</td><td colspan="4" align="center">天津××房地产开发公司</td></tr>
<tr><td colspan="2">身份证件种类</td><td colspan="2" align="center">营业执照</td><td>证件号</td><td colspan="2">98765432××</td></tr>
<tr><td colspan="2">通信地址</td><td colspan="3" align="center">天津市新兴路××号</td><td>邮编</td><td>3000××</td></tr>
<tr><td colspan="2">法定代表人或负责人</td><td colspan="2" align="center">李××</td><td>联系电话</td><td colspan="2">244144××</td></tr>
<tr><td colspan="12" style="display:none"></td></tr>
<tr><td colspan="2">代理人姓名</td><td colspan="2" align="center">张××</td><td>联系电话</td><td colspan="2">131123456××</td></tr>
<tr><td colspan="2">代理机构名称</td><td colspan="5"></td></tr>
<tr><td rowspan="6">不动产情况</td><td colspan="3">坐落</td><td colspan="4" align="center">天津市南开区新华路 5 号御湖花园××室</td></tr>
<tr><td colspan="2">不动产单元号</td><td colspan="2">120104002003GB00035F000101××</td><td>不动产类型</td><td colspan="2" align="center">土地/房屋</td></tr>
<tr><td colspan="2">面积</td><td colspan="2" align="center">65.48 m² /105.85 m²</td><td>用途</td><td colspan="2" align="center">住宅</td></tr>
<tr><td colspan="2">原不动产权证书号</td><td colspan="2"></td><td>用海类型</td><td colspan="2"></td></tr>
<tr><td colspan="2">构筑物类型</td><td colspan="2"></td><td>林种</td><td colspan="2"></td></tr>
<tr><td colspan="7" style="display:none"></td></tr>
<tr><td rowspan="2">抵押情况</td><td colspan="3">被担保债权数额
（最高债权数额）</td><td colspan="1"></td><td>债务履行期限
（债权确定期间）</td><td colspan="2"></td></tr>
<tr><td colspan="3">在建建筑物抵押范围</td><td colspan="4"></td></tr>
<tr><td rowspan="2">地役权情况</td><td colspan="3">需役地坐落</td><td colspan="4"></td></tr>
<tr><td colspan="3">需役地不动产单元号</td><td colspan="4"></td></tr>
</table>

登记原因及证明	登记原因	预购商品房		
	登记原因证明文件	登记申请书		
		申请人身份证明		
		已备案的"商品房预售合同"合同编号：JFY（2014）000×××		
		预告登记约定协议		
申请证书版式		☑单一版　□集成版	申请分别持证	□是　☑否
		初审	复审	核定
不动产登记审批情况（申请人请勿填写）		天津市南开区新华路5号御湖花园××室房屋是天津××房地产开发公司正在建设的房屋已经备案，预售许可证编号：津国土房预售许字【2014】第236－××号。规划面积105.8526 m^2，天津××房地产开发公司将该房屋预售给杨×× 合同编号：JFY（2014）000×××。申请人提交了登记申请应当提供的文件；申请书填写的内容与申请人提交的其他文件一致；申请人姓名与提交的身份证明一致；委托书中的委托人代理权限与办理事项相符。申请人杨××的申请，符合房屋预告登记要求。 审查人（签章）：李×× 2014 年 2 月 1 日	申请人与提交的材料记载的主体一致，申请登记的房屋与申请人提交的证明材料记载一致，申请登记的内容与有关材料证明的事实一致，无法律、法规规定的不得抵押情形；房地产开发企业已就该商品房办理预售登记且无他人预购商品房预告登记记载；无人民法院、人民检察院、公安机关依据法律规定采取限制措施记载。符合法律的规定，建议进行房屋预告登记登记。 审查人（签章）：李×× 2014 年 2 月 3 日	同意登记并颁发不动产登记证明。 负责人（公章）：李×× 2014 年 2 月 5 日
备注				

附件8-1-5 不动产登记簿（样例）

预告登记信息			
不动产单元号：120104002003GB00035F000101××　　不动产坐落：天津市南开区新华路5号御湖花园××室			
内容＼业务号	2014020100××		
权利人	杨××		
证件种类	身份证		
证件号	1201051979×××1444		
义务人	天津××房地产开发公司		
证件种类	营业执照		
证件号	98765432××		
预告登记种类	预购商品房		
登记类型	首次登记		
登记原因	买卖		
土地使用权人	杨××		
规划用途	住宅		
房屋性质	商品房		
所在层/总层数	1/15		
建筑面积（m²）	105.85 m²		
取得价格/被担保主债权数额（万元）	150万元		
不动产登记证明号	津（2014）南开不动产证明第××号		
登记时间	2014年2月5日		
登簿人	李××		
附记	预转现		

附件 8-1-6 房屋规划用途

房屋规划用途

一级分类	二级分类	内容
住宅	成套住宅	指由若干卧室、起居室、厨房、卫生间、室内走道或客厅等组成的供一户使用的房屋
	非成套住宅	指人们生活居住的但不成套的房屋
	集体宿舍	指机关、学校、企事业单位的单身职工、学生居住的房屋。集体宿舍是住宅的一部分
工业交通仓储	工业	指独立设置的各类工厂、车间、手工作坊、发电厂等从事生产活动的房屋
	公用设施	指自来水、泵站、污水处理、变电、燃气、供热、垃圾处理、环卫、公厕、殡葬、消防等市政公用设施
	铁路	指铁路系统从事铁路运输的房屋
	民航	指民航系统从事民航运输的房屋
	航运	指航运系统从事航运运输的房屋
	公交运输	指公路运输、公共交通系统从事客、货运输、装卸、搬运的房屋
	仓储	指用于储备、中转、外贸、供应等各种仓库、油库用房
商业金融信息	商业服务	指各类商店、门市部、饮食店、粮油店、菜场、理发店、照相馆、浴室、旅社、招待所等从事商业和为居民生活服务所用的房屋
	经营	指各种开发、装饰、中介公司等从事各类经营业务活动所用房屋
	旅游	指宾馆、饭店、乐园、俱乐部、旅行社等从事旅游服务所用房屋
	金融保险	指银行、储蓄所信用社、信托公司、证券公司、保险公司等从事金融服务所用的房屋
	电讯信息	指各种邮电、电讯部门、信息产业部门、从事电讯与信息工作所用的房屋
教育医疗卫生科研	教育	指大专院校、中等专业学校、中学、小学、幼儿园、托儿所、职业学校、业余学校、干校、党校、进修学校、工读学校、电视大学等从事教育所用的房屋
	医疗卫生	指各类医院、门诊部、卫生所（站）、检（防）疫站、保健院（站）、疗养院、医学化验、药品检验等医疗卫生机构从事医疗、保健、防疫、检验所用的房屋
	科研	指各类从事自然科学、社会科学等研究设计、开发所用的房屋
文化娱乐体育	文化	指文化馆、图书馆、展览馆、博物馆、纪念馆等从事文化活动所用的房屋
	新闻	指广播电视台、电台、出版社、报社、杂志社、通讯社、记者站等从事新闻出版所用的房屋
	娱乐	指影剧院、游乐场、俱乐部、剧团等从事文娱演出所用的房屋
	园林绿化	是指公园、动物园、植物园、陵园、苗圃、花圃、花园、风景名胜、防护林等所用的房屋
	体育	指体育场、馆、游泳池、射击场、跳伞塔等从事体育所用的房屋
办公	办公	指党、政机关、群众团体、行政事业单位等行政、事业单位等所用的房屋
军事	军事	指中国人民解放军军事机关、营房、阵地、基地、机场、码头、工厂、学校等所用的房屋
其他	涉外	指外国使、领馆、驻华办事处等涉外所用的房屋
	宗教	指寺庙、教堂等从事宗教活动所用的房屋
	监狱	指监狱、看守所、劳改场（所）等所用的房屋

附件8-1-7 不动产登记证明（样例）

不动产登记证明

根据《中华人民共和国物权法》等法律法规，为保护申请人合法权益，对申请人申请登记的本证明所列不动产权利或登记事项，经审查核实，准予登记，颁发此证明。

津 （2014） 南开 不动产证明第 00000 × × 号

证明权利或事项	预购商品房预告登记
权利人（申请人）	杨××
义务人	天津××房地产开发公司
坐落	天津市南开区新华路 5 号御湖花园 × ×
不动产单元号	12010400200 3GB00035F000101 × ×室
其他	（1） 预购商品房预告
附记	

登记机构（章）

2014年02月05日

中华人民共和国国土资源部监制

编号 NO. 00000000000

附件8-1-8 不动产登记领证通知（收件收据）（样例）

不动产登记领证通知（收件收据）

收件号：2014020100××   收件日期：2014年2月1日

申请人	杨××		
权利类型	国有建设用地使用权、房屋所有权	登记类型	预购商品房预告登记
坐落	天津市南开区新华路5号御湖花园××室		
文件名称	证号	份数	备注
已备案的商品房预售合同	合同编号：JFY（2014）000××	1	
预告登记约定协议		1	
收件人	李××		

上列文件，已经收讫，符合受理规定，请您于___10日___后，凭此通知和身份证件领取不动产权证书或登记证明；经审核不符合登记规定的，凭此通知和身份证件办理退件手续，特此通知。

登记机构（盖章）：

单元九　房屋更正登记和异议登记

一、更正登记的概念与构成

《物权法》第十九条规定："权利人、利害关系人认为不动产登记簿记载的事项错误的，可以申请更正登记。不动产登记簿记载的权利人书面同意更正或者有证据证明登记确有错误的，登记机构应当予以更正。"所谓更正登记，是指权利人、利害关系人认为不动产登记簿记载的事项有错误时，依照其申请，及其提交的登记簿记载的权利人对更正的书面同意或者证明登记确有错误的证据，登记机构对错误事项进行更正的登记。理解这一概念需要注意以下几个方面的问题：

1. 权利人与利害关系人

更正登记申请人中，所谓权利人是指登记簿登记记载的权利人，不仅包括所有权人和抵押权利人，还应当包括预告登记、查封登记的权利人，如预购商品房的买受人、查封申请人。

而利害关系人是指登记记载错误可能损害自己利益的人，即对登记簿记载的上述权利的归属存有异议，认为自己才是真正权利人的人，或者对权利内容存有异议，认为权利内容与实际状况不符，从而损害自己利益的人。对自然状况存在异议的利害关系人，不宜作为更正登记的申请人。利害关系人在申请更正登记时，应当在登记申请书中就该错误登记对其影响予以说明。

2. 更正的内容

不动产登记簿记载的事项包括自然状况、权利状况以及其他事项。

就权利人而言，其可以就自然状况、权利内容以及其他事项真实状况不一致的情形申请更正登记。①权利人可以就自然状况申请更正，例如房屋所有权人就房屋自然状况记载错误，面积存在偏差、门牌号错误等，申请更正登记。为避免给自己的利益带来不利影响，他项权利人和预告登记的权利人也不妨就自然状况申请更正。②权利人可以就权利状况中权利内容记载错误的情形申请更正登记，如抵押权人就抵押权担保的主债权范围、地役权人就利用方式或者利用范围等申请更正。权利人不能对权利的归属申请更正登记。例如某房屋登记在某甲名下，某甲提出该房屋系某乙的，要求登记机构予以更正。既然更正登记请求权系基于绝对权的请求权的体现，故而应当由权利人来行使权利，而不宜由他人代为行使。因此，在此情况下，登记机构应当告知某甲通知某乙，由某乙提出更正登记的申请。当然，在权利人姓名或者名称存在登记错误的情况下，权利人有权申请更正，但此时，其实际上是以利害关系人的身份就权利的归属申请更正。③权利人可以就其他事项申请更正登记，主要是权利人对错误记载在自己房屋上的查封登记、异议登记等申请更正，例如登记机构对协助执行通知书上指明的房屋门牌号登记笔误，误将其他房屋办理了查封登记；或者登记机构笔误，将对他人的房屋的异议登记记载在自己房屋上。

就利害关系人而言，其更正登记的内容包括：①权利归属状况。如某甲认为登记簿上记载为某乙的房屋应当归属于自己，从而申请更正。②权利内容。在我国许多当事人通过合同对他物权的内容加以约定。就这些约定事项，可能发生登记与实际情形不符，从而损害他物权赖以存在的所有权人的利益。因此，对权利内容申请更正登记，应当是对他项权利的内容存有异议的情形；申请更正登记的利害关系人，也限于在自己不动产上设定他项权利的所有权人。例如，供役地权利人认为地役权登记记载的利用方式、利用范围、利用期限与地役权合同约定不一致，或者抵押人认为抵押权担保的主债权数额记载错误，从而申请更正。至于所有权，因其内容完全由法律规定，只会发生归属登记错误，而不可能发生所有权内容登记错误的情形，自然也不可能对所有权的内容申请更正登记。③其他事项，例如房屋买受人认为房屋上的查封登记系登记机构笔误，该房屋并未被法院查封，从而请求更正以便办理房屋所有权转移登记。

二、更正登记的条件

《不动产登记暂行条例实施细则》第八十条规定："不动产权利人或者利害关系人申请更正登记，不动产登记机构认为不动产登记簿记载确有错误的，应当予以更正；但在错误登记之后已经办理了涉及不动产权利处分的登记、预告登记和查封登记的除外。"这里所言的处分登记，是指登记簿记载的权利人，通过合同转移其权利或者设定他项权利或者抛弃其权利，而申请的登记。在申请人申请涉及房屋权利归属和内容的更正登记期间，如果已经为登记簿记载的权利人办理了处分其不动产权利申请登记，一旦更正后的权利人不是原登记簿记载的权利人，登记机构又要进行变更登记，从而增加登记机关的负担。

利害关系人认为不动产登记簿记载的事项错误的，可以申请更正登记。不动产登记簿记载的权利人书面同意更正或者有证据证明登记确有错误的，登记机构应当予以更正。不动产登记簿记载的权利人不同意更正的，利害关系人可以申请异议登记。

三、依照生效法律文书办理登记

《不动产登记暂行条例实施细则》第十九条规定："当事人可以持人民法院、仲裁委员会的生效法律文书或者人民政府的生效决定单方申请不动产登记。"

（一）依法院、仲裁机构法律文书进行更正登记与一般的更正登记

《物权法》第十九条所言的登记簿记载错误，具体来说，包括以下情形：一是因登记过程中的瑕疵导致登记错误的情形，包括是登记机构未尽审核义务存在过错导致登记错误，以及申请人提交虚假材料抑或中介机构过错导致登记错误等。这是更正登记中较为常见的情形。二是登记原因行为无效导致的登记错误。在法律行为导致物权变动的情况下，如果该法律行为不成立或者无效、被撤销，依据《民法通则》以及《合同法》的规定，即便完成登记，物权变动也溯及法律行为成立时而自始不生效。例如，甲乙之间的房屋买卖合同被宣告无效，则即便房屋还登记在买受人乙的名下，该房屋所有权仍然属于甲。此种情况下，登记簿的记载与真实权利状况显然也是不一致的。

鉴于登记机构无权审核实体法律关系，故而在登记原因无效或者法律关系变动导致登记簿记载与真实状况不一致时，应当以法院或者仲裁机构先行做出生效判决或裁决为更正登记的前提。即便当事人直接提出更正，登记机构也应当予以拒绝。故而，《不动产登记暂行条例实施细则》将其与一般的登记错误区别开，单独规定在第十九条。

一般的更正登记和依法院、仲裁机构法律文书进行更正登记的区别有以下几个方面：

首先，这两种更正登记需要提交的申请材料不同。一般的更正登记提交的申请材料范围较为宽泛，而本条的更正登记申请人只需要提交法院或者仲裁机构生效的法律文书即可。

其次，登记机构的审查义务不同。一般的更正登记，虽然登记机构也仅负有形式审查的义务，但是其仍然要比对相关证据材料，对登记错误的事实加以判断。而本条的更正登记，登记机构只要审核申请人提交的相关法律文书确实真实且生效即可，显然审查义务更轻。

第三，更正的结果不同。一般的更正登记，原则上登记机构只对登记簿上的笔误或者遗漏加以更正，主要涉及登记簿中的自然状况部分。如果涉及权利归属和内容，登记机构应当审慎判断在错误登记之后是否存在物权变动的情形，再决定是否更正。一般情况下，如果错误登记之后又有新的登记，则因涉及实体法律关系的变动，登记机构不应再行更正；如果没有再发生新的登记，则可以更正回原有的状态。而依据法院、仲裁机构的法律文书进行的更正登记，核心是对登记簿上房屋权利的归属和内容加以更正，而且法院或仲裁机构在审判、仲裁的过程中，已经考虑到了错误登记之后的物权变动情形和第三人的利益安排。故而，登记机构直接依据相关法律文书进行登记即可，无须考虑太多的第三人利益问题。

第四，可能引发的赔偿责任不同。一方面，一般的更正登记中，登记错误系登记过程中的瑕疵所致。依据《物权法》第二十一条规定"因登记错误，给他人造成损害的，登记机构应当承担赔偿责任。登记机构赔偿后，可以向造成登记错误的人追偿"。对该条是否规定了登记机构的无过错责任、登记机构是否应当为提供虚假材料当事人代负责任，目前学界有不同认识。但显然，一般的更正登记很可能引发赔偿责任。但是本条的更正登记，登记簿记载与真实状况不符系因登记原因行为无效或者新的法律事实导致物权关系变动所致，实际上与登记行为本身以及登记机构并不存在直接的牵连。此种情形，严格地讲，虽然登记簿记载与真实状况不一致，但很难说是通常意义上讲的登记错误。因此，本条的更正登记并不会产生赔偿责任的问题。另一方面，一般的更正登记中，登记机构仍然有其审核义务，如果未尽审核义务导致更正登记发生错误，即原本没有错误的登记被错误更正，给当事人造成损害的话，登记机构仍然要承担赔偿责任。但是本条的更正登记系依据法院或者仲裁机构生效的法律文书而为，即便判决或者裁决有误，也应当由法院或者仲裁机构承担责任，登记机构原则上不承担赔偿责任。

（二）依法院、仲裁机构法律文书的更正登记

1. 依法院、仲裁机构法律文书的更正登记由权利人申请登记

法院、仲裁机构法律文书系对实体法律关系进行的裁判，依据《物权法》第二十八条规定："因人民法院、仲裁委员会的法律文书或者人民政府的征收决定等，导致物权设立、变更、转让或者消灭的，自法律文书或者人民政府的征收决定等生效时发生效力。"

故而，法院、仲裁机构的法律文书一经生效，即发生了物权变动的效力。

《物权法》第三十一条规定："依照本法第二十八条至第三十条规定享有不动产物权的，处分该物权时，依照法律规定需要办理登记的，未经登记，不发生物权效力。"也就是说，其并未要求权利人必须申请更正登记，而只是将该更正登记作为权利人申请物权另行处分登记（如所有权人出卖、赠予房屋或者在房屋上设定他项权利）的前提。可见，是否申请更正登记，完全依照权利人的意思进行。

此种更正登记的申请人，应当是依据法院或者仲裁机构生效法律文书取得房屋所有权、他项权利或者预告登记债权的权利人。在申请此种更正登记时，申请人应当提交登记申请书、身份证明以及法院或者仲裁机构生效的法律文书。登记机构则需要审核申请人确系法院或者仲裁机构生效的法律文书确认的房屋权利人、法院或者仲裁机构生效的判决书或者裁决书中确定权利归属或者内容的房屋系登记簿记载的房屋，即可为其办理更正登记。

2. 依有关机关的嘱托进行更正登记

《不动产登记暂行条例实施细则》十九条规定了有下列情形之一的，不动产登记机构直接办理不动产登记：

1）人民法院持生效法律文书和协助执行通知书要求不动产登记机构办理登记的；

2）人民检察院、公安机关依据法律规定持协助查封通知书要求办理查封登记的；

3）人民政府依法做出征收或者收回不动产权利决定生效后，要求不动产登记机构办理注销登记的；

4）法律、行政法规规定的其他情形。

不动产登记机构认为登记事项存在异议的，应当依法向有关机关提出审查建议。

本条还允许登记机构依照有关机关的法律文件进行更正登记。这里的法律文件主要是指法院的协助执行通知书，以及其他行政机关、司法机关相应的法律文书，例如查封通知书等。

在权利人向法院申请强制执行，或者通过其他国家机关主张其权利的情况下，法院或者其他国家机关可能出具相应的法律文书，嘱托登记机构进行更正登记。这种情况下，登记机构也可以在核对该法律文书的真实性以及法院或者仲裁机构生效的判决书或者裁决书中确定权利归属或者内容的房屋是登记簿记载的房屋之后，为其办理相应登记

事由一　依申请的房屋更正登记

一、依申请的更正登记含义

不动产权利人、利害关系人认为不动产登记簿记载确有错误，且不涉及权利归属和内容的，不动产登记机构应当予以更正；涉及权利归属和内容，且错误登记之后没有办理涉及不动产权利处分的登记、预告登记和查封登记的，不动产登记机构应当予以更正。

不动产登记机构办理更正登记，需要更正不动产权属证书或者登记证明内容的，应当书面通知权利人换领。

不动产登记簿记载无误的，不动产登记机构应当不予更正，并书面通知申请人。

二、依申请的更正登记流程

权利人、利害关系人认为不动产登记簿记载的事项有错误，或者人民法院、仲裁委员会生效法律文书等确定的不动产权利归属、内容与不动产登记簿记载的权利状况不一致的，当事人可以申请更正登记。

流程1　登记申请

1. 申请人

申请人为不动产的权利人、利害关系人。利害关系人应当与申请更正的不动产登记簿记载的事项存在利害关系。

2. 申请房屋更正登记需提交的材料

①房屋登记申请书（收原件）；②申请人的身份证明文件（查验原件，复印件留存）；③授权委托的须提交合法有效的委托书（收原件）；④代理人身份证明（委托的提交）（验原件，收复印件）；⑤不动产登记簿记载错误的证明材料，但不动产登记机构书面通知相关权利人申请更正登记的除外（原件或者复印件留存）；⑥申请人为不动产权利人的，提交不动产权属证书；申请人为利害关系人的提交不动产登记证明（原件留存）；⑦利害关系人申请更正登记的还应提交应当提交利害关系的证明，以及法律、行政法规规定的其他必要材料。

（1）法律、行政法规规定的其他必要材料

1）在利害关系人就权利归属或内容申请更正登记时，需提交要经公证的权利人同意更正的证明材料（权利人到场的除外）。

如前所述，利害关系人申请更正登记，也就是对权利内容或者权利归属提出新的要求，通常情况下都可能损害登记簿记载权利人的利益。但如果登记簿记载的权利人对此表示同意，即其允许自己受到由更正登记带来的损失，则登记机构原则上自然应当准许利害关系人的更正请求。权利人的同意，性质上往往为登记簿记载的权利人对其权利进行处分的意思表示，为了防止当事人事后发生争议，也为了督促权利人认真谨慎地做出决定，法律要求登记权利人向登记机构提交书面的同意。而且该同意的内容必须明确指向利害关系人申请的更正事项，权利人必须明确表示针对利害关系人申请的具体事项同意办理更正登记。

2）法律规定的人民法院、仲裁委员会等的生效法律文书确定的不动产权利归属或者权利内容与不动产登记簿记载的权利状况不一致的，不动产登记机构应当按照当事人的申请和有关法律文书，办理相应的登记。

（2）证明房屋登记簿记载错误的材料

之所以规定申请人必须提供证明登记确有错误的材料，主要是为了避免权利人和利害关系人利用书面同意的规则规避相应的税收。例如，某甲欲将其房屋卖给某乙，但是为了逃避契税、营业税，二人约定由某乙对该房屋提出更正登记的申请，而某甲则出具书面同意。在此情况下，如果登记机构为其办理更正登记，则显然帮助申请人逃避了相关税收。

原则上，在申请人提交了下列能够证明登记错误的材料时，方可认定登记确有错误，从而能够成立更正登记：

1）登记档案。登记档案包括了特定房屋上所有的登记资料，在每一笔登记完成后，登记机构都应当将登记过程中发生的相关材料立卷归档。因此，登记档案是登记过程中的原始资料，是判断登记存在笔误或者遗漏的最基础的证据材料。如果通过比对登记档案发现确实存在笔误或者遗漏等情形，应当认为登记确有错误。例如，经核对登记档案，发现登记时误将房屋门牌号、面积或者权利人姓名写错。

2）登记基础文件被撤销的法律文书。例如测绘机构撤回其测绘报告的法律文书、公证机构撤回其公证文书的法律文书。在登记审查过程中，登记机构往往需要依赖相关中介机构对特定法律事实加以审核，而登记机构仅对中介机构出具的相关文书进行形式审查。例如，在因继承发生所有权转移登记的情况下，登记机构无权审核被继承人的遗嘱是否真实合法，也无法审核继承人的继承权，故而，需要依赖于公证机构出具的公证文书进行登记。如果该公证文书被公证机构撤销，则据此做出的登记也应当予以更正。

3）登记簿、权属证书上的相关记载。例如登记机构在记入登记簿时对权利人的姓名发生笔误，而登记簿上还登记了权利人的身份证号码，则该身份证号码也可以作为证明登记错误的根据。

4）法院、仲裁机构的法律文书。如果法院、仲裁机构生效的判决书、裁决书确认的权利状况与登记簿不一致，登记机构也应当依据当事人的申请或有关机关的嘱托进行更正登记。

流程2　登记受理

对于申请人提供了证明登记原因应当无效、被撤销或者新的法律事实发生导致权利变动的证据材料，鉴于其涉及实体法律关系的判断，登记机构无权也没有能力对之加以确认，故而登记机构原则上不应为其办理更正登记。例如，原房屋所有权人在办理完转移登记之后，要求将房屋权属更正到自己名下。其提交了证明双方买卖合同无效或者被撤销的证据。在此情况下，要判断该证据是否能够证明登记确有错误，实际上就意味着登记机构对合同效力加以审查，而登记机构显然无权进行此种审查，故而其应当不予登记，而告知申请人向法院请求宣告房屋买卖合同无效或者撤销合同。申请不动产更正登记的登记费标准为：住宅80元，非住宅550元。不动产登记机构依法办理不动产登记时，因不动产登记机构错误导致的更正登记，不得收取不动产登记费。

流程3　登记审核

1. 一般更正的审核内容

1）申请人是否是不动产的权利人或利害关系人；利害关系人申请更正的，利害关系材料是否能够证实申请人与被更正的不动产有利害关系。

2）申请更正的登记事项是否已在不动产登记簿记载；更正登记前未办理该不动产转移登记、抵押权登记、地役权登记、预告登记或者查封登记。

3）权利人同意更正的，在权利人出具的书面材料中是否已明确同意更正的意思表示、申请人是否提交了证明不动产登记簿确有错误的证明材料；更正事项由人民法院、仲裁委员会法律文书等确认的，法律文书等材料是否已明确不动产权利归属，是否已经发生法律效力。

4）其他审查事项（单元一的审核内容）。

2. 涉及不动产权利人、用途的更正登记，应报市不动产登记机构审核

具体程序如下：

1）不动产登记经办机构受理更正申请后，应在十日内提出初审意见。

2）市不动产登记机构应在十五日内完成审核。

3）经市不动产登记机构审核准予更正的，通过不动产登记系统自动更正不动产登记簿，同时登记经办机构应在五日内书面通知申请人，换发权属证书或者登记证明；经市不动产登记机构审核不予更正的，不动产登记经办机构应在五日内书面通知申请人。

流程4 核准登记并记载不动产登记簿

一般更正内容的登记申请，由不动产登记经办机构办理。不动产登记经办机构受理更正申请后，经审核准予更正的，通过不动产登记系统自动更正不动产登记簿，并书面通知申请人，换发权属证书或者登记证明；经审核不予更正的，不动产登记经办机构应当书面通知申请

流程5 颁证、发证

登簿后要重新缮写不动产证书或不动产登记证明。不动产登记机构办理更正登记，需要更正不动产权属证书或者登记证明内容的，应当书面通知权利人换领。

更正登记仅仅是针对登记簿的记载错误时进行的，而不动产权属证书系权利人享有不动产物权的证明，其应当与登记簿的记载保持一致。在登记簿的记载更正之后，权属证书的记载显然与登记簿不一致，从而出现记载错误，在此情况下，不能进行更正登记，只能由登记机构重新发证。这里所言的权属证书应当做广义理解，包括了登记证明。这就是说，预告登记和查封登记的申请人因更正登记而受到影响的，也应当通知其换领不动产登记证明。

事由二　依职权的更正登记

《不动产登记暂行条例实施细则》第八十一条有规定，不动产登记机构发现不动产登记簿记载的事项错误，应当通知当事人在三十个工作日内办理更正登记。当事人逾期不办理的，不动产登记机构应当在公告十五个工作日后，依法予以更正；但在错误登记之后已经办理了涉及不动产权利处分的登记、预告登记和查封登记的除外。

1. 适用

1）登记经办机构发现不动产登记簿记载的内容有错误的，应将需要更正的内容书面通知不动产权利人。不动产权利人可自收到通知之日起三十日内向登记经办机构提出异议。

2）不动产权利人在规定期限内向登记经办机构提出异议的，登记经办机构应在十日内对不动产权利人提出的异议进行审查。异议成立的，登记经办机构应将有关情况书面通知不动产权利人。

3）不动产权利人未在规定期限内提出异议或者异议不成立，逾期不提出异议或者异议不成立的，不动产登记经办机构应当在公告十五个工作日后，对不动产登记内容予以更正，并书面通知不动产权利人（但在错误登记之后已经办理了涉及不动产权利处分的登记、预告登记和查封登记的除外）。属于权利人或用途更正的，还应当报市不动产登记机构审核。

不动产登记经办机构依职权办理不动产登记事项的，按下列程序进行：

①启动；②审核；③登簿。

2. 登记材料

不动产登记经办机构依职权更正登记应当具备下列材料：

1）证实不动产登记簿记载事项错误的材料；

2）通知权利人在规定期限内提出异议的材料和送达凭证；

3）法律、法规规定的其他材料。

3. 审查要点

不动产登记经办机构启动更正登记程序后，应该按照以下要点进行审核：

1）查阅不动产登记资料，审查登记材料是否能证实不动产登记簿记载错误；

2）更正登记前未办理该不动产转移登记、抵押权登记、地役权登记、预告登记或者查封登记；

3）不动产登记经办机构是否已书面通知相关权利人在规定期限内办理更正登记，而当事人无正当理由逾期不申请办理；

4）书面通知的送达对象、期限及时间是否符合规定；

5）更正登记事项是否已进行公告；

6）其他审查事项（单元一的审核内容）。

经市不动产登记机构决定不予更正的，登记经办机构应在五日书面通知申请人。

经市不动产登记机构决定准予更正的，登记经办机构应在五日内书面通知权利人。权利人应在三十日内交回原权属证书或者登记证明。逾期未交回的，由登记经办机构公告原不动产权证书或者登记证明作废。

错误登记之后已经办理了涉及不动产权利处分的登记、预告登记和查封登记的，登记经办机构应当不予更正。

登记经办机构受理更正登记申请后，应当中止办理正在审核中的该不动产转让、抵押等登记申请，并书面通知申请人。同时，暂不受理新的相关登记申请。

4. 记载登记簿

经市不动产登记机构决定准予更正的，应将更正内容、时间、事由等事项记载于登记簿，并书面通知登记经办机构。

事由三　房屋异议登记

一、异议登记的含义

所谓异议登记就是在登记的权利关系和真实的权利关系出现不一致但又无法立即更正

时，通过将真正权利人的异议予以即时登记，从而阻止和击破登记记载的公信力，以保护真正的权利人的利益。

《物权法》第十九条第二款对异议登记进行了规定，"不动产登记簿记载的权利人不同意更正的，利害关系人可以申请异议登记。登记机构予以异议登记的，申请人在异议登记之日起十五日内不起诉，异议登记失效。异议登记不当，造成权利人损害的，权利人可以向申请人请求损害赔偿。"

为了保护真正权利人的利益，《物权法》规定了更正登记，允许在登记错误的情况下，登记簿记载的权利人或者利害关系人通过更正登记，更改不动产登记簿的记载，从而维护自己的合法权益；但是，当遇到不动产权利归属和内容的更正登记时，利害关系人申请更正登记相对的登记簿记载的权利人一般不会为其出具书面同意，而且考虑到登记机构的审查能力和审查权限，一般的更正登记的条件比较苛刻，申请人可能很难提供证明登记簿记载确有错误的证据材料。这样的申请就不符合不动产更正登记的要求。所以权利人只能通过诉讼或者仲裁，确认自己的物权以及物权内容，并持生效的判决书、裁决书请求登记机构更正。可是，通过诉讼来确认物权的归属和内容，一般时间比较长。在诉讼的过程中，登记簿记载的权利人可能对讼争的房屋进行处分，从而即便原告的诉讼请求成立，法院也可能因第三人善意取得而无法判决其获得产权，法院也只能要求某甲赔偿某乙的损失。如果利害关系人在该房屋设立了异议登记，则第三人在知道不动产有纠纷的状况下仍要购买该不动产的行为就被认为是恶意的。

二、房屋异议登记的前置条件

《不动产登记暂行条例实施细则》第八十一条规定："利害关系人认为不动产登记簿记载的事项错误，权利人不同意更正的，利害关系人可以申请异议登记。"从《物权法》《不动产登记暂行条例实施细则》中我们看到，在办理异议登记之前，利害关系人必须首先提出更正登记，只有在权利人不同意或者登记机构拒绝更正的情况下，利害关系人才可以提出异议登记。

三、异议登记的办理

在申请人发现登记簿记载的权利状况尤其是权利归属状况存在错误时，其必须尽快做出反应。尤其是在其请求登记簿记载的权利人提供书面同意，而对方拒绝的情况下，登记簿记载的权利人极有可能将该房屋权利处分。

1）《不动产登记暂行条例实施细则》第八十三条第二款规定："异议登记申请人应当在异议登记之日起十五日内，提交人民法院受理通知书、仲裁委员会受理通知书等提起诉讼、申请仲裁的材料；逾期不提交的，异议登记失效。"登记经办机构将异议登记失效情况记载于不动产登记簿。

2）异议登记失效后，申请人就同一事项以同一理由再次申请异议登记的，不动产登记机构不予受理。

3）异议登记受理后，异议登记申请人可以申请注销异议登记；权利人可以在人民法院驳回异议登记申请人诉讼请求后，持相应的证明文件等材料申请注销异议登记。登记经办机构应将注销事项记载于不动产登记簿。

4）登记经办机构应当在受理异议申请的当日，将异议申请人和异议事项记载于不动产登记簿，登记经办机构应当暂停办理有关登记。

四、房屋异议登记申请内容

登记簿记载的权利人提出异议登记时，其内容或者异议事项应当限于登记簿记载的权利内容的情形；对于登记簿上的其他事项，也不能申请异议登记。

而登记簿记载的权利人之外的利害关系人，其申请异议登记的内容，应当限于权利归属和内容，而不能包含自然状况。这是因为，异议登记的目的旨在打破登记的公信力，避免房屋权利为第三人善意取得。而这一公信力来自于登记的权利推定效力，即《物权法》第十六条"不动产登记簿是物权归属和内容的根据"。因此，异议登记应当限于房屋权利的归属和内容。登记簿对房屋基本状况的记载，包括房屋编号、房屋坐落、所在建筑物总层数、建筑面积、规划用途、房屋结构、土地权属性质、国有土地使用权取得方式、集体土地使用权类型、地号、土地证号、土地使用年限、房地产平面图等，固然有其节约交易成本等意义，但其并不涉及权利状况，其正确与否，并不影响对交易相对人的善恶意的判断并进而影响善意取得的构成。

至于登记簿上的其他事项记载错误的，例如房屋买受人认为房屋上的查封登记系登记机构笔误，该房屋并未被法院查封，利害关系人可以请求更正但不能请求异议，因其是限制处分的情形；其申请人不能据此处分房屋权利，也不存在善意取得的可能性，故而没有必要通过异议登记来击破登记的公信力。

五、异议登记的效力

1. 办理异议登记后权利人仍然可以对房屋进行处分

《不动产登记暂行条例实施细则》第八十四条规定："异议登记期间，不动产登记簿上记载的权利人以及第三人因处分权利申请登记的，不动产登记机构应当书面告知申请人该权利已经存在异议登记的有关事项，申请人申请继续办理的，应当予以办理，但申请人应当提供知悉异议登记存在并自担风险的书面承诺。"

异议登记的效力主要是警示他人该物权存在产权不明的交易风险，该登记并不表征权利。允许登记机构继续办理处分登记，并不损害真正权利人的利益，符合异议登记设立的本旨，也不会引发登记机构的赔偿责任。如果禁止登记机构继续办理处分登记，可能损害登记簿记载的权利人及第三人的利益，并可能引发登记机构的赔偿责任。但是，在办理了异议登记后登记机构又为登记簿记载的权利人办理了房屋处分登记（通过合同转移其权利或者设定他项权利或者抛弃其权利），第三人再次转让，如果一旦证明登记权利人不是真实的权利人，后来又要撤销，这对第三人存在了较大的风险，可能造成交易秩序的混乱。故而权利人因处分其房屋权利申请登记，不动产登记机构受理登记申请但尚未将申请登记事项记载于房屋登记簿之前，第三人申请异议登记的，不动产登记机构应当将风险书面通知申请人，做好承担可能出现责任的准备。

2. 异议登记不影响查封登记

如果在同一处房屋已经先办理了查封登记，而后又有利害关系人进行了异议登记。查封只是对权利人处分权的限制，而异议登记系第三人对登记簿记载的权利状况的异议，是对权利状况的警示，并非处分，故而二者可以并存。但是经过查封登记后，也就限制了登记簿上记载的权利人对房屋的处分。

如果在同一房屋上，异议登记之后，又有登记簿记载的权利人的债权人申请法院对该房屋进行了查封并进行查封登记。查封登记系登记机构依法院的协助执行通知书而为的登记，严格地讲，是在执行法院查封的命令。登记机构在此并无选择的余地，在核对协助执行通知书的真实性并确定查封的具体房屋系登记簿记载的房屋后，只能依照协助执行通知书的要求予以查封登记。因此，异议登记并不能影响此后的查封登记。但是当被保全的财产面临被处分的危险时（比如拍卖），利害关系人应该可以以异议登记为依据提出执行异议，并且要求中止执行，待更正登记完成或异议登记失效之后再由法院决定是否继续执行程序。即使当事人没有提出执行异议，法院在发现其执行的不动产权属有争议（登记簿上存在异议登记）时，也应该主动中止执行，否则将使异议登记丧失存在的实益。

3. 异议登记与预告登记

如果异议登记之后，登记簿记载的权利人就该房屋的买卖或者抵押申请预告登记，登记机构应当准许。因为预告登记本质上是对债权的保障，预告登记的只是债权，在预告登记之后，只是限制了登记簿记载权利人的处分权，权利人并未对其房屋权利加以处分。因此，允许权利人预告登记，并不违反《物权法》的精神。需要强调的是，预告登记的权利人通过预告登记，实际上获得了一种优先权，从而能够有效避免异议登记失效后登记簿记载的权利人将房屋另行处分的可能性。还应当注意的是，异议登记实际上已经限制了登记簿记载的权利人的处分权，为了避免其不知此项限制而受到损害，登记机构应当及时书面通知登记簿记载的权利人，以便其及时提出更正或者采取其他措施维护自己的合法权益。

异议登记之后又进行预告登记的，需待异议登记注销后，方可申请本登记。预告登记转为本登记的三个月的期间，也应当至少在异议登记注销之日开始起算。

4. 异议登记的效力优于在先的处分登记

按照一般的登记规则，申请在先、登记在先。但问题在于，如果此前登记簿记载的权利人已经和他人就该房屋进行交易，并申请了处分登记，但至异议登记之日，该处分登记尚处于审核过程中，申请在先、登记在先的规则就不应当适用。例如，某甲将其房屋卖给某乙，双方申请了转移登记并被登记机构受理。登记机构应当在规定的时间里将申请登记事项记载于房屋登记簿或者做出不予登记的决定。在这一期间，某丙对该房屋的所有权申请了异议登记。但在此情况下，如果继续办理在先申请的处分登记，显然有悖异议登记作为临时性保障措施的本旨。故而，只要在先的处分登记尚未完成，即不动产登记机构已经受理登记申请但尚未将申请登记事项记载于房屋登记簿上，第三人申请了异议登记，则异议登记的效力应当优先，不动产登记机构应当中止办理原登记申请。为了避免在先登记的双方申请人不知异议登记的存在导致其处分登记中止，登记机构在受理异议登记并中止办理原登记申请的情况下，应当尽快书面通知申请人，以便其有所准备，并通过合理手段维护自己的合法权益。

异议登记完成后，自然对第三人起到了一种警示作用。第三人可以通过异议登记知悉该房屋权利上存在纠纷，从而不再与登记簿记载的权利人交易。

六、异议登记流程

流程1　登记申请

1. 申请人

从《物权法》第十九条第二款的表述来看，其认为异议登记的申请人为利害关系人，不包括权利人。

异议登记的目的在于保护真正权利人的利益，如果其已经是登记簿上记载的权利人，其房屋权利已经受到了登记公信力的保护。通常情况下，登记簿记载的权利人不会对登记簿记载的权利归属状况提出异议。即便其有不同认识，也完全可以由其告知真正的权利人并出具书面同意，而直接进行更正登记；即使因真正的权利人无法提供证明登记错误的证据材料导致登记机构不予更正登记，其也完全可以限制自己的处分行为，来避免登记簿公信力损害真正权利人的利益。

对《物权法》第十九条第二款所称的利害关系人应当做广义理解，凡是认为自己的权利未登记或者未充分登记，或者因登记了不存在的负担或者限制而受损害的人，均属于这里所说的利害关系人。换言之，这里的利害关系人既包括了对权利归属和内容提出异议的登记簿记载的权利人之外的利害关系人，也应当包括认为登记簿记载的权利内容较之于真实权利内容不足的登记簿记载的权利人。后一情形下，登记簿记载的权利人实际上是就未记载在自己名下的权利提出异议，也不妨认为是利害关系人。

2. 利害关系人申请异议登记的，应当提交的材料

1）房屋登记申请书（收原件），见附件9-3-1；

2）申请人的身份证明文件（查验原件，复印件留存）；

3）授权委托的须提交合法有效的委托书（收原件）；

4）代理人身份证明（委托的提交）（验原件，收复印件）；

5）对登记的不动产权利有利害关系的证明材料（原件留存或者查验原件，复印件留存）；

6）不动产登记簿权利状况记载错误的证明材料（原件留存或者查验原件，复印件留存）；

7）法律、行政法规规定的其他必要材料。

流程2　登记受理

1. 检查证件

登记工作人员检查应交的资料是否齐全、资料格式是否符合规定的要求、各资料的主体或当事人是否一致、资料所涉及的内容是否相同。如果缺少应交的资料，应书面通知申请人。

2. 询问

对询问结果应进行记录并要求申请人签字确认（见附件9-3-2）。

3. 收件

收件是登记机构工作人员根据受理的规定要求，在对申请人提交的资料进行检查后，将资料收集整理到一个档案袋中，列清写好档案袋中的资料内容，并给申请人填写收件收据。在收件工作中，一定要保证登记文件应当齐全（见附件9-3-3）。

除以上资料外还应提交缴费凭证。异议登记按标准（住宅80元，非住宅550元）减半收取登记费，同时不收取第一本不动产权属证书的工本费。

流程3　登记审核

不动产登记机构在审核过程中应注意以下要点：

1）被申请异议的权利人是不动产登记簿记载的权利人；
2）利害关系材料是否能够证实申请人与被异议的不动产权利有利害关系；
3）异议登记事项的内容是否已经记载于不动产登记簿；
4）同一申请人是否就同一异议事项提出过异议登记申请；
5）不动产被查封、抵押或设有地役权的，不影响该不动产的异议登记；
6）其他审查事项（单元一审核内容）（见附件9-3-4）。

流程4　核准登记并记载不动产登记簿

登记经办机构应当在受理异议申请的当日，将异议申请人姓名和异议事项、异议依据记载于不动产登记簿，登记经办机构应当暂停办理有关登记。

应当在不动产登记簿上记载：异议登记申请人、异议事项、登记时间等。异议登记申请人，指申请异议登记的利害关系人；异议事项，指利害关系人提出异议的具体内容；登记时间，指登记事项记载于登记簿上的时间（见附件9-3-5）。

流程5　颁证、发证

登簿后并向申请人出具异议不动产登记证明（见附件9-3-6）。在登记证明的其他栏填写异议登记的内容。不动产登记经办机构应当在不动产登记证明附记栏记载"申请人在异议登记之日起十五日内未向不动产登记经办机构提交诉讼受理等相关凭证的，异议登记失效"。

异议登记申请人自异议登记之日起十五日内，提交人民法院受理通知书、仲裁委员会受理通知书等提起诉讼、申请仲裁的证明材料的，不动产登记经办机构应将相关事项记载于不动产登记簿及不动产登记证明，异议登记继续有效。

事由四　房屋异议注销登记

异议登记期间，异议登记申请人提出的请求被人民法院、仲裁机构不予受理、驳回的，异议登记申请人或者房屋登记簿记载的权利人可以申请注销异议登记。

异议登记申请人自异议登记之日起十五日内，未提交人民法院受理通知书、仲裁委员会受理通知书等提起诉讼、申请仲裁的，异议登记失效。

一、异议登记的期限限制

《物权法》第十九条规定了"申请人在异议登记之日起十五日内不起诉，异议登记失效"。《不动产登记暂行条例实施细则》第八十三条规定了"异议登记申请人应当在异议登记之日起十五日内，提交人民法院受理通知书、仲裁委员会受理通知书等提起诉讼、申请仲裁的材料；逾期不提交的，异议登记失效。"

在办理异议登记之后，申请人应当在十五日内向法院起诉。这是因为，异议登记只是将对权利归属的异议在登记簿上加以记载，其本身并不能解决权利归属的问题。物权的确认只能由人民法院来进行。如果异议登记申请人没有及时起诉，就意味着其并不真正想重新确认权利，而只是给权利人设置障碍，这就违背了《物权法》规定异议登记的目的。因此，如果申请人没有在法定期限内起诉，即便申请人没有申请将异议登记从登记簿上注销，也应当自动失效，不能发生阻却登记公信力的效力。但是，如果申请人在法定期间内起诉，异议登记自然继续存在。

《物权法》规定该法定期限的目的在于督促申请人及时获得权利状态的最终确认，因此，虽然《物权法》仅规定了申请人起诉，但仲裁也是确定物权归属和内容的终局解决方式，在法定期间内申请人申请仲裁的话，异议登记也应当继续存在。

二、依申请注销异议登记

《物权法》第十九条虽然规定不及时起诉异议登记失效，但并未授予登记机构主动依职权撤销异议登记的权力。而且，所谓申请人凭已经起诉或申请仲裁的证明文件申请续展异议登记，在实践中很难操作。该证明文件到底如何界定？如果认为是受理通知书，《物权法》只是规定申请人在十五日内起诉，而法院的受理可能需要一段时间，这就大大缩短甚至抹杀了申请人申请续展的权利；如果认为是寄出起诉书或者法院、仲裁机构收到起诉书的签收文件，则前者难以证明，后者法院、仲裁机构未必配合。

因此，在异议登记消灭后，应当依申请注销异议登记。

三、注销异议登记的流程

流程1　登记申请

1. 申请人

注销异议登记的申请人可以是登记簿记载的权利人，也可以是异议登记的申请人。

作为登记簿记载的权利人申请，是因为异议登记限制了对其房屋权利处分，注销异议登记就意味着解除了其房屋权利上的负担。登记簿记载的权利人申请注销异议登记的前提存在以下几种情景：①异议登记期间，异议登记申请人提出的请求被人民法院、仲裁机构不予受理、驳回的情形；②异议登记申请人没有在异议登记之日起十五日内申请诉讼或者仲裁；③申请人主动撤诉或者撤回仲裁申请，在申请人主动撤诉或者撤回仲裁申请且在异议登记之日起十五日内没有再申请诉讼或者仲裁的情况下，视为申请人没有在异议登记之日起十五日内申请诉讼或者仲裁，故而异议登记已经失效；④法院或者仲裁机构判决申请人败诉等情况。法院或者仲裁机构判决申请人败诉的情况下，权利争议已经最终解决，异议登记自然应当注销。因此，登记簿记载的权利人可以持登记申请书、申请人的身份证明、证明上述事实的证明文件等材料申请注销异议登记。

作为异议登记的申请人，异议登记系其申请，当然也可以由其申请注销。而且，因为异议登记不当造成登记簿记载的权利人损害的情况下，申请人要承担赔偿责任。因此，其也有动力及时申请注销异议登记。而异议登记的申请人申请注销异议登记时，因该异议登记系其申请，其主张注销本身就意味着放弃了异议，故而，其只需要提交登记申请书和申请人的身份证明即可，而无须证明前述事实。

2. 利害关系人申请异议登记的，应当提交的材料

1）房屋登记申请书（收原件）；

2）申请人的身份证明文件（查验原件，复印件留存）；

3）授权委托的须提交合法有效的委托书（收原件）；

4）代理人身份证明（验原件，收复印件）（委托的提交）；

5）异议登记申请人申请注销登记的，提交不动产登记证明；不动产权利人申请注销登记的，提交人民法院或者仲裁委员会生效的法律文书。

流程2　登记受理

1. 检查证件

登记工作人员检查应交的资料是否齐全、资料格式是否符合规定的要求、各资料的主体或当事人是否一致、资料所涉及的内容是否相同。如果缺少应交的资料，应书面通知申请人。

2. 询问

对询问结果应进行记录并要求申请人签字确认。

3. 收件

收件是登记机构工作人员根据受理的规定要求，在对申请人提交的资料进行检查后，将资料收集整理到一个档案袋中，列清写好档案袋中的资料内容，并给申请人填写收件收据。在收件工作中，一定要保证登记文件应当齐全。

《不动产登记暂行条例实施细则》第八十三条规定："异议登记失效后，申请人就同一事项以同一理由再次申请异议的，不动产登记机构不予受理。"注销登记不收取登记费。

流程3　登记审核

对异议注销登记的审核重点放在：

1）申请材料是否齐全；

2）申请人、委托代理人身份证明材料以及授权委托书与申请主体一致；

3）登记注销原因证明文件与申请登记的内容一致；

4）其他审查事项。

异议登记申请人自异议登记之日起十五日内，未提交人民法院受理通知书、仲裁委员会受理通知书等提起诉讼、申请仲裁导致异议登记失效的，不动产经办机构宜在信息系统中及时解除相应的控制或者提醒，注明相应的法律依据。

异议登记期间，不动产登记簿上记载的权利人以及第三人因处分权利申请登记的，不动产登记经办机构应当书面告知申请人该权利已经存在异议登记的有关事项。申请人申请继续办理的，应当予以办理，但申请人应当提供知悉存在异议登记并自担风险的书面承诺。

流程4　核准登记并记载不动产登记簿

不存在不予登记情形的，不动产登记经办机构应即时办理，将登记事项内容记载于不动产登记簿。主要包括四项内容：注销异议业务号、注销异议原因、登记时间、登簿人。

登簿后，应将不动产登记证明收回，如确实无法收回的，应当在不动产登记机构门户网站或者当地公开发行的报刊上公告作废。

附件9－3－1 不动产登记申请书（样例）

不动产登记申请书

单位：☑平方米 □公顷（□亩）、万元

申请登记事由	□土地所有权 ☑国有建设用地使用权 □宅基地使用权 □集体建设用地使用权 □土地承包经营权 □林地使用权 □海域使用权 ☑房屋所有权 □构筑物所有权 □森林、林木所有权 □森林、林木使用权 □抵押权 □地役权 □其他_____				
	□首次登记（□总登记 □初始登记） □转移登记 □变更登记 □注销登记 □更正登记 ☑异议登记 □预告登记 □查封登记 □其他_____				

申请人情况	登记申请人					
	姓名（名称）	王××				
	身份证件种类	身份证	证件号	1201051980×××2112		
	通信地址	天津市河北区吕纬路××号		邮编	3000××	
	法定代表人或负责人		联系电话	152333651××		
	代理人姓名		联系电话			
	代理机构名称					
	登记申请人					
	姓名（名称）					
	身份证件种类		证件号			
	通信地址			邮编		
	法定代表人或负责人		联系电话			
	代理人姓名		联系电话			
	代理机构名称					

不动产情况	坐落	天津市南开区新华路5号御湖花园××室				
	不动产单元号	120104002003GB00035F000101××				
	不动产类型	土地/房屋				
	土地状况	面积	105.85 m²	用途	住宅	
		权利性质	出让	使用（承包）期限	70	
	房屋（构筑物）等状况	建筑面积	65.48 m²	总套数	1	
		构筑物类型	房屋			
	林地（森林、林木）状况	主要树种		株数		
		林种		造林年度		
		小地名		林班		小班
	海域状况	项目名称		项目性质	□公益性 □经营性	
		使用期限				
		用海类型		用海总面积		
		用海方式	面积	具体用途	使用金数额	
	原不动产权证书号	津（2016）南开不动产权证第××号				

抵押情况	被担保债权数额 （最高债权数额）		债务履行期限 （债权确定期间）	
	抵押范围			
地役权 情况	需役地坐落			
	需役地不动产单元号			
登记原因 及证明	登记原因	房屋继承权异议		
	登记原因证明文件	申请人身份证明		
		遗嘱		
		撤销公证书的证明（（2016）撤字××号）		
		关系证明		

申请证书版式		☑单一版 □集成版	申请分别持证		□是 ☑否
备注					

本申请人对填写的上述内容及提交的申请材料的真实性负责。如有不实，申请人愿承担法律责任。

对于商品房等共用宗项目，申请人同意暂不进行土地分摊按整宗土地面积申请房地登记。待按规划全部房屋竣工后再计算土地分摊系数，申请人同意在办理转移、变更等登记时变更为土地分摊面积。

对登记机关的行政行为有异议的，自知道之日起 60 日内依法申请行政复议或六个月内提起行政诉讼。

申请人（签章）：王××   申请人（签章）：

  代理人（签章）：   代理人（签章）：

2016 年 6 月 4 日   年 月 日

领收件收据人签章	王××	申请日期	2016 年 6 月 4 日
领证人签章		领证日期	

附件9-3-2 房屋异议登记询问表

房屋异议登记询问表

房屋坐落：_____

询问内容	异议登记申请人	1. 申请登记事项是否为申请人真实意思表示？ 回答：是□　　　否□ 2. 提供的相关证明材料是否真实、合法、有效？ 回答：是□　　　否□ 3. 登记不当，造成权利人损害的，需承担损害赔偿是否清楚？ 回答：是□　　　否□ 4. 权利人是否不同意办理更正登记？ 回答：是□　　　否□
	其他问题：	
上述所述情况是申请人真实意思表示，如有不实，申请人愿负全部法律责任。 询问人：　　　　　　　　　　　被询问人签章： 询问日期：		

附件9－3－3　不动产登记领证通知（收件收据）（样例）

不动产登记领证通知（收件收据）

收件号：2016060421××   收件日期：2016年6月4日

申请人	王××		
权利类型	国有建设用地使用权、房屋所有权	登记类型	异议设立登记
坐落	天津市南开区新华路5号御湖花园××室		
文件名称	证号	份数	备注
遗嘱		1	
撤销公证书的证明	（2016）撤字××号	1	
关系证明		1	
收件人	李××		

上列文件，已经收讫，符合受理规定，请您于　15日　内，凭此通知和身份证件向等级经办机构提交人民法院受理通知书等提起诉讼的证明材料；逾期不提交的，异议登记时效。特此通知。

登记机构（盖章）：

附件 9－3－4 不动产登记审批表（样例）

不动产登记审批表

<table>
<tr><td rowspan="2">收件</td><td>编号</td><td>2016060421××</td><td rowspan="2">收件人</td><td rowspan="2">李××</td><td rowspan="2">单位：☑平方米　□公顷（□亩）、万元</td></tr>
<tr><td>日期</td><td>2016 年 6 月 4 日</td></tr>
<tr><td rowspan="2">申请登记事由</td><td colspan="5">□土地所有权　☑国有建设用地使用权　□宅基地使用权　□集体建设用地使用权　□土地承包经营权
□林地使用权　□海域使用权　□无居民海岛使用权　☑房屋所有权　□构筑物所有权
□森林、林木所有权　□森林、林木使用权　□抵押权　□地役权　□其他_____</td></tr>
<tr><td colspan="5">□首次登记（□总登记　□初始登记）　□转移登记　□变更登记　□注销登记　□更正登记
☑异议登记　□预告登记　□查封登记　□其他_____</td></tr>
<tr><td rowspan="12">申请人情况</td><td colspan="5" align="center">登记申请人</td></tr>
<tr><td>权利人姓名（名称）</td><td colspan="4" align="center">王××</td></tr>
<tr><td>身份证件种类</td><td>身份证</td><td>证件号</td><td colspan="2">1201051980×××2112</td></tr>
<tr><td>通信地址</td><td colspan="2">天津市河北区吕纬路××号</td><td>邮编</td><td>3000××</td></tr>
<tr><td>法定代表人或负责人</td><td colspan="2"></td><td>联系电话</td><td>152333651××</td></tr>
<tr><td>代理人姓名</td><td colspan="2"></td><td>联系电话</td><td></td></tr>
<tr><td>代理机构名称</td><td colspan="4"></td></tr>
<tr><td colspan="5" align="center">登记申请人</td></tr>
<tr><td>义务人姓名（名称）</td><td colspan="4"></td></tr>
<tr><td>身份证件种类</td><td colspan="2"></td><td>证件号</td><td></td></tr>
<tr><td>通信地址</td><td colspan="2"></td><td>邮编</td><td></td></tr>
<tr><td>法定代表人或负责人</td><td colspan="2"></td><td>联系电话</td><td></td></tr>
<tr><td>代理人姓名</td><td colspan="2"></td><td>联系电话</td><td></td></tr>
<tr><td>代理机构名称</td><td colspan="4"></td></tr>
<tr><td rowspan="5">不动产情况</td><td>坐落</td><td colspan="4" align="center">天津市南开区新华路 5 号御湖花园××室</td></tr>
<tr><td>不动产单元号</td><td colspan="2">120104002003GB00035F000101××</td><td>不动产类型</td><td>土地/房屋</td></tr>
<tr><td>面积</td><td colspan="2">65.48 m²/105.85 m²</td><td>用途</td><td>住宅</td></tr>
<tr><td>原不动产权证书号</td><td colspan="2">津（2016）南开不动产权证第××号</td><td>用海类型</td><td></td></tr>
<tr><td>构筑物类型</td><td colspan="2">房屋</td><td>林种</td><td></td></tr>
<tr><td rowspan="2">抵押情况</td><td>被担保债权数额
（最高债权数额）</td><td colspan="2"></td><td>债务履行期限
（债权确定期间）</td><td></td></tr>
<tr><td>在建建筑物抵押范围</td><td colspan="4"></td></tr>
<tr><td rowspan="2">地役权情况</td><td>需役地坐落</td><td colspan="4"></td></tr>
<tr><td>需役地不动产单元号</td><td colspan="4"></td></tr>
</table>

登记原因及证明	登记原因	房屋继承权异议		
	登记原因证明文件	登记申请书		
		申请人身份证明		
		遗嘱		
		撤销公证书的证明（（2016）撤字××号）		
		关系证明		
申请证书版式		☑单一版　□集成版	申请分别持证	□是　☑否
不动产登记审批情况（申请人请勿填写）		初审	复审	核定
		申请人王××对王权所有的南开区新华路5号御湖花园××室房屋的产权取得提出异议，提出异议的依据是公证处的《公证书撤销》文件和另一份遗嘱，但所有人王××不同意房屋所有人的更正。申请人提交了登记申请应当提供的文件；申请书填写的内容与申请人提交的其他文件一致；申请人姓名与提交的身份证明以及登记簿记载的权利人姓名一致；房屋权属证书真实。符合房屋异议登记要求。 审查人（签章）：李×× 2016年6月4日	申请异议的不动产在不动产登记簿记载的范围内；被申请异议的权利人是不动产登记簿记载的权利人；申请人是有关证明材料载明的不动产权利的利害关系人；申请人未曾就同一事由申请过异议登记。符合抵押登记的法律规定，建议进行房屋最高额抵押权确定登记。 审查人（签章）：李×× 2016年6月4日	同意进行异议登记并颁发不动产登记证明。 负责人（公章）：李×× 2016年6月4日
备注				

附件9-3-5 不动产登记簿（样例）

异议登记信息				
不动产单元号：120104002003GB00035F000101××				
内容＼业务号	2016060421××			
申请人	王××			
证件种类	身份证			
证件号	1201051980×××2112			
异议事项	房屋继承权			
不动产登记证明号	津（2016）南开不动产证明第××号			
登记时间	2016年6月4日			
登簿人	李××			
注销异议业务号				
注销异议原因				
登记时间				
登簿人				
附记				

附件 9-3-6 不动产登记证明（样例）

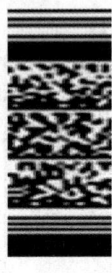

不动产登记证明

根据《中华人民共和国物权法》等法律法规，为保护申请人合法权益，对申请人申请登记事项，经审查核实，准予登记，列不动产权利或登记事项的本证明所颁发此证明。

津 （2016） 南开 不动产证明第 00332 × × 号

证明权利或事项	异议登记
权利人（申请人）	王 × ×
义务人	
坐落	天津市南开区新华路 5 号御湖花园 × × 室
不动产单元号	12010400203GB00035F000101 × ×
其他	王 × × 对王 × × 的房屋所有权的取得提出异议
附记	申请人在异议登记之日起十五日内未向不动产登记经办机构提交诉讼受理等相关凭证的，异议登记失效

登记机构（章）

2016 年 06 月 04 日

中华人民共和国国土资源部监制

编号 NO. 00000000000

单元十　房屋查封登记

一、房屋查封登记的含义及内容

人民法院等有权机关依法查封已登记的不动产的，不动产登记机构应当办理查封登记。

（一）房屋查封登记的含义

查封登记是指不动产登记主管部门根据人民法院提供的查封裁定书和协助执行通知书，报经人民政府批准后将查封或者预查封的情况在不动产登记簿加以记载的登记。

所谓查封登记是指登记机构依据人民法院或者有权的行政机关的嘱托，依照法定的程序做出的以限制不动产的处分为目的的一种登记。我国《物权法》第九条第一款规定："不动产物权的设立、变更、转让和消灭，经依法登记，发生效力；未经登记，不发生效力，但法律另有规定的除外。"因此，为贯彻查封效力，防止该已被查封的不动产，再行转让或设定他项权利等有妨害执行或财产保全效果的登记，人民法院在对不动产进行查封后，应立即持协助执行通知书到登记机关进行查封登记。而查封登记，实际是对债务人的不动产做出的限制处分的登记。

查封登记具有以下法律特征：首先，查封登记是一种公示行为。我国《物权法》明确规定了物权的公示原则，该法第六条第一句规定："不动产物权的设立、变更、转让和消灭，应当依照法律规定登记。"人民法院依法查封不动产，从而在法律上限制了该不动产的处分，此种不动产的被限制状态当然应当公示，否则将对交易安全构成严重的威胁，因此查封的存在必须向社会大众加以公示，促使交易相对人知悉，从而免受不测损害。我国司法实践也明确承认了查封登记是一种限制不动产处分的公示行为。例如，《民事执行中查封、扣押、冻结财产的规定》第二十六条第三款规定："人民法院的查封、扣押、冻结没有公示的，其效力不得对抗善意第三人。"据此可知，如果法院查封了被申请人或被执行人的不动产，但是没有嘱托登记机关办理查封登记，那么如果被申请人或被执行人处分了不动产并办理了相应的登记，则不仅善意第三人要受到保护，法院不能再执行该不动产，而且登记机关也没有任何责任。再如，《民事执行中查封、扣押、冻结财产的规定》第二十五条第一款规定："查封、扣押、冻结协助执行通知书在送达登记机关时，登记机关已经受理被执行人转让不动产、特定动产及其他财产的过户登记申请，尚未核准登记的，应当协助人民法院执行。人民法院不得对登记机关已经核准登记的被执行人已转让的财产实施查封、扣押、冻结措施。"《关于依法规范人民法院执行和国土资源房地产管理部门协助执行若干问题的通知》第九条规定："对国土资源、房地产管理部门已经受理被执行人转让土地使用权、房屋的过户登记申请，尚未核准登记的，人民法院可以进行查封，已核准登记的，不得进行查封。"

其次，查封登记是依照法院的嘱托从事的登记行为。查封登记既不属于登记机关依据当事人申请从事的登记活动，也不是登记机关依职权从事的登记行为，而是登记机关依照法院的嘱托从事的登记行为。在我国，属于登记机关按照法律的规定从事的协助执行的行为。我国《民事诉讼法》第二百五十二条规定："在执行中，需要办理有关财产权证照转移手续的，人民法院可以向有关单位发出协助执行通知书，有关单位必须办理。"所谓协助执行是指由执行主体以外的组织或者个人，依照法院的通知协助法院执行法律文书。

（二）预查封登记

预查封是《关于依法规范人民法院和国土资源房地产管理部门协助执行若干问题的通知》新创立的一项强制执行措施，它是指对尚未在登记机关进行物权登记但又履行了一定的批准或者备案等预登记手续，被执行人享有物权期待权的房地产所采取的控制性措施，即由法院制发预查封裁定书和协助执行通知书，由不动产管理部门办理预查封登记手续；待该房地产权属登记完结时转为正式查封。之所以创立预查封这样一项制度，是因为被执行人对未经登记的物权或者预期物权享有的仅仅是一种受限或者期待利益，是否能够成为完全的或者真正的权利主体，尚处于不确定的状态。另外，登记主管部门也往往以被执行人没有办理权属登记为由不予办理查封登记。所以，参照房地产买卖过程中的预告登记制度，经与国土资源、房地产管理部门协商，创立了该项制度。查封期限从预查封之日起开始计算。人民法院依法对下列未进行房地产所有权登记的房地产的查封是预查封：

①作为被执行人的房地产开发企业，已办理了商品房预售许可证且尚未出售的房屋。如果房屋已经出售，则此时为保护购房人的物权期待权，不能进行预查封。②被执行人购买的已由房地产开发企业办理了房屋权属首次登记的房屋，但被执行人未取得房地产权利证书的房屋。③被执行人购买的办理了商品房预售合同登记备案手续或者商品房预告登记的房屋。预售合同登记备案制度和预告登记制度均具有保全债权的实现、保全将来发生的不动产物权的功能。虽不导致不动产物权的设立或者变动，但是可以使登记申请人取得一种请求将来发生物权变动的排他性权利。④法律、行政法规规定的其他情形。

《关于依法规范人民法院执行和国土资源房地产管理部门协助执行若干问题的通知》第八条规定："对被执行人因继承、判决或者强制执行取得，但尚未办理过户登记的土地使用权、房屋的查封，执行法院应当向国土资源、房地产管理部门提交被执行人取得财产所依据的继承证明、生效判决书或者执行裁定书及协助执行通知书，由国土资源、房地产管理部门办理过户登记手续后，办理查封登记。"预查封登记分为两个组成部分。第一部分是转移登记。这一部分基本上与正常的转移登记相同。只是这种登记并不是按正常的登记程序由权利人提出登记申请，而是当作为被执行人的房地产权利人因继承、判决或者强制执行等原因，当事人尚未向权属登记机关办理登记手续，而由执行法院向登记机关提供被执行人取得财产所依据的继承证明、生效判决书或者执行裁定书及协助执行通知书，由登记机关对该房屋的权属直接进行不动产转移登记。第二部分是待这一登记成立之时，同时对该房产权利予以查封。

既不动产登记机构依照执行查封的人民法院提交的被执行人取得财产所依据的继承证明、生效的法律文书以及协助执行通知书等办理查封登记的，应当先办理转移登记，再办理查封登记。

（三）被查封房屋的法律效力

查封期间，权利人因处分不动产申请登记的，不动产登记机构应当不予受理。对被人民法院依法查封、预查封的房屋所有权，在查封、预查封期间，不得擅自处分房屋的权利。

（四）查封登记顺序

两个以上人民法院对同一房屋进行查封的，不动产登记主管部门为首先送达协助执行通知书的人民法院办理查封登记手续后，对后来办理查封登记的人民法院进行轮候查封登记，并书面告知该房地产已被其他人民法院查封的事实及查封的有关情况。

轮候查封登记的顺序按照人民法院送达协助执行通知书的时间先后进行排列。查封法院依法解除查封的，排列在先的轮候查封自动转为查封；查封法院对查封的房屋全部处理的，排列在后的轮候查封自动失效；查封法院对查封的房屋部分处理的，对剩余部分，排列在后的轮候查封自动转为查封。

预查封也可以进行轮候查封登记，因为预查封的效力等同于正式查封。预查封的期限也和查封相同。预查封期限届满之日，如果人民法院未办理预查封续封手续的，预查封的效力也归于消灭。

预查封的轮候登记与轮候查封登记相同，登记机关为首先送达协助执行通知书的人民法院办理预查封登记手续后，对后来办理查封登记的人民法院进行预查封的轮候查封登记，并书面告知该处预查封已由其他人民法院先查封的事实及查封的有关情况。

预查封的轮候登记的顺序也是按照人民法院送达协助执行通知书的时间先后进行排列。查封法院依法解除查封的，排列在先的轮候查封自动转为查封；查封法院对查封的土地使用权、房屋全部处分的，排列在后的轮候查封自动失效；执行法院对查封的土地使用权、房屋部分处分的，剩余部分，排列在后的轮候查封自动转为查封。

（五）查封、预查封登记的期限与注销

查封与预查封的期限最长为两年；期限届满可以续封，期限届满可以续封一次，续封时应重新制作查封裁定书和协助执行通知书；确有特殊情况需要再续封的，应当经过所属高级人民法院批准，且每次再续封的期限不得超过一年。

《不动产登记暂行条例实施细则》第九十二条第二款规定："不动产查封期限届满，人民法院未续封的，查封登记失效。"查封期限届满未办理续封手续的，不动产登记部门应为注销查封。第九十二条第一款规定："查封期间，人民法院解除查封的，不动产登记机构应当及时根据人民法院协助执行通知书注销查封登记。"

《关于依法规范人民法院执行和国土资源房地产管理部门协助执行若干问题的通知》第十六条规定："土地、房屋权属在预查封期间登记在被执行人名下的，预查封登记自动转为查封登记，预查封转为正式查封后，查封期限从预查封之日起开始计算。"预查封转为正式查封，查封期限已从预查封之日起就开始计算。因此，无论预查封何时转为正式查封，执行法院都能把握时间，及时采取相应的措施。

轮候查封转为查封则有所不同。原排列在后的执行法院虽然知道排列在前的为哪一法院，但并不一定能及时了解轮候查封在什么时间自动转为查封，但此时查封期限已开始计算。因此，一些地方法院在一定区域内建立联系制度，以及时获取这一信息。作为登记机关，在轮候查封转为查封后，也可以告知相关的执行法院。

二、查封登记与其他登记的协调

《关于依法规范人民法院执行和国土资源房地产管理部门协助执行若干问题的通知》第九条规定："对国土资源、房地产管理部门已经受理被执行人转让土地使用权、房屋的过户登记申请，尚未核准登记的，人民法院可以进行查封，已核准登记的，不得进行查封。"

三、预告登记与查封登记、预查封登记之间的关系

预告登记也属于限制登记的一种，具有限制不动产登记名义人处分该不动产的效力，对此《不动产登记暂行条例实施细则》第八十五条规定："预告登记生效期间，未经预告登记的权利人书面同意，处分该不动产权利申请登记的，不动产登记机构应当不予办理。"但是，由于预告登记只能限制登记名义人所为的处分，对于因征收、法院判决或强制执行等所为之新登记，并无排除的效力。由此可知：

1）当预购人是被执行人时，其预购的房屋尽管已经办理了预购商品房预告登记，法院可以对该房屋进行预查封。但是，当预售人是被执行人时，如果其与预购人已经办理了预购商品房预告登记，则法院不能对该房屋进行查封。

2）当抵押人与债权人已经就抵押的房屋设立了房屋抵押权预告登记时，如果抵押人是被执行人，法院可以对该房屋进行查封，不动产登记机构应当办理查封登记。但对于查封后，涉及债权的优先受偿问题，《最高人民法院关于建设工程价款优先受偿权问题的批复》（法释〔2002〕16号）规定，一、人民法院在审理房地产纠纷案件和办理执行案件中，应当依照《合同法》第二百八十六条的规定，认定建筑工程的承包人的优先受偿权优于抵押权和其他债权。二、消费者交付购买商品房的全部或者大部分款项后，承包人就该商品房享有的工程价款优先受偿权不得对抗买受人。因此，在债权履行时，应当按照购房人的购房款、建筑工程承包人的工程款、抵押权、其他债权等顺序进行清偿。

3）当房屋的买受人与出卖人办理了房屋所有权转移预告登记时，根据《关于依法规范人民法院和国土资源房地产管理部门协助执行若干问题的通知》第十五条规定的本意，推定如果出卖人是被执行人，法院是不能对该房屋进行查封的。如果买受人是被执行人，则法院应对该房屋进行预查封，不动产登记机构应当协助办理预查封登记。

四、房屋查封登记的办理程序

流程1　嘱托

1. 嘱托人

嘱托人是人民法院、人民检察院或公安机关等国家有权机关。

查封是一种强制措施，如果采用不当，极易对当事人的利益造成损害，所以应当依法进行。《民事诉讼法》第一百零三条第二款规定："财产已被查封、冻结的，不得重复查封、冻结"。因此，对同一房屋不能进行重复查封。因而，最高人民法院法发〔2004〕5号文件规定了"轮候查封"。这一文件是人民法院、国土资源部和建设部联合颁发的，登记机关予以协助，有合法的依据，而其他行政机关则不能仿效。再则，如果其他行政机关也采取轮候查封措施，一旦与人民法院的轮候查封措施发生冲突，还会带来新的问题。因此，除了人民法院以外，其他行政机关目前还不能对房地产实施轮候查封。

2. 嘱托房屋查封登记需要的材料

1）人民法院、人民检察院或公安机关的执行人员送达查封文件时，应当出示本人工作证和执行公务证（查验原件，复印件留存）。

2）人民法院查封的，应提交生效法律文书和协助执行通知书；人民检察院、公安等国家有权机关查封的，应提交协助查封通知书（其中提供被执行人姓名及房产证号）（见附件10-2，交原件）。

3）法律、行政法规规定的其他必要材料。

流程2　接受嘱托

1）查验人民法院执行人员所出示的工作证、执行公务证。

2）对被执行人的姓名和房产证进行查档核对。

受理查封前应先查阅权属登记档案，主要可以解决以下问题：

①被查封房屋是否进行过权属登记。如已进行登记的，其所有权人姓名、房屋坐落等是否相符，如有出入的，可及时向查封单位说明，便于该单位及时处理。②是否有其他法院查封在前。③如果该房产尚未进行权属登记，则登记机关尚不能正式受理查封。

如果在受理查封后再查对档案，直至发现以上问题时再告知法院，一是易于引起查封机关的误解；二是由于延误了时间，有可能会产生不良的后果。

3）接收人民法院执行人员所出示的查封裁定书和协助执行通知书（见附件10-3）。

不动产登记主管部门在协助人民法院执行房屋所有权时，不对生效法律文书和协助执行通知书进行实体审查。主管部门认为人民法院的查封、预查封裁定书或者其他生效法律文书错误的，可以向人民法院提出审查建议，但不停止办理协助执行事项（在接受的查封裁定书和协助执行通知书上签写接收的日期）（见附件10-4）。

不动产登记机构依法办理不动产查封登记，不得收取不动产登记费。

流程3　审查要点

不动产登记机构接收嘱托文件后，应当要求送达人签名，并审查以下内容：

1）查看嘱托机关送达人的工作证和执行公务的证明文件，并与嘱托查封单位进行核实。委托送达的，委托送达函是否已加盖委托机关公章，是否注明委托事项、受委托机关等。

2）嘱托文件是否齐全、是否符合规定。

3）嘱托文件所述查封事项是否清晰，是否已注明被查封的不动产的坐落名称、权利人及有效的不动产权属证书号。被查封不动产的内容与不动产登记簿的记载是否一致；被实施限制措施的当事人的不动产与不动产登记簿记载一致；预查封买受人预购的商品房的，买受人已办理预告登记、商品房买卖合同备案，或者房地产开发企业应当已办理首次登记。

4）其他要求的审查事项（单元一要求的审核内容）。

流程4　记载不动产登记簿

1）符合下列条件之一的，登记经办机构应将有关事项记载于不动产登记簿：

①被实施限制措施的当事人的不动产与不动产登记簿记载一致的；②预查封买受人预购的商品房的，房地产开发企业应当已做初始登记或买受人已办理预告登记。

有抵押权记载的，或者有其他限制措施记载属于轮候查封的，应书面告知有关国家机关。

2）不动产登记机构不对查封机关送达的嘱托文件进行实体审查。不动产登记机构认为登记事项存在异议的，协助执行通知书或者决定书载明的不动产权利人、范围和内容不明确的，或者与不动产登记簿记载的内容不一致的，不动产登记经办机构应书面告知有关司法机关或有关国家机关，但不影响协助执行；不动产登记机构应当办理查封登记，并向嘱托机关提出审查建议。不动产登记机构审查后符合登记条件的，应即时将查封登记事项记载于不动产登记簿。

3）因两个或以上嘱托事项查封同一不动产的，不动产登记机构应当为先送达查封通知书的嘱托机关办理查封登记，对后送达的嘱托机关办理轮候查封登记。轮候查封登记的顺序按照嘱托机关嘱托文书依法送达不动产登记机构的时间先后进行排列。

4）房地统一登记前，房、地登记部门对同一宗房地产已分别受理房、地查封的，按照原受理查封的时间确定轮候顺序。实施房地统一登记后受理查封、续封的，按照下列规定办理：房、地权利人一致的，不动产登记经办机构统一受理房地产查封，不再单独受理房屋或土地查封；房、地权利人不一致的，可分别受理查封；房地统一登记前司法、行政机关已对房、地权利人不一致的房屋、土地分别查封，现要求续封或轮候查封的，不动产登记经办机构应分别受理房、地的续封或轮候查封；调出档案进行查封数据录入。

办理时限五个工作日。

登记机关直接为权利人办理转移登记后，是否需要制作权属证书，最高人民法院法发［2004］5号文件没有也无须对此进行规定。登记是不动产物权公示的一种方式和制度，权属证书则是登记机关发给权利人的一项凭证，这种凭证只是用来证明登记机关的登记簿有此一项权属状况的记载。该文件第五条规定："土地、房屋权属的确认以国土资源、房地产管理部门的登记或者出具的权属证明为准。权属证明与权属登记不一致的，以权属登记为准"。因而登记的效力来自于登记簿，并不以有无权属证书为准。

查封登记毕竟不是按正常的程序进行的，且执行法院日后对该房地产进行实体处分的概率极高。因此，可暂不制作权属证书（执行法院如日后解除查封，可在当事人要求领取该项权属证书时再行制作）。如在查封登记时制作权属证书，也是可以的，但是权属证书以保存在登记机关为好。

在不动产登记簿上记载查封登记信息（见附件10-5），主要包括下面内容：

【查封机关】填写依法对不动产实施查封等限制措施的国家有权机关名称，如××市中级人民法院等。

【查封类型】填写查封、轮候查封、预查封、轮候预查封等。

【查封文件】填写查封机关依法做出查封等限制措施的文件。

【查封文号】填写查封机关依法做出查封等限制措施的文件文号。

【查封期限】填写查封文件上填写的限制措施的起止日期。查封文件填写的限制措施的起始日期一般与查封时间一致。

【查封范围】填写查封文件中对不动产单元的查封范围，可附图表。

【解封机关】填写依法对不动产权利解除查封等限制措施的国家机关名称。

【解封文件】填写查封机关依法解除限制措施的文件名称。

【解封文号】填写查封机关依法解除限制措施的文件文号。

五、注销查封登记

（一）适用

1）查封期间，查封机关解除查封的，不动产登记经办机构应当根据其嘱托文件办理注销查封登记；

2）不动产查封、预查封期限届满，查封机关未嘱托解除查封、解除预查封或续封的，查封登记失效。

（二）登记材料

办理注销查封登记需提交下列材料：

1）人民法院、人民检察院或公安机关等国家有权机关送达查封文件的工作人员的工作证和执行公务的证明文件。委托其他法院送达的，应提交委托送达函。

2）人民法院解除查封的，提交解除查封或解除预查封的协助执行通知书；公安机关等人民政府有权机关解除查封的，提交协助解除查封通知书；人民检察院解除查封的，提交解除查封函。

3）法律、法规规定的其他材料。

（三）审查要点

不动产登记经办机构接收文件时，应当要求送达人签名，并审查以下内容：

1）登记材料是否齐全。

2）查看有关机关送达人的工作证和执行公务的证明文件。委托其他法院送达的，委托送达函是否已加盖委托机关公章，是否注明委托事项、受委托机关等。

3）文件所述解除查封事项是否清晰，包括是否注明了解封不动产的名称、权利人及有效的不动产权属证书号。解除查封不动产的内容与不动产登记簿的记载是否一致。

4）其他要求的审查事项。

不动产登记经办机构审查后符合登记条件的，应将解除查封登记事项即时记载于不动产登记簿。

天津市××区人民法院

民 事 裁 定 书

（2016）南开执裁字第××号

　　申请执行人吴××，男，一九五八年出生，汉族，个体经营，住××区师范附小宿舍。

　　申请执行人吴××，男，一九五九年出生，汉族，个体经营，住××区天府东路。

　　被执行人杨××，男，一九五六年出生，汉族个体经营，住××区绍兴道。

　　本院依据已经发生效力的（2015）××民初字第××号民事调解书，于2016年2月16日向被执行人杨××送达了执行通知书，责令被执行人自接到通知之日起三日内自动履行调解书确定的义务，但被执行人逾期仍未履行其义务，后本院将其所有的房屋依（2016）××执裁字第××号民事裁定书变卖给第三人陈××，被执行人不服，并向天津市中级人民法院提出执行监督，本院依据中院的指令于2016年4月20日撤销了（2016）××执裁字第××号民事裁定书。据此，本院依照《中华人民共和国民事诉讼法》第二百二十三条之规定，裁定如下：

　　对原属被执行人杨××所有，现过户给陈××的位于××区新华路5号御湖花园××室的房号××予以查封。

执行员　段××

二〇一六年四月二十日

书记员　李××

天津市××区人民法院

协助执行通知书

（2016）××执裁字第××号

　　××区不动产登记局：

　　__吴××、吴××__ 与 __杨××__ 的经济纠纷 一案，我院做出的 __（2016）南开执裁字第×× __ 号裁定已发生法律效力。因__案件审理需要__根据《中华人民共和国民事诉讼法》第二百二十三条之规定，请协助执行下列项目

　　一、__查封原属杨××所有，现过户给陈××的位于南开区新华路 5 号御湖花园××室的房号×× __

附（2016）××执裁字第××号裁定书

××区人民法院

二〇一六年四月二十日

附件 10 – 3　执行审查建议书（样例）

执行审查建议书

<table>
<tr><td colspan="2">执行单位</td><td>南开区人民法院</td></tr>
<tr><td rowspan="2">执行
文号</td><td>裁定书、判决书或
其他生效法律文书</td><td>天津市南开区人民法院《民事裁定书》（2016）南开执裁字第××号</td></tr>
<tr><td>协助执行通知书</td><td>天津市南开区人民法院《协助执行通知书》（2016）南开执裁字第××号</td></tr>
<tr><td>审查意见</td><td colspan="2">经审核南开区人民法院送达人员身份清楚，申请查封登记的资料齐全，位于××区新华路 5 号御湖花园××室的房号××房屋现仍归陈××所有。根据《民事诉讼法》第二百三十条规定，可以进行查封登记。</td></tr>
<tr><td colspan="3">审查人：李××　　　　　　　　　　　　2016 年 4 月 21 日</td></tr>
</table>

附件 10 – 4   不动产登记簿（样例）

查封登记信息				
不动产单元号：120104002003GB00035F000102××				
内容＼业务号	2016042111××			
查封机关	××区人民法院			
查封类型	查封			
查封文件	民事裁定书			
查封文号	（2016）南开执裁字第××号			
查封期限	2016 年 4 月 21 日起 2018 年 4 月 20 日止			
查封范围	全部单元			
登记时间	2016 年 4 月 20 日			
登簿人	李××			
解封业务号				
解封机关				
解封文件				
解封文号				
登记时间				
登簿人				
附记				

参 考 文 献

中华人民共和国国办发第 71 号 . 2007. 国务院办公厅关于严格执行有关农村集体建设用地法律和政策的通知

中华人民共和国国家发展改革委 财政部发改价格规第 2559 号 . 2016. 国家发展改革委 财政部关于不动产登记收费标准等有关问题的通知

中华人民共和国国家税务总局国税函第 771 号 . 2002. 国家税务总局关于股权变动导致企业法人房地产权属更名登记不征契税的批复

中华人民共和国国土资源部令第 63 号 . 2016. 不动产登记暂行条例实施细则

中华人民共和国国务院令第 116 号 . 1993. 村庄和集镇规划建设管理条例

中华人民共和国国务院令第 224 号 . 1997. 中华人民共和国契税暂行条例

中华人民共和国国务院令第 656 号 . 2015. 不动产登记暂行条例

中华人民共和国建设部国土资规第 6 号 . 2016. 不动产登记操作规范（试行）

中华人民共和国建设部令第 96 号 . 1995. 城市房地产转让管理规定

中华人民共和国建设部令第 98 号 . 2001. 城市房地产抵押管理办法

中华人民共和国建设部令第 168 号 . 2008. 房屋登记办法

中华人民共和国建设部令第 131 号 . 2004. 城市商品房预售管理办法

中华人民共和国主席令第 8 号 . 2013. 中华人民共和国公司法

中华人民共和国主席令第 28 号 . 2004. 中华人民共和国土地管理法

中华人民共和国主席令第 31 号 . 1994. 中华人民共和国仲裁法

中华人民共和国主席令第 37 号 . 1986. 中华人民共和国民法通则

中华人民共和国主席令第 37 号 . 2010. 中华人民共和国村民委员会组织法

中华人民共和国最高人民法院公告法释第 6 号 . 2017. 最高人民法院关于适用〈中华人民共和国婚姻法〉若干问题的解释（二）的补充规定

中华人民共和国最高人民法院公告法释第 7 号 . 2003. 最高人民法院关于审理商品房买卖合同纠纷案件适用法律若干问题的解释

中华人民共和国最高人民法院公告法释第 15 号 . 2004. 最高人民法院关于人民法院民事执行中查封、扣押、冻结财产的规定

中华人民共和国最高人民法院公告法释第 44 号 . 2000. 最高人民法院关于适用〈中华人民共和国担保法〉若干问题的解释

中华人民共和国主席令第 15 号 . 1999. 中华人民共和合同法

中华人民共和国主席令第 50 号 . 1995. 中华人民共和国担保法

中华人民共和国主席令第 62 号 . 2007. 中华人民共和国物权法

中华人民共和国主席令第 72 号 . 2007. 中华人民共和国城市房地产管理法

住房和城乡建设部政策法规司，等 . 2008. 房屋登记办法释义［M］. 北京：人民出版社